GRAVITARE

关 怀 现 实 ， 沟 通 学 术 与 大 众

大礼议

嘉靖帝的礼制改革
与皇权重塑

尤淑君———著

SPM
南方传媒 | 广东人民出版社

· 广州 ·

图书在版编目（CIP）数据

大礼议：嘉靖帝的礼制改革与皇权重塑 / 尤淑君著. —广州：广东人民出版社，2025.1（2025.2重印）
（万有引力书系）
ISBN 978-7-218-17649-9

Ⅰ.①大… Ⅱ.①尤… Ⅲ.①礼仪—制度—研究—中国—明代 Ⅳ.①K892.9

中国国家版本馆CIP数据核字（2024）第108659号

DALIYI：JIAJINGDI DE LIZHI GAIGE YU HUANGQUAN CHONGSU

大礼议：嘉靖帝的礼制改革与皇权重塑

尤淑君　著

出 版 人：肖风华

书系主编：施　勇　钱　丰
责任编辑：梁欣彤　龚文豪
营销编辑：黄　屏　常同同　张静智
责任技编：吴彦斌
特约校对：孙　丽

出版发行：广东人民出版社
地　　址：广州市越秀区大沙头四马路10号（邮政编码：510199）
电　　话：（020）85716809（总编室）
传　　真：（020）83289585
网　　址：http://www.gdpph.com
印　　刷：广州市岭美文化科技有限公司
开　　本：889毫米×1194毫米　1/32
印　　张：16.25　字　　数：305千
版　　次：2025年1月第1版
印　　次：2025年2月第2次印刷
定　　价：98.00元

如发现印装质量问题，影响阅读，请与出版社（020-85716849）联系调换。
售书热线：（020）87716172

序：礼仪如何构建皇权的合法性

近年的礼学史、礼制史研究在摆脱经学的羁绊之后呈现蓬勃之势，产出了丰硕成果，一批青年学者乘势而起，成为礼学研究的中坚力量。尤淑君教授就是其中的代表，她先后出版了《名分礼秩与皇权重塑：大礼议与嘉靖政治文化》（繁体版）和《宾礼到礼宾：外使觐见与晚清涉外体制的变化》两部专著。广东人民出版社推出的《大礼议：嘉靖帝的礼制改革与皇权重塑》（以下简称《大礼议》）就是她第一部著作的简体修订本，全书凡四章，三十万字。

"大礼议"是明朝历史上的重大事件，明武宗绝嗣而引起的皇位传承难题经由首辅杨廷和等变通《皇明祖训》"兄终弟及"的皇位继承原则，迎立藩王朱厚熜即位，是为嘉靖皇帝。从帝统的延续性来说，正德、嘉靖之间实际上存在断裂，这是自建文、永乐之后的第二次断裂。即位之后，嘉靖帝面临的首要任务就是要在断裂之后重塑皇权。他是如何重塑的呢？议礼、礼制改革是其重要手段。礼仪与政治之间有着天然的联系，礼仪具有很强的"建构性"，通过象征表达服务于政治，有助于建立政治组织，产生政治的合法性和稳定性，形塑人们对政治世界的认知。同时，礼仪具有自身的独立性，对于统治权力具有规范力量，正如日本学者妹尾达彦所说，由于存在着统治者必须遵守的公共礼仪规范和传统观念，礼仪对统治权力必须施加一定的制约。因此，嘉靖帝根据自己的权力诉求革新礼制，而原有政治势力基于传统或自身立场难以认同嘉靖帝的礼制革新，双方之间的争论不可避免，"大礼议"由此而起，旷日持久，成为嘉靖时期影响深远的政治事件。

自清人毛奇龄、段玉裁到近人孟森，特别是近四十年来学者们对"大礼议"投注了大量的心力，相关成果不断涌现。这样的背景下，《大礼议》一书有哪些亮点值得我们关注呢？

该书以通贯的视角来定义"大礼议"，把"大礼议"的时间界定在正德十六年嘉靖帝即位至嘉靖二十四年七月兴献帝祔于新太庙。以往学者所谓的"大礼议"，通常指嘉靖初期为兴献王争皇、争帝、争考，涉及"继嗣"与"继统"、礼义与人情等问题，其时间界限或到嘉靖三年九月兴献王尊称议定，或至嘉靖七年《明伦大典》修成，对"大礼议"做出全面总结。嘉靖九年陆续展开的礼制改革，则归属于另一个问题，这个阶段的主要任务是嘉靖帝利用宗庙、郊祀等礼仪改革达致兴献帝的"称宗祔庙"。而《大礼议》一反常规，另辟蹊径，把前后两个阶段相关联，提出新的定义。这样的新定义有其内在逻辑，在尤淑君看来，"大礼议"实际上就是"献皇帝正名化"运动，嘉靖帝由正其父兴献帝之名而得以正自己的皇权之名。"名分礼秩"核心理念在前、后阶段是一以贯之的，后一个阶段继续完成前一个阶段未竟的任务，具有本不可分的整体性。通贯的视角犹如长焦距的审视，呈现了二十余年议礼过程中的跌宕起伏、曲折多变，以及伴随议礼而产生的人事沉浮、政局畸变，嘉靖朝历史具有了更加明朗、深邃的景观。嘉靖帝在这二十余年里也有了不同的改变，如果说初期的"大礼议"是"以情服人"，辅之以强权武力来实现目的，那么后期的嘉靖帝更注重"以礼（理）服人"，所有礼制改革都是为实现"称宗祔庙"做铺垫，有着环环相扣、层层递进的深思熟虑。长达二十四年的"大礼议"，通过兴献帝"称宗祔庙"，终能撇开旧的宗统，建立新宗统，达成皇权重塑的目的，建构嘉靖政权的正当性基础，明朝帝系从孝宗一脉转移到兴献帝一脉，下启嘉靖之帝系，实现了天命的转移。

　　该书的另一个特色就是对"大礼议"过程的细致梳理，采用类似编年的叙事体例，清晰地勾勒出议礼过程中的阶段性、议礼中的人和事，于以往学者忽略的，或者以为琐碎的史实而有新发现，洞微烛隐，豁然别解。例如第二章对于"世室与世庙"的讨论，就很能揭示"大礼议"中礼臣与皇帝之间的"斗心眼"。根据古代宗庙制度，"世室"亦是宗庙制度中的一环，起自周代，是宗庙制度里的特殊设置。当时以周文王、武王有开国之功，特立百世不迁的专庙，称为"世室"。居于世室的神主，无论传多少代、世系多远，皆不行祧迁，即不把神主迁入供奉远祖神主的祧庙。也就是说，世室与宗庙相关，实为一体，入世室者就是入太庙，且为不迁之祖宗。对于嘉靖帝来说，他希望通过立世室而直接将兴献帝祔庙；但对于礼臣席书、张璁而言，此乃非礼之至，"生为帝统，死为庙统"，兴献帝从没有做过皇帝，是决不能入宗庙的。于是，礼臣们谋划为兴献帝建"世庙"。按照"礼以义起"的精神，世庙是私亲庙，处于宗庙之外，无论是实质上还是空间视觉上都是有别于宗庙的。礼臣们劝说嘉靖帝，为兴献帝"建世室"不合礼仪不说，即使献皇帝得入太庙，仍须服从庙制，将与孝宗皇帝同祧迁，还不如让献皇帝自立别庙，反而长享后世子孙的奉祀。嘉靖帝心有不愿，但鉴于时情，最后采用"建世庙"方案。这个例子也可以说明，"大礼议"中张璁等人并非没有原则、违反礼制地一味迎合，而有以礼相持、以礼相规的一面。

又如"大礼议"与王阳明心学的关系，也是学者们讨论"大礼议"时常常提及的问题。典型的看法是，张璁等人以"人情论"反对杨廷和的"濮议论"，而言"情"是王学的一大特征，"人情论"与王学有关系，认为席书、张璁、方献夫等人都受到王学影响，"大礼议"也就受到王学的影响。《大礼议》一书从细密的考证出发，提出赞同"人情论"与否是一回事，学术信仰又是一回事，不可等同视之。况且思想与现实常常紧密纠结，学术与政治也无法互相化约。若把"大礼议"衍生的党派之别，直接套用在思想史的话，或许会忽略了行动者的思想实有其复杂性，必须顾及他们的现实考虑。嘉靖皇帝采纳"人情论"，只是基于现实需要，未必真正认同"人情论"背后的思想体系。易言之，终嘉靖一朝，阳明学派仍居于蛰伏状态。即使"人情论"成功地压制了"濮议论"，议礼新贵也确有人心服王学，但不表示嘉靖皇帝采用"人情论"便是王学思想在政治上的抬头，也无法证明嘉靖朝的王学思潮已足以撼动官方理学意识形态。这样的认识是理性的，没有在"泛王学"的思潮中人云亦云。

　　该书第三个值得关注的方面是重视议礼文本，通过对《献皇帝实录》《明伦大典》《大礼或问》的深度解读，实现作者进行政治文化分析的学术旨趣。诸如《明伦大典》这样有关"大礼议"的总结性文本，以前的研究少有注意，原因在于它与《明世宗实录》、张璁等人文集所载内容多有相同，于是弃而不用，没有意识到《明伦大典》的独特性。具体而言，就是忽略了嘉靖皇帝为何把《大礼全书》改名为《明伦大典》，为何采取史书《资治通鉴》体例，为何增加欧阳修主张尊亲的观点，等等。如此，则难以明了嘉靖皇帝纂修《明伦大典》的用心：他欲利用《明伦大典》建构"人情论"的理论体系。故《大礼议》一书立足于《明伦大典》与"大礼议"的内在关系，探究《明伦大典》如何影响嘉靖朝的政治文化。作者指出，《明伦大典》采取有利于嘉靖帝的叙事基调，以国家政书的优势地位，假借"史官曰"，定出"大礼议"的评价标准，强调"大礼议"合乎情、止乎礼，无违宗法制度，试图否定杨廷和等人的"濮议论"，并把他们定为欺君罔上、破坏人伦之徒，给"大礼议"

下了历史的定论。通过《明伦大典》的编纂，权力操纵了对政治话语的解释权。作者通过考察明代的沈越、范守己等人在撰写嘉靖朝历史时对于《明伦大典》不同程度的引用和接受，发现他们深受《明伦大典》的文化影响，直至入清之后，其影响力才开始降低。如此，"大礼议"中的典型文本就有了难以掩盖的光芒。

《大礼议》涉及的问题重大，头绪繁多，要围绕主题把相关问题熔于一炉，条分缕析，论述严谨，确实是一项艰巨的任务。有人说，礼学向称难治，研治礼学，须有老吏断案的精审和识断。一个青年学者面对浩渺的文献和众多时贤的成果，毅然以东流注海一往无前的精神完成这部厚重的著作，值得赞赏。至于文中何处分析精当、新论迭起？何处旁枝斜逸，游离于主题之外？还须读者明鉴。

赵克生

海南师范大学历史文化学院教授

目　录

绪　论

一、研究动机

　　明代嘉靖朝发生的"大礼议"事件[1]，即兴献王朱祐杬（1476—1519）[2]尊号之争。"大礼议"的背景，缘于明武宗正德皇帝朱厚照（1491—1521）驾崩后，既无子嗣，又无同胞兄弟继承皇位，事先也未安排过继的嗣位人选，代表君统宗统合一的帝系自此断绝。考虑到与帝系伦序最近的兴献王朱祐杬已在正德十四年（1519）薨逝，昭圣皇太后张氏（？—1541，明孝宗之妻，明武宗之母，尊为昭圣慈寿皇太后）与内阁首辅杨廷和（1459—1529）等人商议后，决定由兴献王

1　"大礼议"的时限是正德十六年（1521）三月十四日武宗皇帝驾崩，至嘉靖二十四年（1545）六月兴献王以睿宗身份入祔太庙为止。正德十六年至嘉靖三年（1524）七月左顺门事件为止，即"大礼议"事件的第一阶段。左顺门事件后至嘉靖二十四年兴献王称宗附庙为"大礼议"事件的第二阶段。

2　朱祐杬是明宪宗成化皇帝朱见深（1447—1487）的第四子。成化皇帝宠爱朱祐杬，册封其为兴王，但基于明朝采取"立嫡立长"的皇位继承制，故由朱见深第三子朱祐樘继承皇位，即明孝宗弘治皇帝（1470—1505）。兴王朱祐杬在正德十四年薨逝，赐谥号"献"，故称兴献王。

世子朱厚熜（1507—1567）以明孝宗弘治皇帝的嗣子身份，入继大宗，即皇帝位，是为嘉靖皇帝。朱厚熜即位后，却坚称自己以藩王身份直接继承皇位，拒绝承认自己是孝宗的嗣子，也不愿接受杨廷和等人的劝说，一再提高对亲生父亲朱祐杬的崇敬仪式，与内阁诸臣爆发激烈冲突。议礼双方皆牵引出"天理"是否重于"人情"及"尊尊"是否重于"亲亲"的讨论，其焦点在于嘉靖皇帝身份（identity）的判定。得到张璁（1475—1539）等人提出"人情论"的支持后，朱厚熜大受鼓舞，竟不顾礼部诸臣的反对，直接下诏称兴献王为"皇考"，引发嘉靖三年的左顺门事件，许多抗议者被当场打死，或流放，或贬职，威慑朝堂，群臣缄口。

左顺门事件后的二十年间，嘉靖皇帝一面命人编纂《明伦大典》，借"人情论"建构自身地位的正当性，又强调自己受"天命"得位，使皇权得以钳制言论，防止士人暗地批评"大礼议"，一面以遵《周礼》、复"祖制"为由，大幅改易国家礼制[1]，趁机改变宗法惯例，模糊宗统（孝宗一脉）与家系（献皇帝）的界线，逐步变易宗统，使兴献王与嘉靖皇帝一脉由小宗家系变为大宗帝系。在中国传统政治文化里，政治权力与名分礼秩的关系，本是一体两面，名分一旦错置，礼秩将日趋瓦解，使皇帝脱离礼法的规范，皇权渐失其"公义"性质。同时，名分礼秩的瓦解，也破坏了原本的权力分配原则，不再

1　张廷玉等撰：《明史》卷196《张璁传》，中华书局，1974年，第5178页。

有一合理的标准。为求晋位，官僚不得不依附有力人士，造成朋党林立的现象，党争日趋激烈。当各党爆发冲突、相决不下时，官员们为了排除异己，只好寻求皇帝的支持，遂成为皇帝拿捏的斗争工具，逐渐丧失"为王者师"的政治理想，不再追求"公义"的实现，使嘉靖朝的政治秩序恶化，政治文化也随之改变。

所谓的"政治文化"（political culture），即注重政治系统赖以生存的文化条件，并以某个特定时期的社会环境为背景，探索大多数人认同的政治价值观、政治理想、政治信仰及政治心理等问题。[1]然而，历史形态的政治文化主体已经消失，无法使用抽样调查、行为测量、心理分析、量化统计等方法进行研究，所以本书拟以"大礼议"事件为切入点，厘清"大礼议"衍生的政治效应，说明"大礼议"如何从一个政治事件变为一个政治符号，成为嘉靖君臣斗争的道德武器与思想资源。嘉靖皇帝虽强行镇压反对者，将兴献王一步步推崇至明睿宗的地位，却引发嘉靖君臣对"名分"的争辩，讨论皇权究竟是作为帝国政权的公共中心，还是作为保证皇帝个人私利的手段，并分析"大礼议"牵涉的"七争"[2]、颁布《明伦大

1　罗森邦（Walter A. Rosenbaum）著，陈鸿瑜译：《政治文化》，台湾桂冠图书股份有限公司，1991年，第1—2页。

2　张孚敬：《太师张文忠公集》奏疏卷3《再议》，收入《四库全书存目丛书》集部第77册，台湾庄严文化事业有限公司，1997年，据湖北省图书馆藏明万历四十三年张汝纪等刻增修本影印，第19页b。

典》及发起国家礼制变革，观察权力结构及其运作过程，进而探讨政治权力、经典诠释及国家礼制三者的关系，突显嘉靖朝政治文化的形成过程及其变化，将如何影响政治权力的运作。[1]权力问题不只是制度上的规定及其运作，也是文化上的合法性认可及其塑造问题，呈现了文化政治化与政治文化化的复杂现象。

本书通过《明伦大典》的编纂，探讨嘉靖君臣如何借经典的再诠释，建构"人情论"的理论体系，说服士人接受"大礼议"，并发起礼制改革，逐步变易国家礼制，证明嘉靖政权的正当性基础，完成帝系重建的目的。最后比较隆庆皇帝（1537—1572）至崇祯皇帝（1611—1644）的态度，观察他们如何看待献皇帝的祧迁问题，反证"大礼议"对明朝政治文化体系的影响。除了对"人情论"的讨论之外，本书也探讨"大礼议"如何影响朝堂内的人际关系、权力结构及政治生态，观察身处于权力核心的嘉靖君臣如何界定自己在团体中的地位、权力范围及政治生态的既有限制，而士人们如何借由儒家经典再诠释的方式，试图让国家礼制回归"合礼"的安排，限制皇权的范围，钳制皇帝的个人性，重新将政治权力和社会秩序导回"公义"的轨迹，本书进一步分析皇权深入官僚体系引发的政治效应。

1　刘泽华：《中国的王权主义：传统社会与思想特点考察》，上海人民出版社，2000年，第157页。

二、文献综述

本书使用的史料，主要是明朝记载嘉靖朝政事的官方史书《明世宗实录》及与"大礼议"相关的奏疏汇编《明伦大典》。[1]值得注意的是，《明伦大典》可说是张璁等议礼众臣的一家之言，尽量避免片面采纳，以免被文本迷惑。为避免一叶蔽目、偏听偏信，本书兼采私人的书信文集，互相参照，以求客观。明清私人文集和笔记小说众多，多有时论，例如《嘉靖以来内阁首辅传》[2]、《续藏书》[3]、《万历野获编》[4]，皆是重要的参考资料，相当真实地反映了士人对时政的批判。正德朝

1　吴晗：《记〈明实录〉》，收入氏著《吴晗史学论著选集》第二卷，人民出版社，1984年，第296—325、350—354页；李晋华：《关于明实录问题材料汇辑》，《大陆杂志》第43卷第3期，第41—57页；谢贵安：《〈明实录〉修纂与明代政治斗争》，《武汉大学学报（哲学社会科学版）》1997年第1期，第108—113页；张居正等修：《明世宗实录》，收入《明实录》第70—91册，台湾"中研院"史语所影印，1966年，据北平图书馆红格钞本微卷影印，红格钞本所缺则据别本补。嘉靖七年（1528）六月辛丑朔，第1页a；杨一清等奉敕撰：《明伦大典》，台北故宫博物院藏，据明嘉靖七年内府刊本微卷影印，此版本曾遭毁损，或有缺页，或字体不明，或有挂漏，特以注明。

2　王世贞：《嘉靖以来内阁首辅传》，收入《明清史料汇编初集》第1册，台湾文海出版社，1967年。该书记录世宗、穆宗、神宗三朝阁臣事迹，叙述详细，为了解嘉靖以降政局变迁之重要著作。

3　李贽：《续藏书》，台湾学生书局，1974年，影印本。该书专录万历前的人物，按作者观点分为14类，人物描写详细，值得参考。

4　沈德符：《万历野获编》，中华书局，1959年，清道光七年姚氏扶荔山房刻本。该书以万历朝史事为主，记载多元，材料丰富，史料价值高。

以降，以人物传记撰著为特色的私家史学发展迅速[1]，有关嘉
靖朝的私家史著亦是不少，例如《世庙识余录》[2]、《皇明嘉隆两
朝闻见纪》[3]、《皇明永陵编年信史》[4]、《嘉靖以来注略》[5]、《国史唯
疑》[6]、《国榷》[7]及《明通鉴》[8]等，不仅能比对《明实录》，亦可补
《明史》简略之不足。此外，嘉靖君臣往来的奏疏和书信也值

1　杨艳秋：《明代史学探研》，人民出版社，2005年，第49页。

2　徐学谟：《世庙识余录》，台湾国风出版社，1965年，据台湾"中央图书馆"
　　珍藏万历徐氏家刊本影印。该书详载嘉靖一朝政治、人物，兼记作者论
　　赞，以补正史之不足。

3　沈朝阳：《皇明嘉隆两朝闻见纪》，台湾学生书局，1969年，据明万历
　　二十七年江东沈氏原刊本影印。详载嘉靖、隆庆二朝政治、人物，兼记作
　　者论赞，以补正史之不足。

4　支大纶：《皇明永陵编年信史》，台湾学生书局，1970年，台湾"中央图
　　书院"藏本。支大纶（1534—1604）史德有损，常借撰史勒索他人钱财，
　　或借褒贬逞其私怨，参考价值不高，后代学者多不采用。沈德符：《万历
　　野获编》卷25《私史》，第631页。

5　许重熙：《嘉靖以来注略》，收入《四库禁毁书丛刊》史部第5册，北京出版
　　社，2000年，明崇祯六年刻本。又名《五陵注略》，为编年体史书。书中
　　多有论断，以明得失。惜取材邸报，搜辑未广。

6　黄景昉：《国史唯疑》，上海古籍出版社，2002年，麓原林氏鉴堂汇钞本。
　　分记各朝人物及闻事，节录国史旧文，对嘉靖、隆庆以来的社会经济与民
　　情风俗研究，颇有价值。

7　谈迁：《国榷附北游录》，台湾鼎文书局，1978年，影印本。谈迁（1594—
　　1658）遍搜当时的邸报、公文、方志及遗民著述，取其可信者加载，保存大
　　量的明代史料，为他书莫及。惜叙事简略，前后失于照应，为其不足之处。

8　夏燮：《明通鉴》，岳麓书社，1999年。《明通鉴》按年记载，费时二十年，
　　广采野史数百种，保存了丰富的史料，反映了明代典章制度、政治、手工
　　商业、赋税、盐政、漕运等各方面发展情况。惜叙事庞杂，略有失真，为
　　其不足之处。

得注意，例如《皇明经世文编》[1]、《谕对录》[2]，借此得以了解嘉靖君臣的态度。

清人谷应泰（1620—1690）编成《明史纪事本末·大礼议》，详略得中，首尾秩然，论理清楚，不但被《明史》引用，也被视为第一手史料，为近代学者利用，可谓研究"大礼议"的必备史料。[3]然而，通过台湾明史学会师生校读《明史纪事本末》的考证，可知《明史纪事本末》的史源庞杂，不能全然信之[4]，于是笔者考据《明史纪事本末·大礼议》的多种史源，详举其问题于本书附录二《大礼议编年表》。为了提醒读者审慎利用《明史纪事本末·大礼议》，略举几处错误：一是错置

1　陈子龙等编：《皇明经世文编》，台湾国联图书出版有限公司，1964年，据明崇祯间平露堂刊本影印。总结明代经世奏疏、尺牍、杂文，涉及礼仪、宗室、谏诤等方面，史料价值甚高。

2　张孚敬：《谕对录》，收入《四库全书存目丛书》史部第57册，台湾庄严文化事业有限公司，1996年，据明万历三十七年蒋光彦等宝纶楼刻本影印。为嘉靖皇帝与张璁之奏对。使用《谕对录》时，须先对照事件背景，不能只看内容就判定对错，否则易被文句误导或误判史料。

3　永瑢等撰：《武英殿本四库全书总目提要》卷49《史部·明史纪事本末》，台湾商务印书馆，1983年，据万有文库版本印行，第1083页。

4　李光璧：《谷氏明史纪事本末探原》，《中和月刊》第3卷第12期，第34—50页；赵铁寒：《关于〈明史纪事本末〉的一段公案——〈明史纪事本末〉跟张岱、谈迁、徐倬、陆圻等人关系的初步整理》，《国立中央图书馆馆刊》第2卷第1期，第1页；陈锦忠：《〈明史纪事本末〉之作者与史源》，《史原》第5期；后又收入吴智和主编《明史研究论丛》第2辑，台湾大立出版社，1982年，第517—544页；邱炫煜：《谷应泰〈明史纪事本末〉的史源新诠》，《简牍学报》第15期，第235—257页。

月份者，有20多处，实难辨别史事顺序。二是记载过于简略，语焉不详，或叙述错误，无法厘清历史事实。三是人名失误，例如石珤（？—1528）错写"石瑶"，杨应奎误记为"杨应魁"（杨应魁实为永乐时人），李充嗣竟记为"李克嗣"，如此张冠李戴的错误，徒增研究者的困扰。[1]此外，据何淑宜的考证，可知《明史纪事本末·更定祀典》多有漏载史事，或顺序混乱，或仪式错误，也让研究者难以理解嘉靖朝的礼制更定。[2]为求史实之真，本书以《明世宗实录》为根本依据，不全引用《明史纪事本末》，以免有误。再参考奏章文集、官方政书、明清士人私撰史籍及笔记小说，比对《明世宗实录》，分析议礼双方各自对"大礼议"事件的诠释差异，了解儒家经典与政治权力之间的互动关系。并参考清人毛奇龄（1623—1713）《辨定嘉靖大礼议》和段玉裁（1735—1815）《明史十二论·世宗论》，从礼学考证的角度，探索国家礼制的经典依据、历史沿革及文化象征，比对议礼双方的礼意论述，进一步检讨"大礼议"的理论根据，以及《明伦大典》建构的经典诠释。

　　明清两代的学者对"大礼议"评价不一，聚讼纷扰，各抒己见。从评论者所处的时代背景来看，明代学者似乎比清代学者委婉许多。这自然是害怕触犯君上忌讳，更重要的是，

1　杜淑芬：《〈明史纪事本末·大礼议〉校读》，《明代研究》第8期，第125—167页。

2　何淑宜：《皇权与礼制：明嘉靖朝的郊祀礼改革》，《中央史论（韩国）》第22期，第1—24页。

明代学者引用的史料大多采自官方有意诠释的《明伦大典》，以致对"大礼议"的历史评价偏向官方论点。自毛奇龄《辨定嘉靖大礼议》一出，清代学者开始从礼学角度批评"大礼"实为非礼。尤其是《明史》多采用毛奇龄的论点，直视"大礼"实为嘉靖皇帝最大的政治过失，以致嘉靖一朝"舆论沸腾，幸臣假托，寻兴大狱"。[1]民国以降的史学界对"大礼议"的看法，大多承袭《明史》的论点，尤以明清史专家孟森（1868—1938）的观点最为著名。孟森指出，"大礼议"是皇权与阁权冲突的政治事件，因而"大礼议"被归为政治史的研究范畴。近年来，不少专家学者受到欧美史学的影响，不再热衷于明初的制度史或明末的党争研究，转而把研究重心放在明中叶的社会经济、思想文化及江南士绅等议题。[2]可惜，嘉靖朝史较少被学界关注，不只是论述嘉靖朝政局的专著不多，多数著作或将嘉靖朝视为万历朝改革的背景；[3]或关心阳明学的发

1　《明史》卷18《世宗本纪二》，第250页。

2　关于明史研究之著作与著述，详见李小林：《明史研究备览》，天津教育出版社，1988年；张琏：《近三十年海外明史研究学术期刊概介》，《明代研究通讯》第1期，第15—28页；吴智和：《二十世纪台湾明史研究回顾介述》，《明史研究专刊》第14期，第285—354页。

3　韦庆远：《张居正和明代中后期政局》，广东高等教育出版社，1999年，第3页；怀效锋：《明清法制初探》，法律出版社，1998年；沟口雄三著，陈耀文译：《中国前近代思想之曲折与展开》，上海人民出版社，1997年；小岛毅：《中国近世における礼の言说》，东京大学出版会，1996年；冈田武彦著，吴光、钱明、屠承先译：《王阳明与明末儒学》，上海古籍出版社，2000年。

展，探讨明代中期的思想变化；[1]或着眼于江南地区农业和手工业的发展情况，赞为"中国资本主义萌芽"。[2]

为厘清研究脉络的完整性，亦为说明学界前辈的奠基之功，本书针对"大礼议"事件、政治权力与经典诠释的关系，以及嘉靖朝国家礼制变革等三个面向，将海内外学界的相关成果，概述如下。

（一）"大礼议"事件

明清史专家孟森首先注意到"大礼议"之于嘉靖朝政局的重要性，"嘉靖一朝，始终以祀事为害政之枢纽，崇奉所生，

1　怀效锋：《嘉靖专制政治与法制》，湖南教育出版社，1989年；中山八郎：《明清史論集》，汲古书院，1995年；左东岭：《王学与中晚明士人心态》，人民文学出版社，2000年；小岛毅：《中国近世における礼の言説》；楠本正継：《宋明时代儒学思想の研究》，广池学园出版部，1985年（该书另有中译本《宋明时代儒学思想之研究》，连凡译，山东人民出版社，2022年）；沟口雄三著，陈耀文译：《中国前近代思想之曲折与展开》；荒木见悟：《明清思想論考》，研文出版，1992年；吕妙芬：《阳明学士人社群——历史、思想与实践》，台湾"中研院"近史所，2003年；张璉：《从"大礼议"看明代中叶儒学思潮的转向》，《明清史集刊》第3期，第51—68页。

2　中国人民大学中国历史教研室编：《中国资本主义萌芽问题讨论集》，生活·读书·新知三联书店，1957年；南京大学历史系中国古代史教研室编：《中国资本主义萌芽问题讨论集续编》，生活·读书·新知三联书店，1960年；田居俭、宋元强编：《中国资本主义萌芽》，巴蜀社，1987年；赵晓华：《中国资本主义萌芽的学术研究与论争》，百花洲文艺出版社，2004年。

已及憎爱之私，启人报复奔竞之渐矣"。[1]然而，若以嘉靖皇帝欲崇敬本生父母的"私心自用"，似难以完全解释嘉靖君臣发起"大礼议"的动力，所以美国学者卡尼·托马斯·费希尔（Carney Thomas Fisher），日本学者中山八郎、小岛毅，以及中国学者张治安、朱鸿、怀效锋、田澍、赵克生、胡吉勋等人，各自分析"大礼议"背后的文化背景、嘉靖朝堂的权力冲突，以及嘉靖皇帝的心理特质，借以探讨嘉靖朝政局之变化。本书按其成果发表时间，概述这些成果的主要观点，并说明本书与这些成果的差异之处。

张治安《明代嘉靖初年的议礼与党争》一文，指出"大礼议"是嘉靖朝党争之先端，却因左顺门事件的刺激，让士人的政治表现趋于激烈，视"拂帝意"为气节之表现，以致后来不断出现违抗君命、好发议论、派系倾轧等现象，让明朝陷入内耗的窘境。[2]

费希尔的博士论文《明代的大礼议》（The Great Ritual Controversy in Ming China）是欧美学界对"大礼议"研究的首要之作。[3]费希尔先针对汉代帝系争议的三件案例（西汉宣帝、哀帝与东汉光武帝）与宋代濮议案，分别讨论礼学理论的差异，再分析明代"大礼议""七争"及其礼学根据，最后

1　孟森：《明史讲义》，上海古籍出版社，2002年，第224页。

2　张治安：《明代嘉靖初年的议礼与党争》，台北"国科会"补助论文，1972年。

3　Carney Thomas Fisher, The Great Ritual Controversy in Ming China, Ann Arbor: UMI, 1977.

探讨王阳明的心学、道德与情欲的冲突及"大礼议"事件的关系，指出明中叶学术思想变化、社会现实与政治事件三方面实有紧密的互动作用。

朱鸿的硕士论文《"大礼"议与明嘉靖初期的政治》以心理史学为研究方法，着重探讨嘉靖皇帝孝亲思想的形成及其影响；再利用量化统计，分析濮议派与考献派两派人士的地缘、血缘及党派特性。[1]最后指出"大礼议"压制了代表道统的杨廷和等人，代表治统的嘉靖皇帝因而能扩张皇权，使君主专制的势力达到顶峰，文官集团的道统意识却降到最低点，开党争之风气，使明中叶以降的政局日趋混乱。

上述这些成果的资料来源，多取自《明实录》《国榷》及《明史纪事本末》，而其讨论时限于正德十六年至嘉靖三年的"大礼议"，焦点集中在事发过程、争议结果及权力变化，不仅建构"大礼议"的历史背景，也厘清议礼双方的人事纠葛，证明了"大礼议"对嘉靖朝政局的影响实不容小觑。尤其是朱鸿量化分析议礼双方背景，让后继者处理嘉靖初年的人事变动时，有极为便利的参考价值。

鉴于这些成果的优劣之处，若干学者也给出新的视角，提出"嘉靖革新"的观点，或利用新资料，使"大礼议"的来

1　朱鸿：《"大礼"议与明嘉靖初期的政治》，硕士学位论文，台湾师范大学历史研究所，1978年，第2页。朱鸿指出濮议派人士之间多有地缘、科举同年及师生的关系。考献派结合的因素有三：考献派人士多是政治上的失意者、久蓄夺权心理以及对"大礼"有共同主张。

龙去脉更为清晰。例如，田澍的《嘉靖革新研究》试图推翻过
去学界的定论，重新检讨"大礼议"的功过是非，并采用议礼
诸臣张璁、桂萼（？—1531）等人的文集，给予张璁等人正
面的评价，否定杨廷和等人的定策之功。同时，田澍更进一
步地发展其业师蔡美彪教授的看法，指出张璁等人的政治革
新，即代表新兴势力取代守旧势力的历史性转变，遂奠定了
张居正（1525—1582）发起万历变法的基础。[1] 田澍立论大
胆，观点新颖，著作颇丰，故成一家之言。不过，若干学者
也指出《嘉靖革新研究》有几点问题，值得商榷。例如，《嘉
靖革新研究》将正德朝的弊政全归咎于杨廷和一人，评价过于
负面，似未能客观论证。又例，为了连接万历朝张居正改革
的历史脉络，《嘉靖革新研究》过分抬高嘉靖新政的价值，也
刻意强调张璁、桂萼等人的革新性，忽视当时的人事纠葛和
权力分配。再者，该书并未说明张璁等人制定新政策的前因
后果，也未解释嘉靖革新究竟对嘉靖朝政治、经济、社会层
面造成何种影响，更忽略了议礼双方对"大礼"的礼学根据、
诸人的思想脉络，以及"大礼议"隐含的政治文化意义，直视
"大礼议"为嘉靖皇帝振兴皇权的斗争工具，让人不免有以偏
概全之叹。[2] 除了"嘉靖革新"的主张之外，胡吉勋考究嘉靖朝

1　田澍：《嘉靖革新研究》，中国社会科学出版社，2002年，第6页。
2　刘祥学：《杨廷和与嘉靖初年的政治革新》，《西南师范大学学报（人文社会
　　科学版）》第26卷第2期，第122—128页。

的人事变动，指出反对大礼者皆被入罪、流放、罢免，迎合者却步步高升，使皇权得以"威柄在御"。他也认可孟森的看法，认为嘉靖朝走向皇权专制的过程，实为明代国运转折的过程，并指出"大礼议"对士人治国理念产生了重大冲击，经世思想难以冲破皇权专制的牢笼。[1]美国学者窦德士（John W. Dardess）用春、夏、秋、冬四季，比喻嘉靖皇帝漫长统治的四个阶段，也对应内阁首辅张璁、夏言（1482—1548）、严嵩（1480—1567）、徐阶（1503—1583）与嘉靖皇帝的互动，借以说明嘉靖皇帝个人心理、政局变化及社会的发展。[2]

相较于专书，有关"大礼议"的专文研究相当丰硕。限于篇幅，兹列举其要者。其一，强调"大礼议"乃是皇权与阁权进行政治斗争的导火线。[3]其二，指出"大礼议"是程朱、陆王理论冲突之体现，反映明中叶社会风气的转变，也反映了当时文化界重视私领域、要求个性解放的思想转折。[4]其

1　胡吉勋：《"大礼议"与明廷人事变局》，社会科学文献出版社，2007年；胡吉勋：《威柄在御：明嘉靖初年的皇权、经世与政争》，中华书局，2021年，第2—3页。

2　窦德士著，谢翼译：《嘉靖帝的四季：皇帝与首辅》，九州出版社，2021年。

3　郑克晟、傅同钦：《王阳明与嘉靖朝政治》，《明史研究专刊》第11期，第19—39页；朱鸿：《"大礼"议与明嘉靖初期的政治》，第161、163、166、167、173页；孟广军：《从嘉靖朝大礼议等事看阁权对皇权的制约》，《北方论丛》1995年第3期，第91—93页；陈超：《明代"大礼议"前后的内阁体势变化》，《东北师大学报（哲学社会科学版）》2003年第1期，第38—42页。

4　中山八郎：《明清史論集》，第85—153页；张琏：《从"大礼议"看明代中叶儒学思潮的转向》，第51—68页。

三，质疑阳明学普及化的说法，指出嘉靖朝廷打压阳明学发展的事实，较为强调国家权力介入学术界的专制层面。[1]其四，议礼意念的歧异，引发君臣冲突。例如《剑桥中国明代史》（*The Cambridge History of China Volume 7:The Ming Dynasty, 1368 — 1644*）负责撰写正德、嘉靖朝的美国学者盖杰民（James Geiss），便指出嘉靖君臣因礼仪观念的不同[2]，皇帝与首辅之间发生激烈冲突，造成官僚体系分裂，也使专制皇权再度复兴。此外，在议礼过程中，常常使用迂回辩论法，让当时的学者致力于研究语言学和文句分析，开启了清代的考古训诂之风。[3]其五，如同前引田澍的论点，把"大礼议"置

1　欧阳琛:《王守仁与大礼议》,《新中华》第12卷第7期，第97—102页；邓志峰:《"谁与青天扫旧尘"——"大礼议"思想背景新探》,《学术月刊》1997年第7期，第97—103页；郑克晟、傅同钦:《王阳明与嘉靖朝政治》，第19—39页。嘉靖朝打压阳明学的例子可见《明世宗实录》卷98，嘉靖八年（1529）二月甲戌，第7页a—7页b;《明世宗实录》卷218，嘉靖十七年（1538）十一月辛卯，第13页a。

2　Carney Thomas Fisher, *The Great Ritual Controversy in Ming China*, p.349;阎爱民:《"大礼议"之争与明代的宗法思想》,《南开史学》1991年第1期，第33—55页。

3　牟复礼、崔瑞德编，张书生等译:《剑桥中国明代史》，中国社会科学出版社，1992年，第489、497页；万揆一:《"议大礼"与杨升庵》,《昆明师范学院学报（哲学社会科学版）》1981年第1期，第52—53页。杨慎（1488—1559）乃杨廷和之子，为明代大儒，著述甚多，在诸经皆有专著，学界推为清代考据学之远源。关于杨慎的学术，可见林庆彰:《明代考据学研究》，台湾学生书局，1986年；丰家骅:《杨慎评传》，南京大学出版社，1998年。

于明代社会经济的背景下进行讨论，试图摆脱传统史学对"大礼议"的看法，重新检讨"大礼议"的历史评价。[1]

（二）政治权力与经典诠释的关系

关于中国的传统政治文化，美国政治学学界有几种看法。例如理查德·所罗门（Richard H. Solomon）主张中国传统的政治文化是具有权威性格的政治文化模式，强调中国人有依赖性的社会取向，缺乏自我进取和自主判断的自信心。尤在道德方面，常听从权威者的指示，集体利益因而凌驾于个人利益之上。[2]又例，墨子刻（Thomas A. Metzger）主张中国传统的政治文化是具有权威批判性的政治文化模式。墨子刻受塔尔科特·帕森斯（Talcott Parsons）共同价值论的影响，

1　与田澍有相似观点者，亦有不少。罗辉映：《论明代"大礼议"》，《明史研究论丛》1985年第3期，第167—188页；李洵：《"大礼议"与明代政治》，《东北师大学报（哲学社会科学版）》1986年第5期，第48—62页；李洵：《下学集》，中国社会科学出版社，1995年，第147—172页；张显清：《明嘉靖"大礼议"的起因、性质和后果》，《史学集刊》1988年第4期，第7—15页；张立文：《论张璁的"大礼议"与改革思想》，《浙江大学学报（人文社会科学版）》第32卷第4期，第12—19页。此外，张显清指出权臣严嵩正是借着附和嘉靖皇帝一连串的制礼活动，得以平步青云而专擅朝政多年，张显清：《严嵩传》，黄山书社，1992年，第26—77页。

2　Richard H. Solomon, *Mao's Revolution and Chinese Political Culture*, Berkeley: University of California Press, 1971, pp.4, 14, 75–79, 113–129。该说影响美国与中国的行为主义学者们甚大，在历史学界却是毁誉各半，其论点不但常被思想史家质疑，甚至被视为西方中心论的代表之一。

因而反对所罗门的行为理论，指出儒家思想中本有"道""势"不兼容的政治论述，亦不乏行动上的实践，强调道德自主性常面临困境，屡与现实政治发生激烈冲突。[1]相较于前二者的绝对评价，艾森斯塔得（Shmuel N. Eisenstadt）采取折中的多元论述，主张中国传统的政治文化是既有权威主义，亦有反权威的政治文化模式，并从各种政治群体的动态运作（政治系统）着眼，指出皇帝与儒家士大夫常有目标不同的紧张气氛，尤其在儒家文化的框架下，君臣双方不完全重视政治取向，更多时候强调从文化取向来进行政治改革。[2]

本书着眼于政治结构与文化价值的互动关系，综合上述三者的看法，将"政治文化"定义为"政治思维的方法与政治行动的风格"[3]，试图从名分礼秩的角度，观察"大礼议"如何影响嘉靖君臣的政治行动，说明"大礼"不只为了夺取实权，而是有其更深层的政治文化意义。为避免论述失焦，在这里先比较政治文化与政治思想之异同，以免产生语意或逻辑上的混淆。[4]政治文化史与政治思想史有十分密切的关系。两者的研究取径，皆从文本去解释文化上的抽象概念。不过，两

1　墨子刻著，颜世安等译：《摆脱困境：新儒学与中国政治文化的演进》，江苏人民出版社，1996年，第2—3、29—31、155—178页。

2　S. N. 艾森斯塔得著，阎步克译：《帝国的政治体系》，贵州人民出版社，1992年。

3　余英时：《宋明理学与政治文化》，台湾允晨文化出版社，2004年，第23页。

4　黄俊杰、蔡明田：《中国政治思想史研究方法试论》，《中央大学人文学报》第16期，第1—43页。

者却有不同的问题取向。政治思想史关切某时段里各个学者的政治理论及其解析。[1]政治文化史用于探索某时期的政治价值观将如何控制人们的政治行为与思维方式。换言之，政治思想史将抽象概念作为讨论对象，传统政治文化史则重视这些抽象概念如何反映到政治运作，尤其偏重当时人们重构文化概念的过程。因此，两者确有不同的研究目的、对象及角度，不可混视之，否则容易产生与研究动机大相径庭的结论。

本书第二章将探讨《明伦大典》的修纂动议、内容解释及影响，其中不只是统合官方解释，更牵涉了经典诠释和政治权力之间的关系。经典诠释是什么？政治权力与经典诠释之间又有何关系？根据中国古代政治史的研究，[2]可知儒家经典

1　萧公权:《中国政治思想史》，台湾联经出版事业股份有限公司，1982年，第941、942、946—948页。

2　关于儒家与儒家经典诠释的相关研究，参看余英时:《中国思想传统的现代诠释》，台湾联经出版事业股份有限公司，1987年；甘怀真:《皇权、礼仪与经典诠释：中国古代政治史研究》，喜玛拉雅研究发展基金会，2003年；杜奎英:《中国历代政治符号》，台湾政大出版社，1963年；林素英:《古代祭礼中之政教观——以〈礼记〉成书前为论》，台湾文津出版社，1997年；王健文:《奉天承运：古代中国的"国家"概念及其正当性基础》，台湾东大图书股份有限公司，1995年；Lucian W. Pye, *Asian Power and Politics: The Cultural Dimensions of Authority*, Cambridge Mass: Belknap Press, 1985；黄俊杰、龚韵薰:《〈中国经典诠释学的特质〉学术座谈会记录》,《中国文哲研究通讯》第10卷第2期，第251—266页；黄俊杰:《东亚儒学史研究的新视野：儒家诠释学刍议》,《台大文史哲学报》第53期，第69—99页；黄俊杰:《从儒家经典诠释史观点论解经者的"历史性"及其相关问题》,《台大历史学报》第24期，第1—28页；魏伟森:《一个被忽略学者所留下之不可磨灭印记：汉学诠释学之重构》,《台湾社会研究季刊》第29期，第131—152页。

实为"政治论述"，并没有固定的内涵，使用者根据自身理念与现实需求，以其为思想基础，进而发展出一套"经典诠释"。例如，王健文指出古代中国的国家形态与社会结构隐含着一套特殊的天人观与诠释系统。正是这套天人观和诠释系统，使国家社会里的每一成员都愿意相信，世事皆有合理安排，此即国家的正当性（legitimating）。[1] 甘怀真同样指出"汉唐间的皇权努力借由儒家经典诠释以独占一些礼仪符号"。[2] 由此可见，古代中国的士人们为了现实需要，常利用儒家经典，予以再诠释的空间[3]，"礼"的概念因而不断地被诠释，也不断地产生质变，使经典诠释的话语权变得重要，善用者甚至可以动摇皇权的正当性基础。[4]

黄进兴最早注意到政治权力、祭祀制度及儒家道统互为

---

[1]　王健文：《奉天承运：古代中国的"国家"概念及其正当性基础》，第8页。

[2]　甘怀真：《中国古代君臣间的敬礼及其经典诠释》，《台大历史学报》第31期，第45页。

[3]　当代文学批评的用语常使用"文本"一词。"文本"的普遍解释为"书写或口语的说明整体，它具有一种特有的一致性与凝聚力"。本书对"文本"的解释，采取"交互文本性"，意指"在一种文本中，借由抄袭、引述、影射、不同诠释，而将另一种文本再次占据"。尚·勒狄克（Jean Leduc）著，林铮译：《史家与时间》，台湾麦田出版社，2004年，第214页。

[4]　甘怀真：《"旧君"的经典诠释——汉唐间的丧服礼与政治秩序》，《新史学》第13卷第2期，第1页。

纠结的问题。[1]在《道统与治统之间：从明嘉靖九年（1530）孔庙改制谈起》一文中，曾指出嘉靖九年的孔庙改制，不只是祀典改革，实隐含了"大礼议""尊亲为上"的深意，使皇权得以宣传"治统至上"，成功地压制了士人的道统精神。[2]此外，王汎森则考察丰坊（1492—1569后）与其伪作石经《大学》，探讨石经《大学》何以引起当时学术界重视，指出明中叶的思想界对程朱、陆王学派的争议有着高度的焦虑，实反映了当时存在着一股修正阳明学的思想潮流。[3]

（三）明代国家礼制研究

本书第三章欲讨论嘉靖朝礼制更定的过程、权力交替及政治文化意义，有必要回顾明代礼制的相关研究。目前在明代礼俗文化的研究上，成果丰硕。关于国家礼制的课题，成果尚不足，但已有一些初步讨论，值得介绍。尤其是阎爱民指出"大礼议"乃因议礼双方对宗法伦理、皇帝制度及思想脉络的根本差异，证实明中叶以降的社会对宗法制度的看法，

---

1 黄进兴：《毁像与圣师祭》，《大陆杂志》第99卷第5期，第1—8页；黄进兴：《道统与治统之间：从明嘉靖九年（1530）孔庙改制谈起》，《中央研究院历史语言研究所集刊》第61卷第4期，第917—941页；黄进兴：《权力与信仰——孔庙祭祀制度的形成》，《大陆杂志》第86卷第5期，第8—34页；黄进兴：《学术与信仰：论孔庙从祀制与儒家道统意识》，《新史学》第5卷第2期，第1—82页。

2 黄进兴：《道统与治统之间：从明嘉靖九年（1530）孔庙改制谈起》，第924页。

3 王汎森：《明代后期的造伪与思想争论——丰坊与〈大学〉石经》，《新史学》第6卷第4期，第1—19页。

已偏向"重一本"的尊祖观念，因而构成了嘉靖朝更定礼制的思想背景。[1]

关于嘉靖朝礼制改革的专论有四。

一是日本学者小岛毅的《嘉靖の礼制改革について》，采纳中山八郎及费希尔的观点[2]，分别考察天地、宗庙、孔子祀典及皇后先蚕礼四项仪式[3]，指出嘉靖皇帝为证明政权的正当性，便以实践太祖遗志为由，又以朱子学信徒自居，试图借礼制改革，开创政治新局面。清代的国家礼制则继承了嘉靖朝礼制改革的精神，试图将地方社会的宗族制度包容于国家礼制体系之中，完成国家与社会的礼制一体化。

二是小岛毅的《郊祀制度の变迁》，着重历代郊祀制度的变迁，厘清礼学争议及其与宗庙制度的关系，试图展现历代郊祀制度与社会变迁的内在脉络。[4]

三是王柏中的《明嘉靖年间的庙制变革问题试探》，则介

1　阎爱民：《"大礼议"之争与明代的宗法思想》，第33—55页。

2　小岛毅：《嘉靖の礼制改革について》，《東洋文化研究所紀要》第117期，第419页。

3　小岛毅：《嘉靖の礼制改革について》，第381—426页。

4　小岛毅：《郊祀制度の变迁》，《東洋文化研究所紀要》第108期，第123—219页。小岛毅指出自宋代以后，理学盛行，强调天人关系，相对地降低太庙在国家祭礼中的地位，郊祀制度不再附于太庙祭典，反而成为正式的国家祭典。直到嘉靖年间，阳明学兴起，使"天理"的"理"发生质变，郊祀制度转为天地分祭，更加提高了天的地位。到了清代，天的意义已经转为抽象的祭祀对象，使皇帝身兼天子的政治象征越来越薄弱，天的身份转化成至高无上的真理代表者。

绍嘉靖朝宗庙制度的变化，指出嘉靖年间庙制变革的目的，即在变更君统，否定孝宗、武宗二帝的宗统地位。[1]

四是赵克生的博士论文《明朝嘉靖时期国家祭礼改制研究》，着重讨论嘉靖朝祭礼改制的过程，尤其就祭礼制度有相当清楚的介绍。[2]此外，赵克生也质疑黄进兴的论点，指出孔庙改制不只是皇权扩张的现象，实与儒学发展脉络的变化有关，这无疑为我们提供了另一种思考的角度。

上述四文偏重政治制度或思想文化，多视国家礼制为皇权的工具，未顾及嘉靖朝国家礼制变革的礼学根据、权力交替及政治文化意义。此外，在"大礼议"及礼制改革的发展过程中，洪武皇帝朱元璋（1328—1398）主持编撰的《皇明祖训》实有举足轻重的政治效应。萧慧媛的硕士论文《明代的祖制争议》指出，"祖制"本是制衡皇权的重要力量。不愿遵守"祖制"的明朝皇帝，往往重新诠释"祖制"，使《皇明祖训》渐离原意，后来的历任皇帝也任意解释，不再受到"祖制"束缚，政局逐渐大坏。[3]

---

1 王柏中：《明嘉靖年间的庙制变革问题试探》，《社会科学战线》2001年第2期，第141—146页。

2 赵克生：《明朝嘉靖时期国家祭礼改制研究》，博士学位论文，中国社会科学院研究生院，2003年。后正式出版为赵克生：《明朝嘉靖时期国家祭礼改制》，社会科学文献出版社，2006年。本书引用赵书之处，采2006年版本。

3 萧慧媛：《明代的祖制争议》，硕士学位论文，台湾中国文化大学史学研究所，1999年；吴智和：《明代祖制释义与功能试论》，《史学集刊》1991年第3期，第20—29页。

三、章节安排

　　"大礼议"发起时间基本上没有争议，皆以正德十六年正德皇帝崩逝为始。但"大礼议"的结束时间有三种说法：一是至嘉靖三年九月，兴献王尊称议定；[1]二是止于嘉靖七年七月，《明伦大典》修成；[2]三是止于嘉靖十七年九月，献皇帝称睿宗、祔太庙。[3]本书拟将"大礼议"的结束时间，延长至嘉靖二十四年七月献皇帝正式升祔太庙为止，并论及隆庆、万历、天启、崇祯各朝是否祧迁献皇帝的争论，以了解"大礼议"的影响层面。

　　本书之所以延长研究时限，乃因在嘉靖三年左顺门事件后，"大礼"衍生的争论仍进行着，几乎贯穿嘉靖一朝。例如，嘉靖十七年十二月，为了讨论改迁显陵与否[4]，嘉靖皇帝下令

1　陈捷先：《明清帝位继承制的因袭与创新》，《历史月刊》第116期，第59页；王汎森：《明代后期的造伪与思想争论——丰坊与〈大学〉石经》，第5页。

2　张孚敬：《太师张文忠公集》奏疏卷3《进明伦大典初稿》，第19页b—20页b；李洵：《"大礼议"与明代政治》，第48—62页。

3　朱鸿：《"大礼"议与明嘉靖初期的政治》，第227页；谷应泰：《明史纪事本末》卷50《大礼议》，台湾三民书局，1985年，影印本，第529—530页。

4　《明史》卷17《世宗本纪一》，第228—229页。赵克生《明朝嘉靖时期国家祭礼改制》将"大礼议"时限拉至嘉靖二十九年祧仁宗、祔孝烈皇后为止。笔者以为，至嘉靖二十九年的时限过长。原因有二：一是嘉靖二十九年的议礼仅为了确定庙制位次，无涉于其他；二是早在嘉靖二十四年时，庙制已由嘉靖皇帝钦定，至嘉靖二十九年祧仁宗议时，群臣缄口，莫敢相争。因此，嘉靖二十九年祧仁宗议，应定位为庙议的后续发展，而非主体事件。赵克生：《明朝嘉靖时期国家祭礼改制》，第53—54页。

群臣集议，引发首辅权力的消长。又如，北京九间太庙焚毁，于是再度更改庙制，推翻嘉靖十一年（1532）议定的"都宫别殿"制（每神主各立一庙）。从上述两事件来看，嘉靖十七年之后，嘉靖朝堂仍因改迁陵墓、太庙庙制及庙位昭穆等事，再掀波澜。因此，唯有延长研究时限，并兼顾隆庆朝至崇祯朝君臣对献皇帝袝庙的争论，始能完整地观察"大礼议"、名分礼秩、皇权重塑三者间的关系，也能了解"大礼议"背后的政治文化体系。历时二十四年的"大礼议"，争论的主线有二：一是"继统不继嗣"与"继统先继嗣"之争，二是兴献王朱祐杬能否升袝太庙之争。

第一条主线的时限，从正德十六年嘉靖皇帝即位开始，直到嘉靖三年将兴献王尊称正式更定为"献皇帝"为止。过去学界对"大礼议"的原因、过程及结果的研究，已有相当的成果，因而第一章不再赘述，仅作背景讨论，着重较少论及的"继统不继嗣"与"继统先继嗣"之争。第一章欲讨论的问题是：议礼双方各持的论点为何？议礼双方频频引用的《皇明祖训》与《武宗遗诏》有何法理地位？议礼双方如何证明嘉靖皇帝继位的正当性？议礼双方如何论证兴献王尊号的合宜性？希望借由上述问题的提出，说明"继统不继嗣"与"继统先继嗣"的礼学根据、现实差异及其理论体系。

第二条主线的时限，从嘉靖四年（1525）何渊提出"立世室"之议开始，直到嘉靖二十四年正式将兴献王神主升袝太庙为止。第二章和第三章则着眼于兴献王身份的转变，分别讨论"人情论"理论体系、《明伦大典》的编纂意义，以及国家礼制与政治权力的关系。换言之，第二章欲讨论的问题是：《明伦大典》如何能合理化"大礼议"及左顺门事件？《明伦大典》如何重新诠释议礼双方的论点？《明伦大典》是否影响明清史家对"大礼议"的评价？第三章欲讨论的问题是：嘉靖皇帝如何借国家礼制的更定，逐步确定皇权至上的诠释体系？内阁和官僚体系又有何抉择？希望借由上述问题的提出，了解经典诠释的运作意义及名分礼秩之于皇权的重要性。第四章则总结前三章的讨论，分别从皇帝、内阁及官僚体系三方面，试图厘清嘉靖朝的权力结构、君臣关系及政治秩序之间的关系，从而分析名分礼秩与皇权正当性的内在脉络。[1]

除去绪论与结论，本书按照两条主线的设计，分为四章，并依照时间顺序，以嘉靖朝的政治生态作为论述的主线，分析"大礼议"背后的人事纠纷和权力变化。各种不同的政治符号与思想意识形态，则夹为论述。本书的焦点将集中在"权力、礼制与政治文化"，探讨"礼"与"政"的关系，说明名分与皇权的关系，实为一体两面，以了解名分礼秩之于政治文

---

[1] 历来学界对正统的论述甚多，各家见解不同。本书中，"正当性"又可作为"正统性"使用，指的是统治权在意识形态上的合理化与被统治者对统治权的认可。参考约翰·伍德（John Thomas Wood）著，苏敬如译：《权力》，台湾种籽文化事业有限公司，2000年，第2页；丹尼斯·朗（Dennis H. Wrong），高湘泽、高全余译：《权力：它的形式、基础和作用》，台湾桂冠图书股份有限公司，1994年。

化体系的重要性。

第一章叙述"大礼议"的演变过程、礼仪争论及政治冲突。着重说明议礼双方对"大礼"的主张，并探讨左顺门事件后的人事分配和权力重组，以了解"大礼议"如何影响嘉靖初年的政治发展。

第二章叙述从《献皇帝实录》到《明伦大典》的颁布过程、内容解释及其文化影响。着重四项主题：《献皇帝实录》与《明伦大典》的政治意义，"人情论"理论体系的建构，官方掌握话语权力的重要性，以及皇权与经典诠释的关系。通过《明伦大典》对名分礼秩的讨论，观察嘉靖君臣如何调整天理与人情的冲突，以强化"大礼议"的正当性。并依据本书附录二《大礼议编年表》的考订，讨论明清史家对"大礼议"评价的变化因素，以证明《明伦大典》的文化影响。

第三章叙述嘉靖朝的礼制更定。着重于嘉靖朝更定国家礼制的过程、礼制更定的象征意义，以及国家礼制与政治权力的关联性。通过嘉靖君臣的讨论内容，厘清各项礼制改革的理论基础，论证"大礼议"破坏了名分礼秩的基础，使皇权流于私化，进而破坏了嘉靖朝堂原有的权力分配原则。

第四章探讨"大礼议"的政治文化意义。一是强调身份原则的重要性，讨论"忠"伦理之真意，以了解皇权的正当性基础，实来自名分礼秩的合理安排。二是观察嘉靖朝政治生态，探讨"人在制度中的身份"，分别从皇帝、内阁与言官三方面，论述嘉靖朝的君臣关系、内阁首辅权力扩张的前因后果及内阁与言官屡有对立的结构性因素。

　　附录一为明代诸帝世系表。以表格和图片的方式，整理明代诸帝姓名、生卒年、庙号、在位大事及君统与宗统转变的情形。

　　附录二为"大礼议"纪年史事的考证。以七部史书为据，按时间排列各大事件，并考订时间、人名及史事真伪，以厘清"大礼议"的历史事实。

第一章

"大礼议"肇因、经过及结果

　　"大礼议",又称"大礼"之议,即嘉靖君臣商议兴献王朱祐杬尊号事。正德十六年,正德皇帝朱厚照驾崩,无子继位,帝系的君统与宗统皆断绝。[1]兴献王世子朱厚熜以外藩入继大统,即皇帝位,遂开启"大礼"之议。针对朱厚熜的继位身份,嘉靖君臣展开激烈的争论,衍生出一连串的政治风波。以内阁首辅杨廷和为首的"濮议论"人士,主张朱厚熜是孝宗弘治皇帝的嗣子身份;以张璁为首的"人情论"人士,则主张朱厚熜是兴献王的长子身份。[2]从议礼双方相决不下,皆不惜身家性命这点来看,"大礼议"实有激烈的权力之争,其中的"统嗣孰重"议题,更隐含了复杂的政治文化意义。

1　所谓帝系的君统,即永乐皇帝朱棣(1360—1424)以帝位相传的血脉,
　　亦是明皇室的宗统,称为"大宗",旁支宗室为"小宗"。

2　为求客观,尽量不冠以党派之分,仅从臣下对"大礼"各自的主张,予以
　　分类,厘清议礼人士的思想脉络,阐明嘉靖君臣对"大礼"主张之差异。

一、外藩入继

明代诸帝中，孝宗弘治皇帝朱祐樘是位难得符合儒家规范的君王，勤于朝政，听取建言，几乎不曾责罚言官，"兢兢于保泰持盈之道"[1]，被史家誉为"中兴之主"。但他的儿子朱厚照却荒诞失道，使"弘治中兴"的太平局面无法再维持。[2]

正德皇帝朱厚照即位后，重用昔日东宫太监刘瑾（1451—1510）及其党羽。刘瑾等人挟势弄权，贪污纳贿，滥用厂卫，钳制言路，斥逐异己，时称"八虎"。[3]朝廷众臣深恐遭祸，噤若寒蝉，对"八虎"的不法行径，敢怒不敢言。刘瑾及其党羽伏诛后[4]，正德皇帝不思反省，依然荒唐嬉戏，转而宠信武臣江彬（？—1521）[5]及大臣钱宁（？—1521）[6]等人；又巡游宣府

1 《明史》卷15《孝宗本纪》，第183—196页；孟森：《明史讲义》，第185—206页；黎东方：《细说明朝》第2册，台湾传记文学出版社，1970年，第293—299页；傅衣凌主编，杨国桢、陈支平著：《明史新编》，人民出版社，1993年，第153—158页。孝宗在位期间，斥逐奸佞，革废僧道封号，起用正直之士，屡禁宗室勋臣侵占民田，又编纂《大明会典》，修订《问刑条例》，始有"弘治中兴"之称。

2 《明史》卷16《武宗本纪》，第199—213页；李洵：《正德皇帝大传》，辽宁教育出版社，1993年。

3 《明史》卷186《杨守随传》，第4922页；《明史》卷304《刘瑾传》，第7789—7792页。八虎是刘瑾、马永成、高凤、罗祥、魏彬、邱聚、谷大用、张永（1465—1529）。

4 《明史》卷198《杨一清传》，第5527—5528页。杨一清（1454—1530）与太监张永合作除去刘瑾的过程，详见郭淑吟：《杨一清研究》，硕士学位论文，台湾中国文化大学史学研究所，1983年，第88—89页。

5 《明史》卷307《江彬传》，第7885—7890页。

6 《明史》卷307《钱宁传》，第7890—7892页。

（今河北宣化）、塞北、江南等地[1]，纵容手下大肆掳掠[2]，甚至自封"总督军务威武大将军总兵官太师镇国公朱寿"[3]，视国家礼法为儿戏。正德皇帝的作为，不但抛弃了皇帝应负的责任，也引发了财政窘困、宗室叛乱及民乱四起的危机。[4]

正德十四年七月，正德皇帝以亲征宁王朱宸濠（？—1521）为借口南巡。[5]众臣群起反对，纷纷跪谏午门前（北京紫禁城正南门，中间门洞供皇帝出入，东边门洞供文武官员出入，西边门洞供宗室王公出入），请求皇帝收回成命。正德皇帝不听，执意南巡，还杖打了一百四十六位大臣，群臣悚

1　沈德符：《万历野获编》卷1《武宗游幸之始》，第29页。

2　费宏等撰：《明武宗实录》卷181，收入《明实录》第61—69册，正德十四年十二月辛酉，第1页a—1页b。

3　《明武宗实录》卷171，正德十四年二月己丑，第8页b—9页b；沈德符：《万历野获编》卷1《武宗托名》，第29页；沈德符：《万历野获编》卷1《武宗再进爵号》，第30页。

4　孟森：《明史讲义》，第196页。关于宗室叛乱，参见奥山宪夫：《宁王宸濠の乱》，《三上次男博士喜寿纪念论文集历史编》，平凡社，1985年；阪仓笃秀：《宁王宸濠の乱—明朝诸王分封制の一齣》，收入《山根幸夫教授退休记念明代史论丛（上）》，汲古书院，1990年，第111—130页。关于正德朝的民乱，见沈德符：《万历野获编》补遗卷4《夷兵》，第926页；谢国桢：《明代农民起义史料选编》，福建人民出版社，1981年，第45—116页；李洵：《正德皇帝大传》，第211—227页；林延清：《嘉靖皇帝大传》，辽宁教育出版社，1993年，第8页。

5　《明史》卷16《武宗本纪》，第210—211页；赵翼：《廿二史札记》卷34《正德中谏南巡受杖百官》，台湾史学出版社，1974年，湛贻堂原刻本，第779—780页；林延清：《嘉靖皇帝大传》，第7—9页。

然，不敢阻挠。[1]然而，正德皇帝却在返京途中，失足落水，身染重病。[2]正德十六年三月十三日（乙丑）夜里，正德皇帝自知大限将至，交代身后事，告诉太监陈敬、苏进：我的病治不好了，快把司礼监太监叫来，向皇太后禀报遗言。告诉皇太后，天下大事（"天下事重"）要和内阁商量后，再下决定。过去的错事，都是我自己不好，跟你们无关。[3]隔日（丙寅）早上，正德皇帝病死于豹房。

正德皇帝所说的"天下事重"，即指皇位继承人选之事。正德皇帝的后妃虽多，却迟迟未能生下皇子，而且正德皇帝没有同胞兄弟[4]，无法按照《皇明祖训》规定的"兄终弟及"来选择皇位继承人。[5]正德皇帝膝下无子、储位虚悬，一直是正德朝的难题。[6]为了避免君统中断，朝臣们曾建议正德皇帝，

---

1 《明武宗实录》卷176，正德十四年七月甲辰，第5页a—6页b。

2 李洵：《正德皇帝大传》，第203页。

3 《明武宗实录》卷197，正德十六年三月丙寅，第4页b。"朕疾殆不可为矣。尔等与张锐可召司礼监官来，以朕意达皇太后，天下事重，其与内阁辅臣议处之。前此事皆由朕而误，非汝众人所能与也。"李洵认为，武宗遗言的最后两句话，可能被宦官有意扭曲。李洵：《正德皇帝大传》，第249—250页。

4 孝宗有二子，一子为朱厚照，即正德皇帝；另一子为朱厚炜，三岁即夭折。

5 明太祖：《皇明祖训》，《法律》，收入《明朝开国文献》第3册，台湾学生书局，1966年，北平图书馆原藏本，第28页a—28页b。《皇明祖训·法律》与洪武六年五月撰成的《祖训录》字句皆同。张德信：《〈祖训录〉与〈皇明祖训〉比较研究》，收入《第一届两岸明史学术研讨会论文集》中册，中国明史研究学会，1998年，第1—36页。

6 李洵：《正德皇帝大传》，第241—242页。

依据汉成帝（前51—前7）预立定陶王与宋仁宗（1010—1063）预养濮王之子的先例，尽快选择年长贤良的宗室，预养宫中，作为预备皇嗣。[1]可是正德皇帝自恃壮年，对这些建议不置可否。直到正德皇帝病重，皇储问题仍未解决，监察御史郑本公（正德九年进士）[2]建议"慎选宗室亲而贤者，正位东宫"[3]，南京监察御史董云汉（正德九年进士）亦请求"宗室近属中择其长且贤者，处之禁中"[4]。但直到病逝，正德皇帝一直没有选定人选，于是皇位虚悬的问题，只好交由昭圣皇太后与内阁诸臣去商议了。

正德皇帝一死，以杨廷和为首的内阁暂掌政权[5]，立刻面临极不稳定的政治局面。在新旧交替、皇位虚悬的敏感时期，任何突发事件都可能引起内乱和外患。尤其是江彬及其党羽，拥兵自重，尾大不掉，以致北京城内人心惶惶，到处流传着

1　《明武宗实录》卷117，正德九年十月甲午，第2页b—3页a。正德九年（1514），刑部主事李中请建储、远小人。《明史》卷190《梁储传》，第5040页；梁储：《梁文康集》，《请定大本疏》，收入陈子龙等编《皇明经世文编》卷113，第7页a—9页a。

2　若有生卒年不详者，只记其进士年份，不另再注。俞宪：《皇明进士登科考》，收入《明代史籍汇刊》第38册，台湾学生书局，1969年，据台湾"中央图书馆"藏明嘉靖增补本影印。

3　《明武宗实录》卷195，正德十六年正月壬戌，第2页b。

4　《明武宗实录》卷195，正德十六年正月辛巳，第6页b。

5　正德十六年的内阁有杨廷和、梁储（1451—1527）、蒋冕（1463—1533）、毛纪（1463—1545）四位阁臣。嘉靖元年（1522），次辅梁储去职，费宏（1468—1535）再次入阁。

江彬将叛乱的谣言。[1]因此，内阁和朝廷众臣一致认为，稳定政局的步骤有三：首先确定皇位继承人选，安定人心，阻止外藩觊觎皇位、再度叛变；其次加强北京城九门与皇城的防卫，预防叛变的可能性；最后联合宦官，一举清除江彬、钱宁等人，直接消除政变的隐患。

依照当时的局势，内阁必须先稳定人心，再不动声色地安排各项人事，以一举铲除江彬等人。于是内阁首辅杨廷和便以武宗遗言的名义，先命令太监张永、武定侯郭勋（？—1542）、定边伯朱泰（原名许泰，正德皇帝赐姓朱）、兵部尚书王宪（1465—1537）挑选各营官军，防守皇城四门、京城九门、草桥及卢沟桥等处，罢威武营官军与边军，命这些军队回原驻地待命。又革除各处皇店及办事人员，遣回豹房内非常例的人员，防止他们跟随江彬。此外，从哈密等地来朝进贡的胡人们，也都给予赏赐，命他们立刻回国，不得在北京逗留，避免生事。杨廷和等人的这些举动，为的是排除潜伏在北京城的不安定因素，稳定秩序，以防江彬或宗室借机

1　林延清：《嘉靖皇帝大传》，第15页；张哲郎：《从明代皇帝之即位诏及遗诏论明代政权之转移（下）》，《国立政治大学历史学报》第15期，第4页。罗辉映提出异论，驳斥《明史》对杨廷和的评价太高，认为张永与吏部尚书王琼（1459—1532）是除去江彬的首功者，又指出江彬叛乱的谣言，乃因杨廷和欲借机扩张阁权所致。罗辉映：《杨廷和事略考实》，《中国史研究》1990年第2期，第46页。

叛变。[1]

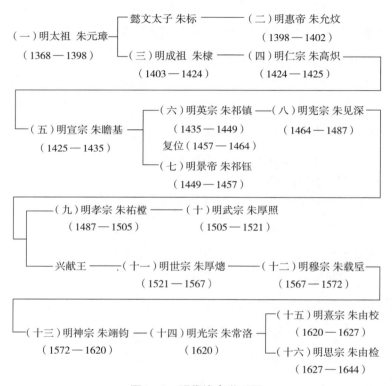

图1-1 明代诸帝世系图

资料来源：笔者自绘。

图片说明：括注年份为在位时间。除南明时期外，明帝系的君统与宗统共发生三次变动。一是永乐皇帝朱棣发动靖难，篡惠帝位；二是正德皇帝朱厚照无子绝嗣，朱厚熜以外藩入继大统，是为嘉靖皇帝；三是天启皇帝朱由校（1605—1627）无子绝嗣，朱由检以弟后兄身份，入继大统，是为崇祯皇帝。严格来说，崇祯皇帝是天启皇帝的同父弟，无改易宗统的问题。

---

1 《明武宗实录》卷197，正德十六年三月丙寅，第5页a—5页b。

　　昭圣皇太后张氏并非木头傀儡，实有影响力。在这段时间，她派出宦官张永和谷大用，与杨廷和等人共同商议继位者人选。几经考虑，决定引用《皇明祖训·法律》第十四条"兄终弟及"的规定，作为新皇帝继位的法理根据。可是，出乎意料的是，《皇明祖训》后来却变成"大礼议"的争端源头。[1]太祖洪武皇帝朱元璋在《皇明祖训》规定：当皇帝死后无子，必须由同母嫡弟继承皇位，其余庶出的兄弟没有继承权。[2]这条规定，明确了"兄终弟及"的宗法内涵：新的继位者必须是皇帝的同母弟，无论是皇帝的异母兄弟或堂兄弟，皆没有继位资格。[3]问题在于，正德皇帝是孝宗独子，没有兄弟。若按《皇明祖训》的规定，没人有资格继承皇位。皇位虚悬的结果，将引起宗室叛变，祸起萧墙[4]，手握重兵、近在京畿的江彬也可

1　吴智和：《明代祖制释义与功能试论》，第20—29页；萧慧媛：《明代的祖制争议》，第10、11、33、40页。

2　明太祖：《皇明祖训》，《法律》，第28页a—28页b。"凡朝廷无皇子，必兄终弟及，须立嫡母所生者。庶母所生，虽长不得立。若奸臣弃嫡立庶，庶者必当守分勿动，遣信报嫡之当立者。务以嫡临君位。朝廷即斩奸臣。其三年朝觐并如前式。"

3　王崇武：《明靖难史事考证稿》，台湾"中研院"史语所，1992年，第107页。朱棣为符合祖训，竟冒嫡谎称，可见《皇明祖训》对皇位继承的正当性效力。

4　正德五年，安化王朱寘鐇（？—1511）以讨刘瑾为名，起兵安化（今甘肃庆阳），为官兵擒获处死。正德十四年六月，宁王朱宸濠起兵南昌，为王守仁（1472—1529）所败，赐死焚尸。中国历史大辞典·明史编纂委员会编：《中国历史大辞典·明史卷》，上海辞书出版社，1995年，第169、421页。

能趁机造反，祸生肘腋。

　　杨廷和等人情急下，只能变通《皇明祖训》的规定，上溯"兄终弟及"的范围至宪宗成化皇帝一系，皇位候选人便能由"厚"字辈子孙中予以挑选，再以嗣子身份，过继给孝宗弘治皇帝，成为正德皇帝之弟。既然改动了《皇明祖训》的原意，内阁首辅杨廷和则有新解释，自圆其说：《祖训》规定了"兄终弟及"原则，怎能破坏？朱厚熜是兴献王的长子，宪宗的孙子，孝宗的侄子，武宗的堂弟，依照伦理顺序，应立朱厚熜为帝。[1]明朝的皇位继承法，乃采嫡长子继承制，无嫡子则立庶长子。[2]从本书附录一《明代诸帝世系表》来看，孝宗弘治皇帝朱祐樘是宪宗成化皇帝的第三子，但宪宗的长子、次子皆夭折，朱祐樘实为庶长子，兴王朱祐杬为宪宗的第四子。当孝宗一系断绝时，按照《皇明祖训》"兄终弟及"的规定，皇位将由朱祐杬继承；当朱祐杬已薨，兴藩世子朱厚熜便成了最佳的继位人选。因此，杨廷和的安排，似乎是两全其美，既延续宗统，也符合《皇明祖训》"兄终弟及"的规定。

　　杨廷和的意见获得其他阁臣的支持，昭圣皇太后也无异议，终于决定兴藩世子朱厚熜成为皇位继承人。三月十四日，杨廷和以武宗遗言为迎立朱厚熜的法源依据[3]，又赶紧拟定《武宗遗诏》，向天下臣民宣告新的皇位继承者，务求稳定政局，

1　《明史》卷190《杨廷和传》，第5034页。

2　张德信：《明朝典章制度》，吉林文史出版社，2001年，第5、18、21页。

3　朱鸿：《"大礼"议与明嘉靖初期的政治》，第28—29页。

扫除积弊。可是，杨廷和拟定《武宗遗诏》时，迎立册文只写着"嗣皇帝位"字样[1]，没有清楚说明朱厚熜究竟以何身份入继大统。杨廷和犯下的文句之误，可说是百密一疏，以致出现了诠释上的灰色地带，议礼双方得各自诠释《武宗遗诏》，埋下了"大礼议"的导火线。[2]

　　三月十六日（戊辰），内阁正式向全国颁布《武宗遗诏》。《武宗遗诏》不但是内阁行使权力的法源依据，也是日后嘉靖君臣争论"大礼"的重要文本。[3]在这里有必要抄录全文，并详释《武宗遗诏》，以便理解"大礼议"的争议点：

　　　　朕以菲薄，绍承祖宗丕业，十有七年矣。图治虽勤，化理未洽。深惟先帝付托……惟在继统得人，宗社生民有赖。吾虽弃世，亦复奚憾焉。皇考孝宗敬皇帝亲弟兴献王长子厚熜，聪明仁孝，德器凤成，伦序当立。已遵奉祖训，兄终弟及之文，告于宗庙，请于慈寿皇太后与内外文武群臣合谋同辞，即日遣官迎取来京，嗣皇帝位。内外文武群臣，其协心辅理，凡一应事务，率依祖宗旧制，用副予志。嗣君未到京之日，凡有重大紧急事情，

1　《明武宗实录》卷197，正德十六年三月丙寅，第5页a。

2　《明武宗实录》卷197，正德十六年三月丙寅，第4页b—5页b。"朕疾弥留，储嗣未建。朕皇考亲弟兴献王长子厚熜，年已长成，贤明仁孝，伦序当立，已遵奉《祖训》兄终弟及之文，告于宗庙请于昭圣皇太后。即日遣官迎取来京，嗣皇帝位，奉祀宗庙，君临天下。"

3　朱鸿:《"大礼"议与明嘉靖初期的政治》，第32页。

该衙门具本暂且奏知皇太后而行。丧礼遵皇考遗制，以日易月，二十七日释服，毋禁音乐嫁娶。宗室、亲王藩屏攸系，毋辄离封域。各处镇守、总兵、巡抚等官，及都、布、按三司官员，各固守疆境，抚安军民，毋擅离职守。闻丧之日，止于本处哭临三日，进香遣官代行。广东、广西、四川、云南、贵州所属府、州、县，并土官及各布政司、南直隶七品以下衙门，俱免进香。京城九门，皇城四门，务要严谨防守。威武团练营官军，已回原营勇士，并四卫营官军，各回原营，照旧操练。原领兵将官，随宜委用。各边放回官军，每人赏银二两，就于本处管粮官处给与。宣府粮草缺乏，户部速与处置。各衙门见监囚犯，除与逆贼宸濠事情有干，凡南征逮系来京，原无重情者，俱送法司查审明白，释放还籍。各处取来妇女，见在内府者，司礼监查放还家，务令得所。各处工程，除营建大工外，其余尽皆停止。但凡抄没犯人财物及宣府收贮银两等项，俱明白开具簿籍，收贮内库，以备接济边储及赏赐等项应用。[1]

从《武宗遗诏》可知，杨廷和等人迅速处理了当时的潜在危机。《武宗遗诏》先宣布迎兴献王长子朱厚熜嗣皇帝位。新君即位前，朝政由皇太后处理。再安排各项戒严措施，调兵防守北京城，防范江彬叛乱，又命各地镇守太监返回原驻地，

---

1 《明武宗实录》卷197，正德十六年三月戊辰，第6页a—7页a。

严防地方生变。为防止兵变,遣回原驻地的官军,皆赐银二两,还补充了军镇宣府的粮草,试图以财物笼络、稳定军心。并停止各处营建的工程(重大工程除外),节省支出,还将抄没财物及宣府收贮的银两,收归国库,支应边军的开销。最后,罢除各处皇店和管店官兵,又遣返各地掳拐入宫的妇女及所有非常例的番僧、和尚、匠役水手、教坊司人、南京快船等人员,妥善安置,不致生乱。

《武宗遗诏》颁布天下后,民心初定。内阁首辅杨廷和不敢松懈,趁机与司礼监太监魏英商议迎接人选,并暗地筹划擒拿江彬。经过一番激烈的讨论后[1],两人终于达成共识,决定派出次辅梁储、礼部尚书毛澄(1461—1523)、驸马都尉崔元(1478—1549)、寿宁侯张鹤龄(?—1537)、宦官谷大用及韦霖等四十余人,前往兴藩(位于安陆,今湖北钟祥)[2],迎立朱厚熜为帝。为免江彬怀疑,杨廷和先安抚江彬,虚与委蛇,又对司礼监太监魏彬、温祥软硬兼施,威胁利诱,离间他们与江彬的关系,使其倒戈,削弱江彬的势力。魏彬生怕被江彬连累,只好与杨廷和联合,准备铲除江彬。三月十八

1　杨廷和:《杨文忠三录》卷4,收入《景印文渊阁四库全书》史部第186册,台湾商务印书馆,1986年,据故宫博物院藏本影印,第15页a—15页b;《明史》卷190《梁储传》,第5042页。杨廷和本不愿宦官介入迎立之事,但当时需要宦官合作,钳制江彬,只好屈从。而且,杨廷和本希望蒋冕前往安陆迎接新帝,但按照惯例,应由次辅梁储前往,杨廷和的意图受阻,可见杨廷和与梁储已有心结。

2　安陆明代隶湖广省。明沿元旧制,置湖广省,领15个府、2个直隶州、14个属州、108个县,此外还有卫所、藩国。

日，江彬参加坤宁宫的完工典礼，太监张永与工部尚书李鐩（1448—1529）以互约饮酒为由，扣留江彬，不让他外出求援，江彬遂成瓮中之鳖。[1] 等到昭圣皇太后一下懿旨，江彬只能束手就擒，神周、李琮等同党也纷纷被捕，江彬一党的势力瞬间瓦解。[2]

从武宗驾崩（三月十四日）到朱厚熜即位（四月二十二日）的三十九天内，杨廷和等阁臣凭着《武宗遗诏》赋予的权力，又获得昭圣皇太后的支持，因而能打破惯例，独断朝政，有效防止叛乱[3]，剪除了江彬、钱宁等人，士气为之大振。[4] 内阁权势的扩大，让原本是政府首脑的吏部尚书权力大为削弱，反而得听命于内阁，造成权力中枢转移，甚至在决定嗣君人选时，杨廷和等人唯恐泄漏消息，竟违反廷议的常规，坚持不让吏部尚书王琼等官员参与其事[5]，让内阁与六部之间的关系

---

1 张萱：《西园闻见录》卷27《宰相中》，全国图书馆文献缩微复制中心，1996年，影印本，第28页a—31页a。

2 《明武宗实录》卷197，正德十六年三月庚午，第7页a—8页b。

3 《明史》卷16《武宗本纪》，第212页；朱鸿：《"大礼"议与明嘉靖初期的政治》，第23—27页；张哲郎：《从明代皇帝之即位诏及遗诏论明代政权之转移（下）》，第3—7页。

4 黄景昉：《国史唯疑》卷5《正德》，第146页。正德十六年六月八日，诛江彬、钱宁等人，斩党羽神周、李琮等人并抄家，得黄金十万余两、银四百多万两，其他宝物不可胜计。

5 《明武宗实录》卷197，正德十六年三月丙寅，第5页a；王世贞：《嘉靖以来内阁首辅传》卷1《杨廷和》，第104、106页。自废中书省后，六部尚书即明朝的最高行政事务官，吏部尚书则为六部之首。王琼之所以受阻，一是与江彬等结交，其人品不为人重；二是《武宗遗诏》未赋六部九卿议处的权力。王琼虽贵为冢宰，仍不得预闻迎立事。当时知其事者，唯有阁臣杨廷和、蒋冕、毛纪，司礼监温祥、魏彬、张永而已。

变得紧张。

为开嘉靖革新之局面，杨廷和又起草了长达八千字的《世宗即位诏》，着重改革正德朝的种种弊政。其中的重要项目，一是调换朝廷的人事，整顿政风，提高军队素质。二是广开言路，宽恕因谏获罪的言官，遭忌致仕的官员们也予以复职。三是蠲免田赋，减轻人民的负担。四是罢革皇庄，清算庄田，让人民得纾困，提高国家财政收入。五是处理宁王叛乱的事宜，论功行赏，释放被冤枉的官员，从逆者也依律定罪。

此外，为降低国家的巨额赤字，大量裁革不适任的官员[1]，淘汰锦衣卫的冒滥者三万一千八百二十八人[2]，罢恩幸官十四万八千七百七十一人[3]，大大缩减支出，也肃清了昔日的腐败风气。对杨廷和大刀阔斧的改革，被裁撤的人员无不怀恨，咒骂杨廷和"终日想，想出一张杀人榜"[4]，甚至欲暗杀杨廷和，迫使嘉靖皇帝派出百名营卒，充当随员，保护杨廷和的安全。[5]可以说，杨廷和推行的诸多措施，确实刷新吏治，惩戒奸佞，缩减支出，却也得罪了不少人，因而遭人批评为专擅权臣。总之，在这段皇位交替的时期，杨廷和成为官僚体系的新领

1　郑晓:《今言》卷4第287条，中华书局，1984年，第164页。

2　《明世宗实录》卷3，正德十六年六月丁酉，第12页b。

3　《明世宗实录》卷4，正德十六年七月丙子，第24页b。

4　焦竑:《玉堂丛语》卷2《政事》，中华书局，1981年，第47页；张萱:《西园闻见录》卷27《宰相中》，第32页a。

5　王世贞:《嘉靖以来内阁首辅传》卷1《杨廷和》，第108页。

袖，内阁也为因应现实需要，不得不提高权力。[1]正如王世贞
（1526—1590）所言：“嘉靖入绍，尽埽其蠹而新之，归政内
阁，新都巍然，三辅鼎承，百辟风偃。”[2]对于杨廷和的施政措
施，《明世宗实录》及《明史》皆给予高评价，更称赞嘉靖君臣
“求治锐甚”[3]，开中兴之风气，誉为“嘉靖新政”。

二、继嗣继统之争

嘉靖皇帝朱厚熜是兴献王朱祐杬的独子，幼年多病[4]，是
故坐学书斋，甚少嬉游，奠下深厚的治学基础，尤其熟悉典
章制度与礼仪实践，与人交际“周旋中礼”[5]，“俨然有人君之
度”[6]。当兴献王朱祐杬薨逝时（1519），朱厚熜年仅十三岁，却
能以世子身份，妥善处理兴藩大小事务，无人趁机盗窃或作

1　怀效锋：《嘉靖新政中的法制改良》，收入氏著《明清法制初探》，第56—
　　65页；罗辉映：《杨廷和事略考实》，第47—50页。罗辉映和田澍质疑
　　“嘉靖新政”并不彻底，批评杨廷和推行新政的目的是维护地主阶级的利
　　益及掩饰自身的政治过失。笔者以为，杨廷和笼络刘瑾、江彬的行径，或
　　许出自个人利益的考虑，但以杨廷和稳定政局的功绩，实瑕不掩瑜，应予
　　以肯定。

2　王世贞：《嘉靖以来内阁首辅传》，序，第87页。

3　《明史》卷194《乔宇传》，第5132页。

4　杨启樵：《明代诸帝之崇尚方术及其影响》，收入氏著《明清史抉奥》，台
　　湾明文书局，1985年，第81—82页。杨启樵指出嘉靖皇帝体弱多病，为
　　其迷信道教的原因之一。

5　徐学谟：《世庙识余录》卷1，第1页a。

6　郑晓：《郑端简公征吾录》，《显陵》，收入《四库全书存目丛书》史部第
　　23册，第28页b—29页a；朱鸿：《“大礼”议与明嘉靖初期的政治》，第
　　87页。

乱，"府中肃然"[1]，可见朱厚熜之能力，其不苟言笑的行为举止，常给人"少成若出于天性"[2]的印象。

明朝的皇位继承制度，以嫡长亲疏的血缘论为基础。[3]当正德皇帝在位时，便有人猜测朱厚熜是最有可能的皇位继承人选。当朱祐杬薨逝时，昭圣皇太后便以皇帝名义，加恩兴藩，不但为朱祐杬辍朝三日，还赐美谥"献"，派遣专使，主持丧礼，并允许朱厚熜以世子身份暂管兴藩，给养赡米三千石，恩典不可谓不重，远超过其他藩王。不久后，正德皇帝病重，礼部应兴献王妃蒋氏（朱厚熜之母，即后来的章圣皇太后）的请求，特别破例，准许朱厚熜提前袭兴王爵，无须等到三年除服后。[4]朝廷屡屡优赏兴藩、褒奖朱厚熜的举动，让人纷纷推测朝廷是为了提高朱厚熜的政治地位，让他日后能以藩王身份获得皇位候选人的资格。[5]

武宗驾崩的隔天，迎奉队伍就急忙前往安陆，欲迎接朱厚熜入京继位。[6]当他们将抵达安陆时，有人认为《武宗遗诏》

---

1 沈朝阳：《皇明嘉隆两朝闻见纪》卷1，第1页b。

2 徐学谟：《世庙识余录》卷1，第1页a。

3 卜键：《嘉靖皇帝》，台湾知书房出版社，1996年，第1—4页。

4 《明武宗实录》卷197，正德十六年三月辛酉，第3页b。明制：藩王薨后，王世子须先服斩衰三年，除服后始能承袭王位。张德信：《明朝典章制度》，第32页。

5 《明史》卷17《世宗本纪一》，第215页；黄景昉：《国史唯疑》卷6《嘉靖》，第153页。正德七年、九年，黄河连清，遂有"阴变阳诸侯变王之说"。

6 《明世宗实录》卷1，正德十六年四月壬寅，第2页a。挑选迎奉人选的过程实有蹊跷，隐有除去江彬的考虑，也牵涉政治权力的消长。见王世贞：《嘉靖以来内阁首辅传》卷1《杨廷和》，第104—105页。

已有"嗣皇帝位"字样，于是主张用天子礼（五拜三叩头）迎接朱厚熜。[1]但礼部尚书毛澄则大力反对，主张用亲王迎奉礼，诘问道："若现在用天子礼奉迎，举行即位典礼时，又该用什么仪式？难道要废除劝进辞让等仪式（以皇太子身份即皇帝位的登基仪式）吗？"[2]由此可知，《武宗遗诏》的"嗣皇帝位"字句，容易使人产生疑虑，无法完全厘清朱厚熜的身份。

朱厚熜接到诏书和金符后，深感不安，于是私下与母妃蒋氏、兴藩长史袁宗皋（1453—1522）商议入京事宜，拟定随行名单，以保护自身安全。由于史料阙漏，无法知晓商议内容。但若从兴献王妃蒋氏的提醒语[3]来看，或能推测兴藩人马担忧北京的政局不稳，因而事先设想对应之道。朱厚熜等人出发后，十分低调，拒绝各地官员馈赠，或私下招待，坚持不扰百姓[4]，让官民耳目一新，"喜跃相告"[5]，交相称赞朱厚熜的朴素节俭。

四月二十一日（壬寅），朱厚熜一行人抵达北京郊外的良

1　以天子礼迎，须行五拜三叩头礼以见。礼部尚书毛澄反对，并说："今遂行此，后何以加，将来劝进辞让礼将遂废之乎？"黄景昉:《国史唯疑》卷6《嘉靖》，第153页;《明史》卷191《毛澄传》，第5055页。

2　黄景昉:《国史唯疑》卷6《嘉靖》，第153页。

3　谷应泰:《明史纪事本末》卷50《大礼议》，第509页。"吾儿此行，荷负重任，毋轻言。"

4　《明世宗实录》卷1，正德十六年四月壬寅，第2页b;沈朝阳:《皇明嘉隆两朝闻见纪》卷1，第1页b—2页a。

5　沈朝阳:《皇明嘉隆两朝闻见纪》卷1，第2页a。

乡，即将入京，但礼部派来的代表却为"入门礼"与兴藩人
马发生口角。双方争执的原因是礼仪状。礼部拟定的礼仪状，
采用藩王入门礼，即由东安门入居文华殿；登基仪式则采皇太
子即位礼，即先立朱厚熜为皇太子，再举行即位仪式。可以
说，礼部的安排是让朱厚熜以皇太子身份，承接孝宗一系的
宗统，再即皇帝位，续接君统。

对内阁与礼部来说，这项安排不但依礼有据，也可以让
朱厚熜具备"皇太子"身份，以强调朱厚熜与孝宗弘治皇帝的
父子关系，符合《皇明祖训》的"兄终弟及"规定。[1]可是，兴
藩人马却不以为然，认为《武宗遗诏》既已宣布朱厚熜嗣皇帝
位，应是天子身份，不当用藩王入门礼，更不能用皇太子即
位礼，错认孝宗为皇考。朱厚熜本人也相当不悦，向兴藩长
史袁宗皋抱怨"遗诏以我嗣皇帝位，非皇子也"[2]，表达对礼部
的不满。袁宗皋也附和：主上聪明仁孝，所见即是。[3]因此，
朱厚熜拒绝礼部的安排，不愿立即进京，命礼部重拟礼仪状，
兴藩一行人遂在良乡逗留，暂停进京。

四月二十二日（癸卯），内阁首辅杨廷和等人前往北京郊
外，向朱厚熜说明礼部的用意：朱厚熜既然尚未即位，其身份
仍是藩王，应采藩王入门礼；在登基仪式上，则视朱厚熜为未

1　谷应泰：《明史纪事本末》卷50《大礼议》，第509页。

2　《明史》卷17《世宗本纪一》，第215页。笔者以为，当时迎奉队伍中，随
　　行者大多是兴藩旧部，很可能是袁宗皋提醒朱厚熜应拒绝礼部的安排。

3　谈迁：《国榷附北游录》卷57，第3219页。

嗣位的皇子身份，应采皇太子即位礼。[1]可是，朱厚熜认定自己是嗣皇帝身份，并非孝宗皇帝的嗣子身份，因而拒绝杨廷和等人的请求。[2]双方相持不下，顿成僵局。昭圣皇太后听到消息后，只好出面，代为斡旋，遂命礼部妥协，改让朱厚熜在行殿受笺劝进，再由大明门（皇城第一门，皇帝参加庆典出入之门）进入皇城，即皇帝位。[3]

值得注意的是，劝进笺看似官样文章，却是朱厚熜与礼部之间用来传达讯息的工具，十分重要，有必要讨论。笺文内容："（武宗）弥留之际，付托尤勤，亟诏辅臣，爰颁顾命。奉《皇明祖训》之典，稽兄终弟及之文，佑启圣人，传授神器。敬惟殿下聪明天纵，仁孝性成，以宪宗皇帝之孙，绍孝宗皇帝之统，名正言顺，天与人归。"[4]详观笺文内容，传达了朝廷对朱厚熜身份的认定，表示朱厚熜之所以能继承皇位，乃据《皇明祖训》，依循"兄终弟及"之文，绍接孝宗皇帝之君统。

朱厚熜受笺的举动，似表明愿意接受皇太子的身份。再

1　《明史纪事本末》记载有误。礼部员外郎杨应奎上礼仪状，礼仪状实为大学士杨廷和命礼部仪制司郎中余才所拟。《明史》卷17《世宗本纪一》，第215页。

2　卜键：《嘉靖皇帝》，第13—16页；沈德符：《万历野获编》卷2《世宗入绍礼》，第35页。沈德符（1578—1642）据此指出嘉靖皇帝早有定见，张璁、桂萼等人窥探帝意，提出"继统不继嗣"之说。

3　朱鸿：《"大礼"议与明嘉靖初期的政治》，第36页。

4　《明世宗实录》卷1，正德十六年四月壬寅，第2页b—3页a。

从朱厚熜为武宗服重丧二十七日来看,未悖"嗣统即行服"[1]的传统,似遵照嗣皇帝为先君服丧的成规。[2]尤其从朱厚熜奉迎生母的笺文来看,"大统既承,义贵致专于所后,至情攸系,恩当兼尽于本生,爰展孝怀,庸伸至养"[3],更能表现他接受"孝宗所后者"[4]的态度。不过,也有人就入门礼一事,提出反证,如万历年间的徐学谟(1522—1593)和清代学者段玉裁便从入门礼之争,推论朱厚熜早已认定自己的天子身份[5],非后嗣孝宗的皇子身份,因而不愿遵从礼部的安排。段玉裁则批评朱厚熜不顾礼法,更视入门礼之争为"大礼议"的前兆。[6]

目前无直接证据证明朱厚熜的心态,而学界对朱厚熜是否承认皇子身份之事,尚有争论。但从入门礼之争来看,可知嘉靖君臣对继位身份的认定,仍有极大的分歧。尤其是"绍孝宗皇帝之统"一语,更引发日后对"继嗣""继统"的争论。若再对照四月二十二日的即位仪式,以及朱厚熜后来支持"继统不继嗣"的态度,似早有征兆,与入门礼之争互有呼应。由

---

1 李东阳纂,申时行重编:《大明会典》卷96《礼部五十四·丧礼一》,收入《元明史料丛编第二辑》第14—18册,台湾文海出版社,1984年,明万历十五年司礼监刊本,第3页a—5页b。

2 《明世宗实录》卷1,正德十六年四月甲辰,第19页a。

3 《明世宗实录》卷1,正德十六年四月丙午,第21页b。

4 孟森:《明史讲义》,第209页。

5 徐学谟:《世庙识余录》卷1,第1页b。

6 段玉裁:《明史十二论》,《世宗论一》,台湾广文书局,1968年,清道光十三年刊本,第7页a—7页b。

此可知，朱厚熜发起"大礼议"，不仅出于孝思，还因为嘉靖
君臣各自对身份的认定不同。[1]

四月二十二日正午，朱厚熜从大明门入宫，先派武定侯
郭勋祭告天地，再遣建昌侯张延龄（？—1546）告谒宗庙社
稷。朱厚熜则身穿孝服，祭拜大行皇帝（武宗）的灵柩，随
后换上天子服饰，前往奉先殿和奉慈殿，祭拜祖宗，并以五
拜三叩头礼，朝见昭圣皇太后，于奉天殿即位，至华盖殿接
受朝贺，正式即位，是为嘉靖皇帝。[2]从嘉靖皇帝的登基仪
式来看，可知省略了先立为皇太子的环节，直接以嗣皇帝身
份，履行天子即皇帝位的仪式。[3]换言之，嘉靖皇帝不愿执
行册封皇太子仪式，即不承认自己是皇子身份。[4]而且，嘉
靖皇帝也将内阁原先拟定的年号"绍治"，改为"嘉靖"，表
示自己非孝宗皇帝的接班人[5]，也寄寓着"不敢荒宁，嘉靖殷

1　Carney Thomas Fisher, *The Great Ritual Controversy in Ming China*, pp.5-12.

2　《明世宗实录》卷1，正德十六年四月壬寅，第5页b；《明史》卷17《世宗本纪一》，第215页；《大明会典》卷45《礼部三·登极仪》，第8页a—9页b；张德信：《明朝典章制度》，第80页。

3　西嶋定生：《中国古代国家と東アジア世界》，东京大学出版会，1983年，第93页。即位礼是君主得到政权正当性的重要仪式，以获臣民的认同。

4　李洵：《"大礼议"与明代政治》，第48—50页。

5　沈德符：《万历野获编》卷1《年号》，第12页。

邦"[1]的施政目标。

　　四月二十七日(戊申),嘉靖皇帝命礼部商议兴献王的尊称事宜。[2]由于《武宗遗诏》与《世宗即位诏》皆未说明嘉靖皇帝是承孝宗之统,或继孝宗之嗣,只模糊地说"属以伦序,入奉宗祧"而已[3],因此,当嘉靖皇帝命礼部议"大礼"时,杨廷和不敢轻忽,试图一举处理朱厚熜的身份疑虑。在杨廷和与多数朝臣看来,维护孝宗的君统是首要之事,又碍于"兄终弟及"规定,必须让朱厚熜成为孝宗皇帝的嗣子,名分两定,使皇位继承合于天理。是故杨廷和依据大宗小宗理论(皇嫡长子为大宗、为君统;其他皇子为小宗、为旁支。当大宗无嗣,小宗必须过继给大宗,续宗统,承君统),援引西汉汉成帝与北宋宋仁宗两例,指示礼部尚书毛澄"是足为据,宜尊孝宗曰皇考,称献王为皇叔考兴国大王,母妃为皇叔母兴国太妃,自称侄皇帝名,别立益王次子崇仁王为兴王,奉献王祀"[4],即为

1　当时嘉靖皇帝亲策贡士张治等人,决定改元嘉靖,盖取义《尚书·无逸》嘉靖殷邦之语。《明世宗实录》卷2,正德十六年五月丙寅,第19页a—21页a。明人沈德符与卜键认为嘉靖皇帝改"绍治"为"嘉靖",乃因不愿纳入孝宗一系,推论继统不继嗣之意早蓄于隐微。

2　《明世宗实录》卷1,正德十六年四月戊申,第24页a。

3　《明世宗实录》卷1,正德十六年四月壬寅,第5页b;谭希思:《明大政纂要》卷45,收入《元明史料丛编第三辑》第29—40册,台湾文海出版社,1988年,清光绪思贤书局刊本,第3173页;朱鸿:《"大礼"议与明嘉靖初期的政治》,第31页。朱鸿指出"杨廷和起草武宗遗诏及奉迎敕稿的不慎,而为日后大礼之议造成不利于己的根据"。

4　《明史》卷190《杨廷和传》,第5037页。

"濮议论"。

为了防止有人出现异论，杨廷和摆出不容妥协的姿态："有异议者即奸邪，当斩。"[1]可是，礼部侍郎王瓒（弘治九年进士）却欣赏当时进京应试的举人张璁之论点[2]，当场反驳："帝入继大统，非为人后，与汉哀、宋英不类。"[3]杨廷和生怕"大礼"徒生风波，暗中指使言官，弹劾王瓒，将王瓒外调南京礼部侍郎[4]，改由侍读学士汪俊（弘治六年进士）升任礼部侍郎。[5]杨廷和"有异议者即奸邪"这句话，形同缄口令。[6]王瓒遭言官们劾去之事，也显示杨廷和控制言路，以言官为马前卒。若有人敢提出异论，将像王瓒一样受到惩戒。

若按照杨廷和的"濮议论"方案，嘉靖皇帝势必得脱离与

1　《明史》卷190《杨廷和传》，第5037页；谷应泰：《明史纪事本末》卷50《大礼议》，第509页。"有异议者即奸谀，当诛。"

2　张璁与王瓒有同乡之谊，皆为浙江永嘉县人。《明史》卷196《张璁传》，第5173—5180页。《明史》对张璁的评价贬多于褒，尤因"大礼议"，批评其为迎合之臣。

3　谷应泰：《明史纪事本末》卷50《大礼议》，第509页。

4　明代有北京、南京两京制，六部亦设置南、北二套。永乐十八年迁都北京后，北京六部为帝国政务中心，南京六部只设右侍郎，辅佐政务，左侍郎时设时报。两京官员虽品秩无别，但因南京远离权力中枢，南京六部的官员无实权。是故王瓒外调南京礼部侍郎，品秩虽同，实遭贬谪。关于南京部院的功能，参见黄开华：《明政制上并设南京部院之特色》，收入氏著《明史论集》，台湾诚明出版社，1972年，第1—52页。

5　沈朝阳：《皇明嘉隆两朝闻见纪》卷1，第7页a。

6　李洵：《"大礼议"与明代政治》，第55页。

朱祐杬（小宗）的父子关系，改称孝宗皇帝（大宗）为父。一旦嘉靖皇帝不愿接受后嗣孝宗的皇子身份，便不符合《皇明祖训》的"兄终弟及"规定，其继位资格自然备受质疑。换言之，"濮议论"不只剥夺了嘉靖皇帝尊崇父母的权利，也让皇帝的权威相对地被削弱。[1]跟随嘉靖皇帝进京的兴藩人马，只有四十多人[2]，虽分别安排在二十四衙门、锦衣卫、太仆寺、光禄寺及镇抚司等处[3]，可惜人数不多，素质不高，难成气候。朝堂之上也呈现一面倒的局势，没人提出足以反驳"濮议论"的方案。更糟糕的是，嘉靖皇帝的谋士袁宗皋入京不久后，便逝世了，无法再出谋献策，让嘉靖皇帝益形孤立，无力反对"濮议论"，只好设法拖延。

五月七日（戊午），礼部再度召开廷议，杨廷和提出的"濮议论"获得一致的赞同。随后，礼部尚书毛澄向嘉靖皇帝报告结果，请求"大礼"按汉代定陶王、宋代濮王例办理，嘉靖皇帝应当和汉哀帝（前25—前1）与宋英宗（1032—1067）一样，放弃原本的血缘身份，称孝宗皇帝为"皇考"，改称兴献王为"皇叔父兴献大王"，兴献王妃为"皇叔母兴献王妃"，对兴献王妃只能自称"侄皇帝"。为免兴藩无嗣，可让益王第二子朱厚炫过继兴藩，改称兴献王为父，袭兴王爵，延续兴献王的血脉。[4]

1　林延清：《嘉靖皇帝大传》，第56—57页。

2　沈朝阳：《皇明嘉隆两朝闻见纪》卷1，第1页b。

3　《明世宗实录》卷2，正德十六年五月乙卯，第7页a—7页b。

4　《明世宗实录》卷2，正德十六年五月戊午，第11页b—12页a。

嘉靖皇帝听罢，怒斥毛澄：父母哪能更换？[1] 命礼部重议。

　　杨廷和选取汉代定陶王议[2]与宋代濮议[3]，是为了增强说服力，引用历史事例，作为"大礼"依据。[4]然而，汉代定陶王议与宋代濮议却不是好的典范。[5]两案皆是先帝（汉成帝、宋仁宗）未崩逝前，先以皇嗣为名，收养汉哀帝、宋英宗于宫中，不符合嘉靖皇帝以外藩入继大统的情况，自然难以说服，只会让嘉靖皇帝更加抗拒。杨廷和等人主张的"濮议论"，实与宋代理学家程颐（1033—1107）的论调如出一辙。[6]欲了解其中之礼意，必先简述宋代濮议之始末，以便与"大礼议"相

1　《明史》卷191《毛澄传》，第5056页。原文"父母可更易若是耶"，《明世宗实录》未见此语。

2　汉代定陶王议为历史上首次争议本生父母之例。汉成帝膝下无子，便安排侄子定陶王刘欣继承皇位，以延续君统。刘欣即位后，欲建立家庙，试图提高其本生父母的地位。朝廷众臣无不大力反对，定陶王议遂不得行。

3　宋代濮议的经过，参见江天健：《北宋英宗濮议之剖析》，《文史学报》第19期，第209—227页；王才中：《司马光与濮议》，《晋阳学刊》1988年第5期，第74、81页；诸桥辙次：《濮王典礼》，收入氏著《诸桥辙次著作集·第一卷》，大修馆书店，1975年，第247—255页。

4　毛奇龄：《辨定嘉靖大礼议》，收入《丛书集成初编》第1041卷，中华书局，1985年，据艺海珠尘本影印，第4、6、7页；田澍：《嘉靖革新研究》，第51页；朱鸿：《"大礼"议与明嘉靖初期的政治》，第39—45页。毛奇龄认为提出"濮议论"是杨廷和失策之处，使后来张璁得以《大礼或问》反诘，以致屈于不利之地。朱鸿认为杨廷和等主张"濮议论"乃符合当时的道统观念。田澍批评杨廷和提出"濮议论"是无视现实，强词夺理。

5　Carney Thomas Fisher, *The Great Ritual Controversy in Ming China*, pp.52-92.

6　张璉：《从"大礼议"看明代中叶儒学思潮的转向》，第51—68页。

比较。

宋代濮议案，肇于宋仁宗嘉祐八年（1063）。宋仁宗无子继位，早在景祐二年（1035）便收养濮王赵允让（濮王和仁宗皆是太宗孙辈，是为堂兄弟）第十三个儿子赵宗实（后改名为赵曙）作为大宗正，却迟迟不与嗣子名分。直到嘉祐七年（1062），仁宗病重，赵宗实才被正式立为皇子，即后来的宋英宗。[1]英宗病愈亲政后（1065），命礼官讨论尊崇濮王的礼仪，开启"濮议"之争。朝廷争论不休，冲突日甚，隐有延续庆历政争的迹象，因而引发各方势力的倾轧，最后造成派系对立的乱象。[2]参知政事欧阳修（1007—1072）和宰相韩琦（1008—1075）等人，根据汉宣帝（前92—前49）、汉光武帝（前5—57）的历史先例，赞成尊亲，主张称濮王为"皇考"，立庙祭祀。[3]天章阁待制司马光（1019—1086）与翰林学士王珪（1019—1085）反对尊亲，英宗皇帝的身份已是宋仁宗的过继儿子，主张称仁宗为"皇考"，改称濮王为"皇

1　刘子健：《欧阳修的治学与从政》，香港新亚研究所，1963年，第233—234页。

2　刘子健：《欧阳修的治学与从政》，第233—238页。刘子健指出濮议是政治问题，推论欧阳修之所以无法顺利推行新政，乃因他在濮议问题上拥护英宗，以抗时论，得罪不少官员，也得罪了掌握实权的皇太后。关于宋代濮议，详见张寿安：《十八世纪礼学考证的思想活力：礼教论争与礼秩重省》，台湾"中研院"近史所，2001年，第227—236页；诸桥辙次：《濮王典礼》，第247—255页。

3　欧阳修：《欧阳修全集》濮议卷1—4，中国书店，1986年，第993—1011页。

伯", 不称亲、不立庙, 自称"侄"。[1] 濮王称"亲"与称"皇考"的意义, 大有不同。前者是承认仁宗嗣子的身份, 后者则不承认嗣子身份, 坚持保有原来的血缘关系。双方各执己见, 互相攻讦, 终成水火之势。

濮议案发生后, 宋代学术界也掀起激烈的论争, 尤其是理学家程颢 (1032—1085)、程颐赞成司马光的方案, 极力反对欧阳修。程颐认为, 英宗皇帝既已过继大宗, 只能依照"为人后者为之子"的原则, 切断与本生父母之关系, 称濮王为皇伯, 不应称皇考。程颐的看法, 成为当时的主流意识。主张尊亲的欧阳修, 被人指为奸佞, 处境困难, "中外汹汹, 莫可晓谕。而有识之士, 知皇伯之议为非者, 微有一言佑朝廷, 便指为奸邪。…… 由是有识之士, 皆钳口畏祸矣"。[2] 濮议的结果是, 英宗皇帝折中两派意见, 以奉行皇太后的懿旨为由, 才得以称亲立庙。濮议之争就在君臣双方都不满意的状况下落幕, 宋英宗始终无法如愿称濮王为"皇考", 成为落败的一方。宋代濮议的案例, 显示皇帝即便拥有极大的权势, 仍必须谨守身份原则, 依循名分礼秩的规范。

正德十六年五月二十四日 (乙亥), 内阁首辅杨廷和偕同

1　司马光:《司马温公文集》卷6《言濮王典礼札子》, 台湾新文丰出版社, 1985年, 第977—996页。

2　欧阳修:《欧阳修全集》濮议卷1, 第996页; 刘子健:《欧阳修的治学与从政》, 第237页。

阁臣蒋冕、毛纪等人上疏，以"为人后者为之子"[1]立论：前代的议礼事例都不合义理，只有宋代程颐的意见可作"大礼"的范例。兴献王的香火延续，可暂由崇仁王朱厚炫承接，日后皇上生子，仍可过继皇子承接兴献王的宗脉。既不失伦理亲情，又不违背宗法大义，天理人情皆顾全。并附上宋代学者程颐对濮议案的看法[2]，希望皇帝接受"濮议论"。[3]嘉靖皇帝再度拒绝了礼部的提议，杨廷和等人仍不愿放弃，又举出虞舜、东汉光武帝故事为例，指出贤君的首要之务，须置国家礼法于个人私情之前，并批评嘉靖皇帝只顾私情，无视正统大义。[4]为了让嘉靖皇帝接受"濮议论"，杨廷和等人使用缓兵之计，在兴献王主祀的部分略作让步，试图转移注意力，让嘉靖皇帝先承认嗣子身份。可是，杨廷和等人的妥协，根本不能让嘉靖皇帝满意，仍驳回再议。

1　《仪礼·丧服·子夏传》："何以不贰斩也？持重于大宗者，降其小宗也。为人后者孰后？后大宗也。"开明书店编：《断句十三经经文·仪礼》，台湾开明书店，1984年，第46页。

2　即毛澄所附奏本末端之文。原文见程颐：《河南程氏文集》卷5《代彭思永上英宗皇帝论濮王典礼疏》，收入程颢、程颐撰《二程全书》，台湾中华书局，1966年，据江宁刻本校刊影印，第515—518页。

3　《明世宗实录》卷2，正德十六年五月乙亥，第24页a—24页b。

4　沈朝阳：《皇明嘉隆两朝闻见纪》卷1，第8页a；《明史》卷190《杨廷和传》，第5037页。

　　七月三日（壬子），礼部观政进士[1]张璁上《正典礼》疏[2]，
比先前给王瓒的建议更为全面。张璁极力反对"濮议论"，主
张称兴献王为皇考，并批评杨廷和等阁臣出于私心，才会一
再坚持考孝宗、母昭圣。这份奏疏是张璁反驳"濮议论"的基
本论述[3]，亦是"人情论"的重要文本，有必要仔细评释。[4]细观
此疏，有几个重点。

　　第一，揭示"大礼"不适用汉代定陶王与宋代濮议的原
因。张璁指出，嘉靖皇帝的身份不同于汉哀帝与宋英宗。[5]汉
哀帝和宋英宗自幼在宫中养育，早是嗣子身份，其"为人后"
意义十分明确。但嘉靖皇帝乃奉《皇明祖训》和《武宗遗诏》
入继大统，与汉、宋两代情况不同，不能随意套用。[6]

1　观政，又作"试政"，含有实习试用性质。明代进士取中后，通常要分入
　　六部、都察院、通政司、大理寺等衙门试用，称"观政进士"。试用期间，
　　一旦被长官赏识，即可获得升迁机会，否则便遭降黜或外任知县等地方
　　官。此制度的实施，收到选拔真才的效果，且对明清两代政治产生了深远
　　的影响。张德信：《明朝典章制度》，第241页。

2　《明世宗实录》卷4，正德十六年七月壬子，第4页b—6页a。

3　张孚敬：《太师张文忠公集》奏疏卷1，第1页a—4页b；张孚敬：《张文忠
　　公文集》，《正典礼第一疏》，收入陈子龙等编《皇明经世文编》卷176，第
　　1页a—4页b；张孚敬：《议大礼议》，收入清高宗敕编《御选明臣奏议》
　　卷1，中华书局，1985年，聚珍版丛书本，第297—298页。陈子龙等编
　　《皇明经世文编》多有评论，恐不客观，遂不用。《御选明臣奏议》所录时
　　间是嘉靖元年，时间不符，遂不采用。因此，本文采《太师张文忠公集》
　　为引文出处。

4　《明史》卷196《张璁》，第5173页。

5　张孚敬：《太师张文忠公集》奏疏卷1《正典礼第一》，第2页b。

6　张孚敬：《太师张文忠公集》奏疏卷1《正典礼第一》，第2页a。

第二，张璁据《礼记》"礼非从天降也，非从地出也，人情而已矣"，说明"圣人缘人情以制礼"之意[1]，主张"礼"非固定不变，必须考虑现实人情和血缘伦理，"大礼"也不能盲从宋儒程颐，必须因应人情的需要，做出适当的处置。

第三，批评"濮议论"之非礼。[2]张璁指责杨廷和等人存有"欲尊孝庙"的私心，随意比附，欲使嘉靖皇帝"自绝其父母之义"[3]，也批评朝廷众臣不明古礼，拘泥汉、宋两代先例，实为不知礼之人。

第四，据《武宗遗诏》与《皇明祖训》的条文，论证嘉靖皇帝的身份问题。张璁对"兄终弟及"提出了新解释，说明兴献王是孝宗皇帝的亲弟，当武宗无嗣时，皇位自然由兴献王一脉继承。兴献王既死，嘉靖皇帝是兴献王的长子，本有继承皇位的资格，根本无须过继孝宗一脉。[4]而且《武宗遗诏》也直接表明兴献王世子嗣皇帝位。因此，嘉靖皇帝乃继祖宗之君统，并非继承孝宗的宗统。

第五，张璁引用《仪礼》"长子不得为人后"，说明嘉靖皇帝不能过继孝宗一脉的原因。一旦嘉靖皇帝过继孝宗，兴献王一脉将绝嗣，亲生母亲（兴献王妃蒋氏）将沦为臣属，难道有儿子是天子，母亲却是臣属的道理吗？由此可知，"濮议论"

1　张孚敬:《太师张文忠公集》奏疏卷1《正典礼第一》，第1页b—2页a。

2　谭希思:《明大政纂要》卷43，第3191页。

3　张孚敬:《太师张文忠公集》奏疏卷1《正典礼第一》，第3页a。

4　张孚敬:《太师张文忠公集》奏疏卷1《正典礼第一》，第1页a—2页b。

实不符合人情。况且，孝宗皇帝自有武宗皇帝承嗣，若强要嘉靖皇帝过继孝宗一脉，究竟要后嗣孝宗还是后嗣武宗？为何要坚持为孝宗延嗣，却宁愿让武宗绝嗣？如此又置武宗于何地？难道武宗的宗统就不重要吗？[1]

第六，提出"人情论"方案。张璁主张尊亲，应称兴献王为"皇考"，为兴献王立家庙，不断祭祀兴献王的香火，使"兴献王不失其为父，圣母不失其为母矣"。并尊奉兴献王妃蒋氏为皇太后，"使母以子贵，尊与父同"，"尊亲之孝"的用意得以彰显。[2]

最后，张璁强调"非天子不议礼"，请求嘉靖皇帝乾纲独断，驳回"濮议论"，接纳"人情论"，否则天下臣民将批评皇帝"为利而自遗其父母"。[3]

总之，张璁提出"继统不继嗣"观点，指出"大礼"的争议原因在于"统嗣合一"的错误。张璁比较"统"与"嗣"的差别："统"是王朝世系的法源继承；"嗣"是家族惯例的血缘延续。两者有独立的空间，不一定要合并来看。并指出嘉靖皇帝入继的"统"是明朝的"君统"，而非"宗统"，因而无须成为孝宗的嗣子身份，即可继承皇位。嘉靖皇帝既据《皇明祖训》得到皇位，其身份自是兴献王长子，与孝宗皇帝无关，也不合于宋代濮议，"濮议论"方案实不可行。统嗣问题因而成

1　张孚敬：《太师张文忠公集》奏疏卷1《正典礼第一》，第2页b—3页a。

2　张孚敬：《太师张文忠公集》奏疏卷1《正典礼第一》，第3页b。

3　张孚敬：《太师张文忠公集》奏疏卷1《正典礼第一》，第4页a。

为"大礼议"争论最为激烈的议题。

张璁的"人情论",奠定了"继统不继嗣"的理论基础,也让嘉靖皇帝获得了考兴献王的理论依据,还打破杨廷和的缄口令,让群臣开始怀疑"濮议论"的合理性,更让"大礼议"的参与范围扩大到整个朝廷,"大礼议"已不再单纯,成为权力之争的焦点。朝廷众臣见到张璁的奏疏后,无不期待嘉靖皇帝的反应,也想看看杨廷和有何动作,作为"大礼"之争的风向标。未料,嘉靖皇帝没有驳斥张璁,反而十分高兴地说:"此论出,吾父子获全矣。"[1]这让若干官员不由得首鼠两端,意欲见风使舵。

礼部尚书毛澄无奈之下,只好第三次联合七十余名大臣上疏:经过之前的两次会议,微臣等认为"大礼"应采用宋儒程颐的说法,宜称兴献王为皇叔父兴献大王,以彰显正统之尊。况且,称兴献王为皇叔父兴献大王,已让兴献王尊贵至极,不可再称皇考。兴献王称号既定,兴献王妃的称号也比照办理,无须称母。皇上必须依照名分,酌情遵礼,以杜天下悠悠之口。臣等也以为,推尊之说或称亲之议,都不合礼法。关于推尊,魏明帝时已有清楚的论断。至于称亲,宋儒程颐已有详述。今附上两份奏疏,请皇上裁定。[2]

毛澄的奏疏,无异于重弹"濮议论"的论调,却提出了

---

1 《明史》卷196《张璁传》,第5174页。
2 《明世宗实录》卷5,正德十六年八月庚辰,第1页a。

"称亲"的方案。从时间顺序来看，推测毛澄之所以提出"称亲"，又抄录魏明帝（204—239）的诏书[1]，乃为了反驳张璁的"人情论"。[2]可是，嘉靖皇帝仍拒绝了礼部的建议，命令再议。[3]给事中朱鸣阳（正德六年进士）、史于光（正德十二年进士）与十三道御史王溱（正德六年进士）、卢琼（正德六年进士）等人上疏攻击张璁[4]，连外派地方的十三道御史也开始对"大礼"发表意见，主张嘉靖皇帝应批准礼部的"濮议论"，早定"大礼"。[5]嘉靖皇帝大感不悦，命礼部再提出新的方案。礼部尚书毛澄回复：朱鸣阳等人之所以弹劾张璁，乃是不让皇上被私意左右。[6]张璁妄论"大礼"，请降刑罚，确保朝廷纲纪，稳定人心。嘉靖皇帝不听，命礼部继续讨论"大礼"。

此外，嘉靖皇帝试图以柔性劝说的方式，说服杨廷和等

1　谭希思：《明大政纂要》卷43，第3189页。

2　《明世宗实录》卷4，正德十六年七月壬子，第4页b—6页a。

3　杨廷和在五月二十八日（己卯）上疏请辞，大学士蒋冕在六月五日（乙酉）请辞，大学士毛纪亦在六月十七日（丁酉）乞休。虽说三阁臣请辞的理由皆与"大礼议"无关，但请辞时间相近，让人推测阁臣们以请辞为手段，向嘉靖皇帝抗议。参见《明世宗实录》卷2，正德十六年五月己卯，第27页a；卷3，正德十六年六月乙酉，第3页b；卷3，正德十六年六月丁酉，第12页b。

4　谷应泰：《明史纪事本末》卷50《大礼议》，第511页。"陛下以兴献王长子不得已入承大统，难拘'长子不得为人后'之说。"

5　《明世宗实录》卷4，正德十六年七月庚午，第19页a—20页b。

6　谷应泰：《明史纪事本末》卷50《大礼议》，第511页。

人不要再坚持"濮议论"。[1]七月十五日（甲子），嘉靖皇帝在文华殿召请内阁诸臣，欲私下讨论"大礼"，希望杨廷和能体谅他的孝心，不要再坚持"濮议论"。[2]可是，杨廷和仍不领情，反复说明"为人后者为之子"的道理，并上疏规劝嘉靖皇帝应以天理为重，"不得复顾其私亲"。[3]嘉靖皇帝眼见杨廷和不愿妥协，自己也不愿接受"濮议论"，只好将此疏留中不发。

从嘉靖君臣私会之事，可见嘉靖皇帝原不希望与杨廷和、毛纪、蒋冕三位阁臣撕破脸，于是恳请他们能让步，答应"尊父为兴献皇帝，母为兴献皇后，祖母为康寿皇太后"[4]的要求。不料，内阁众臣为表达反对"人情论"的态度，竟封还手敕诏书，让嘉靖皇帝倍感难堪，再也不愿委屈自己[5]，态度日渐强硬。张璁也遭群臣围剿，群臣欲除之而后快。嘉靖君臣为了"大礼"僵持不下，各不相让，以致嘉靖初年的政局产生微妙变化：一是首辅杨廷和与嘉靖皇帝之间出现裂痕，君臣关系濒

1　田澍认为嘉靖皇帝不直接罢黜杨廷和，乃因其即位未久、权威未固，不得不容忍杨廷和。笔者认为，田澍的论点过于主观，有待商榷。举例来说，田澍将"封建旧势力"作为濮议派的标签，指责杨廷和为保住权位，不惜曲解《武宗遗诏》。更甚者，田澍以杨廷和的"嘉靖新政"实行仅一年，以其实际效果不足为由，视杨廷和等人的功绩为膨胀阁权的手段。田澍：《嘉靖革新研究》，第37—48、60—65页。

2　《明世宗实录》卷4，正德十六年七月甲子，第14页a。

3　《明世宗实录》卷4，正德十六年七月甲子，第14页a—14页b。

4　谷应泰：《明史纪事本末》卷50《大礼议》，第511页。

5　《明史》卷191《毛澄传》，第5058页；林延清：《嘉靖皇帝大传》，第58—59页。

临破裂；二是杨廷和的权威开始动摇，受到不少的质疑。先前推行"嘉靖新政"时，杨廷和曾得罪了不少官员，部分朝臣也对杨廷和钳制言路的作为颇感不平。[1]此外，嘉靖皇帝的尊亲态度，也让某些官员背弃杨廷和，转而支持皇帝。朝堂之上，遂渐出现一些批评"濮议论"的私语。[2]

　　兴献王妃到京的日期越近，嘉靖皇帝越感不耐，想在母亲来京前决议"大礼"，免得委屈母亲。[3]于是在八月十二日亲自下诏内阁，宣称自己欲尊兴献王为"兴献皇帝"，尊兴献王妃蒋氏为"兴献皇后"，尊祖母邵太妃为"寿安皇太后"。杨廷和等阁臣极力反对，直接封还手诏，又依照《仪礼》，说明反对诏令的理由，私下斥责张璁是无知书生。[4]但嘉靖皇帝已从"人情论"中，找到了取胜的理论根据，反而采取强硬的态度，不肯妥协，杨廷和等人也不愿退让，继续封还手诏。

　　到了九月，迎奉兴献王妃蒋氏的队伍，抵达通州。蒋妃

1　朱鸿：《"大礼"议与明嘉靖初期的政治》，第39—40页。朱鸿认为，杨廷和处置王瓒，让"大礼议"一开始即趋向暴力发展。

2　李洵：《"大礼议"与明代政治》，第48—62页；田澍：《大礼议与杨廷和阁权的畸变——明代阁权个案研究之一》，《西北师大学报（社会科学版）》第37卷第1期，第88—94页。

3　朱鸿：《"大礼"议与明嘉靖初期的政治》，第92页。朱鸿认为嘉靖皇帝的表现正符合心理学恋母情结（momism）的表现，遂不再诉诸理性，反而运用帝王权威，任意制礼。

4　《明史》卷190《杨廷和传》，第5037页；谷应泰：《明史纪事本末》卷50《大礼议》，第511页。诸书记载文字虽有不同，但皆指出张璁不识国体。杨廷和的"国体"正是指"国家礼法"。

的到来,让嘉靖君臣间的冲突更加尖锐。蒋妃抵达前,礼部按例,须商议蒋妃入门礼。[1]礼部认为,嘉靖皇帝既是孝宗嗣子,蒋妃的身份便只是藩王妃,不可用皇太后的礼仪。首辅杨廷和知道嘉靖皇帝不会批准,于是以方便进出为由,建议让蒋妃由朝阳门(皇城正东门)入东安门,以使嘉靖皇帝不能把蒋妃身份抬高为皇太后。[2]嘉靖皇帝识破杨廷和的意图,决定不理礼部的方案[3],亲自决定让蒋妃由正阳门(皇城正南门)入宫,命礼部准备蒋妃入谒太庙的大小事宜。众臣哗然。[4]

从嘉靖皇帝的谕旨及礼部对兴献王妃的称谓来看[5],皇帝与礼部的方案已是南辕北辙。嘉靖皇帝的谕旨里,称蒋氏为"圣母",视蒋氏为皇太后;礼部却与皇帝不同调,称蒋氏为"母妃",视蒋氏为藩王妃。面对官方用语不一的情况,张璁出面支持嘉靖皇帝,表示蒋妃是天子母,怎可由旁门入宫、照藩王妃的礼仪。又引用唐代《开元礼》的"后妃庙见礼",支持蒋

---

1 《明世宗实录》卷5,正德十六年八月辛卯,第5页b。

2 徐学谟:《世庙识余录》卷1,第4页a—4页b;《明世宗实录》卷6,正德十六年九月丁巳,第3页a—3页b。

3 沈德符:《万历野获编》卷2《世宗入绍礼》,第35页。

4 沈朝阳:《皇明嘉隆两朝闻见纪》卷1,第14页a。

5 卜键:《嘉靖皇帝》,第60页。

妃谒见太庙。[1]各地方官员则迎合上意，撇开礼部的说法，称蒋妃为"圣母"，免得惹祸上身。由此可见，中央与地方官员对"大礼"的态度并不一致。

蒋妃抵达通州后，知道"大礼"未定，十分愤怒，大声斥骂前来迎接的礼部官员们：怎可把我的儿子给他人当儿子。[2]因而不愿进入京城，声称若不尽快解决"大礼"，绝不进京。嘉靖皇帝听闻母亲的怨言后[3]，十分伤心，甚至向昭圣皇太后表达退位之意，不愿再当皇帝，只想带着母亲回归兴藩。朝廷众臣无不大惊失色，杨廷和及礼部只好让步，请求嘉靖皇帝不要冲动行事，礼部愿意再作讨论。从蒋妃入门礼仪一事来看，嘉靖皇帝逐渐疏离内阁，不再言听计从。

九月二十八日（丙子），嘉靖皇帝再次召阁臣杨廷和、蒋冕、毛纪等人，不再提避位归藩的事，反而提出更进一步的要求，恳请他们体谅自己欲尽孝道的立场，希望能改易初议，不再坚持"濮议论"，并提高对兴献王的尊崇仪式，让兴献王

1　沈朝阳：《皇明嘉隆两朝闻见纪》卷1，第14页a。"朝议哗然，以妇人无谒庙礼，太庙非妇人宜入。张璁曰：'虽天子，必有母也，焉可由旁门入乎？古者，妇三月庙见，孰谓无谒庙礼乎？九献之礼，后与焉，孰谓太庙非宜入乎？名之不正，礼所由失也'。"

2　谷应泰：《明史纪事本末》卷50《大礼议》，第512页。

3　谷应泰：《明史纪事本末》卷50《大礼议》，第512页。

神主得在安陆立家庙。[1]但杨廷和等人断然拒绝:"大礼关系万世纲常,四方观听,议之不可不详,处之不可不审。"[2]礼部尚书毛澄更催促嘉靖皇帝接受"濮议论"[3],早定"大礼"。嘉靖皇帝不予理睬,竟采用宋英宗的模式,假借昭圣皇太后的名义[4],自定兴献王尊号,下诏礼部"兴献王宜称兴献帝,母兴献后,宪庙贵妃邵氏(?—1522,宪宗妃,兴献王生母)为皇太后"。[5]杨廷和等阁臣深恐再激起事端,只好妥协让步,让称兴献王兴献帝。嘉靖皇帝如愿把本生父母身份抬至帝后后,立刻命令礼部官员带着太后法服,前往通州迎接蒋氏。蒋氏也见好即收,不再坚持。

十月四日(壬午),兴献后蒋氏乘着皇太后銮驾,由大明中门入宫,在锦衣卫的护送下风光进京,显示自己的太后身份。兴献后蒋氏的行径,却触怒了昭圣皇太后张氏。昭圣皇太后贵为国母长达二十余年,早是宫廷里的大长辈,亦是后宫的最高首领,视蒋后为藩王妃,对蒋后的态度十分傲慢无礼,甚至不承认蒋后的皇太后身份。昭圣皇太后的冷漠反应,

---

1 《明世宗实录》卷6,正德十六年九月丙子,第11页a;谷应泰:《明史纪事本末》卷50《大礼议》,第512页;谈迁:《国榷附北游录》卷52,第3241页。

2 《明世宗实录》卷6,正德十六年九月丙子,第11页a。

3 《明世宗实录》卷6,正德十六年九月丁丑,第12页b。

4 杨一清:《明伦大典》卷6,第1页b。

5 《明世宗实录》卷7,正德十六年十月庚辰,第1页a—1页b。

得罪了嘉靖皇帝，以致屡遭压抑，竟落到晚年凄凉无依、死后被减杀丧礼的窘境，也替张氏家族种下不测的恶果。[1]

十一月二十三日（辛未），张璁见到嘉靖皇帝欲避位奉母的行径后[2]，避开内阁与礼部的阻碍，亲自将《大礼或问》[3]带往左顺门，直接上呈嘉靖皇帝。张璁的《大礼或问》是驳倒"濮

1　《明世宗实录》卷155，嘉靖十二年十月丙子，第2页b—4页a。嘉靖十二年（1533）十月七日，嘉靖皇帝命锦衣卫逮捕建昌侯张延龄，钦定死罪，并革去昌国公张鹤龄的爵号，降为南京锦衣卫指挥同知，代俸闲住。张延龄入狱的原因是锦衣卫指挥司聪替张延龄经营高利贷，却还不出欠款，只好与董至商量，欲诬陷张延龄谋反，向张延龄勒索。张延龄派人暗杀司聪，董至害怕东窗事发，便向官府告发。嘉靖皇帝大怒，命逮捕张延龄及其家奴入狱拷问，昭圣皇太后求救无门，只好通过张皇后代为求情，岂料张皇后竟因此遭废。刑部尚书聂贤（？—1540）也因论救而遭停俸半年。宠臣张璁也上书论救，使张延龄多活了几年（嘉靖二十五年处死），但张氏家族的权势一夕间消失殆尽。郑晓：《今言》卷1，第68条，第38页；沈德符：《万历野获编》卷3《母后在位久》，第76页。沈德符认为昭圣皇太后因轻视蒋后，得罪主上，祸延二弟；又指出嘉靖皇帝减杀昭圣皇太后的丧礼，乃因怀疑昭圣皇太后施巫蛊咒母死。沈德符：《万历野获编》卷3《世宗废后》，第89页；卷3《嘉靖两后丧礼》，第92页。关于张璁论救张延龄的过程，参见张孚敬：《谕对录》卷34，第1页a—16页a。

2　张璁上《大礼或问》时间存疑。《明世宗实录》的时间为十一月二十一日（己巳）。《国榷》的时间则是十一月二十五日（癸酉）。《皇明嘉隆两朝闻见纪》时间记为九月，《明史纪事本末》记为十月，《明通鉴》则是记为十月一日（己卯）。按照后三书的记载，张璁上疏的时间可能在蒋妃入京之前，延议时间则在蒋妃入京后。

3　张孚敬：《张文忠公文集》，《正典礼第一疏》《正典礼第二疏》《正典礼第五疏》，第1页a—25页b。

议论"的有力奏疏，"辨析统嗣之异及尊崇墓庙之说甚悉"[1]，亦是议礼诸臣的政治理论，主张只有天子才有资格议礼，"大礼"乃嘉靖皇帝的家事，只需要皇帝自行决定，无须得到众臣的同意。[2]后来更成为《明伦大典》的主要语调，重要性不可言喻。综观《大礼或问》较《正典礼第一疏》更为详尽完备，并以自问自答的方式，将"大礼"的疑虑逐一点出，使"人情论"容易被人接受，产生较广泛的影响，也让不少人改变初衷，开始对"濮议论"产生怀疑。

在《大礼或问》中，张璁提出了二十一项问答句，强调嘉靖皇帝入继大统之根据是《皇明祖训》的"兄终弟及"。张璁指出，"兄终弟及"是指兴献王与孝宗之兄弟关系，并非指嘉靖皇帝与武宗的兄弟关系。又近乎诡辩地提出假设：如果兴献王没死的话，皇位自然由兴献王以"兄终弟及"继承，现今兴献王已薨逝，帝位当由兴献王长子朱厚熜继承。因此，嘉靖皇帝无须以孝宗的嗣子身份继承帝位。又频提出《仪礼》"长子不得为人后"之意，反复说明无法套用宋代濮议的原因：嘉靖

1　谷应泰：《明史纪事本末》卷50《大礼议》，第512页。

2　张孚敬：《太师张文忠公集》奏疏卷1《正典礼第一》，第1页a—4页b。《大礼或问》原附录于《正典礼第二疏》文末；《明世宗实录》不录《正典礼第二疏》正文，却全引《大礼或问》；《明大政纂要》也用相当篇幅抄录《大礼或问》，为《大礼或问》的简易版。可知《大礼或问》十分重要，成为日后击败"濮议论"的根本依据。下文皆以《大礼或问》代表《正典礼第二疏》。《明世宗实录》卷8，正德十六年十一月癸酉，第8页b—15页a；谭希思：《明大政纂要》卷43，第3195页。

皇帝是兴献王长子，不能过继大宗，也不可再认孝宗弘治皇帝为父。岂可抹灭事实，勉强嘉靖皇帝改尊孝宗为皇考？

张璁主张"礼，时为大"，"礼"应随现实需要，予以取舍，因此"大礼"符合人情伦常与现实需要，始为合礼。嘉靖皇帝当尊兴献王为皇考，孝宗弘治皇帝为皇伯考，武宗正德皇帝为皇兄，始为"名正言顺"。礼部应提高兴献王的尊称，以示其皇考身份，还要在京师设庙，不断其祭祀之礼。最后，张璁还批评持"濮议论"的大臣，如杨廷和等人，只知念孝宗皇帝之恩，却不顾嘉靖皇帝之情，拘泥于宋人程颐的说法，还引用不符现实的濮议案，欲强逼嘉靖皇帝自断其亲，无疑是无君之臣。

张璁的《大礼或问》一出，支持"人情论"的言论开始出现，"濮议论"不再是朝廷里的独一声音。兵部主事霍韬（1487—1540）、同知马时中、国子监生何渊、巡检房浚纷纷上疏，表示支持张璁的尊亲方案，让嘉靖皇帝欲尊崇兴献王的念头更加热切。甚至连当时受到杨廷和贬抑，赋闲在家的杨一清也特别命人致信自己的门生，即当时的吏部尚书乔宇（1464—1532），暗示"大礼"的情势将有变化。[1] 杨一清又劝当时巡抚湖广右副都御史席书（1461—1527）不要畏惧人言，应早日赴召，以定"大礼"。张璁的"人情论"使他名动朝野[2]，得到嘉靖皇帝的注意，但也引来许多攻击，以致后来遭贬，

1　谷应泰：《明史纪事本末》卷50《大礼议》，第513页。

2　谷应泰：《明史纪事本末》卷50《大礼议》，第512页。

外放南京。

嘉靖皇帝得到《大礼或问》的支持后，大受鼓舞，于是让司礼监太监转告杨廷和，欲在兴献帝、兴献后的尊号上，加称"皇"字，命礼部商议。[1]杨廷和极力反对，援引汉宣帝、光武帝二例，说明"统嗣"必须合一，不容分离。一旦为兴献帝后加尊"皇"字，其身份便等同于孝宗皇帝、昭圣皇太后，"是忘所后而重本生，任私恩而弃大义"。[2]最后，杨廷和还扬言，若欲加"皇"字，便要辞官回乡，不再接受挽留。[3]支持"濮议论"的官员们为支持杨廷和，纷纷上疏反驳《大礼或问》，阁臣蒋冕也著《上嘉靖皇帝为人后疏》，试图打消嘉靖皇帝的念头[4]，却无法全盘反驳"人情论"，也无法让嘉靖皇帝回心转意。

吏部尚书乔宇等人，则采取激烈手段，联合署名上疏，反对为兴献王加称"皇"。尤其是言官们气愤难消，对"大礼"大肆批评：现今对兴献帝、兴献后的尊号已尊崇到极点。若再加上"皇"字，君统与宗统便无法区分，将败坏宗法制度，颠倒天理纲常。皇上的做法，根本不顾礼法，势必动摇国家根基。尽管朝臣们纷纷发起强烈的反对舆论，但嘉靖皇帝心意

1　《明世宗实录》卷9，正德十六年十二月己丑，第4页a—4页b。

2　《明史》卷190《杨廷和传》，第5038页。

3　《明世宗实录》卷9，正德十六年十二月戊戌，第13页a—13页b。

4　娄子匡主编：《北京大学中国民俗学会民俗丛书专号（4）家范篇》第13册《出继·养子》，台湾东方文化书局，1979年，第147页；《明史》卷190《蒋冕传》，第5044、5045页。

已定，不愿听从臣下。君臣冲突再起。

当时主张"濮议论"的人士，自认是维持礼法的君子，视"大礼议"为宋代"濮议"的翻版，因而，批评张璁及其附和者皆是趋炎附势的小人。杨廷和不知如何处置张璁这号麻烦人物，只好趁着京察的机会，事先授意吏部，把张璁调离中央，命为南京刑部主事。同时让中书舍人张天保转告张璁：先生可以不去南京，但请您安静休养，不要再提"人情论"为难我们。[1]掌詹事府的石珤虽不全赞同"人情论"[2]，却私下对张璁说：此后，你必须谨慎行事，密切观察朝廷动向，"人情论"必有实现的一天。[3]张璁无奈，只好抱憾离开，前往南京任职（南京本是明朝首都，后因永乐皇帝迁都，政治重心移往北京。任职南京的官员，多被视为闲散官员）。杨廷和对支持张璁的

1　沈朝阳：《皇明嘉隆两朝闻见纪》卷1，第16页b；谷应泰：《明史纪事本末》卷50《大礼议》，第513页。廷和寄语曰："子不应南官，第静处之，勿复为大礼说难我耳。"

2　徐学谟：《世庙识余录》卷1，第13页b—14页a；沈朝阳：《皇明嘉隆两朝闻见纪》卷1，第16页b。

3　谷应泰：《明史纪事本末》卷50《大礼议》，第513页。"尚书石瑶（按：应为石珤）语璁曰：慎之，大礼说终当行也。"值得注意的是，石珤原是礼部尚书兼詹事府事，嘉靖皇帝即位后，便改任吏部尚书。石珤之所以改任吏部尚书，实因在正德十六年五月五日（丙辰）时，吏部尚书王琼被论劾，大学士梁储致仕，朝廷的权力布局大调换，石珤得能出任吏部尚书。不久后，石珤被杨廷和排挤，嘉靖元年五月庚寅上疏辞职，由亲杨廷和的乔宇任吏部尚书。关于杨廷和、梁储、王琼及石珤之间的争斗，详见第四章第三节。

官员也采取强硬措施,把礼部右给事中熊浃(1478—1554)外放河南参议。[1]同样主张"人情论"的霍韬眼见局势不利,赶紧请假回乡,以免自己成为众人论劾的箭靶。碍于嘉靖皇帝的立场,杨廷和不便公然压制"人情论",只好继续与皇帝周旋,"大礼议"陷入僵局。

值得注意的是,《明世宗实录》未记载张璁遭忌而被外调一事,《皇明嘉隆两朝闻见纪》与《明史纪事本末》却描述得有声有色,煞有介事。[2]从二书的叙述,或能推论《明世宗实录》不提此事的原因,可能为尊者讳,欲掩饰嘉靖皇帝尚无实权的事实,因而无力挽留这些为自己说话的臣子,只能眼睁睁地看他们被外调。由此可知,朱厚熜虽贵为皇帝,但即位未久,没有得力的亲信支持,又碍于朝廷公论、历史成例、礼学根据及祖训的限制,于是每当君臣意见不合时,嘉靖皇帝只能妥协让步,无法随心所欲。

直到清宁殿发生火灾,君臣僵持的情况才暂时告一段落。嘉靖元年一月十一日(己未),刚结束郊祀典礼,兴献后蒋氏居住的清宁宫后殿竟发生火灾,差点酿成大祸。可以说,在时间和地点上,这场火灾相当敏感,让人有不少的政治联想。礼部尚书毛澄则借题发挥,指出上天借火灾示警,批评皇帝

---

1 《明世宗实录》卷10,嘉靖元年正月己酉,第1页a—1页b;卷12,嘉靖元年三月辛未,第12页a。

2 谷应泰:《明史纪事本末》卷50《大礼议》,第513页。

的行为已破坏礼法，引起上天不满，希望皇帝撤销兴献帝加尊"皇"字的诏令。嘉靖皇帝仍不愿采纳，还推诿责任，强调加尊"皇"字是昭圣皇太后的意思，不是他个人的意思。[1] 给事中安盘（弘治十八年进士）则紧迫盯人，趁机劝谏："大义私恩，自有轻重。"[2] 兵科给事中邓继曾（正德十二年进士）更直接点明"示警"之意：火灾是天变。天有五行，火实主礼。人有五事，火实主言。名不正则言不顺，言不顺则礼不兴。今年已发生三次火灾，皆因皇上废礼失言的缘故。[3]

毛澄、邓继曾等人的"天人感应"[4] 之说，让嘉靖皇帝不得不软化态度，向诸臣表示"上天示戒，朕心警惕，与卿等同加修省，以回天意"，却回避问题，反而申明前旨"慈寿太后懿旨，不必更议"。[5] 到了三月，嘉靖皇帝终于挡不住诸臣的请求，接受"濮议论"，称孝宗为皇考，称昭圣皇太后为圣母，称兴献帝后为本生父母，不加"皇"，以别亲疏、彰正统。[6] 嘉靖

---

1 《明世宗实录》卷9，正德十六年十二月乙巳，第16页a；卷10，嘉靖元年正月壬戌，第6页a—6页b。

2 《明世宗实录》卷10，嘉靖元年正月壬戌，第6页b。

3 《明史》卷207《邓继曾传》，第5462页；沈朝阳：《皇明嘉隆两朝闻见纪》卷1，第18页b—19页a。《明世宗实录》仅记载毛澄、安盘与李俨的疏文，无邓继曾的疏文。

4 汉代学者董仲舒提出"天人感应"之说，将灾疫、涝旱、地震、彗星、日月食皆视作上天对人世的不满，该说成为遏止统治者暴虐的有效手段，也为儒家学者提供了一种富含政治暗示的解释权。杜维明著，陈静译：《儒教》，台湾麦田出版社，2002年，第70—73页。

5 《明世宗实录》卷10，嘉靖元年正月壬戌，第6页b。

6 《明世宗实录》卷12，嘉靖元年三月壬戌，第6页b—7页a。

皇帝似受到"天人感应"的影响[1]，始改变态度。但也可能是考虑到兴献后蒋氏的安危，毕竟后宫幽幽，难保有人会对蒋氏不利。更可能是嘉靖皇帝孤掌难鸣，难抵舆论压力，只好以火灾示警为由，无奈地接受"濮议论"，承认自己孝宗嗣子的身份。

三、左顺门事件

嘉靖元年三月十五日（壬戌），嘉靖皇帝下诏："大礼"议定，不得争论。[2]并赏赐定策、迎立及兴藩随行诸臣，封阁臣杨廷和、蒋冕、毛纪为伯爵。[3]可是，杨廷和等人有感于"英主恩谊讵易消受，况群怨日眈眈其侧"[4]，坚拒恩典，否则将辞官避位。[5]嘉靖皇帝无奈，收回成命，改封赏为荫子。这时，"大礼议"似已圆满落幕，君臣关系又恢复融洽的状态。实则不然。"大礼"引发的风波还未结束，嘉靖初年的政局暗潮汹涌。从下列的事例来看，嘉靖君臣因"大礼议"留下的心结没

1　小岛毅：《宋代天譴論の政治理念》，《東洋文化研究所紀要》第107期，第1—87页。

2　《明世宗实录》卷12，嘉靖元年三月壬戌，第6页b—9页a。

3　《明世宗实录》卷12，嘉靖元年三月壬戌，第12页b。

4　黄景昉：《国史唯疑》卷6《嘉靖》，第153页。

5　徐学谟：《世庙识余录》卷1，第11页b—12页a。徐学谟指出，杨廷和等阁臣辞伯爵的原因，乃是他们唯恐功高震主，避位自安。

有解开。[1]

例一，嘉靖元年三月三日，礼部请求上兴献帝册宝时不用乐，以别皇帝谥册典礼。[2]嘉靖皇帝答应礼部，但要求"兴献帝册文还宜称孝子"[3]。杨廷和率阁臣上疏：册文已清楚表明嘉靖皇帝是兴献帝亲子，不须再特别指出。皇上已继统孝宗，不宜再对本生父亲称"孝子"，避免二父之嫌。嘉靖皇帝扣留此疏，不作回应。[4]

例二，据《皇明嘉隆两朝闻见纪》记载，嘉靖皇帝曾私下派出太常寺丞周璧（原兴藩的典仪副）前往南京，转告张璁"诏虽下，圣心未慊也"[5]，暗示张璁等待时机，再议"大礼"。史料阙漏，无从判定真伪，却显示嘉靖皇帝并非真心接受"濮议论"。同时，支持张璁论点的官员也越来越多。例如，巡抚湖广右副都御史席书、吏部员外郎方献夫（？—1544）皆曾具疏支持"人情论"[6]，但担心被言官弹劾，只能静待"大礼"再起之时机。[7]

1　张治安：《明代嘉靖初年的议礼与党争》。

2　《明史》卷51《礼志五》，第1326页。

3　《明世宗实录》卷12，嘉靖元年三月辛亥，第1页a—1页b。

4　朱鸿：《"大礼"议与明嘉靖初期的政治》，第55—57页。朱鸿认为嘉靖元年三月的封赏，开言官攻击朝廷重臣之风气，是造成整个议礼局势逆转的因素之一。

5　沈朝阳：《皇明嘉隆两朝闻见纪》卷1，第20页b。

6　谷应泰：《明史纪事本末》卷50《大礼议》，第514页。

7　《明史》卷197《席书传》，第5202页；卷196《方献夫传》，第5186—5188页。

例三，嘉靖元年十一月二十日，南京礼部尚书杨廉（1452—1525）等人上疏，劝嘉靖皇帝赶紧选择兴献帝的嗣子人选，主持兴献帝的祭祀典礼，申明"大礼"，平息众议。嘉靖皇帝不置可否，奏疏留中，命礼部商议。[1]

例四，嘉靖元年十一月十八日，寿安皇太后邵氏病死。为让祖母邵太后能风光入殓，嘉靖皇帝命礼部拟定徽号，举行隆重的丧礼，坚持让邵太后入葬茂陵，与宪宗成化皇帝合葬。礼部尚书毛澄不敢力争，交由内阁处理。杨廷和等人则大力反对，说明邵太后本是宪宗之妃，并非皇后身份，自然不得归葬茂陵。若欲归葬，将惊动宪宗神灵，破坏祖坟，应葬于皇太妃原葬地橡子岭。[2]嘉靖皇帝不予理睬，无视明朝一帝二后墓葬礼制[3]，坚持归葬茂陵，为祖母争一份死后的尊崇，使她拥有皇太后的实质身份，成为宪宗的第三位皇后，无形中让兴献王的政治身份升高到"皇后之子"和"宪宗嫡子"的地位。

例五，嘉靖二年（1523）四月，宦官蒋荣（原兴藩人马）奉命掌管兴献帝陵祭，上疏请礼部择定祭品及乐舞规格。礼部据凤阳祖陵之例，用笾豆十二，不设乐舞，并请选宗室亲

---

1 《明世宗实录》卷20，嘉靖元年十一月壬戌，第10页b—11页a。

2 《明世宗实录》卷21，嘉靖元年十二月癸未，第3页b—4页a。

3 明制：能与皇帝合葬的后妃只有正宫皇后与下任皇帝生母。邵太后是宪宗的皇妃，并非宪宗的皇后，也非孝宗的生母。邵太后并没有与宪宗合葬的名分。沈德符：《万历野获编》卷3《帝后祔葬》，第78页。

王主祭。嘉靖皇帝四次驳回礼部方案[1]，直接下诏让兴献帝家庙"乐用八佾"。"八佾"是天子专用的乐舞仪式。嘉靖皇帝亲定乐舞仪式的目的即排除礼部，直采八佾之乐，让兴献帝享用天子祭礼之殊荣。[2]

　　嘉靖二年是言官交相攻击、风言闻事的一年。[3]科道之风盛行，显示了内阁首辅杨廷和再也无法控制言路，言官们锋芒大露。[4]科道之风，始于兵部给事中史道（正德十二年进士）私怨杨廷和，因而借"大礼"为由，上疏弹劾杨廷和欺罔，欲陷皇帝于不孝之名。[5]这道弹劾奏疏引起众怒，"一时大小臣僚无不为杨疏辨"。[6]嘉靖皇帝怀疑朝臣党附于杨廷和，开始猜忌杨廷和的忠诚。

　　兵部尚书彭泽（弘治三年进士）也挺身而出，为杨廷和辩驳，指责史道无的放矢。未料却引起言官们的不满，纷纷批评彭泽堵塞言路，企图遮蔽皇上的耳目。[7]御史曹嘉（正德

1　谷应泰：《明史纪事本末》卷50《大礼议》，第515页。

2　《明世宗实录》卷25，嘉靖二年四月乙丑，第13页a—13页b。据《明世宗实录》载，此事发生在乙丑日，但查万年历，嘉靖二年四月并无乙丑日，疑笔误，可能为十八日（己丑）。或据《明通鉴》，应为廿四日（乙未）。今据《国榷》与《明通鉴》，应为乙未日。

3　《明世宗实录》卷25，嘉靖二年四月乙酉，第6页b。

4　卜键：《嘉靖皇帝》，第73—81页。

5　《明世宗实录》卷21，嘉靖元年十二月戊子，第7页b。

6　黄景昉：《国史唯疑》卷6《嘉靖》，第154页。

7　《明世宗实录》卷22，嘉靖二年正月癸卯，第1页a；卷22，嘉靖二年正月壬子，第4页a。

十二年进士）也抨击杨廷和阁权太重[1]，"能擅威权，以移主柄"[2]，揭露正德朝的施政过失[3]，让嘉靖皇帝更怀疑杨廷和实有私心，欲借"大礼"窃夺皇权。换言之，言官们展开了喋喋不休的批评，内阁与六部尚书纷纷称疾不出，以示清白，朝政顿时停摆，引起嘉靖皇帝的不满。不久后，言官们又把矛头转向皇帝，要求疏远佞臣崔文，立即罢斥；又指责嘉靖皇帝迷信方术，不应在宫中举行斋祀。[4]言官多有过激，嘉靖皇帝虽不加罪，但逐渐失去了包容言官的耐心。[5]

从这些冲突来看，嘉靖皇帝越来越不满杨廷和，也越来越厌烦言官们无止境的谏言[6]，于是对朝廷重臣们的态度大为转变。凡有人提出请辞[7]，嘉靖皇帝便准许他们退休回乡，不再苦苦挽留。杨廷和由于一直坚持"濮议论"，与嘉靖皇帝之间的芥蒂越来越深，又频劝嘉靖皇帝不可笃信斋醮，语多冲撞，让嘉靖皇帝"忽忽有所恨"。[8]事隔不久，杨廷和又因添派织造

---

1 《明世宗实录》卷22，嘉靖二年正月丙辰，第5页a。

2 《明世宗实录》卷22，嘉靖二年正月乙卯，第7页a—7页b。

3 沈德符：《万历野获编》卷18《梁文康子杀人》，第461—462页。

4 《明世宗实录》卷25，嘉靖二年四月庚寅，第8页b—9页a；卷25，嘉靖二年四月癸巳，第11页b—12页b。

5 徐学谟：《世庙识余录》卷1，第13页b—14页a。

6 《明史》卷190《杨廷和传》，第5038页。

7 嘉靖二年二月，礼部尚书毛澄致仕。七月，刑部尚书林俊（1452—1527）致仕。十月，户部尚书孙交、兵部尚书彭泽先后致仕。

8 《明史》卷190《杨廷和传》，第5038页；徐学谟：《世庙识余录》卷1，第13页b—14页a。

太监事，发动公论[1]，希望借舆论压力，让嘉靖皇帝再次撤销命令。但嘉靖皇帝坚持己见，不予理会。朝廷里的气氛转为紧张。

正在这敏感的时刻，南京刑部主事桂萼因常与张璁私下讨论"大礼"，揣测嘉靖皇帝的心意，实不愿接受"濮议论"，因而请求重议"大礼"。桂萼重申"人情论"，主张应称兴献帝为皇考，改兴献后为圣母，称孝宗为皇伯考，称昭圣皇太后为皇伯母，并在皇宫里为兴献帝立家庙祭祀，直接由嘉靖皇帝亲自祭祀，始符合人情。[2]桂萼担心自己势单力薄，不足以撼动朝廷，于是将南京兵部右侍郎席书及兵部员外郎方献夫先前未上的奏疏，一并附于奏疏之末，希望得到嘉靖皇帝的重视。同时，"人情论"的提出者张璁，也跟着桂萼上疏，请求再议"大礼"。嘉靖皇帝十分高兴，越发想重议"大礼"，提高兴献帝的地位，于是将张璁、桂萼等人的奏疏交给礼部商议。

嘉靖皇帝重议"大礼"的举动，让杨廷和心灰意冷，不得不下台求去。[3]嘉靖皇帝不但不挽留，还召回张璁、桂萼、席书等人，希望借由他们的支持，驳倒"濮议论"。嘉靖皇帝为兴献后蒋氏祝寿时，特别把寿宴办得十分盛大，却对昭圣皇

---

1 《明世宗实录》卷34，嘉靖二年十二月庚戌，第4页b—5页a；卷34，嘉靖二年十二月庚戌，第5页a—6页b；卷35，嘉靖三年正月甲午，第6页a—6页b。

2 《明世宗实录》卷35，嘉靖三年正月丙戌，第2页b—3页b。

3 《明世宗实录》卷36，嘉靖三年二月丙午，第3页a—3页b。

太后的寿辰不闻不问,甚至以懿旨有命为由,免除百官朝贺。嘉靖皇帝厚此薄彼的做法,引起言官的不满,言官屡有进谏。嘉靖皇帝大怒,下令锦衣卫逮捕这些言官,予以拷问,开嘉靖朝杖责言官之劣风。[1]

杨廷和致仕后,蒋冕继任首辅,与礼部尚书汪俊、吏部尚书乔宇等人成为"濮议论"的中坚分子。[2]嘉靖三年二月十三日(戊申),礼部尚书汪俊会同朝臣二百五十余人重申"濮议论",抨击张璁、桂萼狂妄,"故继主于大义,所生存乎至情"。[3]嘉靖皇帝不予理会,反而命张璁等人尽快进京,以便商议"大礼"。

综合嘉靖皇帝的举动及前后种种迹象,嘉靖皇帝非争"大礼"不可的意图显现。[4]不久后(三月一日),嘉靖皇帝便以孝心未尽为由,重议"大礼",要求礼部加称尊号,"兴献帝为本生皇考恭穆献皇帝,兴国太后为本生母章圣皇太后"[5],并命宦官前往安陆兴藩,迎兴献帝神主,欲在皇宫内院的奉先殿侧建观德殿,充当家庙,以便祭祀。[6]这项命令一出,朝议哗然,

---

1 《明世宗实录》卷36,嘉靖三年二月乙丑,第9页b—10页b;卜键:《嘉靖皇帝》,第85—87页。

2 谷应泰:《明史纪事本末》卷50《大礼议》,第516页。

3 《明世宗实录》卷36,嘉靖三年二月戊申,第3页b—4页b。

4 高阳:《明朝的皇帝(下册)》,台湾学生书局,1973年,第451—453页。

5 《明世宗实录》卷37,嘉靖三年三月丙寅,第1页a。

6 《明世宗实录》卷37,嘉靖三年三月丙寅,第1页a—2页b。

众臣纷纷上谏劝诫。[1]但嘉靖皇帝皆不理会,将上谏者停俸,同时也下令礼部,改兴献帝陵墓为"显陵",祭祀仪制抬高为天子之祭。[2]

礼部尚书汪俊为维护"濮议论"的基本立场,又见嘉靖皇帝将重议"大礼",因而召集群臣,请与嘉靖皇帝妥协,让兴献帝尊号加称"皇"字,希望能满足嘉靖皇帝,不再坚持称兴献帝为"本生皇考"。[3]嘉靖皇帝本想作罢,不再多生事端,但此时又接获张璁的奏疏,疏中分析"加称不在皇不皇,实在考与不考"[4],表示不与"濮议论"妥协的立场,力劝嘉靖皇帝拒绝礼部的方案。对此,嘉靖皇帝深以为然,立刻表明不愿接受汪俊的提议,直接下诏决定"兴献帝为本生皇考恭穆献皇帝,兴国太后为本生母章圣皇太后"。[5]张璁、桂萼又上疏,请去"本生"字样:兴献帝的尊称虽有"本生皇考",但仍无法表明兴献帝的身份,"曾有一人两考之礼乎"。[6]若不去掉"本生"二字,兴献帝仍会被视为"皇叔",而非"皇考"。[7]礼部尚书

1　沈朝阳:《皇明嘉隆两朝闻见纪》卷2,第2页b。"给事中张翀等三十二人,御史郑本公等三十一人各抗疏如部议,上责其朋言乱政。修撰唐皋奏言:陛下当考所后,以别正统,当隆所生,以备尊称。上责其阿意二说,俱夺俸。"

2　《明世宗实录》卷37,嘉靖三年三月丁丑,第4页b。

3　沈朝阳:《皇明嘉隆两朝闻见纪》卷2,第2页b。

4　《明世宗实录》卷37,嘉靖三年三月丙戌,第8页a;张孚敬:《太师张文忠公集》奏疏卷1《正典礼第三》,第18页a。

5　《明世宗实录》卷38,嘉靖三年四月乙丑,第8页b—9页a。

6　《明世宗实录》卷37,嘉靖三年三月戊子,第9页b。

7　《明世宗实录》卷37,嘉靖三年三月戊子,第9页a—11页a。

汪俊受挫后，便因反对观德殿的兴建遭到罢免，使主张"濮议论"的一方元气大伤。

尤有甚者，嘉靖皇帝不理会吏部的廷推结果，特旨授命南京兵部右侍郎席书担任礼部尚书，使主张"人情论"的一派实力大增，代表礼部参与廷议。尽管如此，持"濮议论"的人士，如吏部尚书乔宇、九卿与言官群体，批评张璁、桂萼等人的攻势仍旧猛烈，频频上疏论辩，并会同群臣上奏《建室议》，反对建观德殿，要求惩处张璁等人。面对众多朝臣的反对意见，嘉靖皇帝先是婉转述说自己只是想尽孝道，请言官们不要为难。但言官仍不为所动，继续弹劾张璁等人，让嘉靖皇帝越来越无法忍受，君臣关系恶化，冲突日益尖锐。

五月，首辅蒋冕以老病乞休为由，试图劝阻"大礼"之议。嘉靖皇帝大怒，立刻罢免蒋冕，还责骂他多次乞休的行为"非大臣事君之义"。[1]又亲下手诏，破格任命张璁、桂萼为翰林学士，方献夫为侍讲学士。这项特殊的任命，引起翰林院诸臣极度不满。特别是杨廷和之子、翰林院修撰杨慎更为愤怒，于是鼓动三十六名翰林学士，联名上奏，表示翰林院众官羞于与张、桂等人为伍，愿请辞官回乡。同时，翰林院修撰吕柟（1479—1542）、编修邹守益（1491—1562）亦上疏力谏，请罢兴献帝称考与大内立庙二事。[2]嘉靖皇帝十分气

1　《明世宗实录》卷39，嘉靖三年五月乙丑，第1页a—1页b。
2　《明世宗实录》卷39，嘉靖三年五月乙丑，第1页b—2页a。

愤，令锦衣卫逮捕吕柟与邹守益二人，严刑拷打，谪降边地。[1]

吏科都给事中李学曾（弘治十五年进士）等二十九人、河南道监察御史吉棠（正德九年进士）等四十五人则代表言官意志，联合上疏"萼等皆曲学偏见，紊乱典章"[2]，请求嘉靖皇帝予以惩罚。御史段续（嘉靖二年进士）、陈相（正德十二年进士）"极论席书及萼等罪状，请正典刑"。[3]面对雪片般涌入的弹劾奏疏，嘉靖皇帝不再容忍，怒责言官，命他们申辩己罪，还以欺罔妒贤的名义，逮捕段续与陈相二人，交由北镇抚司拷问。吏部员外郎薛蕙（正德九年进士）更为激烈，上《为人后解》二篇，明言大宗小宗之别，再作《为人后辩》一篇，说明"大宗不可绝"的理由——"继祖体而承适统，合于为人后之义，坦然明白"[4]，规劝嘉靖皇帝接受自己的嗣子身份，不要再议"大礼"，破坏国家礼法。[5]后又有鸿胪寺右少卿胡侍（正德十二年进士）等人弹劾张璁为奸邪小人，必须罢劾。嘉靖皇帝不听，反而处罚这些言官，皆予谪官夺俸。

从这一连串的冲突来看，可知嘉靖皇帝的态度日益固执，张璁、桂萼等人与"濮议论"支持者之间的对立也越来越分

1　谷应泰：《明史纪事本末》卷50《大礼议》，第519页。

2　《明世宗实录》卷40，嘉靖三年六月辛亥，第6页a。

3　《明世宗实录》卷40，嘉靖三年六月辛亥，第6页a。

4　娄子匡主编：《北京大学中国民俗学会民俗丛书专号（4）家范篇》第13册《出继·养子》，第169页；《明史》卷191《薛蕙传》，第5074、5075、5076页。

5　《明世宗实录》卷40，嘉靖三年六月乙丑，第1页b—2页a。

明,让"大礼"日趋激烈,进而升级为君臣间的政治斗争。到了七月,"大礼议"已达白热化,进而掀起一场轩然大波,史称为左顺门事件。[1]

七月十二日(乙亥),嘉靖皇帝下谕礼部:"本生圣母章圣皇太后更定尊号,曰圣母章圣皇太后,于七月十六日恭上册文遣官祭告天地、宗庙、社稷。"[2]内阁大学士毛纪、费宏接到诏令后,大惊失色,纷纷表示反对,并向皇帝谏言,"本生二字,上干宗庙,内干宫闱,事体重大"[3],希望嘉靖皇帝收回诏令。朝廷官员也纷纷上疏,劝阻皇帝,甚至表示不愿参加册封典礼[4],反对去"本生"二字。但张璁和桂萼两人却一同上疏,列举礼官欺罔十三事[5],批评支持"濮议论"的朝臣是朋

---

1 左顺门,位于北京紫禁城奉天门外东庑,嘉靖四十三年改称会极门。清代称协和门。凡京官上本、接本皆于此,各项题本、奏本、奉旨发抄亦于此,乃通往内阁的必经之路,而奉天门(嘉靖后改称为皇极门)则是明代皇帝上朝听政的地方。详见王镜轮:《故宫宝卷》,台湾实学社,2003年,第14—18页。

2 《明世宗实录》卷41,嘉靖三年七月乙亥,第4页a。

3 沈朝阳:《皇明嘉隆两朝闻见纪》卷2,第12页a。

4 王世贞:《嘉靖以来内阁首辅传》卷1《毛纪》,第119页。

5 张孚敬:《太师张文忠公集》奏疏卷1《正典礼第七》,第25页a—32页a;谷应泰:《明史纪事本末》卷50《大礼议》,第521页。张璁等所列十三事:"一曰:三代以前无立后之礼;二曰:祖训亦无立后;三曰:孔子射于矍圃,斥为人后者;四曰:武宗遗诏不言继嗣;五曰:礼轻本生父母;六曰:祖训恁称天子为伯叔父;七曰:汉宣帝、光武俱为其父立考庙;八曰:朱熹尝论定陶事为坏礼;九曰:古者迁国载主;十曰:祖训皇后治内,外事无得干预;十一曰:皇上失行寿安皇太后三年丧;十二曰:新颁诏令决宜重改;十三曰:台谏联名上疏,势有所迫。"

党、是小人，应予以治罪。嘉靖皇帝不愿意引起朝政动荡，留中所有的奏疏。

七月十五日（戊寅），按例于奉天门召开早朝。吏部左侍郎何孟春（1474—1536）见嘉靖皇帝留中所有奏疏，惶惶不安，欲趁早朝议事的机会，袭用成化朝的故事[1]，制造舆论压力，让嘉靖皇帝收回旨意。于是翰林院检讨王元正（正德六年进士）及张翀（正德六年进士）等人在金水桥拦住刚下早朝的官员们，振臂大喊："万世瞻仰，在此一举，今日有不力争者，当共击之。"[2] 素有清望的杨慎也呼吁："国家养士百五十年，仗节死义，正在今日。"[3] 在杨慎等人的鼓动下，共召集了二百二十多位大臣伏跪左顺门外，欲行哭谏，甚至还高呼"高皇帝""孝宗皇帝"的名号，群情激动。嘉靖皇帝不得不软化态度，数次派出司礼监太监安抚伏阙诸臣的情绪，命他们先行退去，否则将处违反朝仪之罪。可是伏阙诸臣不听，还要

1　余继登：《典故纪闻》卷14，中华书局，1985年，据《畿辅丛书》本排印，第259页；赵翼：《廿二史札记》卷34《成化嘉靖中百官伏阙争礼凡两次》，第778—779页。成化年间（1465—1487）的伏阙故事：成化四年六月，慈懿皇太后钱氏（英宗皇后）逝世，理应与英宗合葬裕陵，神主祔庙。但宪宗生母周太后反对，引起内阁率一百多位官员联名上疏力争，并从上午十点至下午四点跪哭于文华门外，誓称不奉旨不退去，终让周太后改变主意，答应众臣一帝二后合葬的请求，使宪宗嫡母钱太后的皇后名分得以确定。

2　沈朝阳：《皇明嘉隆两朝闻见纪》卷2，第12页b。

3　谷应泰：《明史纪事本末》卷50《大礼议》，第521页。

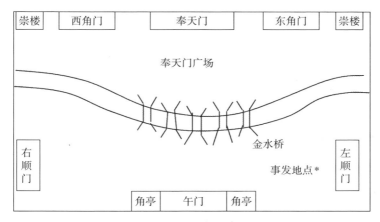

图1-2 左顺门位置示意图

资料来源:王镜轮:《故宫宝卷》,第3、13页。

图片说明:奉天门为明代皇帝上朝听政之处。左顺门位于奉天门广场东边,是文官上朝必经之路,也是题本和奏本汇集、抄写、发布之处。图中的星号,即左顺门事件发生地点。

求阁臣毛纪等人一同在左顺门跪伏。内阁首辅毛纪听到消息后,便带头跪伏,试图挽回皇帝的心意。直到中午,整个跪伏行动持续扩大,气氛更为昂扬,反而聚集了更多的官员。

被群臣拒绝的嘉靖皇帝感到非常难堪,认为朝臣的集体跪伏是要挟手段,也是对皇帝权威的反抗,于是改采强行镇压的手段。先命司礼监太监记下伏阙诸臣的姓名,再派遣锦衣卫逮捕伏阙行动的首谋者,翰林学士丰熙(弘治十二年进士),给事中张翀,御史余翱(正德六年进士),郎中余宽(正德六年进士)、黄待显、陶滋(正德九年进士)、相世芳(正德九年进士)及大理寺正毋德纯(正德十二年进士)等八人皆收押入狱。[1]杨慎等人见状，十分愤慨，不禁用力拍打左顺门的大门，放声大哭，哭声竟震动宫廷，场面失去控制。嘉靖皇帝听到杨慎等人的哭喊声，更加震怒，再命锦衣卫强制驱离左顺门的群臣，并逮捕马理等一百三十四人，将之下狱，勒令四品以上的八十六名官员在家待罪、听候发落。

面对嘉靖皇帝的雷霆之怒，吏部左侍郎何孟春仍想挽回劣势，借助通政司官员的协助，再度上疏反驳张璁的《正典礼第七》[2]，辨明自己和伏阙诸臣并非朋党，请嘉靖皇帝勿信谗言。何孟春求助通政司的举动，不只犯下偷窥奏疏之罪[3]，也让嘉靖皇帝怒责何孟春："结众口为朋侪，因私忿而伤大体，岂大臣事君之道。"[4]他更怀疑伏阙诸臣的动机，认为朝廷之内必有朋党，企图干预皇权的独断。并申诫通政司，不得再让他人窥探奏疏，违者严惩不贷。[5]经过这次事件，嘉靖皇帝外放何孟春为南京工部左侍郎，切断其人事纽带，沦为赘员[6]，使其不得

1　《明世宗实录》卷41，嘉靖三年七月戊寅，第8页a—8页b。

2　张孚敬：《太师张文忠公集》奏疏卷1《正典礼第七》，第25页a—32页a。

3　据《明世宗实录》记载，嘉靖皇帝怒斥何孟春的原因，即嘉靖皇帝先前留中张璁的奏疏，并未让外界知晓内容。但何孟春却通过通政司拿到奏疏副本，实属违例。嘉靖皇帝因而怀疑伏阙行动的动机。不过，嘉靖皇帝的指责也可能是欲加之罪，试图压抑"濮议论"的力量。

4　《明世宗实录》卷41，嘉靖三年七月己卯，第19页b—20页a。

5　《明世宗实录》卷41，嘉靖三年七月己卯，第20页a。

6　夏燮：《明通鉴》卷51，第1380页。明代故事，南京六部只有一名侍郎缺额。当时南京工部已有右侍郎张琮，何孟春担任左侍郎，无异于赘员，空食俸禄而已。

再争论"大礼"。七月二十日(癸未),嘉靖皇帝让锦衣卫立即审讯,指责伏阙诸臣"以忠爱为由,实为欺党,私朕冲年,任意妄为"[1],并流放丰熙等八名伏阙领袖,四品以上官员停薪,其余一百八十多位官员遭杖刑,翰林修撰王相(正德三年进士)、王思(正德六年进士)等十七人惨遭杖死。[2]嘉靖皇帝仍没有消气,特别下令将杨慎、王元正及给事中刘济流放充军,安盘等人俱削籍为民,主张"濮议论"的骨干成员几乎被罢斥殆尽,奠下"人情论"获胜之基础。

何孟春等人被外放后,张璁、桂萼等人开始得势,一面大力鼓吹"人情论",屡次建议改称孝宗皇帝为"皇伯考",以正献皇帝"皇考"之名;一面寻求支持己方的势力,暗中结交武定侯郭勋,给事中陈洸、史道,以及御史曹嘉等人,借他们打击"濮议论"的势力。[3]同是"人情论"支持者的霍韬、席书及方献夫等人,也先后上言:"三代之法,父死子继,兄终弟及,人无二本。孝宗,伯也,宜称曰皇伯考;昭圣,伯母也,宜称曰皇伯母;献皇帝主,别立祢室,不入太庙,尊尊亲亲,两不悖矣。"[4]

然而,朝堂上仍有不少"濮议论"的支持者,如吏部侍郎汪伟(弘治九年进士)、兵部右侍郎郑岳(1468—1539)、大

---

1 《明世宗实录》卷41,嘉靖三年七月癸未,第23页b。

2 沈德符:《万历野获编》卷20《王思再谏》,第508页。

3 谈迁:《国榷附北游录》卷53,第3306页。

4 谷应泰:《明史纪事本末》卷50《大礼议》,第524页。

理寺左少卿徐文华（正德三年进士）等人。同样主张"濮议论"，但立场较不明显者，如大学士费宏、石珤等人也公开反对嘉靖皇帝。[1]但"濮议论"已成强弩之末，发挥不了作用。武定侯郭勋则公开支持张璁等人，礼部尚书席书更加露骨地说"人臣事君，当将顺其美"[2]，终于让"大礼"拍板定案。嘉靖三年九月五日（丙寅），嘉靖皇帝独断"大礼"，不顾反对舆论，直接下诏"称孝宗敬皇帝曰皇伯考，昭圣皇太后曰皇伯母，恭穆献皇帝曰皇考，章圣皇太后曰圣母"。[3]九月十五日（丙子），颁布天下。[4]大礼议的第一阶段，即兴献王尊称之争，终画下句点，结束长达三年的"大礼议"。

小结

"大礼议"的实质意涵，不只是权力斗争，更是嘉靖皇帝的身份问题。第二节提过，嘉靖君臣对《武宗遗诏》的解释差

---

1 夏燮：《明通鉴》卷51，第1383页。徐文华等三人力争，得郭勋言之乃定，语见《明史·徐文华传》。《明世宗实录》不载此事，唯石珤疏中言"请如郑岳、徐文华所拟，上戒珤勿复言而夺文华、岳俸各二月"，即徐文华等人力争之证也。郭勋之倡言定议，乃据《明史》《明史纪事本末》，言"璁等至京师，已预结勋为内助"。石珤上疏时间：《明世宗实录》记九月六日，即大礼始定（丙寅）的次日。

2 谷应泰：《明史纪事本末》卷50《大礼议》，第523页。

3 《明世宗实录》卷43，嘉靖三年九月丙寅，第2页a—3页b。

4 《明世宗实录》卷43，嘉靖三年九月丙子，第6页a—7页a。

异甚大，因而引起了"继统"与"继嗣"之争议。从入门礼及登基礼的争执，即能窥见两方认知的差异，可说是"继统"与"继嗣"争议之先声，更点出"大礼议"最重要的问题，即嘉靖皇帝的身份问题。

中国传统礼法文化之精义，即不同的身份者皆配合不同的礼仪。换言之，中国传统政治文化里，"身份"显得格外重要，不同身份即有不同位阶的权力。由君臣双方对礼仪状的争执来看，可知内阁和礼部认定朱厚熜是孝宗皇帝的嗣子身份，应采用皇太子即位礼；朱厚熜和兴藩人则认定朱厚熜是皇帝身份，非孝宗皇帝的嗣子身份，应采用皇帝即位礼。君臣双方对身份的认定不同，埋下了"大礼议"的导火线。

明代史家范守己（1547—1613）曾论"大礼"始于《武宗遗诏》的文字疏漏，让"人情论"有伸展的空间，因而衍生出"继统是否继嗣"的问题。范守己也批评杨廷和失人臣之礼，怎可以致仕为手段，要挟嘉靖皇帝接受"濮议论"。臣下执意强加的结果是，君臣嫌隙渐生，让"大礼"难获和平解决，种下左顺门事件的恶果。[1]明代史家的其他说法大致相似，不脱范守己的意见。例一，明人徐学谟抨击杨廷和自恃国老，失事君之体，自招祸患，且使老成者尽去、元气大伤，"一时大

1　范守己：《皇明肃皇外史》卷3，收入《四库全书存目丛书》史部第52册，台湾庄严文化事业有限公司，1996年，据清宣统津寄庐钞本影印，第19—21页。

臣，未免高激成风，失事幼君之体。自后邪人伺隙离间，新进用而老成削迹矣"。[1] 例二，明人支大纶指责杨廷和是权臣，贪拥立之功，竟为一己之私，意气用事，坚持"濮议论"，演成左顺门事件之悲剧。[2]

　　明朝灭亡后，清代史家开始转变对"大礼议"的评价，更有甚者，还推翻明代史家的史评，重新定位嘉靖君臣的历史评价。例如，谈迁在《国榷》中，批评张璁、桂萼皆佞臣，竟为了获得帝宠，不顾宗法礼教，主张"人情论"，以图升迁；赞赏杨廷和等人是忠臣，勇于坚持正统大义。伏阙诸臣为了力挺杨廷和，流于意气之争，造成左顺门事件的冲突。时间稍后的谷应泰在《明史纪事本末》中则采褒贬各半的观点，认为张璁的"人情论"考虑了现实人情之需求，不完全是贪于权位；杨廷和的"濮议论"虽顾全正统大义，却忽略现实人情。嘉靖皇帝虽尽人子之孝，却滥用皇权，压制舆论，造成士气折损、朋党分立、政局动荡的问题。更批评附和嘉靖皇帝的严嵩、丰坊等人崇礼太过，摧毁了朝廷名器，败坏礼法。[3] 谷应泰的观点，对《明史》影响甚大。尤其对"大礼议"的评述，《明史》大致采用了《明史纪事本末》的史评，取持平之论。

　　清代学者毛奇龄在康熙十八年（1679）进入史馆时，有感

1　谈迁：《国榷附北游录》卷54，第3403页。

2　谈迁：《国榷附北游录》卷54，第3305页。

3　谷应泰：《明史纪事本末》卷50《大礼议》，第531页。

"大礼议"情节重大，史官们却聚讼纷纭，又担心后人以《明伦大典》为据，再开变乱国本之恶例，于是特撰《辨定嘉靖大礼议》一文[1]，先以《春秋》《三礼》等儒家经典为据，再旁征史事，作评论式的考据，希能厘清"大礼议"的功过是非及礼意纠结。[2]毛奇龄认为，"大礼议"的症结是"不读书误人国事者矣"[3]，批评议礼双方皆不懂古礼精义，"皆明明与古礼相反，而以此误身，以此误国，以此误先王，即以此误天下后世"。[4]并指出杨廷和等人"误解兄终弟及"，"已有启人主以藐法蔑礼之渐"，批评"其于生伦死序，世统庙统之大礼，一概紊尽"。[5]又驳斥张璁等人，指出"濮议论"的谬误，但不代表"人情论"就合于礼法，"于经于礼，一概悖尽，而以此伸璁说，非附和即诡谀也"，遂起人主为所欲为之心。[6]

继毛奇龄之后，清代学者段玉裁为了厘清《辨定嘉靖大礼议》的谬误，发表《明史十二论》，对"大礼议"提出最全面的

1　《辨定嘉靖大礼议》写成于康熙三十四年（1695），约在康熙皇帝开史馆编纂《明史》之后。

2　张寿安：《十八世纪礼学考证的思想活力：礼教论争与礼秩重省》，第242页。

3　毛奇龄：《辨定嘉靖大礼议》，第2、3、6、11页。

4　毛奇龄：《辨定嘉靖大礼议》，第25页。

5　毛奇龄：《辨定嘉靖大礼议》，第2、3、6、11页。

6　毛奇龄：《辨定嘉靖大礼议》，第13、25、27页。

批判。[1] 与谷应泰相同，段玉裁同样批评议礼双方皆不知礼法。不过，段玉裁显然较同情杨廷和，"论立说之是非，杨文忠等是也，是之中有甚非者也。璁、萼等非之中又有非焉也"。[2] 又针对"继统是否继嗣"衍生的纷扰，指出"为人后者"实无关伦序，引用《春秋》，证明弟可后兄，兄可后弟，祖可后孙，孙可后祖，划分"为后"与"伦序"的差别[3]，并说明君统与宗统可分，"天子诸侯以重之，相授受为父子，不必伦序相蝉联为父子。所以敬天命崇大宝"。[4] 最后，段玉裁批判嘉靖皇帝"天资贪暴，而又不肯学问"[5]，滋意操弄经典，是为篡夺天下之君。[6]

与段玉裁同时的著名史家赵翼（1727—1814）也对"大礼议"做了一番评释。赵翼嘲讽"大礼议"之因是"明臣不读书之陋也"，并认同《明史》对"大礼议"的评论，"今按诸臣之疏，固各有说"[7]，分别指出议礼双方之过，一方面批评杨廷和等人拘泥宋儒之见，忽略现实人情，"徒见先儒成说可据，

1　张寿安：《十八世纪礼学考证的思想活力：礼教论争与礼秩重省》，第261页。

2　段玉裁：《明史十二论》，《世宗论十》，第32页b—33页a。

3　段玉裁：《明史十二论》，《世宗论六》，第21页b—22页a。

4　段玉裁：《明史十二论》，《世宗论二》，第10页a。

5　段玉裁：《明史十二论》，《世宗论二》，第7页a。

6　段玉裁：《明史十二论》，第3页a。

7　赵翼：《廿二史札记》卷31《大礼之议》，第723页。

而忘乎世宗之与汉哀、宋英不同，争之愈力，失之愈深"；[1]另一方面则批评张璁等人强调人情的结果，无疑是破坏礼法的权威、开启日后兴献王得称宗祔庙的契机，"卒至激而成称皇称帝，并入庙称宗，立主于武宗之上"。[2]

总之，从明清学者的评论来看，"大礼议"的关键之处，实牵涉皇帝制度的正当性问题。再从"大礼议"的后续发展来看，"大礼"又关系君统与宗统是否合一，国家礼制与政治权力之间的关系，皇权的公私性质，以及名分礼秩对政治秩序的影响等层面。综合上文的讨论，笔者将处理几个问题。

第一，张璁等人如何建构"人情论"理论体系，使"大礼"成为一种政治符号，得以发挥政治效应，重组新的权力结构，以厘清政治符号对现实政治的作用与限制。

第二，嘉靖皇帝如何重塑皇权，建立皇权的正当性（legitimation）与卡里斯玛的权威（Charismatic authority），使嘉靖皇帝能无视臣下反对，为所欲为，甚至让献皇帝称宗祔庙，以探索国家礼制的文化效力与实质影响。

第三，嘉靖朝为何出现皇权专制、内阁职权扩大、阁部争权及言路受阻等现象，以说明"大礼"不只是礼仪之争，也涉及权力斗争，使嘉靖朝的人事变动剧烈，更让皇帝和内阁、内阁和官僚体系、皇帝和官僚体系三方关系紧张，屡生龃龉，从而论述名分礼秩在中国传统政治文化中的重要性。

1　赵翼：《廿二史札记》卷31《大礼之议》，第724页。

2　赵翼：《廿二史札记》卷4《外藩入继追尊本生》，第94页。

第二章

从《献皇帝实录》到《明伦大典》

　　本章将从《献皇帝实录》[1]到《明伦大典》的编纂过程、内容解释及政治生态，分析争议的议题，观察嘉靖君臣如何利用儒家经典建构一套政治文化理论，并运用这套理论体系进行权力斗争，让政治行动正当化，进而分析儒家经典诠释、文化符号及政治权力的关系，以探《明伦大典》的政治文化意义。

　　何谓经典？何谓诠释？国家权力与经典诠释之间又有何关系？过去主要关注思想元素的传承关系，不是讨论经典诠释的延续性，就是强调儒家思想的阐述，相对忽略思想转折或符号重构的面向。[2]本书所指的"经典"，泛指具有文化影响

1　《献皇帝实录》共50卷，附《宝训》10卷，于嘉靖五年（1526）六月丙子日修毕。嘉靖十七年，改名为《睿宗实录》。现已亡佚。

2　尚·勒狄克著，林铮译：《史家与时间》，第214页。

力的儒家典籍[1]，《礼记》[2]、《仪礼》[3]及《四书章句集注》[4]更是探讨的重心。经典诠释的形成过程中，诠释的资源与对象不可能一模一样，可能受政治生态、社会环境、语言符号、叙述风格及学术取向的影响，相互制约，儒家经典隐含的政治文化意义，随时代的需求，其诠释必有差异。[5]

自汉武帝（前156—前87）罢黜百家、独尊儒家（前134）后，儒家经典逐渐成为中国传统政治与学术上的唯一依据[6]，被士人们当成解释现况的思想来源，以获得行动的正当性。[7]当

1　冯天瑜:《元典:文本与阐释》,台湾文津出版社,1993年,第55—61页。

2　开明书店编:《断句十三经经文·礼记》;郑玄注,孔颖达等注疏:《礼记注疏》,收入阮元校勘《十三经注疏》,台湾艺文印书馆,1955年,据文选楼藏本校;王梦鸥注译:《礼记今注今译》,台湾商务印书馆,1970年;谢德莹:《礼记孝亲之礼研究》,硕士学位论文,台湾"中国文化学院"中文研究所,1978年。

3　开明书店编:《断句十三经经文·仪礼》;郑玄注,贾公彦注疏:《仪礼注疏》,收入阮元校勘《十三经注疏》;林素英:《丧服制度的文化意义——以〈仪礼·丧服〉为讨论中心》,台湾文津出版社,2000年。

4　朱熹:《四书章句集注》,台湾中华书局,1983年。

5　林素英:《古代祭礼中之政教观——以〈礼记〉成书前为论》;王健文:《奉天承运:古代中国的"国家"概念及其正当性基础》;Lucian W. Pye, *Asian Power and Politics: The Cultural Dimensions of Authority*, pp.102−107.

6　徐秋玲:《董仲舒的儒学转化及其政治实践——西汉儒生的困境:知识与权力的辩证》,硕士学位论文,台湾政治大学教育研究所,2002年。

7　李孝悌:《托古改制——历代政治改革的理想》,收入郑钦仁编《立国的宏规》,台湾联经出版事业股份有限公司,1982年,第467—470、502页。

儒家经典作为政治论述的资源时[1]，便没有固定的内涵，端视使用者如何根据现实的需求，解读自身所处的历史脉络，进而建构一套理论体系。[2]不过，行动者受限所知，必然从经典中寻找思想资源，不可能做出没有根据的再诠释。[3]历代儒家学者（无论身居朝堂还是处于乡野者）经常利用经典注疏或历史研究的方式，将经典内容或历史事实的再解释作为论述基础，用以影射时局或规劝君主，表达他们的现实关怀，试图遏制君王的私欲过度膨胀。[4]

中国传统儒家学者的思考方式，可称为"比兴式思维方式"[5]，君王的道德越崇高，越能保证政治秩序、边境军事及社会经济的稳定。[6]由此可知，中国传统政治文化的特性是"道

1　关于儒家与儒家经典诠释的相关研究，参看余英时：《中国思想传统的现代诠释》；甘怀真：《皇权、礼仪与经典诠释：中国古代政治史研究》；杜奎英：《中国历代政治符号》；艾柯（Umberto Eco）著，王宇根译：《诠释与过度诠释》，牛津大学出版社，1995年；黄俊杰：《从儒家经典诠释史观点论经者的"历史性"及其相关问题》，第1—28页；魏伟森：《一个被忽略学者所留下之不可磨灭印记：汉学诠释学之重构》，第131—152页。

2　甘怀真：《皇权、礼仪与经典诠释：中国古代政治史研究》，自序，第Ⅲ—Ⅴ页；黄俊杰、龚韵蘅：《〈中国经典诠释学的特质〉学术座谈会记录》，第251—266页。

3　里克尔（Ricoeur）著，林宏涛译：《诠释的冲突》，台湾桂冠图书股份有限公司，1995年，第14—16页。

4　史华慈（Benjamin L. Schwartz）著，王汎森译：《中国政治思想的深层结构》，收入余英时等著《中国历史转型时期的知识分子》，台湾联经出版事业股份有限公司，1992年，第23—26页。

5　黄俊杰：《中国古代儒家历史思维的方法及其运用》，收入氏著《中国古代思维方式探索》，台湾正中书局，1996年，第1—34页。

6　黄俊杰、蔡明田：《中国政治思想史研究方法试论》，第5页。

德与政治的双生性纠结"。然而，让人疑惑的是，道德批判对皇权能有多大的制裁力量？除了道统思想的价值观外[1]，或许在道德的外衣下，藏有不可言喻的权力运作，乃至影响当时的政治文化，政治生态也因而发生变化。因此，儒家经典不但是可供统治者利用的正当性工具，同时也是士人实现政治理想的思想资源。经典的原义与后人的释义之间，往往有一大块的灰色地带，使历代行动者导引出不同的理解方式，最后从论证过程去证明政治行动的正当性。[2]

一、从《献皇帝实录》到《明伦大典》的编纂过程

嘉靖皇帝凭借张璁、桂萼、席书等人主张的"人情论"，得以驳斥大多数朝臣主张的"濮议论"，还拔擢这些主张"人情论"的官员们，安插到自己的身边[3]，引起朝廷众臣的强烈不

1　王国维曾论述周代典礼是"尊尊、亲亲、贤贤、男女有别四者之结体"，"然尊尊、亲亲、贤贤此三者，治天下之通义也"。贤贤原则的具体表现是道统思想。道统思想向来是中国古代政治文化的特色，使得儒者规谏君主的行为得到了充分的阐发与推崇，亦使历代儒者以帝王之师自任。王国维：《殷周制度论》，收入氏著《观堂集林》卷10，河北教育出版社，2003年，第299—303页；阎步克：《士大夫政治演生史稿》，北京大学出版社，1996年，第88—89、94—98页。

2　柯文（Paul A. Cohen）著，杜继东译：《历史三调：作为事件、经历和神话的义和团》，江苏人民出版社，2000年，第7—11、191—260页；葛兆光：《诠释三题》，《中国文化研究》2003年第2期，第32—38页。

3　《明世宗实录》卷40，嘉靖三年六月丙午，第4页a。

满。左顺门事件后，嘉靖皇帝先借锦衣卫镇压伏阙诸臣，再以廷杖、充军、免职、外调地方、批准致仕等手段，处置"濮议论"的支持者，使主张"濮议论"的骨干成员几乎消失殆尽，得以逆转"大礼议"情势，奠定了"人情论"获胜的基础。嘉靖三年九月十五日（丙子），在武定侯郭勋、翰林学士张璁、桂萼、方献夫等六十四位大臣的支持下，嘉靖皇帝否定前诏[1]，颁布新诏："称孝宗敬皇帝曰皇伯考，昭圣皇太后曰皇伯母，恭穆献皇帝曰皇考，章圣皇太后曰圣母。"[2]

　　九月十五日的诏书清楚地说明"大礼议"的原因、过程与结果，也表达了嘉靖皇帝对"大礼议"和左顺门事件的基本立场。要旨如下：

　　首先，嘉靖皇帝先申明自己继承大统的身份是"宪宗纯皇帝之孙，孝宗敬皇帝之侄，恭穆献皇帝之子"，又列举得位根据，乃出于《皇明祖训》[3]和《武宗遗诏》[4]，"朕则宫车晏驾之后，入奉宗祧，实为人后者不同"。因此，"大礼议"自不当援引旧例[5]，也不能套用《仪礼·丧服》的"为人后者"理论。

　　其次，嘉靖皇帝检讨"大礼议"得失，自责未能当机立

1　《明世宗实录》卷12，嘉靖元年三月壬戌，第7页a。"上圣母尊号曰：昭圣慈寿皇太后。皇嫂曰：庄肃皇后。又奉圣母懿旨上圣祖母尊号曰：寿安皇太后。本生父母曰：兴献帝、兴国太后。"

2　《明世宗实录》卷43，嘉靖三年九月丙寅，第2页a—3页b。

3　明太祖：《皇明祖训》，《法律》，第28页a—28页b。

4　《明武宗实录》卷197，正德十六年三月丙寅，第4页b—5页b。

5　《明世宗实录》卷43，嘉靖三年九月丙子，第6页a—6页b。

断，徒引争论，"是岂徒礼官之失，而亦朕冲年未能决择之咎也"。[1]嘉靖皇帝的这句话，暗指大臣欺他年少才会一直坚持"濮议论"，得见嘉靖皇帝痛恨伏阙诸臣之心结。[2]不过，嘉靖皇帝却没有追究左顺门事件，既未把伏阙诸臣全数打成叛乱者，也没有视左顺门事件为重大案件。嘉靖皇帝轻轻放过的原因，无疑是出于政治上的考虑，安抚反对"人情论"的众多朝臣，冲淡左顺门事件的阴霾，重新稳定政局，命臣民不得再论"大礼"。[3]

"大礼"诏告不久后，锦衣卫革职百户随全提出北迁显陵（原兴献王墓，在今湖北钟祥）的建议，嘉靖皇帝命礼部商议。[4]朝廷不分党派，一致反对，礼部尚书席书更以"先帝封藏已久，不宜轻动"[5]为由，婉劝皇帝打消主意。可是，嘉靖皇帝不愿就此作罢，直到席书会同张璁、桂萼等人频频劝阻，才放弃北迁显陵的想法。嘉靖三年十一月，吏部侍郎胡世宁（1469—1530）论救伏阙诸臣，"然传播天下书之史册，鞭朴行于殿廷，刑辱于上士夫，非所以诏圣德之美也"。[6]但嘉靖皇帝不听，反而迁怒胡世宁，严禁他再为伏阙诸臣讲情。同

---

1 《明世宗实录》卷43，嘉靖三年九月丙子，第6页b。

2 　徐学谟：《世庙识余录》卷1，第11页b。

3 《明世宗实录》卷43，嘉靖三年九月丙子，第6页b。

4 《明世宗实录》卷43，嘉靖三年九月甲子，第1页b。

5 《明世宗实录》卷43，嘉靖三年九月丁亥，第12页a。

6 《明世宗实录》卷45，嘉靖三年十一月甲子，第2页a。

时，大理寺右评事韦商臣（嘉靖二年进士）也上疏论救，却不像胡世宁那样婉转，语多犯忌，尤以"逊其美以遗后人，毋宁先之"[1]一语，刺中皇帝忌讳。嘉靖皇帝大怒，斥责韦商臣"沽名率意"[2]，贬降两级，外调地方。由此可见，嘉靖皇帝虽成功尊兴献王为皇考献皇帝，但嘉靖朝堂仍为"大礼"纷争不已，隐然分裂成两派人马，势若水火，无从调和。先前赞成"人情论"的议礼诸臣[3]，得到嘉靖皇帝的青睐，大获拔擢；相反地，

---

1 黄景昉：《国史唯疑》卷6《嘉靖》，第161页。

2 《明世宗实录》卷46，嘉靖三年十二月辛卯，第1页a。

3 明人王世贞认为议礼诸臣的主要分子有17人，其中以"大礼"超迁而贵者有张璁、桂萼、席书、方献夫、霍韬、黄绾（1480—1554）、熊浃、黄宗明（正德九年进士），称"大礼"擢用者有杨一清、廖纪（1455—1532）、胡世宁、方鹏、彭泽，言"大礼"擢用而不终者有朱祐楬、沈渊、聂能迁、何渊。王世贞：《嘉靖以来内阁首辅传》卷2《张孚敬》，第145—186页。沈德符认为言"大礼"用而不终者应有23人，其中有方浚、张少连、王价、金述者、陈洸、随全、钱予勋、欧阳钦、毛良、陈纪、王福、陈升、杜承美、马周密、萧时用、宁河、黄维臣、徐震、张时亨、秦钟、丰坊。见沈德符：《万历野获编》卷2《嘉靖初议大礼》，第39—41页。《明史》尚记有胡铎、宗室楚王朱荣㳦、王国光（正德九年进士）、马时中、陆澄等5人。见《明史》卷196《张璁传》，第5173—5223页。此外，《明史纪事本末》方浚写为"房浚"，有误。谷应泰：《明史纪事本末》卷50《大礼议》，第512、516页。照四书统计的资料，议礼诸臣至少有45人。朱鸿指出议礼诸臣有44人，其中彭泽、陆澄、陈洸、丰坊皆由濮议派转附议礼派者。在人数上，议礼派与濮议派的比例为1：10。在出身上，濮议派多进士出身，议礼派组成复杂，多非甲科出身。在成员结合关系上，濮议派多地缘关系或同年关系，议礼派则因有共同的失意心理与政治主张。朱鸿：《"大礼"议与明嘉靖初期的政治》，第127—139页。

曾反对"人情论"者，或遭夺俸，或杖打，或贬谪外任。朝廷原先的权力结构被破坏，人事纷扰，朝廷中的气氛为之一变。

大多数朝臣持君子小人两分法，伏阙诸臣们被视为正人君子[1]，张璁等人被视为奸佞小人。[2]某些大臣为表示不满，不上朝理政，翰林院的官员则拒绝与张璁等人共事，以示身份清贵。[3]然而，因派别不同之故，便贴上道德有玷的做法，多欠允当。事实上，议礼诸臣中，如张璁、霍韬、席书、方献夫等人，都不乏清廉的令誉[4]，即使是最受士人批评的桂萼，也善于理政，可谓能吏，非奸恶之徒。[5]但朝臣们仍视他们为奸佞小人[6]，甚至连"在诸公稍和平"[7]、"遇事亦间有执持，不尽与附会"[8]的方献夫，也成了众臣冷嘲热讽的标靶。在两派的矛

1　据《明史纪事本末》记载，伏阙者约有232人。谷应泰：《明史纪事本末》卷50《大礼议》，第522页。

2　《明世宗实录》卷49，嘉靖四年三月己巳，第3页b。

3　焦竑：《玉堂丛语》卷8《忿狷》，第278页。

4　王世贞：《嘉靖以来内阁首辅传》卷2《张孚敬》，第145、148、177—179页。支大纶：《皇明永陵编年信史》卷2，第48页a。徐学谟：《世庙识余录》卷2，第1页a—3页b；卷6，第12页a；卷8，第15页a—16页a。沈德符：《万历野获编》卷14《霍渭崖不认座师》，第377页；卷25《弇州评议礼》，第628页。

5　支大纶：《皇明永陵编年信史》卷2，第55页b。沈德符：《万历野获编》卷25《评议大礼诸臣》，第628页；补遗卷2《桂文襄受贿》，第828页；补遗卷3《科道互纠》，第884页。

6　沈德符：《万历野获编》卷7《吉士不读书》，第200页。

7　王世贞：《嘉靖以来内阁首辅传》卷2《张孚敬》，第178页。

8　《明史》卷196《方献夫传》，第5189页。

盾之间，内阁首辅费宏必须取一相对平衡位置，争取大多数人的支持，因而不得不摆出"恤人言，顾廉耻"[1]的姿态，对张璁、桂萼等人看似平和，暗地里却处处裁抑他们的势力。[2]费宏的举动，有其政治上的考虑：一可博得信任、巩固君宠，使嘉靖皇帝不会把他当作第二个杨廷和，让首辅地位不致受到威胁；二来可免遭政治孤立，不会被朝臣们视作"人情论"的赞同者。

嘉靖三年十二月七日（丁酉），屡以病请辞的侍讲学士方献夫上呈《大礼会章》，并解释自己私编政书的用意："大礼"现已确定，但有人仍对"大礼"多有批评。现今通过《大礼会章》刊行，天下臣民自能了解"大礼议"的是非曲直。[3]嘉靖皇帝大喜，批准方献夫的建议，把礼部官员的"濮议论"奏疏，自己与张璁、桂萼、席书、霍韬反驳"濮议论"的示谕和奏疏，以及嘉靖三年九月礼部会议过程，一一编次成帙，试图利用《大礼会章》的编纂，为"大礼议"留下一份完整的文献档案。方献夫编纂《大礼会章》的目的，除了让"大礼"是非自现，也为了洗刷议礼诸臣的恶名，打破朝堂的门户之见，并将讨论"大礼"的各方奏疏公诸天下，让民间流传的讹语不攻自破。当然，嘉靖皇帝也察觉出了朝廷里分门别户的气氛，为了杜绝士人的悠悠之口，于是大力支持方献夫，让"人情

1　徐学谟：《世庙识余录》卷3，第12页a。

2　徐学谟：《世庙识余录》卷3，第6页b—7页a。

3　《明世宗实录》卷46，嘉靖三年十二月丁酉，第2页b—3页a。

论"得以传播天下。可是,《大礼会章》仅收录嘉靖三年九月十五日以前的资料,内容不完整,理论也不严密,实无法说服天下臣民。

时至嘉靖四年,嘉靖朝堂又因是否为献皇帝立世室之事,引发争议。于是嘉靖皇帝命礼部尚书席书纂辑《大礼集议》,要求必须收录何渊"立世室"的意见,并重审那些曾经支持"人情论"的奏疏,命席书加以删选,确保《大礼集议》的质量。席书极重视《大礼集议》的纂修工作,不敢掉以轻心。为了确保《大礼集议》收录的公正性,席书先仿照《资治通鉴·凡例》的做法,说明《大礼集议》编纂原则,再以时间为纲,以嘉靖三年二月诏令张璁、桂萼等进京为基准,根据建言前后,选取正取奏疏与附录名单。[1]席书决定,《大礼集议》仍以《大礼会章》作为编纂基础,正式收录张璁、桂萼、方献夫、霍韬、席书五人的奏疏。嘉靖三年二月前上奏者,则定为附取,录有熊浃、黄宗明、黄绾、金述、陈云章、张少连,以及宗室楚王朱荣㳦、枣阳王朱祐楒。不予收录者,有监生何渊、主事王国光、同知马时中、巡检房浚等人。席书特别指出,由于何渊等人有"望风希旨,有所觊觎"[2]之嫌,一概不收录。锦衣卫百户聂能迁与昌平致仕教谕王价"奏乞附名"[3],

---

1　夏燮:《明通鉴》卷52,第1405页;《明世宗实录》卷59,嘉靖四年闰十二月乙卯,第1页b;《明史》卷197《黄绾传》,第5222页。

2　夏燮:《明通鉴》卷52,第1405页。

3　夏燮:《明通鉴》卷52,第1405页。

遂收入《大礼集议》。

席书行事严谨，一因能收录于《大礼集议》的奏疏，即代表"人情论"的范本。得选入《大礼集议》的人员，也意味着是"大礼议"有功之臣，自能得到青睐，前途一片光明。二因嘉靖皇帝宠信议礼新贵，"诸希宠干进之徒，纷然而起。失职武夫、罢闲小吏亦皆攘臂努目，抗论庙谟"。[1]各种借"大礼"邀宠的情况，让张璁、席书等人不由得十分气愤，希望借《大礼集议》确定议礼的有功人员，遏止干进之风，暗示其他人不可再借"大礼"邀宠。三因当时朝堂又开始讨论"迁显陵"和"立世室"二案，席书、张璁、桂萼等人皆持反对态度，自然不愿收录何渊的言论，更不愿让"人情论"受到贬抑。

嘉靖四年二月七日（丙申），内阁大学士费宏、石珤、贾咏（弘治九年进士）等人借《武宗实录》即将修成的机会[2]，向嘉靖皇帝建议：《武宗实录》应附上献皇帝的生平事迹，让献皇帝留存青史。但目前有关献皇帝的档案不多，希望能参考

1　《明史》卷197《黄绾传》，第5222页。

2　明代官方修史制度不尽完善，不但废弃自汉代以来的大部分记注制度，起居注、日历、时政记等皆无专人撰修，纪传体国史也始终没能修成，唯有实录一种，尚能继续修撰。实录是同一朝代的某一帝王薨逝后，由后任帝王为之修纂，代表帝王的历史定位，有其政治意义。在帝位传承非子承父位之常态时，更能显示其特殊性。例如《武宗实录》对武宗的荒唐乱政记载详细，不得不让人怀疑是嘉靖皇帝有意曝光武宗恶行或无意流露的厌恶情绪。谢贵安：《〈明实录〉修纂与明代政治斗争》，第108—113页。

昔日兴藩幕僚的口述记录，或派人领回兴藩所藏的档案。[1]不久后，二月十九日（戊申），太常寺少卿赵铭（原兴藩伴读）、吴大田（原兴藩伴读）与光禄寺署丞陈壁等人[2]，各自献上私纂的兴藩汇编，让史馆人员撰写献皇帝事迹。[3]嘉靖皇帝又担心史料不足，命史馆人员前往已故大学士张景明（弘治三年进士，兴藩旧僚属）家中索取《目录》，以供参考。[4]这些热心提供献皇帝记载的官员，大多是兴藩旧属。正是这些人的频频劝进，鼓动了嘉靖皇帝为献皇帝修纂实录的念头。

　　嘉靖四年三月十五日（甲戌），在《武宗实录》尚未修完的情况下，嘉靖皇帝不顾传统的修史制度，直接下诏修纂《献皇帝实录》。由于献皇帝徒有皇帝之名，却未曾当过一日皇

1　《明世宗实录》卷48，嘉靖四年二月丙申，第3页b；沈德符：《万历野获编》卷2《实录难据》，第61页。

2　赵铭与吴大田皆兴藩旧人。查兴藩的从龙之臣大多升迁，任官中央，尤以任职太常寺、光禄寺等无实权机构最多。当时吏部对这几项人事安排十分不满，认为他们应留任兴藩，不应安置在中央朝廷之内。《明世宗实录》卷2，正德十六年五月乙卯，第7页a—7页b；卷2，正德十六年五月己巳，第21页a。

3　谢贵安：《〈明实录〉修纂程序述要》，《武汉大学学报（人文社会科学版）》2000年第1期，第105—109页。一般来说，皇帝钦命的修纂人员，大多数是从监修、总裁、副总裁到纂修官的基本人员。礼部负责实录纂修初期的工作，翰林院负责修史。史馆的最高统领者是监修与总裁，监修不参与实际修撰工作，大多由功臣勋戚修撰；内阁首辅担任总裁，翰林院的掌院学士担任副总裁，负责协调翰林院、詹事府、春坊、国子监、司经局、光禄寺、太常寺、尚宝司至各省府州县的官员们共同从事修纂工作。

4　《明世宗实录》卷48，嘉靖四年二月戊申，第6页b。

帝，修纂实录的诏令于礼不合，唯恐朝廷众臣大肆反对，于是嘉靖皇帝多用兴藩旧人或亲信重臣负责《献皇帝实录》的修纂工作[1]，要求礼部尚书席书全权负责，安排关系密切、值得信任的编纂小组[2]，并说明修纂《献皇帝实录》的原因，强调献皇帝是"聪明睿智，卓冠群伦"[3]，定下明朝官方史书评价献皇帝的基调：

> 我皇考恭穆献皇帝，聪明睿智，卓冠群伦。自奉藩以来，有河间好古之风，慕东平为善之乐，缉熙圣学，遵守祖训，嘉言善行可以大书特书者，不止一端，宜有纪述，以垂宪于万世。……其以太傅兼太子太傅定国公徐光祚、吏部尚书廖纪、礼部尚书席书为监修官。少保兼太子太保、吏部尚书、谨身殿大学士费铉（宏），吏部尚书兼文渊阁大学士石珤，礼部尚书兼文渊阁大学士贾咏为总裁。吏部右侍郎温仁和、礼部右侍郎李时为副总裁。翰林院侍讲学士董玘、侍读翟銮，太仆寺卿高嵩，太常寺少卿赵铭、吴大田，光禄寺少卿蔡亨、寺丞叶廷芳为纂修（按：上述高嵩、赵铭、吴大田、蔡亨和叶廷芳等五人皆兴藩旧

1　谢贵安：《睿宗、崇祯及南明诸朝〈实录〉纂修考述》，《史学史研究》1999年第2期，第57—61页。

2　吴晗：《读史劄记》，生活·读书·新知三联书店，1956年，第169—186、211—212页。

3　《明世宗实录》卷49，嘉靖四年三月甲戌，第4页b。

人）。所有合行事宜，俱照例行。[1]

值得注意的是，参与编纂者大多是兴藩旧人，新获圣宠的张璁等人却未列入名单。究其缘故，可能是费宏处处裁抑的关系，让最有可能修纂《献皇帝实录》的议礼新贵张璁、桂萼等人皆未在《献皇帝实录》的修纂名单中，只有席书以礼部尚书之职权，得以列入其中。[2]对议礼诸臣来说，《献皇帝实录》的修纂意义，不在修史本身，而是用来证明自己是"大礼议"的功臣，增加日后的政治资本。此外，对张璁等人来说，费宏刻意排除他们参与《献皇帝实录》的修史工作，自然是莫大的嘲弄，也阻断了他们进入权力中枢的机会，遂埋下"逐宏必去"[3]的种子。

嘉靖四年三月二十二日（辛巳），大学士费宏鉴于《献皇帝实录》的史料过少，建议派人到安陆兴藩收集资料。于是，嘉靖皇帝命太常寺丞周璧（原兴藩旧人）前往安陆，访查耆老，搜罗新史料，供修纂之用。[4]三月二十六日（乙酉），礼部又以史料不足为理由，"请行内外诸司来缉事宜"[5]，但嘉靖皇帝

---

1 《明世宗实录》卷49，嘉靖四年三月甲戌，第4页b—5页a。

2 徐学谟:《世庙识余录》卷3，第6页b—7页a。

3 徐学谟:《世庙识余录》卷3，第7页a。

4 《明世宗实录》卷49，嘉靖四年三月辛巳，第7页a。

5 《明世宗实录》卷49，嘉靖四年三月乙酉，第8页a。

却拒绝这项提议，"候周璧、张元恕查取文书，到日修纂"[1]，这显示了嘉靖皇帝唯恐他人非议，不愿劳师动众，因而命礼部静待兴藩文书，尽量收集中央收藏的档案，再行修史。[2]此外，曾在兴藩任职十三年的光禄寺丞王锦，也请求参与修史，并愿意提供自藏的文献资料。[3]总之，整个《献皇帝实录》的征集过程里，兴藩旧人因参与《献皇帝实录》的修纂工作，一下子从朝廷赘员跃升为修史顾问，政治地位相对提高了。

六月十二日（庚子），《武宗实录》修毕。按例，皇帝须封赏修纂实录者。然而，内阁首辅费宏与礼部尚书席书却因此产生嫌隙。两人发生龃龉的原因，源于席书误解费宏故意裁抑他的弟弟席春（正德十二年进士）。席春原担任《武宗实录》的检讨官，修史有功，本应升迁为翰林院修撰，却被外调地方，担任按察司佥事。席书认为这项人事安排不符合朝廷的惯例，上疏抗辩"历稽累朝升官无调外者"[4]，推测费宏暗中裁抑所致，心生怨恨。翰林学士张璁、桂萼等人久受费宏的压

---

1 《明世宗实录》卷49，嘉靖四年三月乙酉，第8页a。

2 《明世宗实录》卷53，嘉靖四年七月癸酉，第4页b。

3 《明世宗实录》卷54，嘉靖四年八月戊子，第1页a。

4 依照惯例，言官中有父兄位居三品以上者（三公、六部尚书、九卿），按例改官为翰林，等到年资足够后，再放到地方上任职。席书为弟乞官的过程，可见《明世宗实录》卷53，嘉靖四年七月庚午，第4页b；焦竑：《玉堂丛语》卷6《事例》，第208页；沈德符：《万历野获编》卷19《言官回避父兄》，第505页。

抑，也趁机参劾费宏嫉贤妒才，要求辞职归乡。[1]费宏则抗辩说这项决定出于嘉靖皇帝，不是他安排的。[2]

嘉靖皇帝为了留住身边的股肱之臣，也为了安抚当事人的情绪，只好出面缓颊，调节双方的冲突，不经吏部而特令晋升席春为翰林院修撰。可是，言官们紧抓着这件事，将之作为弹劾席书的证据。吏科右给事中张翀、浙江道监察御史徐岱（正德十二年进士）等人抨击席书"为其弟春陈乞改官，有玷清议"[3]，其他人也交相指责席书私德偏差，竟为个人恩怨弹劾首辅费宏。[4]事态演变至此，"大礼议"造成的对立现象尚未平静地消融，另一轮的政治倾轧却已悄悄展开了。

嘉靖四年十二月十四日（戊戌），《大礼集议》修纂完成。[5]嘉靖皇帝高兴地宣布："大礼已定，自今有假言陈奏者，必罪不宥。"[6]《大礼集议》的内容：第一、二卷为方献夫的《大礼会章》，即被定为正取的议礼五臣奏疏；第三卷是吏部侍郎胡世宁及附取六人的议论；第四卷收录嘉靖四年"立世室"与"建世庙"之争的相关论述；第五、六卷是张璁以编年体撰成的《纂要》，简记自正德十六年至嘉靖三年的"大礼议"过程，并附

1　黄景昉:《国史唯疑》卷6《嘉靖》，第161页。

2　《明世宗实录》卷53，嘉靖四年七月庚午，第3页a—4页b。

3　《明世宗实录》卷53，嘉靖四年七月丙子，第5页a。

4　夏燮:《明通鉴》卷52，第1396页。

5　《明世宗实录》卷58，嘉靖四年十二月戊戌，第2页b—3页a。

6　《明史》卷197《黄绾传》，第5222页。

录数篇考证文章，间接解释"大礼议"实有必要。颁布《大礼集议》后，嘉靖皇帝封赏张璁等人[1]，又引起御史们的抨击，"以疏远之臣骤致清阶，未及一载，更加迁擢。大礼之成，出自宸断，书等逆探圣意而将顺之，不足为功"。[2]御史们的激烈言论，让嘉靖皇帝不得不出面讲情，代为辩驳，"书等赞成大礼，特加升用，不为私恩"，并以"轻率狂妄"为由，惩戒了那些御史。[3]从嘉靖皇帝的表现来看，他越来越倚重议礼诸臣了。

然而，所谓"大礼已定"只是一面之词，有关"大礼"的争议仍持续着。当时嘉靖朝堂为了何渊的"立世室"之议，纷争不休[4]，连张璁等人也极力反对。"立世室"之议，终难成功。尽管嘉靖皇帝心中不满，但"立世室"的理由确实过于牵强，支持的力量也不足，只好以"建世庙"作为替代方案。可是，何渊又"请以世庙议行礼仪，如修正尊号集议凡例，续编刊布，以成《大礼全书》"，还批评席书曾多次私扣奏疏，试图排挤他，因而乞请嘉靖皇帝把自己的所有奏疏收入国家政书之中，始能申明"立世室"的精义。[5]

嘉靖皇帝听信，便在嘉靖五年十二月十一日（己未）诏谕内阁：议定世庙同属"大礼"，应予收录。先前编纂的《大礼集

---

1 《明世宗实录》卷59，嘉靖四年闰十二月戊午，第1页a；卷59，嘉靖四年闰十二月甲子，第1页b；卷60，嘉靖五年正月乙巳，第4页a。

2 《明世宗实录》卷61，嘉靖五年二月乙亥，第5页b。

3 《明世宗实录》卷61，嘉靖五年二月乙亥，第5页b。

4 沈德符：《万历野获编》卷2《世室》，第36—38页。

5 《明世宗实录》卷71，嘉靖五年十二月己未，第1页a。

议》未写明世庙之事，必须全数追回，予以重编，命翰林院负责修纂《大礼全书》。[1]嘉靖皇帝的这道命令，对张璁等人来说，无疑是政治上的重挫，不但让他们的心血付诸东流，也使他们无法再修纂《大礼全书》，丧失对"大礼议"的解释权。这显示了嘉靖皇帝的不信任态度，也亮起了议礼诸臣即将失宠的警讯。尤其是张璁等人，若失去了皇帝的宠信，又得不到朝臣支持，其孤立的处境自然更加困难。

卧病在床的席书，听见这不利的消息，只好抱病上疏，向皇帝解释说："大礼"初起时，曾讨论献皇帝是否须另立别庙的问题，如今何渊的"立世室"之议只是拾人牙慧、妄生纠纷罢了。《大礼集议》一书，只有"开神道"与"迁主谒庙"尚未编入，无须再重编《大礼全书》。又针对翰林院曾发起左顺门事件，批评翰林院诸学士曾是"人情论"的反对者，不可担任《大礼全书》的编修人员，应让方献夫、霍韬、黄宗明、黄绾、熊浃等人继续负责《大礼全书》的编纂工作。此外，席书特别推荐南京兵部尚书王守仁（世人多称其号，即王阳明）担任顾问一职，完善《大礼全书》的礼意理论。最后则批评"立世室"之议根本"悖谬无足采"，请求皇帝不要相信谗言，应罢黜何渊。[2]

令人玩味的是，席书重提左顺门事件，试图让嘉靖皇帝忆起议礼诸臣的昔日功劳，并提醒"今内阁及诸翰林官"曾大

---

1 《明世宗实录》卷71，嘉靖五年十二月己未，第1页b。

2 《明世宗实录》卷71，嘉靖五年十二月己未，第1页b。

肆反对"大礼"。席书的奏疏打动了嘉靖皇帝，于是收回命令，又特旨安慰席书，答应不再改动《大礼集议》，无须追缴，并让张璁、桂萼担任《大礼全书》的副总裁[1]，整个编纂班底仍以张璁、桂萼等人为主，以翰林学士及礼部官员为辅，共同担任纂修官。《大礼全书》的解释权又回到席书等人手中，逆转了原先对议礼新贵们不利的情势。[2]

嘉靖五年六月二十五日（丙子），《献皇帝实录》修毕。[3]嘉靖皇帝非常高兴，大加赏赐修纂诸臣。一长串的封赏名单中，"功当首论"[4]者，大多是兴藩旧部，或曾伺候过献皇帝的兴藩宦官们。第一章曾述，兴藩的从龙之士，大多被安插在太常寺、光禄寺及锦衣卫任职，品秩不高，影响亦不大。[5]借《献皇帝实录》修成的契机，嘉靖皇帝找到理由，依次拔擢，让这些原无实权的兴藩僚属，得参与政事、左右廷议，并让其子弟世袭锦衣卫职，逐渐汰换锦衣卫的成员，改为兴藩旧部的人

1　《明世宗实录》卷71，嘉靖五年十二月己未，第2页a。

2　席书的话语，实针对翰林院，也批评内阁与翰林院一体共生的关系。可资佐证的是嘉靖五年六月霍韬在《论内外官铨转资格疏》中请求外调翰林院官员，嘉靖皇帝于嘉靖六年（1527）下令庶吉士遣外任事，以及嘉靖八年张璁、霍韬要求停选庶吉士三例。

3　《明世宗实录》卷65，嘉靖五年六月丙子，第8页b。相对于正式的明代实录及朱祐杬的生殁时间来说，《献皇帝实录》的卷数不多，献皇帝本为藩王，官方记录不多，才有史料不足的问题。

4　《明世宗实录》卷65，嘉靖五年六月辛巳，第10页b—11页a。

5　张原：《止殿通等乞升职世袭》，收入《丛书集成初编》第913—922册，中华书局，1985年，聚珍版丛书本，第318页。

马，作为真正隶属于嘉靖皇帝个人的私军。总之，嘉靖皇帝不但让献皇帝"以藩邸进崇，亦修实录"[1]，也有了借口来升迁兴藩僚属，进一步提高锦衣卫的忠诚度。[2]万历时人沈德符曾批评修纂《献皇帝实录》是"不经之举"[3]，"已属僭拟，即欲加隆于列圣之上"[4]，且《献皇帝实录》大多是溢美之词，史料疏漏不全，毫无实际价值，"可晒亦可叹矣"。[5]沈德符对《献皇帝实录》的批评，可谓一针见血之论。

　　嘉靖六年一月十三日（辛卯），兵部左侍郎张璁、詹事府詹事兼翰林院学士桂萼联名上疏，向嘉靖皇帝说明《大礼全书》的修纂方针，欲引用"前者翰林院侍讲学士方献夫集诸臣奏议，礼部尚书席书为之纂要"[6]，作为《大礼全书》的蓝本。张璁特别指出《大礼全书》与《大礼集议》的不同之处：《大礼全书》将采史书体例，不再是奏章汇编，彰显天子体制。[7]《大礼全书·编纂凡例》则仿照《资治通鉴·凡例》的模式，"以年月日为纲，事关大礼者必书，每书必实诸臣奏议，如礼者必采其精，不必如礼者必存其概，备载圣裁"。[8]嘉靖皇帝大喜，

1　沈德符：《万历野获编》卷2《实录难据》，第61页。

2　丁易：《明代特务政治》，群众出版社，1983年，第28—37、333—337页。

3　沈德符：《万历野获编》卷2《实录难据》，第61页。

4　沈德符：《万历野获编》卷1《监修实录》，第6页。

5　沈德符：《万历野获编》卷2《实录难据》，第61页。

6　《明世宗实录》卷72，嘉靖六年正月辛卯，第2页b。

7　《明世宗实录》卷72，嘉靖六年正月辛卯，第2页b。

8　《明世宗实录》卷72，嘉靖六年正月辛卯，第2页b—3页a。

命史馆实行。《大礼全书》的地位，遂从文献汇编抬高为官方史书，其附加的政治意义也更加浓厚了。

值得注意的是，张璁、桂萼两人对《大礼全书》的政治定位，与先前《大礼会章》或《大礼集议》不同。其中差异在于，他们越来越理直气壮，认定杨廷和等人是阻碍"大礼"、引起纷争的祸首，并宣称"大礼议"已改正汉、宋两代的礼学谬误。[1] 尤其是桂萼还给杨廷和冠上新的罪名，指责他扭曲《武宗遗诏》的原意，实"欲擅援立功，遽改迎立诏旨，此百官聚讼之由"。[2]

嘉靖六年八月十五日（庚申），张璁等人上呈《大礼全书》，以供皇帝查核。嘉靖皇帝不甚满意，指出《大礼全书》"犹似阙略，纪载欠详"，嘱咐张璁等人详查礼典，又指示《大礼全书》应增录欧阳修主张尊亲的论点，凸显"人情论"的理论根据，"使后人有所守"，"亦使后人无所惑"。[3] 还要求审核"诸臣所奏，或自疏，或连名，或会官，或奉旨议，或渎乱破礼"[4]，"以明是非邪正之辨"。[5] 并申明《大礼全书》"实欲垂法乎万世，以明人伦，正纪纲"[6]，今应更名为《明伦大典》，以彰人伦之重。由此观之，嘉靖皇帝欲利用《明伦大典》建构"人

---

1 《明世宗实录》卷72，嘉靖六年正月辛卯，第2页b。
2 《明世宗实录》卷72，嘉靖六年正月辛卯，第3页a。
3 《明世宗实录》卷79，嘉靖六年八月庚申，第4页b。
4 《明世宗实录》卷79，嘉靖六年八月庚申，第5页a。
5 《明世宗实录》卷79，嘉靖六年八月庚申，第5页a。
6 《明世宗实录》卷79，嘉靖六年八月庚申，第4页b。

情论"的理论体系，重新检讨诸位朝臣的功过是非，统一官方说法，为"大礼议"定下历史评论。后人只能依据官方文本，难以推翻"大礼议"的结果。是故，《明伦大典》被抬升到国家政书的地位。

二、《明伦大典》内容释义

《明伦大典》共二十四卷，体例仿《资治通鉴》，采编年体，"以年系月，以月系日"[1]，收录正德十六年三月十四日（丙寅）至嘉靖七年三月一日（壬申）有关"大礼议"的所有资料。《明伦大典》收录的典礼事，分类为四：一"凡所纪事之大者书曰。奉上命者书曰。两议相持关系切要者书曰"；二"诸臣奏疏如礼者，必择其精。不如礼者，亦存其概。备载圣断以裁之也"；三"诸臣或自疏，或连名，或会议仿汉书例。俱备录姓名，遵圣谕也"；四"据事直书，得失自见。仿史记例，复为论断"。[2]此外，《明伦大典》还收有嘉靖皇帝亲撰序文、与总裁官讨论修纂细节的六道圣谕，以及总裁官的进呈贺表，书末附有总裁、编修等修纂官员所写的跋文。[3]

1　《明伦大典》，凡例，无页码。

2　《明伦大典》，凡例，无页码。

3　总裁官大多为内阁大学士担任。总裁官是杨一清、翟銮、张璁、谢迁（1449—1531）四人，修纂者为桂萼、方献夫、霍韬、熊浃、黄绾、席春等人。

　　据嘉靖皇帝亲撰的《圣谕手札》，推测嘉靖皇帝试图说服天下士人应以人情伦理为首重之事，解释"大礼"并非皇帝私心自用，而是为了彰明天理人情，维护纲常伦理，才不得不发起"大礼议"。文中又引用朱熹（1130—1200）《四书章句集注》的阐述，重申三纲五常的必要性，强调君尊臣卑，暗喻为臣者不得逾越君臣之分，应严守界线，重新巩固皇权的正当性基础。

　　探究《明伦大典》字意，乃由"明人伦"一词而来。[1]"明人伦"出于《孟子·滕文公章句上》："学则三代共之，皆所以明人伦也。人伦明于上，小民亲于下，有王者起，必来取法，是为王者师也。"[2]此篇即孟子倡行仁治的重要论述，原是孟子向滕文公解说教育的重要性，身为国君必须担负起教化人民的责任。及至宋代，理学大兴，朱熹的《孟子集注》对"明人伦"的解释则转为讲究三纲五常的"父子有亲，君臣有义，夫妇有别，长幼有序，朋友有信"[3]，鼓励士大夫自节，明白天理，成为"王者师"[4]，辅佐国君治理天下：

1　Carney Thomas Fisher, *The Great Ritual Controversy in Ming China*, pp.202-203.

2　李学勤等编：《孟子注疏》卷5《滕文公章句上》，台湾古籍出版社，2001年，第255页。

3　朱熹：《四书章句集注·孟子集注》卷5《滕文公章句上》，第255页。

4　范立舟：《理学的产生及其历史命运》，陕西人民出版社，2001年，第302—304、315—319、334—338页。

学，国学也，共之，无异名也。伦，序也。父子有亲，君臣有义，夫妇有别，长幼有序，朋友有信，此人之大伦也。庠序学校，皆以明此而已。滕国褊小，虽行仁政，未必能兴王业；然为王者师，则虽不有天下，而其泽亦足以及天下矣。圣贤至公无我之心，于此可见。[1]

"明人伦"为何有诠释上的差异？可能得观察理学发展的时代背景，始能了解官方理学的理论体系背离《孟子·滕文公》真义的原因。随着宋代理学思潮发展，天理纲纪论日益盛行，本属法家的三纲观[2]经儒家学者再诠释后，因应了社会现状的需求，也为社会阶层提供了等级性的垂直结构，成为儒者维护社会秩序的重要原则。然而，三纲观的意识形态[3]无形中却改变了孟子的本意，也隐没了君民互惠共生的精神。尤其是在官方有意扭曲下，三纲观成为官方意识形态的理论基础，重构五伦关系，渐使君臣之义（尊君）凌驾于父子之亲（尊父），增强了君王的权威，不再是孟子的社会共同体

1 朱熹：《四书章句集注·孟子集注》卷5《滕文公章句上》，第255页。
2 《韩非子·忠孝篇》："臣事君，子事父，妻事夫，三者顺则天下治，三者逆则天下乱。"韩非撰，吴薇校：《韩非子》卷20，台湾成文出版社，1980年，中华书局聚珍排印本，第1107—1108页。
3 意识形态是综合性的观念体系，以及根据这种观念体系从事政治的企图和实践。阎步克认为儒家思想对天、地、人之间之事物加以系统化的解释与安排，力图以这种无所不包的政治文化体系支配帝国政治。阎步克：《士大夫政治演生史稿》，第9页。

理念。

　　明朝建立后，实行八股取士，以官定《四书章句集注》为抢才标准。[1] 士子们为求录用，大多直接修习《四书章句集注》，不再研读原始经典，无意中接受官方理学的意识形态，笃信以五伦为范、三纲为教的思想体系。[2] 永乐皇帝即位后，更倾国家之众力编纂《四书大全》[3]、《五经大全》[4] 及《永乐大典》等官方典籍，试图删去不利君主的文字，又强力宣传三纲的必要

1　余英时：《宋明理学与政治文化》，第268—276页。

2　刘泽华：《中国的王权主义：传统社会与思想特点考察》，第160—161页。又可参考Ho ping-ti, *The Ladder of Success in Imperial China: Aspects of Social Mobility, 1368–1911*, New York: Columbia University Press, 1962。何炳棣认为中国无法发展资本主义的原因，在于中国商人家族多以"出仕"为荣，其价值观与行为受到儒家思想影响。

3　《四书大全》是胡广等人奉永乐皇帝敕令编纂，成书于明永乐十三年（1415），取元儒倪士毅《四书辑释》成书。成书后，颁为科举制书，对明代士大夫影响颇大。自朱熹作《大学或问》《中庸章句》《论语集注》《孟子集注》后，元人多采语录附于《四书章句》。元儒陈栎又作《四书发明》，胡炳文作《四书通》。倪书即二书合一之作。

4　《五经大全》是胡广等人奉永乐皇帝敕令编撰，成书在永乐年间，为明代取士之标准。《周易传义大全》取宋儒程颐、朱熹注，杂采宋儒董楷《周易传义附录》、元儒胡一桂《易本义附录纂疏》、胡炳文《周易本义通释》、董真卿《周易会通》以为疏；《书传大全》以宋儒蔡沈《书集传》为注，采元人陈栎《尚书集传纂疏》、陈师凯《书蔡传旁通》以为疏；《诗集传大全》用宋儒朱熹注，采元刘瑾《诗传通释》以为疏；《礼记大全》则主以元儒陈澔《礼记集说》为注，采诸儒四十二家之说为疏；《春秋集传大全》用宋儒胡安国注，采元儒汪克宽《春秋胡氏传纂疏》为疏。

性，欲借君臣父子之说巩固其统治地位[1]，并控制士人话语权的思想资源，间接抹煞了道统思想的价值，以摆脱士人指责其得位不正的压力。[2]总之，明代统治者废去中书省，又借三纲观的宣传，使士人们逐渐认同皇帝有权身兼"天子师"[3]，皇帝便有二重身份，既是主宰治统的圣君，亦是控制道统的贤者[4]，其权力自会扩张到难以限制的地步。

嘉靖皇帝早慧，不可能不懂"君为臣纲，父为子纲，夫为妻纲"[5]的真正含义。不过，若仅把三纲观视作官方控制士人思想的工具，可能会犯下过度化约的错误，不但会忽略三纲观的思想根源及政治社会功能，也会误以为士人皆政治的动物，从而抹煞了士人在政治上、行动上、思想上的主动面向。或许可以说，嘉靖皇帝把《明伦大典》的"明伦"二字当作意符（signifier），其意指（signified）即强化"父子有亲"的伦常与"君为臣纲"的政治秩序，直接暗示天下臣民建构"大礼"之正当性基础。

1　郭伯恭：《永乐大典考》，台湾商务印书馆，1967年，第13页。

2　陈恒嵩：《〈书传大全〉取材来源探究》，收入《明代经学国际研讨会论文集》，台湾"中研院"文哲所，1996年，第295—316页。

3　黎靖德编，王星贤点校：《朱子语类》卷76《系辞》，台湾华世出版社，1987年，第1957页。

4　朱鸿：《"大礼"议与明嘉靖初期的政治》，第259—261页；黄进兴：《道统与治统之间：从明嘉靖九年（1530）孔庙改制谈起》，第917—941页；黄进兴：《学术与信仰：论孔庙从祀制与儒家道统意识》，第1—82页。

5　郑玄注，孔颖达等注疏：《礼记注疏》卷39《乐记》，第691页。

《明伦大典》确作政治工具之用，重要的是，它如何发挥影响力？究其内容，《明伦大典》依照时间顺序，重梳"大礼议"事发过程，解释其中各项争议，并通过"史官曰"评断"大礼议"的是非对错，大力贬抑杨廷和等人与他们主张的"濮议论"，从而影响明代史家评论"大礼议"的角度。《明伦大典》主要议题是"议礼凡七争，始而争考、争帝、争皇，既而争庙及路，终而争庙谒及乐舞"。[1]分析其重点为四：一是《皇明祖训》里"兄终弟及"的诠释；二是继统是否需继嗣的讨论；三是亲亲尊尊，二者孰重的争辩；四是可否为献皇帝"立世室"或"建世庙"的礼仪争议。分述如下。

（一）兄终弟及

《明伦大典》首先讨论嘉靖皇帝入继大统的身份问题。第一章曾论及，杨廷和等人根据《皇明祖训·法律》第十四条规定"凡朝廷无皇子，必兄终弟及，须立嫡母所生者。庶母所生，虽长不得立。若奸臣弃嫡立庶，庶者必当守分勿动，遣信报嫡之当立者。务以嫡临君位。朝廷即斩奸臣"[2]，选定兴献王长子朱厚熜为新的继统者。然而，问题在于杨廷和拟定《武宗遗诏》时，仅写"皇考孝宗敬皇帝亲弟兴献王长子厚熜，聪明仁孝，德器夙成，伦序当立。已遵奉祖训，兄终弟及之

1　张孚敬：《太师张文忠公集》奏疏卷3《再议》，第19页b。

2　明太祖：《皇明祖训》，《法律》，第28页a—28页b。

文，……即日遣官迎取来京，嗣皇帝位"[1]，并未清楚说明朱厚熜究竟以何种身份入继大统，因而引起了围绕在"兄终弟及"一语的语意讨论及身份争议。

"大礼议"开始时，议礼双方围绕着"兄终弟及"[2]展开辩论。若是在继位资格的争论上压倒了对方，便能巩固己方论述的基础，夺得先机。换言之，哪方胜利的话，便能平息"大礼议"争议最盛的主题，即"继统是否需继嗣"的问题。事实上，明朝采嫡长子继承制，所谓"兄终弟及"的兄弟关系，指的是同父同母兄弟。当皇帝无子，必须由嫡弟继承兄长的皇位。若无同母弟，则取同父弟，即选庶弟继承。之所以引起"兄终弟及"争论：一是因为建国以来，明朝从来没有从兄弟（堂兄弟）可称为"弟及"；[3]二是因为武宗无子嗣、无兄弟。若真要遵照《皇明祖训》之定义，明皇室将无人可继承大统。

内阁首辅杨廷和为了应对现实不符合"兄终弟及"的窘境，也为了稳定君统与宗统的关系，一再强调嘉靖皇帝朱厚熜必须过继给孝宗皇帝才能拥有皇子身份，成为武宗亲弟，以符"兄终弟及"原则。是故杨廷和指出，朱厚熜的继统资格来自孝宗皇帝的嗣子身份。在"统嗣不可分、继统先继嗣"的前提下，杨廷和主张朱厚熜当考孝宗、母昭圣。朱厚熜与亲

1　《明武宗实录》卷197，正德十六年三月戊辰，第6页a—7页a。

2　明太祖：《皇明祖训》，《法律》，第28页a。

3　毛奇龄：《辨定嘉靖大礼议》，第2页。

生父母的礼秩关系，则据"为人后者为之子"[1]之义，应改称叔父母，自称侄，丧服降期。从杨廷和对"兄终弟及"的解释来看，可知"濮议论"的重点即视"继嗣"为"继统"的先决条件，即继统必先继嗣。在这样的逻辑下，如果朱厚熜不先成为孝宗嗣子，就没有资格承接宗统，自然也没有继承君统的资格。

《明伦大典》收录张璁《正典礼》七份奏疏[2]，以及桂萼、席书等人的奏疏，作为反驳"濮议论"的武器。其中，张璁对"兄终弟及"的解释最为全面，将"兄终弟及"的定义向上推溯到孝宗皇帝与兴献王的兄弟关系，重新塑造了"兄""弟"的身份认定，也动摇了杨廷和等人"继统先继嗣"的理论基础。张璁解释说：兴献王朱祐杬是孝宗皇帝亲弟。在武宗皇帝无子、无弟的情况下，援"兄终弟及"原则，自然是兴献王继承皇位。但兴献王已薨逝，基于父死子继的不成文规定，朱厚熜是兴献王长子，理所当然是唯一的皇位继承人。是故张璁指出，朱厚熜的继统资格乃是兴献王长子，非孝宗皇帝的嗣子身份。[3]接着，张璁再指责杨廷和误解"兄终弟及"之义，提

1　《春秋公羊传注疏》卷15《宣公八年》，收入阮元校勘《十三经注疏》，第194页。开明书店编：《断句十三经经文·春秋公羊传》，《成公十五年》，第43页。

2　张孚敬：《太师张文忠公集》奏疏卷1，第1页a—32页a。《明伦大典》以时间记事，奏疏排比不一，又有页次脱漏、文字模糊问题，故采用《太师张文忠公集》原稿。

3　张孚敬：《太师张文忠公集》奏疏卷1《正典礼第一》，第2页b。

出"皇上之有天下，实以高皇帝之训也"[1]，还引用《尚书》"凡兄弟相及者，不称嗣子，而称及王"[2]，证明"古者天子无为人后之礼"[3]，一举推翻历史上的尊亲成例（汉代定陶王议、宋代濮议），又抨击杨廷和不懂古礼、违背祖训[4]，"擅拥立功者，欺天甚矣"[5]，"使皇上违武宗皇帝之诏，背献皇帝之恩，遂致父子君臣皆失其道"。[6]

议礼双方皆据《皇明祖训》讨论嘉靖皇帝的身份问题，欲证明己方提出的"大礼"方案合于祖训。从双方的论点来看，嘉靖皇帝继位的正当性基础来自洪武二十八年（1395）九月颁布的《皇明祖训》。明太祖朱元璋极重视《皇明祖训》，"立为家法，俾子孙世世守之"，又立下禁令，"后世敢有言改更祖法者，即以奸臣论，无赦"。[7]《皇明祖训》因而成为明代继位之君的"祖训"[8]，也是法律体系里位阶最高的宪纲。[9]正因《皇

1　张孚敬：《太师张文忠公集》奏疏卷1《正典礼第五》，第21页b—22页a。

2　张孚敬：《太师张文忠公集》奏疏卷1《正典礼第七》，第25页b。

3　张孚敬：《太师张文忠公集》奏疏卷1《正典礼第七》，第25页b。

4　张孚敬：《太师张文忠公集》奏疏卷1《正典礼第七》，第26页a—26页b。

5　张孚敬：《太师张文忠公集》奏疏卷1《正典礼第五》，第22页a。

6　张孚敬：《太师张文忠公集》奏疏卷1《正典礼第七》，第27页a。

7　李景隆等撰：《明太祖实录》卷241，收入《明实录》第1—8册，洪武二十八年九月庚戌，第3页b。

8　《明世宗实录》卷9，正德十六年十二月壬辰，第7页b。

9　萧慧媛：《明代的祖制争议》，第11页；吴智和：《明代祖制释义与功能试论》，第20—29页。

明祖训》代表"敬天法祖"的政治文化意识形态[1]，一旦皇帝违反规定，臣下将引用《皇明祖训》约束皇帝，使其不可为所欲为，使皇帝多少受到限制，不致过分专制。[2]前文提过，若从现实层面着眼，张璁对"兄终弟及"的解释"孝宗兄也，兴献王弟也"[3]，较为符合《皇明祖训》的原意[4]，也呼应《武宗遗诏》的内容。是故张璁等人获得初步胜利。

　　回头检视《明伦大典》"史官曰"对"兄终弟及"讨论的评价。"史官曰"无疑是明朝官方的意识形态，亦是"人情论"的总整理。"史官曰"抨击杨廷和等人，指责他们先造成嘉靖皇帝继位的事实，后坚持让嘉靖皇帝过继给孝宗弘治皇帝，"陷嗣君以非礼"[5]，无视现实，只为套用"兄终弟及"原则，一再宣称嘉靖皇帝是孝宗的嗣子。并批评杨廷和专擅朝政、阻断言路，"首设异论当斩之言，盖胁众以必从耳"[6]，又自以为有

1　王崇武：《明靖难史事考证稿》，第103—123页。朱元璋考虑许久，始作《皇明祖训》，命后世子孙不得更改一字。发动靖难的永乐皇帝朱棣，虽夺得皇位，仍不免畏惧《皇明祖训》的约束，遂改实录，冒充为马皇后所出嫡子。

2　吴晗：《历史上的君权的限制》，收入氏著《吴晗史学论著选集》第二卷，第488、491、492页；吴晗：《论皇权》，收入氏著《吴晗史学论著选集》第二卷，第560、561页。

3　张孚敬：《太师张文忠公集》奏疏卷1《正典礼第二》，第4页a。

4　沈德符：《万历野获编》卷2《引祖训》，第35—36页。

5　《明伦大典》卷2，第2页b。

6　《明伦大典》卷2，第9页a。

迎立之功，企图扭曲祖训[1]，甚至频频强压嘉靖皇帝，"是不知有君也，不知有君是不知有天命也"[2]，可谓不忠不孝之人。最后，"史官曰"着眼血缘关系的亲疏，为"兄终弟及"定下结论："《祖训》兄终弟及，可推之无穷，而施由亲始。先及同父，次及同祖，皆所谓伦序也，非专指同产言也。惟议者（杨廷和等人）必欲称孝宗为皇考，故必欲强武宗为亲兄，则愈谬矣。"[3]

（二）继统是否需继嗣

"大礼议"争辩最甚的议题，就是继统、继嗣是否合一。究其内涵，实为政治关系与血缘关系孰重的争论，也是尊尊与亲亲的冲突。"统"代表皇帝继承制度的宗法原则，其义为尊尊、宗统、君统、天理；"嗣"代表父子天然的血缘关系，其义为亲亲、家系、亲统、人情。何谓宗法制度？宗法制度创于西周，采亲亲、尊尊二系并列[4]，大宗的宗子是一族之长，也是一国之君，血缘关系（亲亲）与政治关系（尊尊）互相联结，王位继承制则遵行宗统与君统合一的宗法原则，从而奠定了西周政治秩序与社会关系的稳定基础。[5]

1　《明伦大典》卷2，第3页a。

2　《明伦大典》卷1，第12页a—12页b。

3　《明伦大典》卷4，第10页b。

4　阎步克：《士大夫政治演生史稿》，第86—99页。

5　王国维：《殷周制度论》，第288、297—291页；张寿安：《十八世纪礼学考证的思想活力：礼教论争与礼秩重省》，第133页。

亲亲、尊尊原则及先代儒者居中建立的联系，始终是中国传统政治文化体系的中心思想。后世儒家致力于宣传的"忠"和"义"，即衍生自尊尊原则；"仁"和"孝"，则从亲亲原则发展而来。[1]然而，在西周的封建宗法制度中，亲亲、尊尊本无位阶高低之分。当亲尊冲突时，端视不同的状况，予以斟酌，定出合礼的方案，以求亲亲、尊尊两相全。[2]此外，香火相传向来是中国传统社会文化的信念。尤其对位于权力顶端的皇族而言，子孙承祖先之体的宗法原则，更是保证治统正当化的基础。[3]宗法制度的稳定运作，不但使亲属体系明确，也使权力结构与利益分配有规可循，避免宗室内斗，祸起萧墙。

自秦汉两代后，亲亲、尊尊的位阶屡有更迭，尊父或尊君的冲突不断。[4]及至宋代，在礼学理学化的潮流下，天理纲纪论盛行，宋儒用以解释三礼，礼制大变，"礼"被视为不可变异的天理纲纪，上下尊卑的差等关系亦被固定，缘情制礼的空间逐渐窄化，尊尊、亲亲竟有高低之分。到了明代，作为科举考试范本的《五经大全》《四书大全》大力宣传"君为臣纲"，主张以公义绝私恩，以义（尊尊）压仁（亲亲），使君臣

1　阎步克：《士大夫政治演生史稿》，第93页。

2　王国维：《殷周制度论》，第299页。

3　王健文：《奉天承运：古代中国的"国家"概念及其正当性基础》，第104页。

4　甘怀真：《中国中古时期的君臣关系》，收入氏著《皇权、礼仪与经典诠释：中国古代政治史研究》，第249—298页。

纲纪的尊尊高于父子关系的亲亲[1]，被视为天理纲纪的"礼"更加坚若磐石，开始变成制式化的教条，丧失了缘情制礼的可能性，是故后世的鲁迅（1881—1936）有礼教杀人之讥。换言之，在礼学理学化的脉络下，旁支入继大统的君王必须先区分大小宗，承认过继大宗的血缘身份，唯有承接宗统，方有资格继承君统。[2]

　　杨廷和等人看重尊尊原则、天理纲纪，因而援引《仪礼·丧服》及《春秋公羊传》"为人后者为之子"，作为"统嗣合一"的理论基础，宣传宋儒司马光"为人后者，不得顾私亲"[3]的主张：

> 　　为人后者，为其父母报。《传》曰："何以期也，不贰斩也。"何以不贰斩也？持重于大宗者，降其小宗也。为人后者孰后？后大宗也。曷为后大宗？大宗者，尊之统也。……尊者尊统上，卑者尊统下。大宗者，尊之统也。大宗也，收族者也，不可以绝，故族人以支子后大宗也。[4]

1　张寿安：《十八世纪礼学考证的思想活力：礼教论争与礼秩重省》，第143、145—146、156—160、162—171页。

2　阎爱民：《"大礼议"之争与明代的宗法思想》，第33—55页。

3　司马光：《司马温公文集》卷6《乞责降第三札子》，收入《正谊堂全书》第7函，台湾艺文印书馆，1968年，据清康熙张伯行编、同治左宗棠增刊本影印，第11页a。

4　开明书店编：《断句十三经经文·仪礼》，《丧服》，第46页。

换言之, 杨廷和主张"继统必先继嗣", 认为宗法原则是"正统所传之谓宗, 故立宗所以继统, 立嗣所以承宗"[1], 请求嘉靖皇帝以大宗(孝宗)为本, 以君统为重[2], 恪守名分原则[3], 过继给孝宗, 如此, 宗统与君统始能合一。同时主张降低对小宗家系(兴献王)的尊崇礼仪, 断绝与本生父母的关系, 不称考、不立庙, 改本生父母为叔父母, 自称侄, 丧服降期。认为过分尊崇兴献王、妃, "是忘所后而重本生, 任私恩而弃大义"[4], 违背名分, 将破坏正统大义。[5]

张璁等人看重亲亲原则、现实人情[6], 主张缘情制礼[7], 礼非固定不变, 必须根据状况不同随时更改。他们先援引《仪礼·丧服》"适子不得后大宗"[8], 作为"继统不继嗣"的理论根

1　《明史》卷191《吴一鹏传》, 第5061页。

2　《宋史》卷245《濮王允让传》, 第8708页。

3　《明史》卷194《乔宇传》, 第5133页。

4　《明史》卷190《杨廷和传》, 第5038页。

5　《明世宗实录》卷51, 嘉靖四年五月丙寅, 第3页b。

6　张璉:《从"大礼议"看明代中叶儒学思潮的转向》, 第51—68页。从议礼新贵的学术背景来看, 张璉的说法有待商榷。议礼新贵未必全受到阳明学的影响。例如桂萼笃信程朱理学, 极恶阳明学, 甚至建议打压陆王心学为伪学。

7　开明书店编:《断句十三经经文·礼记》,《丧服四制》, 第133页。原文是"凡礼之大体, 体天地, 法四时, 则阴阳, 顺人情, 故谓之礼。訾之者, 是不知礼之所由生也"。张璁解释为"礼顺人情", 并援引太祖诏书, 证明"大礼"实根据人情之需, 不必泥古。《明史》卷51《礼志五》, 第1315页。

8　开明书店编:《断句十三经经文·仪礼》,《丧服》, 第46页。张璁释为"长子不得后大宗"。

据，再从民间不以长子、独子为人后的立嗣习惯，阐述嘉靖皇帝是兴献王的长子兼独子，不得过继给大宗。若过继给孝宗一脉，兴献王一脉将绝子绝孙，"岂人情哉"。[1]方献夫也就现实人情，论及公与私、统与嗣、君与士的界定：

> 若谓孝宗不可无后，故必欲陛下为子，此尤不达于大道者也。推孝宗之心，所以必欲有后者，在不绝祖宗之祀，不失天下社稷之重也，岂必拘拘父子之称，而后为有后哉？孝宗有武宗，武宗有陛下，是不绝祖先之祀，不失天下社稷之重矣。……夫兴献帝当父也，而不得父；孝宗不当父也，而强称为父；武宗当继也，而不得继，是一举而三失焉。……陛下之继二宗，当继统而不继嗣，……夫帝王之体与士庶不同，继统者，天下之公，三王之道也。继嗣者，一人之私，后世之事也。[2]

换言之，张璁等人主张继统不继嗣，名分原则应视现实人情而定[3]，申论父子关系是不可变动的天性，又紧扣"兄终弟及"一语，强调孝宗皇帝与兴献王的兄弟关系，说明"三代

---

1 席书：《席方二公疏》卷1《议定大礼疏》，收入陈子龙等编《皇明经世文编》卷183，第3页a。

2 方献夫：《议大礼疏》，收入清高宗敕编《御选明臣奏议》卷17，第298、299页。

3 阎爱民：《"大礼议"之争与明代的宗法思想》，第39页。

传统之义，远出汉唐继嗣之私"[1]，阐明"嗣位者实继统，非继嗣"[2]，一举证明嘉靖皇帝继承皇位的合理性。[3]并提出"继统不继嗣"的史证，厘清嘉靖皇帝并非嗣子，不同于宋代濮议，质问杨廷和等人怎可胡乱套用。[4]席书更驳斥"濮议论"，"今以伯为父，以父为叔，伦理易常，是谓大变"[5]，"自古天下无大宗小宗，亦无所生所后。《礼经》所载，乃大夫之礼"[6]，批评杨廷和曲解古礼义，竟把施行于大夫的"为人后"[7]套用于皇帝，可谓不忠之臣。

　　双方人马虽有借"大礼议"行权力斗争的企图[8]，但这非"大礼议"的唯一意涵。议礼双方对宗法制度的着眼点不同，方衍生出"继统先继嗣"与"继统不继嗣"的争议。再观察议礼双方的对话，可知他们为了寻求嘉靖皇帝即位的正当性，始围绕宗统与君统是否合一阐述宗法原则的内在意义，论及皇帝制度的公私性质。因此，"大礼议"的政治文化意涵不只是权力之争，也不全是天理人情之辩，还是皇帝制度的"公义"如何被界定、认同及限制。

1　席书：《席方二公疏》卷1《议定大礼疏》，第3页a。

2　席书：《席方二公疏》卷1《议定大礼疏》，第3页a。

3　阎爱民：《"大礼议"之争与明代的宗法思想》，第35页。

4　《明世宗实录》卷35，嘉靖三年正月丙戌，第3页b。

5　席书：《席方二公疏》卷1《议定大礼疏》，第3页a。

6　席书：《席方二公疏》卷1《议定大礼疏》，第2页b—3页a。

7　开明书店编：《断句十三经经文·仪礼》，《丧服》，第46页。

8　朱鸿：《"大礼"议与明嘉靖初期的政治》，第35、37、39、220、221页。

议礼双方皆援引《仪礼·丧服》，但诠释路径却有极大的差异，因而对"大礼"的理解也大相径庭，始有两种"大礼"方案。

主张"濮议论"的杨廷和等人，无疑自居理学正统[1]，多引用宋儒司马光、程颐在濮议案里的论述。"濮议论"的中心思想，在于"大宗者，收族者也，不可以绝，故族人以支子后大宗也"[2]，强调宗统与君统合一，小宗出身的嘉靖皇帝必须先过继大宗，继承宗统，方能继承君统，始为符合《皇明祖训》的正统君主。嘉靖皇帝必须隆礼重法，不得顾及私亲，维护宗统与君统合一的皇帝制度。[3]从"濮议论"的论述来看，可知其思想脉络立基于天下是孝宗皇帝（大宗）的天下，嘉靖皇帝必须成为孝宗的嗣子，方可延续宗统，接续孝宗皇帝留下的君统，其皇帝身份始具有正当性。[4]

主张"人情论"的张璁等人，先引"适子不得后大宗"[5]，再以"今天下者，祖宗之天下，天下之天下也"[6]，模糊宗统的必要性，分开处理君统与宗统，又指出"帝王之体与士庶不同"[7]，要求回归古礼，避开君统、宗统合一的讨论，得出"继

1　《明世宗实录》卷40，嘉靖三年六月乙卯，第9页b。

2　开明书店编：《断句十三经经文·仪礼》，《丧服》，第46页。

3　《明世宗实录》卷9，正德十六年十二月戊戌，第13页a—14页a。

4　《明史》卷191《何孟春传》，第5067页。

5　开明书店编：《断句十三经经文·仪礼》，《丧服》，第46页。

6　张孚敬：《太师张文忠公集》奏疏卷1《正典礼第二》，第8页b。

7　方献夫：《议大礼疏》，第299页。

统不继嗣"，使嘉靖皇帝不用"自绝其亲"[1]，也保留了皇帝的个人性。"人情论"的中心思想，在于嘉靖皇帝继的"统"，乃太祖传承的君统[2]，申论"统与嗣不同，非必父死子立也"[3]，证明"继统不继嗣"的正当性。从主张"人情论"人士的论述来看，可知其思想脉络立基于天下乃祖宗之天下，嘉靖皇帝无须成为孝宗嗣子，只须入继祖后（宪宗），服膺承继君统之义，便可拥有正当的皇帝身份。

在"继统是否需继嗣"的讨论中，"史官曰"强调杨廷和等人"乱礼本于要功"[4]，批评以杨廷和为首的内阁"在武宗朝一无匡救，所以固位也"[5]，完全否定他们稳定秩序、防止叛乱的功劳。又针对屡次封还诏书一事，抨击他们"不能将顺，交假以去就争"[6]，还指责他们威胁君上，竟发动言官上书，企图以朝廷公论强逼嘉靖皇帝，"不知其考古何经、从何正礼"。[7]相反地，"史官曰"赞扬张璁等人恢复古礼，让嘉靖皇帝得以"绍武宗十有六年之统，而兄弟之义尽。复献帝十有五年之嗣，而父子之恩完。人伦于是乎大明"。[8]重要的是，"史官曰"

1　张孚敬：《太师张文忠公集》奏疏卷1《正典礼第一》，第3页a。

2　张孚敬：《太师张文忠公集》奏疏卷1《正典礼第二》，第7页a—7页b。

3　《明世宗实录》卷4，正德十六年七月壬子，第5页b。

4　《明伦大典》卷8，第8页b。

5　《明伦大典》卷7，第5页a。

6　《明伦大典》卷7，第5页a。

7　《明伦大典》卷8，第2页b。

8　《明伦大典》，《进明伦大典表》，第2页a、4页a。

重申"非天子不议礼"[1]之义，抨击杨廷和等人"辄据宗法论天子礼"[2]，毫无人臣之礼。又针对"濮议论"，引用席书的观点[3]，诘问"天子无为人后者，安得假律文以断之乎"[4]，并将之作为继统继嗣之争的结论。

（三）亲亲尊尊，二者孰重

"继统是否需继嗣"议题，不只关系着嘉靖君臣的权力之争，也牵涉议礼双方对宗法原则的思想分歧。"继统是否需继嗣"与儒家学者争论已久的"亲亲尊尊，二者孰重"，恰好是一体两面的延伸议题。[5]换言之，议礼双方对"亲亲尊尊，二者孰重"意见不一，因而引发"继统是否需继嗣"之争。是故有必要辨明亲亲、尊尊之差别，方能观察议礼双方的诠释脉络，了解他们认同的宗法原则、价值取向及政治文化观。

亲亲、尊尊原则是国家礼法的两大基石，也是儒家思想稳定社会的重要规范。亲亲者，"谓父母也"，即自然的父子关系；尊尊者，"谓祖及曾祖、高祖也"[6]，即人为的直系关系。[7]

1　《明伦大典》卷9，第16页a。

2　《明伦大典》卷9，第15页b。

3　《明伦大典》卷11，第15页a—15页b。

4　《明伦大典》卷9，第17页b。

5　林素英：《丧服制度的文化意义——以〈仪礼·丧服〉为讨论中心》，第5—18页。

6　郑玄注，孔颖达等注疏：《礼记注疏》卷32《丧服小记》，第594页。

7　钱杭：《周代宗法制度史研究》，学林出版社，1991年，第159页。

亲亲是尊尊的基础，所有尊尊规范都立基于亲亲，二者有内外之别，却无高低之分。亲亲、尊尊原则落实于西周时期的封建制度，宗法原则是嫡长子继承的基本法则。唯有通过封建制度和宗法原则的安排，维持政治秩序的尊尊等差，维系各个社会成员间的亲亲纽带[1]，才能使政权稳定交接，帝国持续发展。

前文提及，自秦汉以后，封建制度未能实行，但宗法原则仍在中国传统政治和社会中发挥其影响力。自宋代以降，程朱理学兴起，礼学遂理学化，官方又往往刻意删减理学名著的内容，使官方理学逐渐背离理学名儒的原意。[2]于是天理纲纪之说盛行[3]，君、父、夫三纲独尊，使"亲亲之仁"[4]无法伸张，尊尊高于亲亲，造成"仁"与"义"的疏离。[5]事实上，在儒家理想的蓝图里，礼制用于规范名分，让人们兼顾血缘之亲与政治之尊，务求二者平衡、不偏重。然而，当亲亲和尊尊原则套用于具体事件时，又常因礼典难解，或因政治现实、经济变迁、风气转变、思想变化等，使得亲亲、尊尊原则从名分礼秩体系中脱轨，引发权力冲突与礼仪争论。明代大礼议即一著名案例。

1　阎步克：《士大夫政治演生史稿》，第98—99页。

2　余英时：《宋明理学与政治文化》，第270—273页。

3　范立舟：《理学的产生及其历史命运》，第77—135页。

4　开明书店编：《断句十三经经文·礼记》，《中庸》，第108页。

5　张寿安：《十八世纪礼学考证的思想活力：礼教论争与礼秩重省》，第129—137页。

《礼记·中庸》曰："仁者，人也，亲亲为大。义者，宜也，尊贤为大。亲亲之杀，尊贤之等，礼所生也。"[1] 亲亲以仁为本，源于天生的血缘之情；尊尊以义为本，源于人为的政治关系。代表尊尊的宗法制度，实衍生自亲亲的血缘关系，即"血缘关系的政治化"。[2]

《礼记·丧服小记》也明白申论礼秩体系的名分原则[3]，解释不同身份的亲属，应配合不同仪式，不得逾越：

> 亲亲以三为五，以五为九，上杀，下杀，旁杀，而亲毕矣。王者禘其祖之所自出，以其祖配之，而立四庙，庶子王亦如之。别子为祖，继别为宗，继祢者为小宗，有五世而迁之宗，其继高祖者也。是故祖迁于上，宗易于下，尊祖故敬宗，敬宗所以尊祖祢也。庶子不祭祖者，明其宗也。庶子不为长子斩，不继祖与祢故也。庶子不祭殇与无后者。殇与无后者，从祖祔食。庶子不祭祢者，明其宗也。亲亲、尊尊、长长，男女之有别，人道之大者也。[4]

以父、母、妻三族为主，依次推衍的九族是亲亲的最大范围。

1　开明书店编：《断句十三经经文·礼记》，《中庸》，第108—109页。

2　钱杭：《周代宗法制度史研究》，第161页。

3　石磊：《仪礼丧服篇所表现的亲属结构》，《中央研究院民族学研究所集刊》第53期，第1—43页。

4　开明书店编：《断句十三经经文·礼记》，《丧服小记》，第64—66页。

长子承大宗、继祖先之体，负责祭祀祖庙；庶子不承大宗，不得祭祀祖先，但为小宗之首，可祭先父、建祢庙。大宗小宗的礼秩之分，取决于祭祀权的有无，长子与庶子有名分之别，遂有礼秩之差，不得混同。唯有明定名分，始能制定亲亲、尊尊的礼秩等差，维系人与人之间的伦理关系，社会的道德秩序才得以稳定。[1]

宋儒朱熹提高三纲论的地位，将尊尊原则作为社会最高的道德标准，但未贬低亲亲原则。可是，在统治者有意增删或后世学者无意误读之下[2]，士人们奉为圭臬的朱熹学说，竟与儒家经典原意日益疏离，尊尊之义受到极高的重视，亲亲之仁则相对地被忽略。[3]例如，朱熹与弟子论濮议时，曾提出看法："当时濮庙之争，都是不争好。好读古礼，见得古人意思。为人后为之子，其义甚详。"[4]朱熹也一再赞扬程颐《论濮王典礼疏》之"濮王，陛下所生之父，于属为伯。陛下，濮王出继之子，于属为侄。此天地大义、生人大伦，如乾坤定位，不可得而变易者也，固非人意所能推移。苟乱大伦，人理灭

1　开明书店编：《断句十三经经文·礼记》，《大传》，第67页。

2　张寿安：《十八世纪礼学考证的思想活力：礼教论争与礼秩重省》，第88页；朱鸿：《明成祖与永乐政治》，台湾师范大学历史研究所，1988年，第208—210、223—224页；余英时：《宋明理学与政治文化》，第270—273页。

3　范立舟：《理学的产生及其历史命运》，第77—135、334—338页。

4　黎靖德编，王星贤点校：《朱子语类》卷127《英宗朝》，第3045页。

矣"[1]，批评欧阳修等人"措置未得"[2]，错乱礼法。这段言论，让朱熹的信徒们深受影响，视"议礼"为申明天理的神圣工作，切不可退让，否则将乱大伦、灭天理。

　　再从《四书章句集注》对《礼记·中庸》的解释来看[3]，朱熹认为治理国家的关键在于士人的品德修养，完备亲亲之仁，所以知人伦；欲遵礼法，依循尊尊之义，所以明天理。若再比照《礼记·中庸》原文，朱熹主张"欲尽亲亲之仁，必由尊贤之义"，是故尊尊在亲亲之上：

> 　　为政在人，取人以身，故不可以不修身。修身以道，修道以仁，故思修身不可以不事亲。欲尽亲亲之仁，必由尊贤之义，故又当知人。亲亲之杀，尊贤之等，皆天理也，故又当知天。[4]

既然尊尊高于亲亲，"为人后"之义遂重于血缘之亲，"所后父为父，终不成又唤所生父为父"。[5]若称二父，名分便错乱，即违天理，铸下"不贰斩"[6]之过。

1　程颐：《代彭思永上英宗皇帝论濮王典礼疏》。

2　黎靖德编，王星贤点校：《朱子语类》卷127《英宗朝》，第3045页。

3　范立舟：《理学的产生及其历史命运》，第293—298页。

4　朱熹：《四书章句集注·中庸章句》，第28页。

5　黎靖德编，王星贤点校：《朱子语类》卷127《英宗朝》，第3045页。

6　开明书店编：《断句十三经经文·仪礼》，《丧服》，第46页。

"濮议论"大多与宋代司马光、程颐、朱熹等人的濮议观点相似。杨廷和等人强调尊尊之义[1]，以"为人后者为之子，不敢复顾私亲""重大宗者，降其小宗"[2]为由，贬低亲亲在礼秩上的地位，批评张璁等人的"继统不继嗣"之论是"欲以废先王为人后之义"[3]。攻击张璁等人以恢复古礼、厘清祖训为名，"皆托名将顺，务为导谀激怒倾狡之术"[4]。何孟春则针对张璁等人提出十三项诘问，强调"为人后为之子"[5]之义，主张"孝宗有陛下为之子，则大宗之统不绝，武宗有陛下为之弟，大君之统不绝"[6]，并引用朱熹之言，驳斥张璁举出的春秋、西汉及唐代尊亲案例皆不合礼法，再援引成化年间钱太后祔葬一事，证明尊尊高于亲亲的必要性，一旦兴献皇帝尊号去本生字样，将无法彰显尊尊之义。[7]

值得注意的是，在"亲亲尊尊，二者孰重"之论上，"史官曰"却未有评论，既没有宣扬亲亲的礼秩地位，也没有否定尊尊高于亲亲的论述，反而语带保留，多有暧昧。例如，议献皇帝家庙乐舞时，"史官曰"只从"祭从生者"解释献皇帝家

1　开明书店编：《断句十三经经文・礼记》，《曾子问》，第37页。

2　《明史》卷191《何孟春传》，第5066页。

3　《明史》卷191《薛蕙传》，第5075页。

4　《明世宗实录》卷41，嘉靖三年七月己卯，第10页a。

5　开明书店编：《断句十三经经文・仪礼》，《丧服》，第46页。

6　《明世宗实录》卷41，嘉靖三年七月己卯，第12页a。

7　《明世宗实录》卷41，嘉靖三年七月己卯，第13页b。

庙的合法性[1]，回避亲亲是否重于尊尊的论述，反复强调"孝莫大乎尊亲"[2]、"非天子不议礼"[3]，以及"天子无为人后者"[4]三项主张。换言之，"史官曰"只片面地强调人伦亲情的重要性，并未否定尊尊高于亲亲的普遍观念。[5]由此可知，明代政治文化奠基于程朱理学的天理纲纪论，"大礼议"虽引发了亲亲、尊尊的讨论，但其政治文化仍不能跳出天理纲纪论的框架之外。[6]是故"史官曰"不敢做出亲亲重于尊尊的结论，只能强调"亲亲之仁"，无力否定"尊尊之义"，使《明伦大典》有逻辑上的吊诡，无法全然驳倒"濮议论"的尊尊之义。一旦"史官曰"公然提倡亲亲重于尊尊，将颠覆《四书大全》的论述，自然令士人难以接受。

　　负责修纂《明伦大典》的张璁等人权衡利害后，选择避开"亲亲尊尊，二者孰重"的解释，采用其他方式证明杨廷和等人的非礼行为。讽刺的是，"史官曰"以子之矛攻子之盾，竟引用当初杨廷和指责张璁、桂萼等人的话语，以天理纲纪之

1　《明伦大典》卷9，第5页b。

2　《明伦大典》卷9，第6页b。

3　《明伦大典》卷9，第15页b。

4　《明伦大典》卷9，第17页b。

5　《明伦大典》卷8，第12页b。

6　《明伦大典》卷19，第16页a—16页b。"圣谕曰：朕岂敢有干太庙，是见太庙不可干矣，崇大统也，义也。……是见世庙不得不作矣，笃尊亲也，仁也。至作庙，曰制度与太庙同，而高广微减，自义率祖而有所制也。议庙路，曰往祭世庙，还由庙街门，自仁率亲而有所统也。"

论攻击杨廷和"谗重则无君"[1]、"紊一代纲常，拂万事公论"[2]，以及"乱天之常，绝地之纪"。[3]尤将左顺门事件直视为侵犯皇权的政治行动，归咎于内阁，又借聚众伏阙之由，将杨廷和与伏阙诸臣划为朋党，证明左顺门事件是结党营私的具体证据。在"史官曰"的逻辑下，嘉靖皇帝下令廷杖，反而是维护朝廷体统之举。

（四）可否为献皇帝立世室或建世庙的礼仪争议

嘉靖四年至六年（1525—1527）期间，嘉靖朝堂又掀起迁显陵、建世室、移建观德殿、章圣皇太后庙见礼、定世庙乐舞等礼仪之争[4]，让"大礼议"造成的党派分裂日益明显。为了探讨张璁、桂萼等人对宗法制度的看法，这里只讨论宗庙制度[5]，即献皇帝可否立世室的礼仪争议[6]，其他争议见附录二《大礼议编年表》，不再赘述。此外，为免名称混淆，采用何渊的原句"立世室"作为代称，并探索"立世室"与"建世庙"的礼秩差异之处，解析张璁、席书等人的宗法原则。

何谓宗庙制度？据《尔雅·释名》，"宗，尊也；庙，貌

1　《明伦大典》卷13，第8页a。

2　《明伦大典》卷7，第2页b。

3　《明伦大典》卷12，第12页b。

4　详见本书第三章第一节。

5　章景明：《殷周庙制论稿》，台湾学海出版社，1979年，第5、21—57页。

6　沈德符：《万历野获编》卷2《世室》，第36—38页。

也，先祖形貌所在也"，宗庙制度源于祖先崇拜，其重要基础是宗法制度，目的是维护君主的权威与形象。[1]祭祀已故天子的祠堂，称为太庙，是宗统和君统的象征，隐含"敬天法祖"的传统政治文化观。太庙历来规制为七庙，开国君主居于中间，左右各三昭三穆，第二、四、六世君主居左，称为昭，第三、五、七世君主居右，称为穆。[2]"世室"亦是宗庙制度中的一环，起于周代，是宗庙制度里的特殊设置。[3]当时以周文王、武王有开国之功，特立百世不迁的专庙，称为"世室"。居于"世室"的神主，无论传多少代、世系多远，皆不行祧迁，即不把神主迁入供奉远祖神主的祧庙（在太庙内堂东西厢的后部）。[4]

　　回头来看"立世室"与"建世庙"之争。嘉靖四年四月十九日（戊申），光禄寺署丞何渊请为献皇帝立世室，入祀太庙。[5]嘉靖皇帝大喜，交由礼部讨论。何渊的"立世室"之议，似乎暗示献皇帝一系始为帝系正统，等于视孝宗和武宗为旁支。换言之，一旦"立世室"得行，即否定孝宗和武宗的宗统

1　王健文：《奉天承运：古代中国的"国家"概念及其正当性基础》，第135—181页；邢义田：《奉天承运——皇帝制度》，收入郑钦仁编《立国的宏规》，第29—87页。

2　李衡眉：《昭穆制度研究》，齐鲁书社，1996年，第3—7页。

3　凌纯声：《中国祖庙的起源》，《中央研究院民族学研究所集刊》第7期，第141—174页。

4　李衡眉：《昭穆制度研究》，第53—55页。

5　《明世宗实录》卷50，嘉靖四年四月戊申，第5页a—6页b。

地位，属于小宗家系的献皇帝一系遂成为大宗宗统。因此何渊"立世室"的建议遭到强烈反对，就连靠议礼起家的张璁等人也不表赞成。张璁等人指出，"立世室"之议既无古礼根据，也大悖尊尊的宗法原则，"臣等万死不敢以此误皇上"[1]，希望嘉靖皇帝驳回"立世室"议，不应让献皇帝落下僭越宗统的口实。

席书、张璁等人反对为献皇帝立世室的原因：献皇帝有皇帝之名，却无皇帝之实，绝无入太庙祭祀的道理，更遑论立百世不迁的世室了。[2]如果献皇帝神主得入太庙的话，即犯了名实不符之过，不但破坏宗统，也混乱太庙的庙统。再者，若为献皇帝立世室，等于将献皇帝比拟为开国之君，悖乱之甚，到时全天下的士人便会交相指责皇上僭妄非礼，是破坏祖制的篡位之君。

嘉靖皇帝不听，坚持再议，命群臣寻找"立世室"的理论根据，却没有人愿意附和。礼部尚书席书不愿当众顶撞嘉靖皇帝，私下密疏："献皇帝追称帝号，未为天子。渊妄为谀词，乞寝其奏。……将置主于武宗上，则武宗君也，分不可僭。置武宗下，则献皇叔也，神终未安。"[3]一向主张"濮议论"、鄙视议礼诸臣的礼科给事中杨言（1488—1562）等人也不顾党

1　张孚敬：《太师张文忠公集》奏疏卷2《庙议第二》，第4页a。

2　毛奇龄：《辨定嘉靖大礼议》，第28页。"人不居帝位，谁敢入太庙？盖生为帝统，死为庙统，然惟生统于帝者，而后死得统于庙。"

3　《明史》卷52《礼志六》，第1337页。

派之分，大力赞同席书和张璁的说法，批评"立世室"之议是"以臣并君，乱天下大分。以小宗并大宗，干天下正统"[1]，无视孝宗、武宗的僭越行径。

为了阻止嘉靖皇帝将献皇帝入祀太庙，张璁等人只好提出替代方案，即与"立世室"相似却不相同的"建世庙"方案，试图说服嘉靖皇帝不立世室。[2]又据汉宣帝（汉武帝曾孙，戾太子刘据之孙，史皇孙之子）别立家庙为例，强调"建世庙"于古有据，又不悖祖制、合乎人情，希望嘉靖皇帝能采纳"建世庙"方案。[3]可是嘉靖皇帝仍不放弃，礼部也不愿再妥协，坚持"建世庙"方案，祭祀献皇帝的专庙必须设于太庙外侧，不得和太庙混同。嘉靖皇帝一再拒绝，批评礼部怯众饰奸，欺瞒君上，且为自己辩白，"朕奉天法祖，岂敢有干太庙？世室之建，自古有之。朕非敢僭拟帝王功德，我皇考抚诲朕躬，罔极之恩，岂可怠忽"[4]，甚至私下派出宦官转告礼部尚书席书"必祔庙乃已"。[5]张璁等人明白嘉靖皇帝心意已决，若坚持"建世庙"方案，将会失宠，但又不愿附和"立世室"，招致群臣的唾弃，于是陷入进退维谷的处境。

张璁等人只好继续协调，试图打破僵局，列举"建世庙"

---

1 《明史》卷207《杨言传》，第5466页。
2 夏燮：《明通鉴》卷52，第1393页。
3 夏燮：《明通鉴》卷52，第1394页。
4 《明世宗实录》卷51，嘉靖四年五月己巳，第5页b。
5 夏燮：《明通鉴》卷52，第1393页。

的优点：献皇帝的祢庙（后称世庙）应建于太庙外、皇城内，不与太庙并列，祢庙的祭祀时间设于祭太庙的隔日，稍减规制，既达成皇帝的尊亲心意，又不违反礼法，避免两庙二统之嫌。[1]即使献皇帝得入太庙，仍须服从庙制，与孝宗皇帝同祧迁。如此还不如为献皇帝立别庙，使其长享后世子孙的奉祀。[2]面对朝廷的反对声浪，嘉靖皇帝只好作罢，采用"建世庙"方案。不过，为了从太庙直通世庙，嘉靖皇帝甘冒破坏庙制与亵渎祖灵之忌讳，竟捣毁太庙的墙垣，砍伐老树，更不惜拆除神宫监，务求营造太庙为主、世庙为辅的格局。

张璁等人的"建世庙"方案，乃据汉宣帝为戾太子、史皇孙建祢庙之例，为献皇帝建世庙寻得理论基础。至于改庙路之事，席书主张《明伦大典》不应收录，借以隐讳嘉靖皇帝拆除神宫监的举动："由庙街门入，窃恐后人指而议之，故略而不书，亦《春秋》为尊者讳意也。"[3]可是张璁却批评席书杞人忧天，多此一举[4]，反而容易落人话柄：

> 臣以为古私亲之庙，亲尽则毁，世数未尽，于太庙当奉以正统之礼，于献皇帝庙，当奉以私亲之礼，尊尊亲亲并行不悖。迨夫孝庙祧，则献皇帝之亲，亦尽古之

1　夏燮：《明通鉴》卷52，第1393页。

2　《明世宗实录》卷51，嘉靖四年五月乙酉，第13页a。

3　《明伦大典》卷20，第5页a。

4　《明伦大典》卷20，第5页b。

礼也。先儒谓孝子之心无穷，分则有限，得为而不为与
不得为而为之，均为不孝。陛下追尊献皇帝，别立一庙，
礼之得为者也。[1]

张璁等人选取汉代故事，看似合情合理。事实上，考证
《汉书·戾太子传》，可知汉宣帝原称史皇孙为悼皇，其陵墓
称为悼园。八年后，汉宣帝始改称史皇孙为皇考。[2]至于为戾
太子、史皇孙立庙不名，改名"园"的原因：一是汉宣帝"立
庙于奉明"，未在京师立家庙，京师唯有太庙，以防有干宗
庙、混乱庙制；二是"以园为寝"，寝在庙后，符合古代的诸
侯祭祀礼，不致逾越正统、破坏宗统。[3]此外，立庙京师，始
于汉哀帝为定陶王建家庙。从汉哀帝尊亲的过程来看，若汉
宣帝真的立家庙于京师，支持汉哀帝尊亲的冷褒、段犹等人，
岂有不援以为证的道理？当初反对尊亲的师丹等人，皆以为
立庙京师于古未闻，僭越之极，批评汉哀帝立家庙于京师，
将让太庙、祢庙主从不分，庙统将陷于混乱，实为大不敬之
举，更造成君统、宗统两分的恶果。

由此可知，张璁等人的根据不但不合史实，亦违背尊亲

---

1 《明世宗实录》卷50，嘉靖四年四月乙卯，第7页b—8页b。

2 班固撰，颜师古注：《新校本汉书并附编二种》卷63《戾太子》，台湾鼎文
书局，1975—1981年，第2748—2749页。

3 开明书店编：《断句十三经经文·仪礼》，《士冠礼》，第5—6页；开明书
店编：《断句十三经经文·春秋左传》，《襄公十二年》，第126页；毛奇龄：
《辨定嘉靖大礼议》，第15—16页。

原则。张璁等人为了装饰朝廷门面，举汉宣帝之例，试图为嘉靖皇帝隐讳，又比附嘉靖皇帝为汉宣帝，暗示嘉靖皇帝日后必得中兴之名。再者，张璁等人之所以援引汉宣帝而不据汉哀帝立家庙，乃因不敢将嘉靖皇帝比拟为末世之主汉哀帝，唯恐犯忌，也担忧士人引用师丹等人的论点，回过头批评"建世庙"之议，于是曲解史实、随意比附，声称汉宣帝是立庙京师之先例。正因为张璁等人随意攀古，太庙与世庙得并立京师，于礼不合，无怪乎当时民间视"一个皇城两个庙"[1]为最可笑之事。

在"是否为献皇帝立世室"议题上，"史官曰"同样以"人情论"作为理论基础，主张"孝"为百德之首，频频强调嘉靖皇帝的孝思。[2]吊诡的是，"史官曰"并未就庙制规范大做文章[3]，反而大量引用西汉宣帝与东汉光武帝立家庙故事，证明天子父当立祢庙，宣称"建世庙"乃合情合理之举。又大幅记载嘉靖皇帝宣谕众臣的诏书，间接地说明"立世室"乃出于皇帝个人的意志，并揭示当时大多数朝臣都反对"立世室"的现象，即使被嘉靖皇帝视为心腹的张璁、桂萼、席书等人，也不表赞同。

1　李诩撰，魏连科点校：《戒庵老人漫笔》卷1《十可笑》，中华书局，1982年，第48页。

2　《明伦大典》卷18，第23页b。

3　万斯同：《群书疑辨》卷7《庙制总说》，台湾广文书局，1972年，影印本，第22页a—23页b。

面对无人支持的情况，嘉靖皇帝不得不写一道圣谕，申明自己欲立世室的动机，乃出于亲亲的考虑，但怕违反庙制，于是采用"建世庙"方案，既能保全亲亲之仁的目的，又不违宗法原则，遵行宗庙制度，可谓两全其美：

> 朕岂敢有干太庙，是见太庙不可干矣，崇大统也，义也。曰观德殿奉祀尚在大内，太常不得行礼，匪合仪制，是见世庙不得不作矣。笃尊亲也，仁也。至作庙，曰制度与太庙同，而高广微减，自义率祖而有所制也。议庙路，曰往祭世庙，还由庙街门，自仁率亲而有所统也。[1]

从诏书内容来看，嘉靖皇帝先借"高广微减"之由，再以"自仁率亲而有所统"解释另开庙路的原因，企图规避臣下的指责，担上以亲逾尊之罪名。

三、《明伦大典》修纂意义

嘉靖七年六月一日（辛丑），《明伦大典》书成，颁布天下。除了褒奖修纂诸臣外，嘉靖皇帝还特地写了一份诏书，追究曾反对"人情论"者，削夺其原有的荣衔及致仕后该享有的礼

---

[1] 《明伦大典》卷19，第16页a—16页b。

遇。举凡前内阁首辅杨廷和，前大学士蒋冕、毛纪，前礼部尚书毛澄、汪俊，前吏部尚书乔宇、前吏部郎中夏良胜（正德三年进士），前都御史林俊等人，无不被一一点名，抹去他们曾稳定政局的功绩，直视为"坏乱纲伦，鼓聚党类"[1]的奸人。尤其指责杨廷和贪占拥立之功，竟敢自诩为"定策国老"，专擅朝政，甚至挟持皇帝，以"门生天子而视朕"。曾经赞同"濮议论"的官员们，则被定为党附杨廷和的不忠之臣。至于两京翰林、科道部属、大小衙门曾经附名上表者，考虑他们可能受到威胁，实非所愿，因而不予追究。

嘉靖皇帝的这项敕令，可谓修纂《明伦大典》的总表现，也是官方为"大礼议"作一系统性的总结。《明伦大典》的纂成，意味着"大礼议"的官方解释以国家政书的形式广布天下，对当时社会文化的影响实不容小觑。《明伦大典》让嘉靖皇帝间接剥夺了士人的话语权，得控制解释权，让天下之是非皆出于朝廷，朝廷之是非皆出于皇帝。[2]演变到最后，后人对"大礼议"的历史解释，可能只剩官方的片面解释。

此外，据朱国桢（万历十七年进士）《涌幢小品》记载：嘉靖皇帝常翻阅《永乐大典》，以解施政之惑。[3]朱鸿教授指

1　《明伦大典》，《御制明伦大典序》，第5页b；《明世宗宝训》卷2《圣孝一》，第17页b。

2　余英时：《宋明理学与政治文化》，第328页。

3　朱国桢：《涌幢小品》卷2《永乐大典》，收入《四库全书存目丛书》子部第106册，第17页a。

出，嘉靖皇帝和永乐皇帝一样出身外藩，又非正统继承皇位，
对正统思想有难以言喻的心结，所以嘉靖皇帝深爱《永乐大
典》。[1]我们可从嘉靖皇帝为《明伦大典》亲撰的序文及公告推
测，嘉靖皇帝命人编纂《明伦大典》的灵感或许来自《永乐大
典》，企图像永乐皇帝一样，借国家政书钳制士人，重建皇权
的神圣地位。[2]

　　基于以上论述，分析诏书内容，并对照《明伦大典》的
"史官曰"，厘清《明伦大典》与"大礼议"的内在关系，探究
《明伦大典》如何影响嘉靖朝政治文化：

　　　　内阁大学士杨廷和谬主宋之濮议，指示礼官，尚书
　　毛澄不能执经据礼，却乃唯唯顺从，欲附朕于与为人后
　　之伦，谓宜考孝宗、母昭圣，而改称朕本生父母为叔父
　　母。……廷和等乃犹执迷不返，蒋冕、毛纪同为辅臣，茫
　　无救正，转相附和，欲遂其非。都御史林俊自远方起用
　　而来，著论迎合。尚书乔宇为六卿之首，不能持正抗议，
　　乃与九卿等官交章妄执。其后汪俊继为礼部尚书，仍主
　　邪议公言于朝。吏部郎中夏良胜恃铨选之权，胁持庶官
　　坚其邪志。何孟春以侍郎掌吏部事，鼓舞朝臣伏阙喧攘，
　　猖狂放纵，肆无忌惮，欺朕冲年。……屡以罔极至情开
　　谕辅臣，使相体悉。而廷和等略不加念，逆天违诏，怙

1　朱鸿:《明成祖与永乐政治》，第208页。
2　郭伯恭:《永乐大典考》，第8—13、103—115页。

终不悛。……杨廷和为罪之魁，怀贪天之功，制胁君父，定策国老以自居，门生天子而视朕，法当戮市，特大宽宥，革了职，着为民。次则毛澄病故，削其生前官职。又次蒋冕、毛纪、乔宇、汪俊俱已致仕，各革了职，冠带闲住。林俊也革去生前职衔。何孟春虽佐贰而情犯特重，夏良胜虽系部属而酿祸独深，都发原籍为民。[1]

细释敕令内容，嘉靖皇帝辩解自己得位之正，尊亲合于礼意，但因杨廷和从中作梗，方有"大礼议"，遂使朝堂争论不休。又批评杨廷和无父无君，是为朋党小人，是故剥夺曾主张"濮议论"、坚持考孝宗的朝廷重臣，如毛澄、蒋冕、毛纪、林俊、乔宇、汪俊等人致仕后的荣誉，将何孟春和夏良胜等人皆贬出朝堂，罢斥为民。嘉靖皇帝在位期间，杨廷和等人的罪名从未被减免或被宽恕，甚至在嘉靖朝多次大赦天下的名单上，嘉靖皇帝都特别排除了这些人，直截了当地说"赦乃小人之幸"[2]，任何为他们讲情的人都受到怒斥或处罚。直到隆庆皇帝即位后，这些因"大礼议"遭罪贬谪的人始获释，放还原籍，恢复平民身份。

嘉靖皇帝又批驳杨廷和等人联合言官，封驳诏书，干预

---

1 《明世宗实录》卷89，嘉靖七年六月癸卯，第2页b—4页a；谷应泰：《明史纪事本末》卷50《大礼议》，第527、528页。

2 《明史》卷94《刑法志二》，第2318页。

皇权。指出杨廷和超越内阁职责，处处压抑赞同尊亲的臣子[1]，贬谪赞同尊亲的官员，甚至自己私下求情也不愿意让步，让自己如同"门生天子"[2]，无法施展君主威权；又勾结朝臣，私立党派，以致演变成集体伏阙的左顺门事件。至于左顺门事件，嘉靖皇帝解释说，为了清扫杨廷和等人的势力，迫于无奈之下，只好动用锦衣卫，阻止伏阙诸臣的阴谋。是故杨廷和等人始为元凶，必须为左顺门事件负最大责任。由此可见，嘉靖皇帝对"大礼议"与左顺门事件耿耿于怀，愤恨至极。

然而，类似左顺门事件的武力镇压，只能达到威吓的效果，却无法堵住士人的悠悠之口，官方只好以子之矛攻子之盾，利用儒家经典的语言、符号及象征，建构一理论体系，试图说服全天下的士人，合理化"大礼议"与左顺门事件的政治行动。可以说，当皇帝掌握话语权力，由皇帝钦定评判标准时，既有的权力自然不断复制，更为巩固。《明伦大典》即皇权操纵儒家经典的最好案例：

> 比者，命官纂理《明伦大典》，书成进览。其间备述诸臣建议，本末邪正具载，奉天行罚，以垂戒后之人，乃朕今日事也。……叙典秩礼，圣贤之大道，赏善罚罪，天子之大权。若一概置而不问，无以彰上天讨罪之公，必如是而或可都察院便刊布天下，使凡为臣工者皆知伦

1　谷应泰：《明史纪事本末》卷50《大礼议》，第522页。

2　《明史》卷190《杨廷和传》，第5037页；卷191《毛澄传》，第5058页。

理之不可干，名义之不可犯，共襄人文之化，以成熙皞
之治于无穷焉。[1]

嘉靖皇帝假"史官曰"之手，定出"大礼议"的评论标准，
强调"大礼议"是合乎情、止乎礼，是无违宗法制度之事。[2]并
批判杨廷和等人的政治行动，视他们为"坏乱纲伦，鼓聚党
类"[3]的不忠之臣，竟敢曲解经义，"弃孔氏、孟子、韩、欧诸
儒之法言，漫加指议"。[4]同时，品评张璁等人是"贤良方正之
臣"[5]，称许"人情论"顾及亲亲之仁，合于古礼，是为"详论
义情之兼尽"的万世公论。[6]最后则指责伏阙诸臣的激烈行动，
使嘉靖皇帝不得不镇压百官，重振朝纲，裁抑伏阙诸臣，清
除朋党，以儆效尤。

总之，《明伦大典》从嘉靖皇帝即位至嘉靖六年四月
二十二日（戊辰），重新编排"大礼议"，采取有利于皇帝的叙
事基调，以国家政书的优势地位，向臣民供予"史官曰"的官
方解释，试图否定"濮议论"，诬指"濮议论"的倡导者都是目
无君上、破坏人伦的不忠之臣，试图定下"大礼议"的历史定
论。从《明伦大典》频频攻击杨廷和等人的话语，可知官方避

1　《明世宗实录》卷89，嘉靖七年六月癸卯，第3页b—4页a。

2　《明伦大典》，《御制明伦大典序》，第8页b。

3　《明伦大典》，《御制明伦大典序》，第5页b。

4　《明伦大典》，《御制明伦大典序》，第6页a。

5　《明伦大典》，《御制明伦大典序》，第7页a。

6　《明伦大典》，《御制明伦大典序》，第8页a。

开"人情论"的根本矛盾（亲亲高于尊尊否），反而强调杨廷和
等人私行有玷（无君），违反"忠"伦理的基本要求（不守君臣
之分、贪拥立之功、专擅朝政）。因此"史官曰"一举否定"濮
议论"，认为是杨廷和窃夺皇权的手段，不可为后世用矣。

明代官方理学以"天理纲纪"为思想基础，将其作为判
定君子小人的标准，德行问题成为议礼双方论战的焦点之一。
尤其明代政争的特点在于：道德的标准往往被当作政治上的标
准。官僚体系的权力冲突，通常以道德批判的模式呈现，道
德问题便成了反对者用来攻讦的最佳武器。个人道德一旦有
玷，在官场上便很难生存，即使功高势大，亦会遭到士人的
唾弃。然而，道德批判的意义不是政争的结果，也非政客的
工具。道德问题，与其说是攻击政敌的口实，还不如说是各
方势力判别同道的文化准则。

有些学者着眼"人情论"成功压倒"濮议论"，指出"大
礼议"恰处于明代思潮转折的前后，推测当时社会由外在的
"礼"开始转向内在的"心"，王学大兴，因而士人反思传统礼
制的合理性，无疑让官方理学思想备受质疑。[1]这样的说法，
固能自圆其说，但据第二节的讨论，可知张璁等人的"人情
论"反对以尊尊抑亲亲，却从未反对天理纲纪论，也没有质
疑代表尊尊的宗法制度，反而依循天理纲纪论的逻辑，从侧

1　张琏：《从"大礼议"看明代中叶儒学思潮的转向》，第51—68页；田澍：
　　《论明代大礼议中的革新思想》，《中国社会科学院研究生院学报》1999年
　　第1期，第55—62页。

面去质疑杨廷和是无君之臣，批评"濮议论"是用来窃夺皇权的幌子。换言之，从议礼双方的话语机制来看，无论是"人情论"或"濮议论"，可说是万变不离其宗，皆肯定天理的重要性，高唱三纲的基调，但他们追求"内圣外王"的切入点不同[1]，始会互诋为异端。

再从议礼新贵的学术背景来看，席书、张璁、方献夫、黄绾、黄宗明等人虽心仪王守仁的学问[2]，多少受其影响，但断不可将议礼新贵得势与王学勃兴画上等号[3]，或视"人情论"支持者皆为王学信徒，反之亦如是，不可视"濮议论"者皆是程朱理学的信徒。例一，同以议礼得宠的桂萼，笃信程朱理学，素厌王阳明[4]，大力反对王学，批评它败坏人心、流于空泛，甚至还建议嘉靖皇帝重申程朱理学，贬王学为伪学，申诫学子不得从习讲学。例二，黄绾曾师从王守仁，却撰写《明道编》攻击王畿（1498—1583）偏离师说，视王学左派为违背师门、败坏社会的叛徒，可知王学内部亦有派别，对"心"的理解也各有不同，不能混为一谈。[5]例三，胡铎（弘治十八年进士）素

1　翟志成：《宋明理学的公私之辨及其现代意涵》，收入黄克武、张哲嘉主编《公与私：近代中国个体与群体之重建》，台湾"中研院"近史所，2000年，第11页。

2　沈德符：《万历野获编》卷20《陆澄六辨》，第511页。

3　吕妙芬：《阳明学士人社群——历史、思想与实践》，第33—71页。

4　黄景昉：《国史唯疑》卷6《嘉靖》，第162页。黄景昉引霍韬言，论桂萼素厌王守仁之因："桂恨其（王守仁）负己，没后以学术为疵，劾从夺爵。"

5　葛兆光：《中国思想史·第二卷：七世纪至十九世纪中国的知识、思想与信仰》，复旦大学出版社，2001年，第408—448页。

与王守仁相善。当"大礼议"初起时，胡铎虽曾表示赞成张璁的主张，但后来却赞同"濮议论"，提出大小宗应有区别的主张，反对嘉靖皇帝过分崇敬本生父母，还私下写信规劝张璁不该再争论"大礼"。

从这些例子可知，赞同"人情论"与否是一回事，内心信仰又是一回事，不可等同视之。况且思想与现实常常紧密纠结，学术与政治也无法互相化约。若把"大礼议"衍生的党派之别，直接套用在思想史上的话，或许会忽略了行动者的思想实有其复杂性，必须顾及他们的现实考虑。[1]尤其是嘉靖皇帝，在文化政策上一贯抱持尊朱贬王的态度，并未真正认同王学的要旨。例如，礼部尚书席书推荐王守仁改调京官并担任《大礼全书》的顾问，却遭拒绝。[2]更明显的例子是，嘉靖皇帝下令禁止士人私立学院、旅居讲学[3]，重申"惟朱熹之学醇正可师"，批评信奉王学者是"一等奸伪之徒"，"假道学之名，鼓其邪说，以惑士心，不可不禁"。[4]由此可见，嘉靖皇帝采纳"人情论"，只是基于现实需要，未必真正认同"人情论"背后的思想体系。

易言之，终嘉靖一朝，阳明学派仍居于蛰伏状态。即使"人情论"成功地压制了"濮议论"，议礼新贵中也确有人心服王学，但不表示嘉靖皇帝采用"人情论"便是王学思想在政治

1　吴晗：《读史劄记》，第208—211页。

2　《明世宗实录》卷71，嘉靖五年十二月己未，第1页b。

3　余继登：《典故纪闻》卷17，第311页。

4　余继登：《典故纪闻》卷17，第311—312页。

上的抬头，也无法证明嘉靖朝的王学思想已足以撼动官方理学意识形态。

由《明伦大典》的案例，可知理学原是士人制约皇权的思想资源，一旦统治者借由政治权力与文化符号掌握话语权力时，理学反被政治力量控制，不再是士人特有的理论体系，类似"天理""正统"的绝对真理，便转化为忠君尊父的意识形态，反噬士人"为王者师"的政治理念。[1] 换言之，《明伦大典》的编纂，让政治权力巧妙地垄断了士人掌握的解释权，"大礼定后，举朝缄口，而远外下吏"[2]，治统得以逐步兼并道统观念，让士人丧失了制约皇权的力量。嘉靖皇帝又利用张璁、夏言及严嵩等人压制言官，动辄责罚训斥。士人为求自保，逐渐沉默，"忠"伦理遭扭曲，让道统传承发生断裂的危机。[3] 万历时人沈德符曾批评嘉靖政局，"嘉靖初年，士大夫尚矜名节"[4]，"嘉靖大礼之议，自张、桂倡之，至称宗，至入庙配上帝，以至奉迁显陵。下至厨役王福、随全等贱隶，亦尤而效之。然士君子无一人以为可者……奈何阿谄成风，即一时号为正人，亦献谀希宠"。[5]

《明伦大典》真能混淆视听、干预士人想法？关于《明伦

---

1 李学勤等编：《孟子注疏》卷5《滕文公章句上》，第255页。

2 沈德符：《万历野获编》卷2《驳正大礼》，第43页。

3 沈德符：《万历野获编》卷2《邵经邦讪议礼》，第46页；谷应泰：《明史纪事本末》卷50《大礼议》，第526页。

4 沈德符：《万历野获编》卷21《士人无赖》，第541页。

5 沈德符：《万历野获编》补遗卷3《名臣一事之失》，第891页。

大典》的影响力，可从当时史家是否引用《明伦大典》来衡量。然而，史籍浩瀚，如何选择比对"大礼议"记载的史书？有几项考虑，可供审视。首先，基于成书时间相近，万历年间的史家去古不远，最能呈现嘉靖朝的实情，遂选择以记载嘉靖朝为主，且其体例皆为编年体的《皇明嘉隆两朝闻见纪》《皇明肃皇外史》及《明世宗实录》三部史书。前二者为私人编撰，贵不隐讳；后者记录嘉靖朝的基本史事，于《明实录》之中"最称严核"。[1] 再基于长时段的观察目的，因而以清代的明史著作为观察对象，按成书时间先后排列，选择《国榷》《明史纪事本末》《明史》及《明通鉴》四书。借由上述七书对"大礼议"的记载及评价，了解史家对"大礼议"的立场，分析《明伦大典》对明清史家的影响。

　　明人沈越（1501—1570）所著的《皇明嘉隆两朝闻见纪》，选取嘉靖、隆庆两朝政迹，加以编纂，乃是明代史家评论嘉靖朝的第一本著作。然所采书目，确有《明伦大典》在内，可见沈越认为在《明实录》未能开放的情况下，有必要采用《明伦大典》的说法。[2] 沈越之子沈朝阳（天启年间贡生）据

1　沈德符：《万历野获编》卷2《实录纪事》，第60页。

2　钱茂伟：《明代史学编年考》，中国文联出版社，2000年，第175页。据钱茂伟考证，《皇明嘉隆两朝闻见纪》实为第一部嘉靖史著作。《皇明嘉隆两朝闻见纪》作者沈越家贫，无力刊印，延迟至万历二十七年（1599）始由沈越之子沈朝阳刻印。此书刊印前，吴瑞登《两朝宪章录》、范守己《皇明肃皇外史》、徐学谟《世庙识余录》及支大纶《皇明永陵编年信史》皆已刊印，沈朝阳可能再参考他们的说法，处理史料缺漏或史事矛盾的问题，因而《皇明嘉隆两朝闻见纪》可说是当时最好的嘉靖朝史书。

父亲之遗作，再参考《两朝宪章录》及《皇明肃皇外史》的记载，旁采他书参互修订，始自刻于世。万历时人朱之蕃曾称赞其为"野史之良，足备庙堂之采择"[1]，却未曾对沈朝阳引用的"史官曰"产生任何疑虑。

明人范守己的《皇明肃皇外史》先于《皇明嘉隆两朝闻见纪》刻印，影响较早，是记录嘉靖朝史的重要著作。范守己曾参考"史官曰"的评论，从《明伦大典》引述了许多资料，指出"大礼"之争始于《武宗遗诏》的疏漏，因而衍生"继统是否继嗣"的问题，令张璁的"人情论"有伸展的空间，颠覆"大礼"的结果。又批评杨廷和失人臣之礼，"欲强加以人后之名，夺其母子之爱而隔绝之"，竟以国老自居，无所忌惮，怎可用去职要挟君主接受"濮议论"，更引发左顺门事件，让士人备受打击，诚然可叹。由范守己批判杨廷和的言论来看[2]，可知"史官曰"确实影响了当时史家的观点，《明伦大典》实为明代史家撷取资料的重要来源。

可供参证的例子还有几项。一是时代稍后的沈德符便引用《皇明肃皇外史》，讥讪杨廷和"妄引祖训"，又"持论不坚"，才会落得失败的下场。[3]二是徐学谟的《世庙识余录》，曾大量引用"史官曰"的论点，批评杨廷和失事君之体，自招

---

1 沈朝阳：《皇明嘉隆两朝闻见纪》，《刻两朝闻见录题辞》，第4页。
2 范守己：《皇明肃皇外史》卷3，第19—21页。
3 沈德符：《万历野获编》卷2《引祖训》，第36页。

祸患，且使朝廷老成者尽去，元气大伤。[1]三是李贽（1527—1602）也曾批评杨廷和，"公之议大礼也，可以许其忠而未敢以许其妙"。[2]四是支大纶在《皇明永陵编年信史》中直接指责杨廷和为了一己之私，意气用事又不善通融，遂有左顺门事件之悲剧，又称许嘉靖皇帝是明君典范，压制诸臣伏阙乃为重整纲纪之举。[3]五是何乔远（1558—1632）亦认为"人情论"乃是符合现实之论，赞同"古人成事，可以为案，而不可泥以为式"，又批评杨廷和"一人执之，而异己者为不肖，激而成过"。[4]

　　上述几项案例，皆印证了《明伦大典》实际上影响了明代史家的观点，也呈现了政治力量介入士人思想领域的情形。尤其明代史家可供撰史的资料不多，只能依靠个人见闻或参考野史、碑传及笔记，无法得到第一手史料来查证真伪，也无法确切了解事发经过，多有疏漏，往往与《明实录》记载不符。因此，明代史家引述《明伦大典》时，无形中受到"史官曰"的官方意识形态影响，无法保持超然立场，史学价值相对不高，以致《四库全书总目》对明代史书评价普遍较低，"所

1　谈迁：《国榷附北游录》卷54，第3403页。

2　李贽：《续藏书》卷12。

3　谈迁：《国榷附北游录》卷53，第3305页。支大纶《皇明永陵编年信史》多
　　为史家批评，尤以沈德符最为激烈。是故后代学者治明史时，多不采用
　　《皇明永陵编年信史》。沈德符：《万历野获编》卷25《私史》，第631页。

4　谈迁：《国榷附北游录》卷53，第3305页。

采书目，自《明伦大典》以下仅四十一种，未为赡备"[1]，"词近琐碎，不合史体"[2]，遂有明代无史学之讥。[3]不过，换个角度来说，似有另一种可能，即明代史家受到当时社会重视个人情感的风气影响，主动地认同"人情论"，于是与《明伦大典》的观点不谋而合。目前可供印证的证据不多，尚无法支持这项推测，仍有待他日再做专题，进一步深入研究。

张璁等人"继统不继嗣"的论点，直接挑战了宗法制度，《明伦大典》的官方说法又广为宣传，加之民间丧葬礼制的紊乱，引发名分礼秩失衡的危机。明朝覆灭后，政治控制不再，士人重新检讨"礼"可否出于人情、该如何规范天理与人情、尊尊与亲亲如何调和等问题，对"大礼议"的评价也不再单从道德立论。例如，崇信阳明学的毛奇龄，深恐后人引用"大礼议"为据，行变易君统之事[4]，遂作《辨定嘉靖大礼议》。[5]毛奇龄虽未解决"继统是否继嗣"的问题，乾嘉学术界却因此展开

1　永瑢等撰：《四库全书总目·上册》卷48，中华书局，1965年，第433页。《四库全书总目》对《皇明嘉隆两朝闻见纪》之评语。

2　永瑢等撰：《四库全书总目·上册》卷54，第485页。《四库全书总目》对《皇明肃皇外史》之评语。

3　钱茂伟：《明代史学的历程》，社会科学文献出版社，2003年，第477页；张维屏：《从〈四库全书总目〉"史部·史评类"对于所录明代著作的评述分析明人的史评论著》，《政大史粹》第4期，第89—107页。

4　毛奇龄：《辨定嘉靖大礼议》，第1页。

5　黄爱平：《毛奇龄与明末清初的学术》，收入《明代经学国际研讨会论文集》，第543—560页。

礼学考证与礼教论争的风气。¹由此可见，清代士人试图跳脱出《明伦大典》的话语限制，渐从注释、辑佚、辨伪、文字、训诂入手，追寻儒家经典的原意，去除政治权力介入文化的再诠释（如同献皇帝称宗祔庙之明堂理论），还古礼之原貌。

那么《明伦大典》是否还能左右史家的立场？我们可观察《国榷》《明史纪事本末》《明史》及《明通鉴》对"大礼议"的评价变化，证明《明伦大典》随时间流转，其影响力降低。四书成书时间不一，前二者成于顺治年间（1644—1661），后二者则成书于乾隆年间（1736—1796）与同治年间（1862—1874）。

万历朝以降，官方史料流入民间，私家撰史的风气大盛。²谈迁正是利用这些外流的实录汇编、官方邸报、野史、笔记及当时流于民间的史著，互参考订，终成书稿。《国榷》是现存第一部完整又严核的明代编年史，附录时人按语，亦评亦辨，内容相当丰富，叙述简洁不失真，品评率直不谩骂，妥善地保存有明一代的史实，史料价值颇高。

谈迁对"大礼议"的评价，似较同情杨廷和一方，"人情莫不欲荣其亲。张、桂得其大，共以仰承上志，休哉乘时之隆术也。新都初主濮议，天听弥高，新都去而上之意旨人人所喻。人人不之移，犹坚其故舌，愈沸愈忤，愈忤愈憝，抑

1　张寿安：《十八世纪礼学考证的思想活力：礼教论争与礼秩重省》，第215—329、461—472页。

2　钱茂伟：《明代史学的历程》，第252、261—335页。

独何也？……三复伏阙之事，不胜余慨云”[1]，又特别记载张
璁曾建议嘉靖皇帝以武力压制群臣，间接地贬抑张璁等人是
为求成功不择手段的小人。[2]不过，笔者遍查史料后，并未见
到其他旁证，无法判别究竟是谈迁有意的诋损或无意的记录。
不过，从谈迁记录该条资料的态度，便可知谈迁对“大礼议”
的立场，确实站在“濮议论”支持者一边，且将之比作忠义之
臣。谈迁的观点，不仅异于明代史家的观点，且影响后世治
史者甚大，是故后人多视杨廷和等人为维护正统大义的忠臣，
张璁等人则被当作阿谀谄媚的小人。

　　几乎与《国榷》同时成书的《明史纪事本末》，按事归类，
叙事清楚，历来被人视为明史研究的入门书。然而，经中国
明代研究学会集众人之力，逐条校读后，认为《明史纪事本
末》史源纷杂、错误颇多，且有剽窃抄袭之嫌，不可贸然轻
信。笔者考订《明史纪事本末》的《大礼议》和《更定祀典》后
（考证部分见附录二）[3]，发现《明史纪事本末》实有不少谬误。
其中最为明显的错误，即误写人名、时间错乱、叙事颠倒及
漏记仪式等问题。再经杜淑芬比对《大礼议》史源问题，可知
《大礼议》明显抄自范守己的《皇明肃皇外史》，其中有部分据
《明世宗实录》予以重编。既然范守己的《皇明肃皇外史》大多

1　谈迁：《国榷附北游录》卷53，第3305—3306页。

2　谈迁：《国榷附北游录》卷53，第3306页。

3　何淑宜：《皇权与礼制：明嘉靖朝的郊祀礼改革》，第1—24页；杜淑芬：
　　《〈明史纪事本末·大礼议〉校读》，第125—167页。

参考《明伦大典》,《明伦大典》的"史官曰"势必影响《明史纪事本末·大礼议》的论述角度。

谷应泰的史评,足可论证笔者的推测。谷应泰讥笑杨廷和不明古礼,失之过激,不该以臣子身份夺嘉靖皇帝之私情,这无疑采用了《皇明肃皇外史》的观点。不过,谷应泰也就嘉靖皇帝与张璁等人过分推崇私情、迭兴大狱等事,提出了自己的观点,批判献皇帝称宗祔庙之举,实属乱政夺统。谷应泰对"大礼议"的史评,褒贬各半,既从"人情论"的角度,批评杨廷和等人不知"礼为义起"的道理,也从"濮议论"的角度,批评张璁等人不知君统宗统合一的深意。尤批评嘉靖皇帝"乏锡类之仁"[1],不善处理君臣关系,又无法客观公正,"昵于私已"[2],可谓的论。

写作时间更晚的《明通鉴》,是清代学者夏燮(1800—1875)一生的心血结晶。夏燮的礼学造诣甚高,并有感于道光、咸丰年间社会秩序逐渐瓦解的现象,又不满官修《明史》诸多隐讳(如辽东对峙时期与南明时期),决意自撰私史,仿司马光的《资治通鉴考异》,另撰《明通鉴·考异》,又按胡三省注解《资治通鉴》的方式,分注考异于正文之下,展现了其深厚的考证功力。不过,光凭夏燮一人之力,《明通鉴》不可能毫无差错,书中仍有不少疏漏之处。《明通鉴》常为人诟病

1　谷应泰:《明史纪事本末》卷50《大礼议》,第531页。

2　谷应泰:《明史纪事本末》卷51《更定祀典》,第544页。

者，即史事时间错乱，且取材过繁，又无法逐一比对，因而《明通鉴》较少被视为第一手史料，价值不高。

值得注意的是，夏燮受到乾嘉考据学风影响，由礼入史，发前人未论之评。《明通鉴》的史评与先前不同之处，在于借"大礼议"为题，立基礼学的角度，援引许多礼学著作，予以考证，试图厘清"大礼议"的礼意纠葛，并参考段玉裁的《明史十二论》和清代考据学者的丰硕成果，得出有别前人的礼学式史论。然其评论并非全依礼学考证，更多来自程朱理学的观点，从天理纲纪论出发，分辨"大礼"的功过是非，与明代史家对"大礼议"的观点看似相同，实则有本质与方法上的差异。

夏燮先阐述"皇"与"帝"之区别："大统之干，在帝与不帝之分，非皇与不皇之异也；帝则未有不皇，而皇则容有不帝者。"他又提出加"皇"于"帝"之上，则"皇"是专称；如果殊"皇"于"帝"之外，则"皇"是通称。皇考、皇妣可通用于所生之父母，但唯有开国之君能以"帝""后"尊号，追崇非为天子身份的亲生父母，正如蔡邕（132—192）在《独断》中指出："汉高得天下而父在，上尊号曰'太上皇'，不言'帝'，非天子也。"[1]接着，夏燮据"濮议论"，考其礼意，批评杨廷和"舍其称'帝'称'后'者不敢争，而徒较量于'皇'字之有无"，给予张璁等人议礼的空隙；又考宗法制度之精神，乃维

1　夏燮：《明通鉴》卷51，第1383—1384页。

护宗统、君统之稳定，"兴献上为宪宗后，而孝、武两朝之世次俱灭，此则议礼之大变，国家之奇祸"，批评张璁等人未料及"人情论"可能造成的流弊。最后，分析伏阙诸臣坚持"濮议论"的根本原因，"诚以有明一代之统至此几绝，而世宗入为天子，若汉、晋之分为东、西，宋之分为南、北，所谓统绝而复续者，岂不可为痛哭哉"[1]，视嘉靖皇帝为篡夺宗统之帝，竟开启名分大乱的礼秩危机。

由上述几个案例，我们可以说，明清学者对"大礼议"的评价，似乎随着政治、学派、地域及思想上的变迁，有着不同面向的解释。万历朝以前，政治钳制尚强，当时史家无从得见朝廷内部的机密档案，只好引用国家政书，受到《明伦大典》影响较大，史家也不免受到"史官曰"左右，史观偏向"人情论"。万历朝以降，乃至明朝灭亡后，政治钳制渐弱，当时史家已有较多资料可供参证，即使无从得见私藏的《明实录》，也能从各方人士的笔记或文集去验证《明伦大典》的真实性，朝廷无法再钳制信息的流通，《明伦大典》影响渐小。再加上清代统治者致力于提倡官方程朱理学，乾嘉学者也围绕着"大礼议"进行礼意论争，"人情论"和"濮议论"纷纷被检讨。清代学者对"大礼议"的讨论，不再限于天理人情之争，"亲亲尊尊孰重"反而成为备受关注的焦点，略见清代社会风气变迁之一斑。"大礼议"引发的诸多问题，笔者仅提出

1　夏燮：《明通鉴》卷51，第1384页。

一些不成熟的心得，在不同社会条件下，"大礼议"面貌或有不同，目前尚未能建构系统性的解释，仍待日后再予研究。

小结

从《献皇帝实录》到《明伦大典》的编纂过程、内容与意义来看，下文略归纳几个重点，作为小结：

一是从《献皇帝实录》到《明伦大典》的编纂过程来看，清楚地显示，嘉靖皇帝为献皇帝修实录、建世庙、改建观德殿、定天子礼乐、增加谥号字数等政治行动，皆出于同一目的，即试图将献皇帝的皇帝身份正当化。为此，嘉靖皇帝不惜破坏编史制度、礼乐定制及宗庙制度等，利用《明伦大典》予以掩饰，其中僭越礼法的意图隐藏在看似合理的儒家话语之中，甚至被美化成于史有据、于礼可行的孝心，淡化了编纂政书的政治目的。

二是嘉靖皇帝利用《明伦大典》，以官方选辑过的儒家学说与历史先例，修饰"大礼议"与左顺门事件的发生原因、经过及结果，提升兴藩僚属和议礼新贵的政治地位。并以"史官曰"表述官方立场，将"大礼议"引起的风波，皆归咎于"濮议论"的支持者[1]，并诋毁杨廷和等人私结党派，专擅朝政。因此《明伦大典》借朋党逼主为由，将"濮议论"套上一层政治

---

1 《明伦大典》，《御制明伦大典序》，第4页b。

面纱，证明左顺门事件乃清除朋党的不得已之举，企图为嘉靖皇帝抹去污点，转移"大礼议"之负面视听。

三是《明伦大典》逐步被抬高为国家政书，成了嘉靖朝唯一许可的官方说法。嘉靖君臣借编纂《明伦大典》，依据"亲亲之仁"的论述，重新诠释儒家经典的意义，从而建构"人情论"的理论体系。《明伦大典》以礼学理论为据，外包天理纲纪的理学话语，并借"史官曰"，运用批判的权力，行对权力的批判，证明"大礼议"乃合乎天理人情。尤其《明伦大典》猛批杨廷和、蒋冕、毛澄等人，无疑是针对"人情论"的反对者，杀一儆百，确立"大礼"的历史定论。

四是官方操纵经典解释权的做法，自古皆有不少成例，嘉靖皇帝并非第一人，《明伦大典》也绝非最后一例。问题在于，皇权借着重构儒家经典的机会，从中操作其衍生意义，逐步拥有了文化话语权力，使皇权得以侵入士人的思想领域，再利用士人来压制皇权的天理纲纪论、质疑反对者的动机或对皇帝的忠诚，得以反过来钳制士人的话语权力。于是皇帝不但能合理化自身的政治行动，也垄断了士人的解释权，剥夺道统的思想力量，天下之是非归于朝廷，而朝廷之是非归于皇帝。

五是自朱熹的《四书章句集注》被定为科举范本后，"为王者师"的政治理想似有了实现的可能。事实上，在统治者有意的曲解下，道统思想逐渐变为文本式的教条主义，士人反而逐渐丧失了"为王者师"的自由空间。原本是制裁统治者的天理纲纪论，竟转化成统治者驾驭士人的思想武器，更而甚者，沦为统治者的道德依据。[1]《明伦大典》即最佳范例。明朝覆灭后，清儒通过训诂考据的方式，对宋明理学进行检讨反动的工作[2]，扭转明儒重视《朱子家礼》、实则混融佛道的社会风气，重新评估《仪礼》之价值，企借典章制度的安排，"以经典为法式"，寻得圣王之道，重建符合儒家理想的社会秩序。[3]

六是明代史家沈越、范守己等人的史评，足以印证《明伦大典》在文化政策方面的影响力，也反映了嘉靖皇帝诠释经典的目的已实现。然而，嘉靖皇帝虽能以国家政书的形式，对儒家经典进行再诠释，或施予权力的批判，逐步操纵儒家经典的解释权。但相对地说，当皇权欲行扩张时，也不得不从儒家经典中寻找理论依据，以证明行动的正当性。经典诠释遂成两面刃，既能钳制士人"为王者师"的理想，也能界定皇权的有限范围。权力与经典诠释互依互制的关系，可由张璁坚持不可"立世室"之事得到证明，正如卡尔·马克思（Karl Marx，1818—1883）所说："人们自己创造自己的历史，但是他们并不是随心所欲地创造，并不是在他们自己选定的条件下创造，而是在直接碰到的、既定的、从过去承继下来的

1　陈恒嵩：《〈书传大全〉取材来源探究》，第301页。

2　梁启超：《清代学术概论》，上海古籍出版社，1998年，第3页。

3　张寿安：《十八世纪礼学考证的思想活力：礼教论争与礼秩重省》，第123、126—128页。

条件下创造。"[1]从某种程度上来说，在中国传统政治文化里，儒家经典实有其神圣性，不管是皇帝或官僚体系，皆须在儒家经典的框架下，决定皇权能施行的最大范围。

此外，《明伦大典》虽因"大礼议"而生，但不可否认地，《明伦大典》强调亲亲之仁的礼秩地位，同时向下宣传了敦德向善的观念[2]，强调"大孝以尊亲为本"[3]，民间的小宗家系得以提升礼秩地位，重宗统的"为人后"宗法观念逐渐改变。而更定庙制的运动，引发了对宗法制度与庙祀权的一连串讨论，官方因而放松对民间宗族的控制[4]，终在嘉靖十五年（1536）准许天下臣民立家庙、追祭远祖。[5]同时，民间的宗族制度也开始强调"重一本"的尊祖观念。尤其是嘉靖朝国家礼制的大幅

1　马克思著，中共中央马克思恩格斯列宁斯大林著作编译局译：《路易·波拿巴的雾月十八日》，人民出版社，2001年，第8—9页。

2　夏燮：《明通鉴》卷58，第1586—1587页。

3　《明伦大典》，《敕谕》，第3页a。

4　关于家庙祭祀制度的演变，参见清高宗敕撰：《续文献通考》卷86《大夫士庶家庙》，台湾商务印书馆，1987年，据清光绪间浙江刊本缩印，第3558—3559页。

5　夏言：《桂洲先生奏议二十卷外集一卷》卷17《请定功臣配享及臣民得祭始祖立家庙》，收入《四库全书存目丛书》史部第60册，第15页a—19页b；陆容：《菽园杂记》卷13，中华书局，1985年，第160—161页。从民间丧葬祭祀礼仪的演变，可知社会已难遵行明太祖订立的礼制，尤以丧礼仪式，即便官宦之家也难彻底遵行。何淑宜：《明代士绅与通俗文化——以丧葬礼俗为例的考察》，台湾师范大学历史研究所，2000年。

更改，以致明清两代的宗族形态与庙祀制度发生了重大变革[1]，影响不可谓不深远。是故，第三章将探讨嘉靖朝礼制更定的过程、内容及对政治文化的影响。

1　井上彻：《中国の宗族と国家の礼制：宗法主義の視点からの分析》，研文出版社，2000年；阎爱民：《"大礼议"之争与明代的宗法思想》，第33—55页。

第三章

礼制更定的政治文化意义

自嘉靖四年四月十九日（戊申）光禄寺署丞何渊提议"立世室"起[1]，直至嘉靖二十四年七月二日（壬戌）北京新太庙（同堂异室制）落成，献皇帝朱祐杬神主正式以"睿宗"身份入祔太庙为止的二十年间[2]，嘉靖皇帝致力于国家礼制的改革，整个朝堂形成一股议礼的风气。

嘉靖朝礼制改革的重头戏，主要是祭祀天地、社稷及宗庙制度三个项目，即最能体现国家礼法之重要性的吉礼。祭祀制度关系着天、君与人的关系[3]，又象征皇权的正当性基础（天命）。[4]宗庙制度的昭穆位次，向来依循昭穆制度，昭穆制度又以宗法制度的大宗小宗（尊尊）与血缘亲疏（亲亲）作为

1　《明世宗实录》卷50，嘉靖四年四月戊申，第5页a—6页b。

2　《明世宗实录》卷301，嘉靖二十四年七月壬戌，第1页a。

3　诸桥辙次：《諸橋轍次著作集·第四卷》，第152—203页。

4　王健文：《奉天承运：古代中国的"国家"概念及其正当性基础》，第135、142—150页。

理论基础。[1]因此，祭祀制度与宗法制度是中国古代传统儒家学者最为重视的两个议题，而嘉靖朝更定礼制之举不只变动了明朝祭祀制度，也改变了明朝历代皇帝的宗统，遂成为历来儒家学者在礼制上争论不休的缩影。

在嘉靖朝礼制改革的过程中，许多礼意理论或现实操作等方面的争辩，连带影响了国家礼制的改革方向。另外，朝臣间改革意念的歧异，又导致了嘉靖朝权力结构的重组。尤其嘉靖君臣讨论的议题，不再局限于献皇帝的尊号问题，范畴扩大到国家礼制的层面，其中又牵涉儒家经典的溯源、考据及再诠释。换言之，此时"大礼议"的性质，已跳脱过去的"大礼议"，成为更高层次的礼仪之争。

本章先从嘉靖朝礼制更定的过程，分析诸臣的言论，观察礼制变革如何影响嘉靖朝的政治生态。再从嘉靖君臣的礼意争论来看，围绕的焦点有二：一是祭祀天地的主从地位，众神祇的位次排列，以及礼制复古的可行性；二是辩论"洪武初制"是否具有《皇明祖训》的法理地位，以及依循"洪武初制"

---

1 近人研究昭穆，以葛兰言（Marcel Granet）、李玄柏、凌纯声为代表，本文无法详述，略指出三点：一是昭穆是祖庙的分类；二是昭穆制的作用，即庙号之分类代表着先王生前在亲属制上的分类；三是在昭穆制下祖孙为一系，父子不为一系。诸桥辙次：《诸桥辙次著作集·第四卷》，第213—226页；林素英：《古代祭礼中之政教观——以〈礼记〉成书前为论》；李衡眉：《昭穆制度与宗法制度关系论略》，《历史研究》1996年第2期，第26—36页。

是否合于祖制。[1]最后，从礼制更定的结果，分析政治与礼制之间的关系，证明礼制更定实有权力之争的意涵，使嘉靖朝的权力结构产生变化，内阁代替六部成为新的政治中心，而六部的位阶也有所变动，吏部的地位被礼部侵夺，打破了原有的权力分配原则，埋下党争的种子。

嘉靖四年，何渊提议"立世室"是礼制改革运动的前兆，也是嘉靖皇帝规划"大礼议"的张本，自有承先（正德十六年到嘉靖三年的"大礼议"）启后（嘉靖四年到嘉靖二十四年的礼制更定）之重要性。由于本书在第二章第二节第四小节已有相关讨论，不再赘述"立世室"的过程，所以本章第一节只探讨"立世室"与"建世庙"二案如何影响礼制改革的发展。此外，孔庙改制也是嘉靖朝礼制改革的重要环节，显示了学术与政治的内在冲突。[2]但本章主要想探讨国家礼制与皇帝制度的关系，孔庙改制的课题只好略过，以免主线混淆。

一、显陵改制，建立世庙

嘉靖三年九月三日（甲子），锦衣卫革职百户随全和光禄

1　罗冬阳:《明太祖礼法之治研究》，高等教育出版社，1998年，第5—11页；谈迁:《国榷附北游录》卷54，第3416、3418页。

2　黄进兴:《学术与信仰：论孔庙从祀制与儒家道统意识》，第1—82页；黄进兴:《毁像与圣师祭》，第1—8页。

寺革职录事钱子勋上疏[1]，建议兴献帝（当时朱祐杬尊号尚未改为献皇帝，仍称兴献帝）改葬天寿山（明代诸帝陵寝地）。工部尚书赵璜（弘治三年进士）等人举出太祖不迁仁祖陵墓于南京、成祖不迁孝陵（太祖陵墓名）于北京二例，并以为改葬兴献帝有三不可：一是皇考体魄所安，不可轻犯；二是山川灵秀所萃，不可轻泄；三是帝陵乃国家根本，不可轻动。规劝嘉靖皇帝不可迁兴献帝陵墓，否则惊扰神灵，背上不孝的罪名。[2]席书、张璁、桂萼等人也赞同赵璜，极言不可，请求处罚随全等人，以儆效尤。嘉靖皇帝只好打消念头[3]，却借何渊提出"立世室"之议的契机，下令为显陵添立红门、盖神厨，并将殿宇上的瓦改成黄色琉璃瓦，还将献皇帝陵司香署升级为显陵卫。[4]这样的安排，让显陵实已接近皇帝陵墓的规制，只差明楼未建而已。[5]

前文提及，光禄寺署丞何渊请为献皇帝立世室、入太庙，是为"立世室"之议。[6]何渊的提议太过荒谬，引起群臣的反

1　沈德符：《万历野获编》卷2《嘉靖初议大礼》，第39页。

2　《明世宗实录》卷43，嘉靖三年九月甲子，第1页b—2页a。《明世宗实录》作兵部尚书赵璜，此处有误，赵璜应为工部尚书，非兵部尚书。

3　沈德符：《万历野获编》补遗卷1《大峪山用舍》，第796页。

4　《明世宗实录》卷50，嘉靖四年四月戊戌，第2页b。

5　明代陵制，可见梁份：《帝陵图说》，收入国家图书馆分馆编《稀见明史史籍辑存》第30册，线装书局，2003年，国家图书馆藏本；黄景略、叶学明：《中国历代帝王陵墓》，商务印书馆，1998年，第177页。

6　《明世宗实录》卷50，嘉靖四年四月戊申，第5页a—6页b。

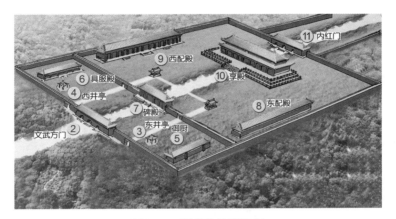

图3-1　明孝陵前殿规制

资料来源：笔者自摄于南京明孝陵。

图片说明：以孝陵建制比照显陵的规制，再参照工部尚书赵璜之语，可知显陵前殿的配置皆如帝陵规制。神厨乃指图片左下角的御厨。孝陵碑殿为清代所建，不可视为明代宗庙的规制。明代的碑亭在正红门入口处不远，为方形楼阁，四面有门洞，内有大明神功圣德碑。享殿为祭祀神主、举行仪式之重要处。

对，连一向支持嘉靖皇帝的礼部尚书席书和翰林院学士张璁也表示反对。席书指出"立世室"不合礼法，万不可行。一旦实行"立世室"之议，即公然认定献皇帝始为正统。而何渊"祢庙淳所而后正统有光"的说法，似乎暗示着嘉靖一系始为帝系正统，等于间接否定孝宗、武宗二帝之宗统地位，视孝宗、武宗二帝于无物。尤其从宗法制度来说，"立世室"将打乱帝系的伦序体系，旧宗统（孝宗一脉）被迫移入新君统（嘉靖皇帝一脉），孝宗、武宗二帝沦为宗统旁支，背离君统与宗统合一的原则，也与现实状况相冲突。

　　大受恩宠的张璁同样反对"立世室"之议，指出嘉靖皇帝

图3-2　明孝陵后寝规制

资料来源：笔者自摄于南京明孝陵。

图片说明：本书"红门"并非指图片上的"内红门"，而是指陵区正门的"正红门"。大红门前有石牌坊和下马碑。明楼指方城上的建筑体。显陵在嘉靖四年四月前尚无大红门与明楼的设置。嘉靖七年闰十月庚寅，明楼悬匾始落成，显陵终符合帝陵规制。

应节制尊亲之心，并按照名分原则，在礼与情之间持中庸之道。若贸然破坏名分原则，即为不孝，使献皇帝背上不忠之名，成为僭越孝宗、武宗二帝的乱臣贼子：

> 今渊请入献皇帝于太庙，不知序于武宗上与？武宗之下与？昔人谓孝子之心无穷，分则有限，得为而不为，与不得为而为之，均为不孝。别立祢庙，礼之得为者也。此臣昧死劝皇上为之。入于太庙，礼之不得为者也，此臣昧死劝皇上勿为。[1]

1　谷应泰：《明史纪事本末》卷50《大礼议》，第525页。

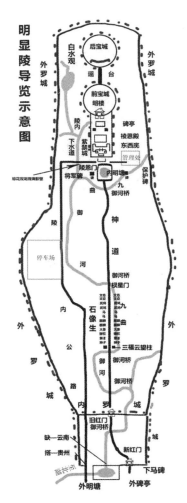

图3-3　显陵结构

资料来源：明显陵景区导览。

图片说明：显陵规制特殊，是唯一有"双宝城""九曲河""神龙道"及"内外明塘"之帝陵，现列入《世界遗产名录》。关于显陵风水设计，见本书第240页注释1。

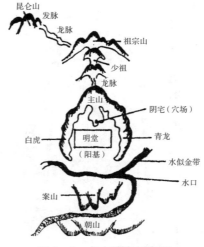

图3-4　龙穴砂水示意图

资料来源：何晓昕、罗隽：《风水史》，上海文艺出版社，1995年，第186页。

图片说明：传统中国风水讲究山水之势，观察群山起伏为势，有势然后有形，形则指单座山的具体形状，并将山形赋予特定的象征来判断吉凶。

　　嘉靖皇帝却不理睬，命礼部再议，仍没有人赞成"立世室"之提议。[1]就连一贯主张"濮议论"的礼科给事中杨言等人也不顾与张璁等人的旧怨，极力赞同席书、张璁的论调，又依"大宗为重"的观点，从"祖宗之天下"立论，阐述大宗小宗之别，"祖宗身有天下，大宗也，君也。献皇帝旧为藩王，小宗也，臣也。以臣并君，乱天下大分。以小宗并大宗，干

1　《明史》卷52《礼志六》，第1337页。"在廷诸臣，于称考称伯，异同相半，今祔庙之举无人以为可者。"

天下正统"。[1]一旦献皇帝由外藩藩王身份抬高至皇帝身份时，朝廷将丧失权威，再也无法说服天下臣民遵守礼法。况且，"立世室"之议等同于建立新宗统，嘉靖一脉的小宗将取代孝宗一脉的大宗。宗统转移的结果是，孝宗、武宗不仅失去宗统，也丧失了君统之正当性，这将动摇皇权的稳定性，引起各地藩王觊觎皇位之可能。[2]

席书眼见朝廷又因"大礼"顿生波澜，再度递上密疏，向嘉靖皇帝争辩："献皇帝追称帝号，未为天子。渊妄为谀词，乞寝其奏。……将置主于武宗上，则武宗君也，分不可僭；置武宗下，则献皇叔也，神终未安。"[3]但嘉靖皇帝不予理睬，张璁等人只好仿照祢庙故事（汉代皇帝祭祀天子父，称家庙为祢庙），建议于邻近太庙之地，为献皇帝建立一祢庙，前后寝如文华殿制。但祢庙的大门不可与太庙同门，祢庙方位不可与太庙相并，举行祭祀礼的时间也不可和太庙祭祀同一天，是为"建世庙"之议。[4]席书的"建世庙"方案，看似与"立世室"相同，但不同的是，他们借由礼仪上的差异，避免两庙一体之嫌，端正宗统之义[5]，希望能阻止"立世室"，以免造成"干

1　《明史》卷207《杨言传》，第5466页。

2　《明史》卷207《杨言传》，第5466页。

3　《明史》卷52《礼志六》，第1337页。

4　夏燮：《明通鉴》卷52，第1393页。

5　夏燮：《明通鉴》卷52，第1394页。

纪乱统""紊乱昭穆"的乱象。[1]在无人支持的情况下，嘉靖皇帝只好接受"建世庙"的提案，在太庙旁另建世庙。不过，嘉靖皇帝仍想除去太庙与世庙的礼仪之别，企图鱼目混珠，让世庙与太庙达到同一规制。

嘉靖四年六月，嘉靖皇帝颁下敕旨，强令礼部改拟世庙庙制，礼部只好放弃先前议定世庙不与太庙同的方案。随后，嘉靖皇帝又要求世庙的神道必须由太庙正门出入，不可从太庙侧门出入，并要求两庙献祭的仪式必须同日举行，不可分日祭祀。可想而知，嘉靖皇帝提出的新方案，遭到了朝臣们的反对，嘉靖皇帝不再理睬，甘冒破坏庙制的大不韪，强行破坏太庙的神宫监，使太庙规制遭到破坏。嘉靖皇帝的"建世庙"之举，不但没有得到臣民认同，而且引来更多人的批评与讪笑[2]，使他颜面尽失，狼狈不堪，不得不再变易世庙礼仪，务求让世庙合并到太庙系统之内，"建世庙"也因而成为日后改革礼制的缘起。

世庙落成后，朝廷因"大礼"引起的争执依然持续着。争执原因是后妃庙见礼和世庙礼乐二事。嘉靖五年九月，章圣皇太后蒋氏欲谒见世庙，张璁、桂萼援引《大唐开元礼》的"皇后庙见礼"，建议"皇太后中宫宜先见太庙，以补前礼之

1　夏燮：《明通鉴》卷52，第1392页。

2　李诩撰，魏连科点校：《戒庵老人漫笔》卷1《十可笑》，第48页。

阙。次谒世庙，以成今礼之全"。[1]内阁首辅费宏、大学士杨一清等人则批评张璁随意比附，认为唐代庙见礼不可为范式。礼部尚书席书也同意费宏的观点："璁、萼所引，俱大昏礼。今世庙告成，是大祭礼，不可附会。章圣皇太后宜于奉主之后，祇谒观德殿。"[2]

内阁大学士石珤反对最激烈，屡引洪武皇帝订立的礼法原则[3]，论证唐代皇后庙见礼不合祖宗家法，申明本朝后妃不得随意出宫的规定，更批评章圣皇太后无故出入太庙街门，是乱男女尊卑之界，将使"坤行乾事""阴侵阳位"，甚至会开启汉、唐两代女主干政之弊端。[4]嘉靖皇帝勃然大怒，命石珤立即致仕，并剥夺原应给予的礼遇和恩典。[5]席书等礼部官员见嘉靖皇帝心意已决，只好妥协，唯独要求"圣母谒庙，必得上同行，以主司礼"。至于世庙时祭的仪式，经礼部与太常寺官员反复讨论后，礼部竟决议"岁暮权与太庙同日"[6]，使世庙与太庙同日祭祀，难以区别，也使世庙规制渐同于太庙规制，让张璁等人欲以"建世庙"阻止"立世室"的原意完全落空。

不久后，嘉靖皇帝为世庙乐舞自制乐章，命首辅费宏等

1　谷应泰：《明史纪事本末》卷50《大礼议》，第526页。

2　谷应泰：《明史纪事本末》卷50《大礼议》，第526页。

3　《明史》卷47《礼志一》，第1224页。

4　《明史》卷190《石珤传》，第5049页。

5　《明世宗实录》卷68，嘉靖五年九月丙戌，第6页a—6页b。

6　《明世宗实录》卷68，嘉靖五年九月辛卯，第7页a—9页b。

人商议。大学士杨一清、贾咏、翟銮建议世庙乐舞当用文德之舞，太常寺官员们（兴藩旧臣多任职于太常寺）却提出质疑，主张应增加武乐，成天子之乐。内阁诸臣复上言："汉高帝以武功定天下，故奏武德、文治舞。惠、文帝二帝不尚武功，故止用文治昭德。世庙止用文舞，亦此意也，不为缺典。"[1]张璁一方面引用《大禹谟》故事，主张"祭从生者"，论证献皇帝既为天子父，理应以皇帝身份祭之，另一方面则反驳内阁诸臣引用的历史根据失之谬误：

> 议者谬引汉景之诏为证，夫既不知汉人所谓文始昭德者，固未尝无武舞。又不知国朝制度，虽王国宗庙，亦未尝去武舞。使八佾之制，用其文而阙其武，则两阶之容得其左而阙其右，是皇上举天子礼乐而自降杀之矣。天子父不得享天子礼乐矣，其何以式四方、垂万世也。[2]

因而张璁主张扩充世庙乐舞之规模，当用天子礼乐，行文武各八佾即一百二十八人制。嘉靖皇帝大悦，采用张璁的方案，献皇帝得享天子专用的礼乐规格。总之，在议定世庙祭祀礼、乐舞礼、建筑结构及摆饰的过程中，嘉靖皇帝不惜忽视礼部廷议，罢免大学士石珤，务使世庙规制渐与

1　谷应泰：《明史纪事本末》卷50《大礼议》，第527页。

2　《明世宗实录》卷66，嘉靖五年七月壬寅，第10页b。

太庙相同，让献皇帝称宗祔庙的意图得以隐于礼制改革运动
之中。

二、分祀天地，改定郊礼

　　"立世室"引发的纷争似已结束，却不代表嘉靖皇帝忘了
何渊的提议，但碍于反对声浪过大，嘉靖皇帝只好等待时机，
寻求支持，避免背上破坏礼法的恶名。[1]曾反对"大礼"的人不
是老病致仕，就是被贬外放，再难有人压抑嘉靖皇帝。嘉靖
皇帝经历"始而争考、争帝、争皇，既而争庙及路，终而争庙
谒及乐舞"[2]这一连串的议礼风波，较为熟悉明朝典章与礼仪制
度，后又自行研读许多礼书[3]，于是"益覃思制作之事"。[4]
　　深受嘉靖皇帝信赖的张璁、桂萼等人不时超擢，连续斗

1　沈德符:《万历野获编》卷2《邵经邦讥议礼》，第46页。刑部员外郎邵经
　　邦（正德十六年进士）批评"建世庙"，讥讽嘉靖皇帝欲改世庙名的动机不
　　良，遂遭拷讯，后充军边疆。此外，何渊遭贬谪，不全是嘉靖皇帝个人的
　　喜怒，亦可见朝廷舆论之意向和力量。谈迁:《国榷附北游录》卷54，第
　　3411页。
2　沈朝阳:《皇明嘉隆两朝闻见纪》卷3，第23页a。同句出于《明伦大典》的
　　后序文，见张孚敬:《太师张文忠公集》奏疏卷3《再议》，第19页b。
3　朱国桢辑:《皇明大政记》卷26，收入《四库全书存目丛书》史部第16册，
　　第22页a。
4　《明史》卷48《礼志二》，第1247页。

倒首辅费宏、杨一清后，如愿进入内阁[1]，并制定一连串的新法案[2]，命翰林院"将弘治十五年以后至嘉靖七年续定事例，照前例查出"[3]，增入《大明会典》之中。张璁等人的施政作为，似乎让当时朝廷焕然一新，清除"大礼议"的不良影响。但在时人眼中，张璁等人推动的"嘉靖革新"并不单纯，而是隐含着

1　从嘉靖六年至嘉靖八年的内阁人事变化，可见张璁和桂萼等人遽升高位，进
　　入内阁主事，迫费宏、杨一清等人去位，详见本书第四章第三节。下表为嘉
　　靖内阁人事表，参考张显清：《严嵩传》，第446—447页。

年份	内阁大学士（每栏第一位为首辅，其余依次排列）
嘉靖六年	首辅费宏二月致仕。 杨一清担任首辅，八月晋左柱国、华盖殿大学士。 石珤八月致仕。贾咏八月致仕。 谢迁二月宣召，任少傅兼太子太傅、礼部尚书、武英殿大学士。 翟銮三月以吏部左侍郎兼学士入阁。 张璁十月以礼部尚书兼文渊阁大学士入阁。
嘉靖七年	首辅杨一清。 谢迁三月致仕。 张璁正月加少保兼太保；六月加少傅兼太子太傅，晋吏部尚书、谨身殿大学士。 翟銮六月升礼部尚书兼文渊阁大学士。
嘉靖八年	首辅杨一清九月致仕。 张璁八月罢免，九月召还。 翟銮在阁。 桂萼二月以少保兼太子太傅、吏部尚书、武英殿大学士入阁；八月革去散官及学士，以尚书致仕；九月复少保兼太子太傅、吏部尚书、武英殿大学士，仍命致仕；十一月宣召复任。

2　张璁等人推行的新法，以嘉靖八年的施政成果为例：行义仓社会法、翰林
　　铨补法、革除守令之法、设浙江巡视大臣及江淮总兵官、罢革天下镇守内
　　臣等。张璁推行新政的影响，可见本书第四章第三节，或参考田澍：《嘉
　　靖革新研究》，第91—238页。

3　《明世宗实录》卷100，嘉靖八年四月戊辰，第2页a。

权谋之术，务使"人情论"支持者取得有利位置。[1]以翰林铨补法为例，史家大多认为张璁等人的目的一是报复翰林院学士们的无礼行为[2]，二是利用职权"尽逐旧官，而置所阴厚其中矣"[3]，用自己人填补翰林院的空缺，让向来清贵的翰林学士皆外调地方。[4]大多数官员对张璁等人仍持敌视的态度。当张璁请假省亲，暂离北京，便立刻引来言官攻击，朝廷掀起一场清除议礼党人的声浪，让嘉靖皇帝十分头痛，只好命令吏部尚书方献夫会同九卿，考核言官们列出的议礼党人资料是否属实，以安抚言官的情绪。基于以上论述，可知张璁等人虽掌内阁，却不见容于官僚体系，无法得到支持，各种政治势力仍在台面下相互较劲。[5]

《明伦大典》书成后（1528），嘉靖皇帝关注的焦点已从

1　《明世宗实录》卷104，嘉靖八年八月丙子，第4页a—5页b。张璁、桂萼及杨一清三人互讦及朝廷党派对立的情况，可见本书第四章第三节的讨论，兹不赘述。

2　沈德符：《万历野获编》卷10《翰林升转之速》，第259页；卷10《翰林一时外补》，第264页。

3　范守己：《皇明肃皇外史》卷9，第6页b；沈朝阳：《皇明嘉隆两朝闻见纪》卷3，第8页b、35页a—35页b；朱国桢：《皇明大政记》卷26，第25页b。《皇明大政记》记载取代翰林官者大多是"人情论"者：黄绾、许诰、盛瑞明、张邦奇、韩邦奇、方鹏、彭泽、欧阳德、金璐、张裘。

4　明代京官地位优于地方官。地方官员职务烦琐，常为京官轻视。翰林院又为京官最有前途的位置，凡入内阁者多有翰林经验，是故翰林学士素为京官仰重。张璁将翰林学士皆调派于外，除压抑其力量外，也有嘲讽翰林不再清贵的用意。沈德符：《万历野获编》卷7《词林大拜》，第187—189页；卷7《吉士不读书》，第200—201页。

5　沈德符：《万历野获编》卷7《张方二相》，第197—198页。

"大礼"扩大到国家礼制（更定祀典），并重新审视国家礼制的规划，展开修正与否的讨论。嘉靖八年五月时，嘉靖皇帝便以"疑冕弁之制未合典制"[1]，私下询问张璁的看法。张璁依据《周礼》[2]，请皇帝恢复古礼，更正衮冕及群臣朝祭服制。[3]十二月十五日（丁丑），嘉靖皇帝颁发自己设计的朝祭服样式，命礼部摹板绘采，颁行天下。[4]朝祭服制的改变，看似微不足道，却是嘉靖皇帝"制礼作乐"的初体验。这次成功的尝试，让嘉靖皇帝不禁志得意满，决心推动礼制改革[5]，从而让国家礼制产生了大规模的变动。

嘉靖皇帝亲临南郊、郊祀天地后[6]，认为现行的郊祀礼似有不妥，"欲斟酌古法，厘正旧章"[7]，便展开天地是否分祀的讨论，提出历代郊祀礼的疑难，并质疑社稷礼的礼法根据，命大学士张璁、翟銮及礼部尚书李时（1471—1539）等人评估"天地分祀"的可行性。面对郊祀改制的难题，张璁不敢独决，

---

1 《明世宗实录》卷101，嘉靖八年五月庚子，第2页b。

2 开明书店编：《断句十三经经文·周礼》，《春官宗伯·司服》，第33页。

3 《明世宗实录》卷101，嘉靖八年五月庚子，第4页a。

4 《明世宗实录》卷108，嘉靖八年十二月丁丑，第6页a。改制朝服的意义，可见陈飞龙：《礼记学记"皮弁祭菜"释义》，《中央大学人文学报》第9期，第15—42页。

5 《明世宗实录》卷108，嘉靖八年十二月辛巳，第7页b—8页a。"近来郊祀告祖，止就内殿行礼，原非圣祖初制。来春大祀天地、告祖配天，当于太庙行礼。"

6 《明世宗实录》卷109，嘉靖九年正月丁酉，第1页a。

7 《明史》卷48《礼志二》，第1247页。

也不敢轻易附和嘉靖皇帝。两相为难之下，张璁只好引用《周礼·大司乐》与宋儒朱熹、程颐、刘安世（1048—1125，北宋语文学家，从学于司马光）、苏轼（1037—1101）等人的论述，指出天地分祀或合祀之制争辩已久，实难判定。又列举改郊祀礼的困难之处：一是祖制如山，臣下不敢轻议[1]；二是臣下多不知礼，只知坚持刘安世的"天地合祀说"。一旦廷议，主张分祀者将遭排斥，无所容身。[2]可是嘉靖皇帝仍坚持己见，决定占卜，询问太祖神灵的意愿。若卜得吉兆，群臣自然无话可说。不知道是不是巧合，两次占卜皆不吉。

正当嘉靖皇帝想要放弃的时候，吏部都给事中夏言上《请举亲蚕典礼疏》，援引《礼记·祭统》及《周礼·内宰》，建议改各官庄田为亲蚕厂、公桑园[3]，主张恢复亲蚕礼，"农桑之业，衣食万人，不宜独缺；耕蚕之礼，垂法万世，不宜偏废"，亦劝天下之农夫蚕妇，敦行教化。[4]嘉靖皇帝见疏后，十分高兴，拿给大学士张璁参考，立即命礼部议亲蚕礼施行事宜。[5]嘉靖皇帝之所以赞赏夏言，乃因夏言"天子亲耕，以共粢盛，王后

1 张孚敬：《谕对录》卷13《嘉靖九年正月初六日》，第5页a。

2 张孚敬：《谕对录》卷13《嘉靖九年正月初九日》，第12页a。

3 《明世宗实录》卷23，嘉靖二年二月丁丑，第6页a。嘉靖二年二月，夏言担任兵部给事中，受命勘查庄田，建议将大兴县庄田改为各官亲蚕厂、公桑园，举行皇后亲蚕礼。

4 夏言：《夏文愍公文集》，收入陈子龙等编《皇明经世文编》卷202，第22页a—22页b。

5 沈德符：《万历野获编》卷3《亲蚕礼》，第94页。

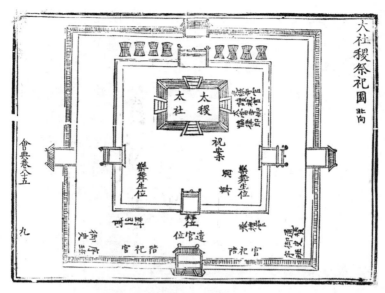

图3-5　改制后的社稷坛总图

资料来源:《大明会典》卷85《礼部四十三·社稷祀》，第1339页。

图片说明: 社稷坛按班固《白虎通·社稷》之义，将中间的方形土台按东、南、西、北中的方位分别置青、黄、赤、白、黑五色土壤，四周的围墙也做成代表各方的不同颜色，又栽培松、柏、栗、梓、槐五种树木，以五方五色的五行观念象征天子的统治权。社稷礼自洪熙朝以后，太社居东，北向；太稷居西，北向；太祖、太宗居东，西向。嘉靖九年改制后，太社居东，北向；太稷居西，北向；后土勾龙氏居东，西向；后稷氏居西，东向。

亲蚕，以共祭服"的论述，替嘉靖皇帝提供了有力证据，奠定了"天地分祀"的理论基础。

　　值得注意的是，讨论郊祀礼的同时，嘉靖皇帝指出"奉祖配天则正矣，又奉祖配社，岂不失其序"[1]，"宜改从皇祖

1　《明世宗实录》卷109，嘉靖九年正月庚申，第11页a。

旧制，太社以句龙配，太稷以后稷配"[1]，因而直接更定社稷礼。[2]在皇帝刻意主导下，更定社稷礼受到的阻力较小，当月即成，但其影响却巨大：一是先界定社稷坛的祭祀主体，社稷坛沦为专祭五土之神的媒介，便确定了方泽的祭地功能，创造了"天地分祀"的有利旁证；[3]二是社稷礼不再是国家重要祭礼，降为中祀祭典，十二拜改为八拜，降杀社稷礼之规格；三是按明初太社稷坛的形式，坛面依五行方位铺五色土，象征"普天之下，莫非王土，率土之滨，莫非王臣"[4]，重申皇权的权威；四是恢复周代的配祀习惯，改以勾龙氏（传说中的土地神）配太社、以后稷（周代天子的先祖，古时农神）配太稷，洪武皇帝和永乐皇帝不再并配社稷，直接降低社稷礼的礼秩地位，确定宗庙祭礼高于社稷祭礼的重要性，相对地提高了皇室的地位。

1　《明史》卷49《礼志三》，第1267页。

2　历代学者对社的祭祀功能，多持二说：一是主张社是用来祭地的学者，大多支持"天地合祀"之说；二是主张社祭土神、方泽祭地的学者，多持"天地分祀"之说。社神的说法有四：一是五土之神，二是勾龙，三是禹，四是修车。诸桥辙次：《诸桥辙次著作集·第四卷》，第177—197页；劳干：《汉代社祀的源流》，《中央研究院历史语言研究所集刊》第11期，第49—60页；凌纯声：《中国古代社之源流》，《中央研究院民族学研究所集刊》第17期，第1—44页；瞿兑之：《社》，收入杜正胜编《中国上古史论文选集》，台湾华世出版社，1979年，第1033—1040页。洪德先：《俎豆馨香——历代的祭祀》，收入蓝吉富、刘增贵主编《敬天与亲人》，台湾联经出版事业股份有限公司，1982年，第382—384页。

3　小岛毅：《郊祀制度的变迁》，第140—144页。

4　开明书店编：《断句十三经经文·孟子》，《万章上》，第29页。

嘉靖皇帝命令一下，大学士张璁与礼部官员等马上拟定一套办法，"请于安定门外择建先蚕之坛，其制一准于先农坛"。[1]詹事府詹事霍韬反对礼部的方案，直指亲蚕礼不易施行，礼部选定的先蚕坛预定地离宫遥远，又没有水源供应，根本不适合行礼，主张预定地应改在西苑，以便行礼。[2]霍韬的方案着重于行礼的便利性，获得了许多朝臣的赞同。可是嘉靖皇帝却驳斥道："周礼之制，耕蚕分南北郊。唐人因陋就安，不可为法。"[3]决定皇后由玄武门出宫，在皇城北郊举行亲蚕礼[4]，并命夏言再次上疏，以解众臣对郊祀议之惑。

嘉靖皇帝之所以急迫地想先举行亲蚕礼，乃因亲蚕礼若能顺利举行，郊祀礼必得南北分祭。一旦南北分祭，郊祀礼便等于"天地分祀"[5]，既达到改郊祀礼之目的，又能封住朝臣

---

1 《明世宗实录》卷109，嘉靖九年正月丙午，第3页a—4页a。

2 《明世宗实录》卷109，嘉靖九年正月丙午，第3页b。

3 《明世宗实录》卷109，嘉靖九年正月丙午，第4页a。

4 《明世宗实录》卷109，嘉靖九年正月戊申，第4页a—5页b。皇后亲蚕礼仪式简述如下。当蚕将破茧时，钦天监择择吉日，顺天府选一批养蚕的妇女（蚕母）送到北郊先蚕坛，再把养有蚕种的筐架送入宫中，由内官捧出玄武右门，送到蚕室。蚕母接受内官送来的蚕种，备皇后行亲蚕礼使用。行亲蚕礼前，皇后吃斋三日，其他使者吃斋一日，以示尊重。亲蚕日，皇后和命妇们前往北郊祭祀，先拜神、赐福胙、送神，再采桑饲蚕。数日后，又行治茧礼，视察织室缫丝织锦，再令蚕官把丝送往尚衣监制作祭服。如此，整个亲蚕礼的仪式始成。嘉靖十年（1531），因皇后出宫行礼不便，便在西苑建先蚕坛和采桑台，亲蚕礼遂改在西苑进行。

5 《明世宗实录》卷110，嘉靖九年二月癸酉，第6页b。

们的嘴，"防邪徒破事耳"。[1]嘉靖九年一月二十八日，夏言上《请敕廷臣会议郊祀典礼疏》，阐述恢复"天地分祀"，乃是恢复"洪武初制"、重振礼法之举。又援引《周礼》，申论"古者祀天于圜丘。圜丘者，南郊地上之丘也；丘圜而高以象天也。祭地以方丘，方丘者北郊泽中之丘也；丘方而下以象地也"[2]，证明分祀天地乃顺天地之性，审阴阳之位。更批评过去因不明古礼、误解经义，错谬仪式，今应更定，希望恢复"太祖高皇帝分祭之旧制"。[3]

值得注意的是，夏言把霍韬指称的"祖制"（"天地合祀"）回溯至明朝建立初期的分祭制度，又援引《周礼》申论"天地分祀"乃三代盛典，证明"天地分祀"始为真正的"祖制"。夏言的论点自成一说，让"天地分祀"有了坚固的理论基础。[4]以下先简略回顾洪武年间郊祀制度的变化，以了解双方凭借的理论基础和历史先例。[5]

1　张孚敬：《谕对录》卷14《嘉靖九年正月十八日》，第3页b—4页a。

2　夏言：《桂洲先生奏议二十卷外集一卷》文集卷1《请敕廷臣会议郊祀典礼》，第1页b。方丘，即方泽，因为坛设在泽中，故方丘又称方泽。

3　夏言：《桂洲先生奏议二十卷外集一卷》文集卷1《请敕廷臣会议郊祀典礼》，第2页b。

4　小岛毅：《嘉靖の礼制改革について》，第408—415页。

5　《大明会典》卷81《礼部三十九·郊祀一》，第6—10页。圜丘制度可见《大明会典》卷82《礼部四十·郊祀二》，第1—44页。方泽制度可见《大明会典》卷83《礼部四十一·郊祀三》，第1—17页。祈谷礼见《大明会典》卷84《礼部四十二·郊祀四》，第1—9页。大享礼见《大明会典》卷84《礼部四十二·郊祀四》，第10—15页。大雩礼见《大明会典》卷84《礼部四十二·郊祀四》，第16—26页。

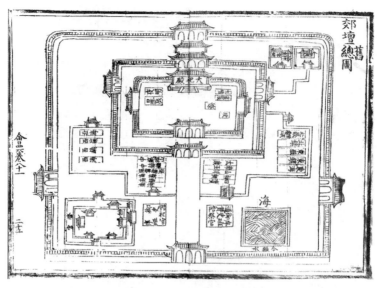

图3-6　洪武十年（1377）定天地合祀后的郊坛总图

资料来源：《大明会典》卷81《礼部三十九·郊祀一》，第1275页。

图片说明：永乐十八年，北平紫禁城、天地坛、山川坛等落成。天地坛中含大祀殿、神乐署、斋宫、神厨等。大祀殿乃明代创举，共十一间祭殿，打破过去"坛者不屋"的传统。丹墀内，东西相向，为日、月、星、辰四坛。又于内墙之外，为坛二十，亦东西相向，为五岳、五镇、四海、四渎、风云雷雨、山川、太岁、天下神祇、历代帝王诸坛。

夏言说的"祖制"，乃指"天地分祀"制，源于元至正二十七年（1367，洪武元年的前一年），洪武皇帝朱元璋曾在南京钟山南方建圜丘，北方筑方泽，又在宫殿南边左右各建太庙和社稷坛。洪武元年（1368），洪武皇帝采用中书省宰相李善长（1314—1390）的方案，"天地分祀"，以南郊的圜丘祭天（昊天上帝），以北郊的方泽祭地（皇地祇），并于洪武三年（1370）增加风云雷雨各坛，从祀圜丘；又以天下山川之神，从祀方泽[1]，采"以类分别"的原则，祀礼等级分为大祀、中祀、小祀[2]，将天地神祇纳入祭祀体系之中，从祀天地。[3]

　　霍韬指的"祖制"，乃"天地合祀"制。洪武十年八月，洪武皇帝以《京房》灾异之说"与"分祭天地，情有未安"[4]为由，亲自更定郊祀礼，改建圜丘于南郊，并创建大祀殿，规定每年孟春（春季的第一个月，即阴历正月）行郊祀礼。此后，明朝的郊祀礼改为"天地合祀"，于每年阴历正月在南京南郊的大祀殿举行典礼。永乐皇帝迁都北京后（1421），仍沿袭洪武十年制定的"天地合祀"，每年正月在北京南郊的大祀殿举行郊祀礼。由此可知，洪武年间的"天地分祀"与"天地合祀"，皆太祖亲定之制度，两者差异在于：一是合并祭天与祭地的典礼，解决往返南北郊造成的行礼困难；二是创建大祀殿（以屋覆之），抛开"坛而不屋者，将以通天地风雨霜露

1　明太祖欲改革唐宋以来的岳镇海渎风雨祭祀等诏文，见俞汝楫等：《礼部志稿》卷81《定神号》，收入《四库全书珍本初集》，商务印书馆，1934—1935年，景印文渊阁本，第1页a—1页b。

2　《明史》卷48《礼志二》，第1245—1246页。

3　《明史》卷47《礼志一》，第1225页。

4　《明史》卷48《礼志二》，第1247页。

之气"[1]的说法，即便气候不佳，也能正常行礼。[2]三是天地、诸神和人鬼共同祭祀，还附祭历代帝王神主，停止原有的春祭仪式。[3]从行礼仪式的去繁就简，可知洪武皇帝废"天地分祀"、改"天地合祀"的原因，乃为了达到便于行礼节省开支的目的。

收到夏言的奏疏后，嘉靖皇帝特意留中，想等第三次的占卜结果[4]，一旦得到大吉，即表示祖灵同意改制，朝臣就无法引用"祖制"来说长道短了。况且廷议将行，不如先观察，若有人反对，到时再抛出夏言奏疏，封驳异论。[5]二月十日，嘉靖皇帝得到大吉之卦。[6]张璁便向众臣解释：占象大吉，表示洪武皇帝同意改制[7]，既有祖命，臣下便不得再妄议。未料，礼科给事中王汝梅等人却弹劾夏言破坏"祖制"，使嘉靖皇帝大

1　《明太祖实录》卷4，洪武二年八月甲申，第8页b。

2　小岛毅：《郊祀制度の変遷》，第194—195页；小岛毅：《嘉靖の礼制改革について》，第385—392页；赵克生：《明朝嘉靖时期国家祭礼改制》，第87页。小岛毅采丘濬《大学衍义补》的气候论，指出江南在夏至时节，梅雨旺盛，难以行礼，又指出华北在冬至时节，气候寒冷，难以行礼，因而需要创立大祀殿，室内行礼，以避风雨。赵克生则批评小岛毅虽可解释创大祀殿的动机，却无法作为"分祀"的理由。按：笔者愚拙，若就前后文意，赵文应写为"合祀"，但不知为何写为"分祀"，疑笔误。

3　《明史》卷50《礼志四》，第1292—1293页。

4　张孚敬：《谕对录》卷14《嘉靖九年正月十八日》，第4页a。

5　张孚敬：《谕对录》卷14《嘉靖九年正月二十八日》，第11页a。

6　张孚敬：《谕对录》卷14《嘉靖九年二月初十日》，第15页b。"明有冬至之辞，及春旺秋奇之言，又明示朝日夕月之制。"

7　张孚敬：《谕对录》卷14《嘉靖九年二月初十日》，第16页a—17页b。

怒，措辞十分严厉，除斥责王汝梅破乱大事外[1]，又命礼部刊刻夏言奏疏，让所有官员了解皇帝的用意，要求官员于十日内具疏上奏，明白表态，不得隐瞒[2]，更援引《周礼》、"洪武初制"及第三次占卜的结果[3]，证明"天地分祀"乃有礼可据、有法可依、祖灵允诺之举，让朝臣们无法再借"祖制"反对。[4]

　　出乎嘉靖皇帝预料的是，他一向倚重的议礼重臣霍韬又上疏反对，申明"祖制不宜轻议"之论，抨击大学士张璁与礼部尚书李时不能以道事君，又抨击夏言"妄说议更郊典，紊乱朝政，变乱成法"，指出《周礼》乃莽贼伪书，不足凭据[5]，还毫不避讳地直指郊祀礼改制的用意："东西郊之说起，自是而九庙亦可更矣。"[6]嘉靖皇帝自然不悦，却未处置霍韬，只命礼部再议郊祀。不过，夏言却不甘示弱，很快就回击霍韬。夏言先引用《中庸》《周礼》及程颐、朱熹评论《周礼》之言，申明"天地分祀，从来久矣"[7]，申辩合祀与分祀之制，皆是"太祖之制也"，改回分祀之制，乃"从其礼之是非而已矣"[8]，并就

1　《明世宗实录》卷110，嘉靖九年二月癸酉，第7页b。

2　《明世宗实录》卷110，嘉靖九年二月癸酉，第7页a—8页b。

3　《明世宗实录》卷110，嘉靖九年二月癸酉，第7页a。

4　《明世宗实录》卷110，嘉靖九年二月癸酉，第8页a。

5　《明世宗实录》卷111，嘉靖九年三月丙申，第2页b。

6　谷应泰：《明史纪事本末》卷51《更定祀典》，第532页。

7　夏言：《桂洲先生奏议二十卷外集一卷》文集卷1《申议郊祀辩驳霍詹事奏词》，第4页a。

8　夏言：《桂洲先生奏议二十卷外集一卷》文集卷1《申议郊祀辩驳霍詹事奏词》，第6页a。

《周礼·天官冢宰》立论，反诘霍韬的《周礼》伪书论。[1]嘉靖皇帝见疏大悦，嘉奖夏言"发明古典"，令礼部据古经典折中群议，再开廷议。[2]不久后，嘉靖皇帝特别赐夏言四品服[3]，以示宠信，一来表明自己欲更定祀典的决心，二来暗示朝臣不得再提出异议，否则就是与之作对。

霍韬并未打退堂鼓，反而私下致书夏言，痛骂夏言不知礼法，还将书信草稿送至三法司（刑部、都察院、大理寺），准备弹劾夏言。夏言不甘受辱，再度上疏，纠劾霍韬阻碍改制，并附上霍韬的书信，当作证据。[4]嘉靖皇帝大怒，即命锦衣卫逮捕霍韬，囚于都察院。身陷囹圄的霍韬，才知道自己挑衅夏言的行径，等于违抗嘉靖皇帝，不禁感到恐惧，连忙在狱中上疏，乞求皇帝宽恕。大学士张璁也连忙营救霍韬。盛怒的嘉靖皇帝不顾当初的议礼之情，不理睬他们的请求。其他的官员早就对张璁等人的气焰心怀不满，霍韬的入狱，正让这些长期备受张璁等人压抑的官员们一吐怨气，根本不可能为霍韬讲情，反而对夏言刮目相看，称赞他忠于礼法，无惧于张璁等议礼诸臣的庞大势力。

1　《明世宗实录》卷111，嘉靖九年三月丙申，第4页a。

2　《明世宗实录》卷111，嘉靖九年三月丙申，第4页b。

3　《明世宗实录》卷111，嘉靖九年三月己亥，第5页b。

4　夏言：《桂洲先生奏议二十卷外集一卷》文集卷1《纠劾霍韬詹事私书》，第12页a—17页a;《明世宗实录》卷111，嘉靖九年三月庚子，第5页b—6页b。

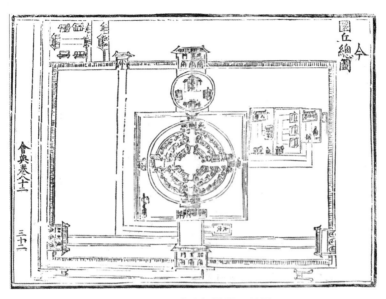

图3-7　天地分祀的圜丘总图

资料来源:《大明会典》卷82《礼部四十·郊祀二》,第1296页。

图片说明:中国古代的宇宙观中有"天圆地方"之说,以为天是圆的,地是方的,大圆即天,大矩即地,能沟通天地才能为民父母,故圜丘内墙是圆形,外墙是方形的。凡祭天建筑皆采圆形,祭地建筑皆用方形。"天地合祀"起于武则天(624—705),唐玄宗(685—762)定《大唐开元礼》为制度。宋代屡有回归合祀的讨论,未能施行。矩形大殿的大祀殿是天地坛的主体建筑,用于合祀天地。直到嘉靖九年改行天地分祀,在大祀殿南侧建圜丘,以祭天;于北京城北的安定门外建方泽,以祭地。圜丘坛外为方形围墙,西、南墙外有条御路。南御路的西端有座二柱的石牌坊,为西牌坊。西牌坊后即为"神路"。皇帝祭天时须经西牌坊,行"神路"至昭亨门北折,进入天坛。

　　霍韬遭到惩处的下场,使朝臣们不敢再提出反对意见。礼部汇集第二次廷议的结果:主张分祀者,有右都御史汪鋐(?—1536)、夏言等八十二人;主张分祀,又说尊重成法,态度模棱两可者,有大学士张璁、翟銮等八十四人;主张分

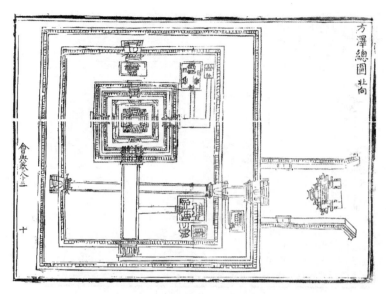

图3-8 天地分祀的方泽坛总图

资料来源：《大明会典》卷83《礼部四十·郊祀三》，第1307页。
图片说明：以"天阳地阴"说，祭天在南郊为阳位，祭地在北郊为阴位。方泽坛位于北京安定门外，用以祭地，为二层方坛，北向。

祀，以山川坛为方泽者，有欧阳德、魏良弼等二十六人；主张合祀，却不以分祀为非者，有吏部尚书方献夫、詹事府詹事霍韬及翰林院编修徐阶等二百零六人；不置可否、缄默以对者一百九十八人。[1]于是礼部建议实行"天地合祀"制，委婉解释："遵行旧典最为简易""宜仍于大祀殿专祀上帝而配以二

1　《明世宗实录》卷111，嘉靖九年三月辛丑，第6页b。何淑宜：《皇权与礼制：明嘉靖朝的郊祀礼改革》，第11页。

祖，皇地祇则营坛壝以祭"。[1]

　　嘉靖皇帝并不满意这次结果，斥责礼部因循苟且，竟想阻止改制，才有如此荒谬的结果。眼见嘉靖皇帝的态度坚决，大学士张璁与礼部尚书李时决定让步，却仍坚持二祖（太祖、太宗）并配南北郊及大祀殿，申论"二祖分配则义有未合"[2]，请求不要裁撤太宗配享的资格。[3]嘉靖皇帝则以"二祖并配天地，甚非礼之正"[4]为由，驳回礼部的建议，命其再议。张璁等人再提出太宗有功德，"靖内难而东征，北伐定鼎北都。我皇上今日抚有洪图，实以我太宗帝系"[5]，劝阻嘉靖皇帝不要删去太宗配享。但嘉靖皇帝却反驳，"开天立极本我皇祖高皇帝肇之"，又提出周代文王、武王开国的例子，指出太宗永乐皇帝虽有功德，但依据周文王配祀天地之例，只有始祖（德祖）与太祖（洪武皇帝）有资格配天、配帝，才能符合"天惟一天，祖亦惟一祖"的宗法原则。夏言则公开支持皇帝，指出诸臣应当顺应，不该多嘴多舌。[6]朝臣的劝告，嘉靖皇帝不听，反而说"惟知分配为当而已"。[7]在皇帝的强大压力下，礼部最后只得同意，将郊祀礼改为"天地分祀"，太祖独配南北郊，但仍

1　《明世宗实录》卷111，嘉靖九年三月辛丑，第6页b—7页a。

2　《明世宗实录》卷111，嘉靖九年三月辛丑，第8页b。

3　《明世宗实录》卷111，嘉靖九年三月辛丑，第9页a。

4　《明世宗实录》卷111，嘉靖九年三月辛丑，第9页a。

5　《明世宗实录》卷111，嘉靖九年三月辛丑，第9页b。

6　《明世宗实录》卷111，嘉靖九年三月辛丑，第10页b。

7　《明世宗实录》卷111，嘉靖九年三月辛丑，第11页a。

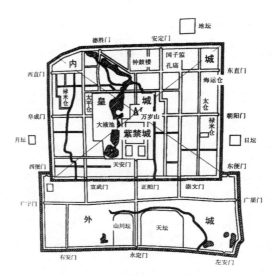

图3-9 明万历朝时的北京城图

资料来源：张克群：《北京古建筑物语（一）：红墙黄瓦》，化学工业出版社，2019年，第28页。

图片说明：从万历朝的北京城图可推溯嘉靖朝礼制更定的规模，图中可见嘉靖朝以后的北京城，其平面布局处处展现方位意义。天坛祭祀建筑群位于城南，方泽坛（地坛）位于城北，符合"天南地北"之说。城东有朝日坛（日坛），城西有夕月坛（月坛），亦符合东方太阳、西方太阴的说法。皇城居中，坐北朝南，前有太庙（祖庙）居左，社稷坛（太社）居右，符合"左祖右社"礼秩原则。而且"前朝后寝""五门三朝"构成中轴对称、纵深发展的布局，紫禁城处于北京城的正中央位置，体现天下以皇帝为中心的大一统观念。

坚持让太宗与太祖并配大祀殿。嘉靖皇帝也不再坚持，让太宗并配大祀殿。如此，郊祀的争论才告一段落。[1]

　　嘉靖九年五月，武定侯郭勋与夏言等人负责兴建全新的郊祀坛。十月，圜丘建成。十一月，嘉靖皇帝亲定各坛名称，

───────────

1　《明史》卷48《礼志二》，第1252页。

"南郊之东坛名天坛（圜丘），北郊之坛名地坛（方泽），东郊之坛名朝日坛，西郊之坛名夕月坛，南郊之西坛名神祇坛"[1]，又定冬至、夏至、春分、秋分四时轮流分祀。明朝的郊祀制度，由合祀改为分祀之制。[2]建置四坛后，北京城整体建筑结构有了较大的改变，如仿古礼制，符合周代城邦的建城架构，也让宫城（紫禁城）居于众坛围绕的中心地位。[3]此外，这里略提亲蚕礼的后续发展，或许更能彰显郊祀改革的核心意义。由于"天地分祀"已定，引发祀典更定的亲蚕礼竟变得无关紧要。嘉靖十年，礼部决议因袭唐宋旧制，亲蚕礼改在宫中举行。嘉靖四十一年（1562）二月便废除亲耕礼与亲蚕礼。[4]由此可知，亲蚕礼只是用来启动"天地分祀"的媒介，当初宣称的亲民之意，可谓冠冕堂皇的理由。

　　至于"天地分祀"的意义，学者大多主张改制原因出于嘉

1　《明世宗实录》卷119，嘉靖九年十一月丙申，第9页a。

2　"天地分祀"制取《诗经》文义，周天子于冬至日祭天神于圜丘，在京师南郊建圜丘，冬至祭礼亦称南郊大祀。夏至日祭地祇于方泽，在京师北郊建方泽，夏至祭祀亦称北郊大祀。

3　杜佑撰，王文锦等点校：《通典》，中华书局，1988年，第1230页。

4　《明世宗实录》卷506，嘉靖四十一年二月辛酉，第1页b—2页a。根据《春秋·谷梁传》记载"天子亲耕，王后亲蚕"，皇帝主持亲耕礼，皇后主持亲蚕礼，率领众嫔妃祭拜蚕神嫘祖，并采桑喂蚕，以鼓励国人勤于纺织。这样的仪式，不但有奖励农桑之意，也清楚界定男耕女织的工作区分，自周代以后，历代多沿袭奉行。嘉靖四十一年后，亲耕礼与亲蚕礼不再执行。清初逐步恢复了亲蚕的仪式，乾隆七年（1742）更仿古制，建先蚕坛，并制定一套完整的仪式，由孝贤皇后于乾隆九年（1744）首先施行。

靖皇帝的好古粉饰。但从嘉靖皇帝与首辅张璁私下往来的《谕对录》来看，双方不乏纠正前代陋规的意图，不能全归因于皇帝好大喜功，或张璁、李时、夏言等人诏媚迎上而已。《明史》亦赞许嘉靖皇帝："慨然有狭小前人之志，欲裁定旧章，成一朝制作。"[1]事实上，从郊祀配享改为太祖独配一事来看，整个郊祀礼改革的动机似有蹊跷，不全然是为了恢复古礼。嘉靖皇帝的目的为何？霍韬说得最明白。霍韬反对"天地分祀"时，指出"祖宗定制不可变。《周礼》为王莽伪书，宋儒议论皆为梦语。东西郊之说起，自是而九庙亦可更矣"[2]，直指"天地分祀"的弊病——将使宗庙制度也随之改动，无疑暗示了嘉靖皇帝改制的真正动机不在于郊祀礼，而是宗庙制度。再从嘉靖十年嘉靖皇帝又借特享礼，发起禘祫礼之议来反证[3]，可知霍韬的忧虑其来有自。嘉靖皇帝改革郊祀礼，乃为改易庙制做准备，并不只是复古之举，实有特殊的政治目的。

三、庙制变异，分建九庙

郊祀礼采用"天地分祀"后，嘉靖皇帝也改变郊祀配享，以太祖独配南北郊，以太祖、太宗并配大祀殿。这样一来，郊祀礼与郊祀配位的排列发生变化，进而影响禘祫制度（庙

1　《明史》卷193《李时传》，第5113页。

2　谷应泰：《明史纪事本末》卷51《更定祀典》，第532页。

3　《明世宗实录》卷121，嘉靖十年正月壬辰，第1页b。

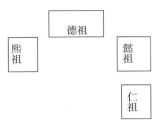

图3-10　洪武年间四亲庙制

资料来源：赵克生：《明朝嘉靖时期国家祭礼改制》，第23页。

图片说明：明太祖洪武皇帝追尊四代考妣为帝后，尊高祖曰"德祖"，曾祖曰"懿祖"，祖曰"熙祖"，考曰"仁祖"。德祖庙中，懿祖东第一庙，熙祖西第一庙，仁祖东第二庙，皆南向。

祀），连带地使宗庙位序的排列也出现变动，导致太庙的始祖位置由德祖（朱元璋的高祖父）改换成太祖朱元璋，祧迁德祖。讨论庙制更定前，约略说明禘祫改制后的礼秩变动[1]，以了解郊祀礼改为"天地分祀"后，如何引发骨牌效应，让庙制有了变革的空间。

　　明代的宗庙制度，源于明太祖建国前一年（1367），引用《礼记》之论[2]，又引宋代先例，建四亲庙，供奉高祖朱百六以

---

[1]　时享礼改制，见《大明会典》卷86《礼部四十四·庙祀一》，第19—25页。祫祭礼改制，见《大明会典》卷87《礼部四十五·庙祀二》，第3—11页。

[2]　开明书店编：《断句十三经经文·礼记》，《王制》，第24页。"天子七庙，三昭三穆，与太祖之庙而七。"开明书店编：《断句十三经经文·礼记》，《祭法》，第90页。"天下有王，分地建国，置都立邑，设庙祧坛墠而祭之，乃为亲疏多少之数，是故王立七庙一坛一墠，曰考庙，曰王考庙，曰皇考庙，曰显考庙，曰祖考庙，皆月祭之。"

图3-11 周代都宫七庙制

资料来源：万斯同：《庙制图考》，收入《四库全书珍本六集》史部第129册，台湾商务印书馆，1976年，第116页a。

图片说明：周代的七庙制，以宗庙群为主，共有七间太庙，每个皇帝的神主各有独立的太庙，每一庙按照"左昭右穆"方式排列，各神主皆南向。

下的四世祖，使"四祖各为庙。德祖居中，懿祖居东第一庙，熙祖居西第一庙，仁祖居东第二庙。庙在宫城东南，皆南向"[1]，采"都宫别殿"制。洪武八年（1375），鉴于"都宫别殿"制支出太大、行礼不易的困难，遂改为行礼便利、节省开支的"同堂异室"制。[2]所谓"都宫别殿制"，即国家的宗庙制度

---

[1] 《明太祖实录》卷25，吴元年九月甲戌，第1页a。

[2] 赵克生：《明朝嘉靖时期国家祭礼改制》，第22—24页。从洪武九年（1376）的"空印案"，笔者怀疑洪武皇帝更定庙制的原因，可能是为了整顿内政、缩减开支。檀上宽：《明王朝成立期的轨迹》，收入刘俊文主编《日本中青年学者论中国史·宋元明清卷》，上海古籍出版社，1995年，第341—347页。

采周代的七庙制[1]，以宗庙群为主，共有七间太庙，每个皇帝的神主各有独立的太庙，每一庙按照"左昭右穆"方式排列，各神主皆南向。"同堂异室"制，即建一间太庙，祭祀时，每个皇帝的神主全供奉在太庙前殿，依照"父昭子穆"方式排列，一同举行庙祭。典礼结束后，再将神主分别放回后殿的寝殿各室内。寝殿各有九间，每间隔成一室，分别存放各帝的神主和衣冠。当九室已满，除了始祖神主不行祧迁外，其他皇帝神主依照世系远近，依序祧迁，让九室腾出空位，放置新死去皇帝的神主。值得注意的是，宗庙制度的祧迁之制，选择以人定庙、世系不固定的"昭非常昭，穆非常穆"方式，不用世系固定的"昭常昭，穆常穆"。[2]当新神主入奉太庙正殿后，各室神主必须往前进位，重新排列庙次。

　　洪武九年（1376）十月，采用"同堂异室"制的新太庙落成，奉德祖帝后神主于正殿中，南向；懿祖帝后神主于正殿东，西向；熙祖帝后神主于正殿西，东向；仁祖于正殿东，西向。四祖没有专庙，按"父昭子穆"的顺序排列。[3]建文帝

1　章景明：《殷周庙制论稿》，第21—42页。根据明太祖建四亲庙之举，可知明初庙制采用周代七庙制，"周代之所以七庙，除了始祖后稷及文王、武王受命有功德，其庙不毁外，实有高祖以下之四亲庙"。王国维认为周初武王、成王时，祭其先祖但及高祖以下四世，与其他先公不同，遂为四亲庙之制。后世又加以后稷、文王、武王，遂为七庙。周初庙制自当在四庙至七庙二者之间。王国维之说，与汉代郑玄的五庙说不谋而合。王国维：《殷周制度论》，第287—303页。

2　李衡眉：《昭穆制度研究》，第54—55、92—99、199—202页；赵克生：《明朝嘉靖时期国家祭礼改制》，第23页。

3　《明太祖实录》卷110，洪武九年十月己未，第1页b—2页a。

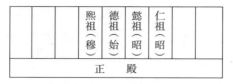

图3-12　洪武年间太庙正殿图

资料来源：万斯同：《庙制图考》，第116页b—117页a。

图片说明：洪武九年，诏更建太庙，改为"同堂异室"制。前为正殿，后为寝殿，俱翼以两庑，寝殿九间，分为九室。德祖居中，余以昭穆左右并列，神主皆南向。四时及岁暮祭于正殿，德祖仍居中，南向。懿祖居东，西向。熙祖居西，东向。仁祖居懿祖下，亦西向。四祖不迎神主，但设衣冠于神座祀之。值得注意的是，古者主藏于室，祭即在室中，明代太庙却别有正殿奉祭，不同于历代庙制。

（1377—？）即位后，奉太祖神主，入祔太庙，居熙祖旁（西二），东向，其寝殿神主居西二室，面朝南方。永乐皇帝迁都北京后，建北京新太庙，仍依循南京旧太庙的宗庙规制，采用"同堂异室"制。

　　直到孝宗弘治皇帝即位，宪宗神主将祔庙，但太庙九室已满，须议祧迁。礼部尚书周洪谟（正统十年进士）以宋代不祧僖祖（宋皇室始祖）为例，主张祧懿祖、不祧德祖（明皇室始祖），"国家自德祖以上，莫推世次，则德祖视周后稷，不可祧。宪宗升祔，当祧懿祖。宜于太庙寝殿后，别建祧殿，如古夹室之制。岁暮则奉祧主合享，如古祫祭之礼"。[1]吏部侍郎杨守陈（景泰二年进士）不同意周洪谟的方案，主张祧德祖

1　《明史》卷51《礼志五》，第1316—1317页。

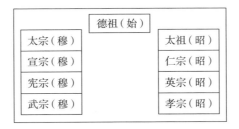

武宗（穆）	宪宗（穆）	宣宗（穆）	太宗（穆）	德祖（始）	太祖（昭）	仁宗（昭）	英宗（昭）	孝宗（昭）
				正　殿				

图3-13　嘉靖改制前的太庙正殿图

资料来源：赵克生：《明朝嘉靖时期国家祭礼改制》，第33页。

图片说明：德祖居中面向南，居始祖位置。太祖神主以降，东边昭位神主面向西。太宗神主以降，西边穆位神主面向东。

	德祖（始）	
太宗（穆）		太祖（昭）
宣宗（穆）		仁宗（昭）
宪宗（穆）		英宗（昭）
武宗（穆）		孝宗（昭）

图3-14　嘉靖改制前的太庙寝殿图

资料来源：赵克生：《明朝嘉靖时期国家祭礼改制》，第33页。

图片说明：德祖居中，太祖居昭位首，太宗居穆位首，皆面向南方。

并懿、熙二祖，奉太祖为始祖。[1]孝宗从礼部议，决议祧懿祖，在太庙寝殿后方建立祧庙，奉迁懿祖（朱元璋曾祖父）神主。孝宗、武宗去世后，朝廷按原有的祧迁方案，迁熙祖（朱元璋祖父）与仁祖（朱元璋父亲）至祧庙，奉德祖为始祖，为不迁之主，仍供奉在太庙的中央位置，太祖朱元璋以昭穆递迁，居昭位第一室。换言之，嘉靖皇帝即位时，宗庙昭穆顺序是

1　万斯同：《庙制图考》，第119页a。

德祖居中，面向南方；太宗、宣宗、宪宗、武宗居穆位，面向东方；太祖、仁宗、英宗、孝宗居昭位，面向西方。

回头谈礼制改革运动的发展。前文提及，更定郊祀礼与孔子祀典（1530）后[1]，嘉靖皇帝向大学士张璁询问庙祀的禘祫之义[2]，认为用来庙祭的禘祫制度，也须随着新的郊礼制度改变，"四孟时祫，太祖未得居尊。岁暮之祭，混其重轻。以大

1　有关孔子祀典的讨论，可参看黄进兴：《优入圣域：权力、信仰与正当性》。本文限于篇幅，略而不谈。黄进兴从嘉靖九年孔子祀典的改制措施（去孔子王号、毁塑像、降乐舞笾豆仪制、以孔子父建别室配享等）着眼，认为嘉靖皇帝借着操控文化系统的解释，压制道统概念所象征的制衡力量，打击文人集团的士气。又指出嘉靖皇帝对于诸多礼仪的改定，并非天性使然，尤其特别注重尊卑次序，乃因"大礼议"事件所致。此外，从孔庙改制的讨论过程中，可知张璁议立"启圣祠"，是为了"以明人伦之大"，实隐含了"大礼议"的终极目的，即尊亲为上的深意。但小岛毅却提出不同的看法，参见小岛毅：《嘉靖の礼制改革について》，第399—407页。

2　"禘"即审禘始祖之所出，是古代宗庙祭祀的礼仪之一，每五年举行一次。《礼记·大传》："王者禘其祖之所自出，以其祖配之。"《礼记·丧服小记》："王者禘其祖之所自出，以其祖配之，而立四庙。""祫"即集合远近祖先之祭，是古代在太庙合祀远近祖先的祭祀，每三年举行一次。《说文解字》："祫，大合祭先祖亲疏远近也。""禘祫"为禘礼与祫礼的合称，为帝王祭祀先祖之礼仪，属于吉礼。明初仅有祫礼，朱元璋以无法知始祖何人为由，遂不行禘祭。至嘉靖十年，始议设一虚位，以禘祭皇初祖，并奉太祖配享。定丙、辛之年，由礼部择日行礼。嘉靖十五年，更定礼制，以每年立夏、立秋、立冬日祭太祖、成祖、七宗之牌位，为大祫。后改于每年岁除日行大祫礼。祭毕，各归牌位于寝庙。每五年，凡丙、辛年孟夏，则行禘祭之礼于太庙。祭毕，将书有皇初祖的纸牌烧掉。详见诸桥辙次：《諸橋辙次著作集·第四卷》，第243—261页。清代学者万斯同曾批评明代禘祫制度，指出皇初祖之说是全然虚构之论。万斯同：《庙制图考》，第124页a—124页b。

祫而兼节日之祭，是祫义反轻。以节日祭而兼祫义，恐非所
以尊孝祖宗之意，是不可不别之也"。[1]是故嘉靖皇帝主张恢复
特享礼[2]，在春享时（每年清明时分）奉太祖神主于寝殿中央，
面南而设，太宗以下神主各为一室，行特享礼；三时（端午、
中元、冬至）将神主聚于太祖室，昭穆相向，行时祫礼；季
冬中旬（农历十二月）择日举行岁祫礼，留存太祖之制；岁暮
（除夕）节祭，行于奉先殿；世庙止行四孟礼（四时之享），岁
暮祭于崇先殿。[3]

　　大学士张璁则支持皇帝，建议以太祖为始祖，以德祖为
"所自出之帝"。[4]嘉靖皇帝十分高兴，决定采用张璁的方案，
"欲正高皇帝为始祖，而以德祖为所自出之帝"，并参考朱熹
与丘濬（1421—1495）的论点，亲制《大禘图》，解释禘祫礼
改革的理由："太祖开运肇基，不可不尊隆，使同子孙并列。
太庙本是太祖庙，当南向而享之地。及列圣虽不可并，但生

---

1 《明世宗实录》卷121，嘉靖十年正月壬辰，第1页b。

2 沈朝阳：《皇明嘉隆两朝闻见纪》卷4，第1页b。

3 张孚敬：《谕对录》卷26《嘉靖十年正月初三日》，第4页a—4页b。奉先
　殿是明代宫内祭祀祖先之所，洪武三年，始建于乾清宫。置四代帝后神
　位、衣冠，定仪物、祝文。朝夕焚香，朔望瞻拜，时节荐新，生忌致祭，
　行家人礼。以太庙为外朝，奉先殿为内朝。永乐迁都北京后，建庙及仪
　如南京。嘉靖十四年（1535），每逢圣节、中元、冬至、岁暮，皆以祝文、
　宴乐祭告。太常寺先期题知，光禄寺略办祭品，至期奉先殿内行礼。自万
　历二年（1574）后，皇帝亲祭，祭品、告文、执事皆出内监，由太常遣官
　代祭。参考中国历史大辞典·明史编纂委员会编：《中国历史大辞典·明
　史卷》，第279—280页。

4 《明世宗实录》卷121，嘉靖十年正月壬辰，第2页a。

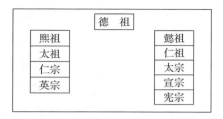

图3-15 弘治年间的四时祫祭图

资料来源：万斯同：《庙制图考》，第123页a—123页b。

图片说明：明初无大祫之祭，唯四时孟月及岁暮祫祭于正殿，以南向为尊。嘉靖朝时，四祖尽迁出太庙，奉入祧庙之中，太祖居德祖位。行大祫礼时，仍奉德祖居尊位。

图3-16 嘉靖年间新定的禘祭图

资料来源：万斯同：《庙制图考》，第123页a—123页b。

图片说明：禘礼本以追始祖所自出，典礼最隆。历代皇室因谱牒不明，莫知其所本，遂不行禘礼。嘉靖十年四月，为行禘礼，因而虚设"皇初祖"神位，作为"始祖所自出"，视太祖为明代帝系兼君统宗统的"始祖"。

一世而南面，至其为宗，终不得一南向以享，是亦未尽人情。况孝子之心安乎？大禘祭，欲岁一举，恐失于常祀之同。"[1]并以春季特享礼即将举行、时间紧迫为由，不再征询礼部对禘祫礼改革的意见，直接命礼部商议新禘祫礼的仪式。

礼部尚书李时很快地汇集众官意见，大部分遵照张璁拟定的方案，"正南面之位，以尊太祖；孟春行特享之礼，以尊列

---

1 《明世宗实录》卷121，嘉靖十年正月辛卯，第2页b。

圣；季冬举太祫之礼以合祀祧庙之主；移亲王功臣配食于两庑，以别尊卑，情顺理安"。[1]不过，在大祫礼上，礼部却提出异论，指出大祫、特享、时享之时，礼文繁复，深恐皇帝行礼过于操劳，无法遍诣各宗、三献俱亲。于是建议"宜于大祫时于德祖前，时享、特享时于太祖前，三献必亲其列圣"[2]，这样皇帝只需要行初献礼，第二、三次祭献则令大臣代理，以免过劳，亦可周全礼仪。总之，经礼部拟定行礼顺序后，嘉靖十年一月九日（甲午），改太庙庙次，让宗庙神主排列的位置产生了极大的变动，德祖神主被迁于祧庙，太祖居太庙中央，南面而居，正式称为始祖，间接地废去了德祖为始命祖的地位。[3]

春季特享礼行毕后，嘉靖皇帝又私下命首辅张璁、礼部尚书李时及夏言三人共同讨论"藏四祖之地"，解决祧庙位序不足的问题：

> 朕躬奉皇祖神主安于中室，及以序进迁七宗位并四祖位礼成。但祧庙止隔三室可转，谕时（李时）作速妆饰祧庙东第二室。朕今以仁祖帝后主暂安于熙祖主之左右相向，待隔完奉安。又兹午吉，朕躬率皇后奉安，进迁奉先殿神位，其四祖位无可藏处。今奉于太祖神床之后，各柜并南向安之，未知是否？或奉之祧庙藏？[4]

1　《明世宗实录》卷121，嘉靖十年正月壬辰，第3页b—4页a。

2　《明世宗实录》卷121，嘉靖十年正月壬辰，第5页a。

3　《明世宗实录》卷121，嘉靖十年正月甲午，第8页b。

4　张孚敬：《谕对录》卷26《嘉靖十年正月初九日》，第13页a—13页b。

张璁据《礼记》和《朱子家礼》的理论，印证嘉靖皇帝的新方案乃有礼可考，并进一步建议扩大祧庙的规模，以安四祖之位。[1]嘉靖皇帝又转移问题焦点，关注太庙昭位、穆位的排列顺序：

> 卿等所据，朱子之礼是矣。但又设案于旁，恐亦甚费事。又昭穆之序，父昭子穆，定制也。孙却又是昭行，且古礼祭用尸，有孙为祖尸，主祭却是为尸之父，是父拜子不为嫌也。又朱子曰：凡附昭位，则群昭皆动；穆不与附穆位，则群穆皆动，昭不与非论左右。如今一有所附，则不论昭穆，则迁之，是非礼也。今既序昭穆，则当先诸昭而后诸穆。如以父子世代论，则孝宗不应右，而武宗不应左也。礼烦必乱，须要可继。卿等其再思之。[2]

仔细考订历代庙制差异后，嘉靖皇帝主张废止"同堂异室"制，改为"都官别殿"制，太庙改建七个庙体，让各皇帝的神主拥有属于自己的独庙，南向而居，否则无法更正宗庙的昭穆错误的问题。[3]从这时开始，嘉靖君臣正式开始了庙制的改革运动。

嘉靖十年九月，嘉靖皇帝召见大学士李时、翟銮与礼部

1　张孚敬：《谕对录》卷26《嘉靖十年正月初九日》，第13页b—14页a。

2　张孚敬：《谕对录》卷26《嘉靖十年正月十一日》，第17页a—17页b。

3　《明世宗实录》卷130，嘉靖十年九月己卯，第8页b。

尚书汪鋐、夏言四人[1]，对他们说：太祖建国之初，曾立四亲庙，后因郊祀礼改为"天地合祀"，庙制遂改"同堂异室"制。既然郊祀礼已改回"天地分祀"，庙制也应和郊祀礼一起改变，恢复为"都宫别殿"制。[2] 换言之，从嘉靖皇帝的话语看，"天地分祀"须搭配"都宫别殿"制，始能恢复"洪武初制"的规模。大学士李时等人没有争论"都宫别殿"制合礼与否，反而以"事体重大，未可轻易""遍祭九庙，恐圣躬太劳"及"两庑南北短，岂能容都宫寝庙"[3] 等实际困难为由，反对恢复"都宫别殿"制，劝诫皇帝不宜改动原有的"同堂异室"制。

不过，嘉靖皇帝似乎早有准备，逐一地反驳了四位大臣的意见：改建太庙时，大殿、寝殿均不必更动，只需利用太庙两庑（正殿东西走廊）兴建各庙，就没有大规模施工的困难。行各庙祭礼时，可采一日祭一庙的方式，就不会过劳，况且也可遣官代祭，不成问题。尤其嘉靖皇帝不愿让四位大臣怀疑自己的改制动机，还以世庙为对比，彰显庙制改革的重要性，"朕思皇考南面专享世庙之祀，而太宗以下列圣乃东西面，

1　当时张璁受彭泽诬陷夏言事拖累，遭忌去位。第二次被罢归的时间是嘉靖十年七月。最初的议礼五臣皆已不在朝：席书早亡，方献夫以病去，霍韬以忧去，桂萼以病去，张璁被罢职。后来嘉靖皇帝思念不已，嘉靖十一年三月召回张璁，命其入阁办事。张孚敬：《谕对录》卷26《嘉靖十年正月初四日》，第10页 b；沈朝阳：《皇明嘉隆两朝闻见纪》卷4，第9页 b—10页 b。

2　《明世宗实录》卷130，嘉靖十年九月己卯，第8页 b。

3　《明世宗实录》卷130，嘉靖十年九月己卯，第8页 b。

不得专（纪）祀，《书》（《尚书》）称礼无丰昵，朕心未安"。[1]
可是，夏言又指出太庙两庑旁的土地过于狭窄，不足以容纳
都宫和寝殿。嘉靖皇帝只好先命令夏言负责测量[2]，又命诸臣想
办法解决两庑狭隘的问题，务必尽快改建太庙。

半年后（嘉靖十一年四月），首辅张孚敬（即张璁，嘉靖
皇帝于嘉靖十年二月赐名。为免混淆，下文仍称张璁）会同诸
臣联名上疏，向嘉靖皇帝报告测量结果与太庙改建计划，商
议的庙制方案有二：一是认为太宗有定都北京的大功，应仿
效周代为文王立世室的例子，单独为太宗立庙即可，使太宗
不在三昭三穆之列，无须行祧迁之制；二是太庙两庑太过狭
隘，只能兴建五间宗庙的正殿，无法设寝殿，"以其后半为藏
主之所"，这样将使"太宗世室直北与太庙后墙等齐"，其他宗
庙"展转裁损，寝庙门庑不能具备"。[3]嘉靖皇帝再三考虑后，
虽不满意礼部的简陋方案，但一时找不到解决地势限制的
办法，也没有想到其他的替代方案，只好停议，搁置所有的
计划。

嘉靖十三年（1534）六月，南京的太庙发生火灾，"前后
及东西庑神厨库俱毁"。[4]南京礼部尚书湛若水（1466—1560）
请将南京太庙香火移往南京奉先殿，等待重建南京太庙后，

---

1 《明世宗实录》卷130，嘉靖十年九月己卯，第9页a。
2 《明世宗实录》卷130，嘉靖十年九月己卯，第9页a。
3 《明世宗实录》卷137，嘉靖十一年四月甲申，第2页b。
4 《明世宗实录》卷164，嘉靖十三年六月甲子，第7页a—7页b。

再移入列圣神主。[1]这场莫名的灾难，仿佛上天示警，大学士张璁、李时及六部尚书纷纷具疏求退。嘉靖皇帝也感到十分忧烦，遂令内外臣工一律反省，讨论是否重建南京太庙，同时用自问自答的方式，透露出南京太庙无须再重建的想法：

> 朕惟太宗既迁兆（北）都，为子孙万世之业，则南太庙不必重有。或请太祖初定之都，子孙当思慕（慕）功德不可废。朕则以太宗定北都传已，太宗矣，能守祖宗洪业，传之无穷，岂有南北之分也？……一天下，作二主、二庙，岂合礼与义哉？或又谓承天尚有献考庙［按：安陆兴藩的献皇帝家庙］，将非薄祖厚亲欤？朕则曰承天之庙，孝宗所命建藩邸旧弟（地）也，故不敢去之，犹亦南京奉先殿之北。此与世庙不同，且南京祇存百官有司，不巡幸、不举时祀，徒有庙社耳，此与周家一都三庙之同建者，今昔意不侔也。况祖宗神灵唯于子孙是依是凭，岂有隔数千里之远能将朕之诚敬乎？今北都立万世之业，则当为万世之图，使其专一于此。[2]

礼部尚书夏言，大学士张璁、李时等人自然参透了敕旨内隐含的玄机，于是一改过去的反对态度，反而上言说：南京太庙无故烧毁，正是上天废南京太庙的表示，皇帝应听从上

1　《明世宗实录》卷166，嘉靖十三年八月丁未，第3页a—3页b。
2　《明世宗实录》卷166，嘉靖十三年八月丁未，第2页b—3页a。

天与列祖列宗的警示，恢复祖宗旧制（洪武初制）。就这样，稍早改行庙制的争论，获内阁和礼部的支持，终于定案。

这次礼部的集议奠定了庙制改革的理论基础。礼部官员先谈到"古者国无二庙，庙无二主"，"尊无二庙，神无二主也"[1]，证明南京太庙实属赘疣，理应废去，没有重建的必要。接着，援引周代曾建三国都三宗庙的案例，"周之三都三庙，乃迁国立庙、去国载主，非二庙二主也"[2]，将太祖建国南京比喻为周公建都洛阳，将太宗定都北京则比喻为周武王定都镐京。决定是否重建南京太庙前，必先参考周代庙制，建议将南京太庙供奉的神主迁入南京奉先殿：

> 臣等窃谓，圣谟弘远不独定一代之庙制，且以定帝王万世之业。况南京皇城宫殿倾比者多，累朝以来不许修饰，祖宗自有深意。今北京宗庙行将复古定制，而南京太庙边罹回禄，则皇天眷德之意，圣祖启后之灵，已默会于此矣。南京原有奉先殿，其朝夕香火自当合并，供奉如常。太庙遗比似当仿古坛墠遗意，高筑墙垣，谨司启闭，以致尊严之意，则礼成意尽而国是定矣。[3]

由此可知，夏言等人大力主张北京太庙改成"都宫别殿"制，兴建九庙，重新安排太庙神主的位次，让每个皇帝神主都有

---

1 《明世宗实录》卷166，嘉靖十三年八月丁未，第3页b。

2 《明世宗实录》卷166，嘉靖十三年八月丁未，第3页b。

3 《明世宗实录》卷166，嘉靖十三年八月丁未，第4页a。

一个单独的宗庙。基于"国无二庙，庙无二主"之义，夏言主张不应重建南京太庙。还应以周代庙制为例，将一切重要的庙祀献祭皆改于北京太庙举行，"使宗庙、社稷、本支，百世之以此地为根本"[1]，并把礼部方案刊载成书，颁行天下，使天下臣民知晓。[2]

为免廷臣人多嘴杂，再起争议，嘉靖皇帝不经廷议，直接钦定新庙制的昭穆位置，命礼部遵行"太庙南左为三昭庙，与文祖（永乐皇帝）世室而四，右为三穆庙"[3]的方案，让太祖庙门、正殿都朝南向；昭庙门朝西向，穆庙门朝东向，但其内门和寝殿皆朝南向。昭穆六庙的总门，前与太祖庙的戟门（古宫门皆立戟，以示身份尊贵，平民不得侵犯）相并，后与祧庙的后墙相齐。每座宗庙皆设正殿五间、寝殿三间。不过，嘉靖皇帝命礼部重议祭祀太宗的世室之制，要求世室规制只能比太祖庙稍减，但比其他宗庙壮观，不然无法体现太宗的政治地位，也不能展现其崇敬祖先之意。

由于嘉靖皇帝的坚持，决议增拓世室规格。[4]至于庙次的排列，夏言拟定太祖庙居北，称为太庙；太宗庙改称文祖世室，居左三昭庙上方。以后的庙次按"父昭子穆"依次排列。[5]

1　《明世宗实录》卷166，嘉靖十三年八月丁未，第4页a。

2　礼部编：《太庙敕议》，收入《四库全书存目丛书》史部第39册。

3　《明世宗实录》卷167，嘉靖十三年九月辛未，第2页b。

4　《明世宗实录》卷167，嘉靖十三年九月辛未，第2页b。

5　夏言：《桂洲先生奏议二十卷外集一卷》文集卷4《奉旨拟定七庙名额》，第17页a—17页b。

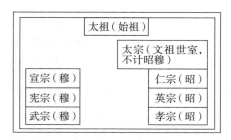

图3-17　嘉靖十三年太庙分建七庙庙次图

资料来源：夏言：《桂洲先生奏议二十卷外集一卷》文集卷4，第16页a—17页b。

图片说明：嘉靖十三年改制后的北京太庙规格，以太祖庙规制最大，太宗庙次之，其他六庙规制皆同。太祖庙门、正殿都朝南向；昭庙门朝西向，穆庙门朝东向，但其内门和寝殿皆朝南向。

祧迁之制也改为昭穆常定（以庙定人的"昭移穆不移""穆移昭不移"）。[1]嘉靖十三年的庙制更定，共建八庙，并不符合《周礼》。嘉靖皇帝为了自圆其说，直接称太宗庙为"文祖世室"，无须列于昭穆六庙之中。至此嘉靖君臣便能宣称新太庙符合《周礼》的天子七庙制。[2]

　　嘉靖十四年一月，嘉靖皇帝以文祖世室与世庙名称相近为由，欲改易世庙之名。但内阁首辅张璁反对这项提议，指出《明伦大典》已颁诏天下，臣民皆知世庙。一旦世庙改名，臣民将不了解"建世庙"之原委，也会质疑朝廷的权信，因此世庙之名不可改，应当改文祖世室为太宗庙。经张璁劝阻后，

1　夏言：《桂洲先生奏议二十卷外集一卷》文集卷4《奉旨考定七庙名额及昭穆递迁》，第30页a。

2　天子五庙和七庙说之争，详见诸桥辙次：《諸橋轍次著作集·第四卷》，第229—236页。

嘉靖皇帝只好作罢[1]，但仍不放弃更定世庙位置的念头，继而以"皇考世庙以迫近河水"[2]为由，必须移动世庙位置，应与新太庙一同处理，于是不经礼部而直接决定"世庙重建于太庙左方"。为避免言官批评新世庙有"丰祢之嫌"[3]，嘉靖皇帝略作让步，只修时祭，让世庙庙祭规格稍降于太庙。

嘉靖十五年十月，张璁已致仕，朝中无人再有能力劝服嘉靖皇帝。[4]此时，嘉靖皇帝又兴起了改世庙名的想法："前以皇考庙，比世室之义，即名世庙。今分建宗庙推太宗世祭

---

1 《明世宗实录》卷171，嘉靖十四年正月壬午，第2页b—3页a。

2 《明世宗实录》卷171，嘉靖十四年正月壬午，第3页a。

3 《明世宗实录》卷171，嘉靖十四年正月壬午，第3页a。

4 由嘉靖十三年至嘉靖十五年内阁变迁来看，夏言日获恩宠，张璁等议礼新贵纷纷去位，势力渐消，详见本书第四章第三节，下表参考张显清：《严嵩传》，第448—449页。

年份	内阁大学士（每栏第一名为首辅，其余依次排列）
嘉靖十三年	张孚敬（张璁），正月晋少师兼太子太保、吏部尚书、武英殿大学士。 方献夫，正月晋少保，四月致仕。 李时，正月晋少保。
嘉靖十四年	张孚敬（张璁），四月致仕。嘉靖十八年（1539）二月卒，谥文忠，赠太师。 李时在阁。 费宏，七月召，八月入，十月卒。
嘉靖十五年	李时，七月加太子少傅；九月，晋少傅、谨身殿大学士；十一月，兼太子太师；闰十二月，晋华盖殿大学士。辛于嘉靖十七年十二月乙卯日。 夏言，闰十二月以少傅、太子太师、礼部尚书兼武英殿大学士入阁。此前，十年九月升任礼部尚书；十一年十一月加太子太保；十三年正月晋少保；十五年七月兼太子太傅，九月晋少傅，十一月兼太子太师。

不迁，恐皇考亦欲尊让太宗，且世之一字，来世或用加宗号，今加于孝庙（应为考庙，疑笔误），又不得世宗之称，徒拥虚名，不如别议。"[1]稍后，嘉靖皇帝又告诉礼部尚书夏言、武定侯郭勋："皇考庙名，卿可会二臣看详，如题曰献皇帝庙，庶别宗称，且见推尊之意。"[2]嘉靖皇帝的要求，表明世庙必须改名为"献皇帝庙"。但世庙若改为"献皇帝庙"，便会与太庙七庙名相近，无法辨识其中礼秩差异。[3]夏言深知皇帝的用意，却不敢像张璁一样持反对意见，竟为之开脱，近似诌媚地说："庙以谥名，既合周典，而尊号昭揭，又与列圣庙号同符。"[4]

夏言的论点，弥补了改世庙名在儒家理论上的缺憾，但对当初"建世庙"是否合礼，也略而不谈：

> 人安得谓无功业，正我皇考之谓歟。虽比契殷之祖，契周之配稷，亦奚不可况于一世号乎？惟是上有文皇，既称太宗，义当尊让，后有圣帝必为圣宗，理应虚俟，则是"宗""世"二称。我皇考在天之灵，必不欲当。况世之上不冠以谥，世之下不承以宗，而单题一字，考之前古，亦未经见，胡可为训？且泛而不切、华而不实，

---

1 《明世宗实录》卷192，嘉靖十五年十月己亥，第8页a。

2 《明世宗实录》卷192，嘉靖十五年十月己亥，第8页a。

3 沈德符：《万历野获编》卷2《玉芝宫》，第47页。

4 《明世宗实录》卷192，嘉靖十五年十月己亥，第8页a。

揆之经义，皆所未安。[1]

是故，世庙终改为"献皇帝庙"。随后（嘉靖十五年十二月），北京太庙完工，德、懿、熙、仁四祖的神位迁奉太庙后面的祧庙，其他皇帝的神主则安放在各自新庙之中。当然，献皇帝的神主也迁入位于太庙群左方的新献皇帝庙，使太庙系统（北京九庙）与家庙系统（世庙）在名称、位置及仪式上的差异逐渐消弭。[2]

从嘉靖十三年至嘉靖十五年的庙制改革来看，嘉靖皇帝先改庙制为"都官别殿"制，把太庙分建为九间，使原本单独立庙的世庙（时已改称献皇帝庙）不再显得突兀；又把新献皇帝庙改建于太庙群左方，位置上比之前的世庙更接近太庙群，让人们不会一眼看出献皇帝不曾为皇帝的事实。之所以改世庙名为献皇帝庙，即为了配合太庙群名，这样献皇帝庙虽不在太庙群列，在名称上却十分相近，容易让人混淆。

若把改世庙名与迁献皇帝庙二事，往前推溯，再连贯更定庙制的过程来看，嘉靖皇帝不重修南京太庙、改"都官别殿"制、分建九庙、易世庙位置、更世庙名、增添两宫皇太后徽号[3]等，乃为了让献皇帝庙规制接近新太庙群，并借着"宗

1　夏言：《桂洲先生奏议二十卷外集一卷》文集卷4《奉旨更定献皇帝庙号》，第17页a—17页b。

2　小岛毅：《嘉靖の礼制改革について》，第396—397页。

3　《明世宗实录》卷194，嘉靖十五年十二月乙未，第5页b。

庙告成"的机会，增章圣皇太后（嘉靖皇帝生母蒋氏）的徽号为八字，让母亲能和代表宗统一脉的慈寿皇太后（武宗之母）平起平坐。总之，嘉靖皇帝把"同堂异室"制改为"都官别殿"制的动机，未必是崇敬祖先、恢复古礼这么简单，而有其崇敬私亲、重塑皇权的意图，又在名称上鱼目混珠，逐步消弭与太庙群列间的差异，希望能把献皇帝庙悄悄挤入太庙群列之中，以提升献皇帝的政治地位。

四、明堂复古，献皇称宗

嘉靖十七年五月，嘉靖君臣为了明堂制度的恢复与否，又掀起议礼风波。[1]自嘉靖皇帝即位以来，议礼争议似乎从未平息，或议谥号，或议迁陵，或议建世庙，或议改定祀典，或议分建九庙，每每引起朝堂上的唇枪舌剑。可以说，"大礼议"始终牵动着嘉靖皇帝的思绪，几乎耗尽了其所有精力。尽管明知言官们众怒难犯，但嘉靖皇帝仍采取强硬手段，对不合己意者，一律下狱，平息纷争。不过，他也深知若坚持把献皇帝的神主升祔太庙，必然招致群臣反对，说不定又会引

1　谷应泰：《明史纪事本末》卷50《大礼议》，第528页。《明实录》并未记录嘉靖十七年五月礼部集议之事，但据嘉靖十七年六月的记载，可知丰坊上言前必有诏令集议之事，因此本文在时间点上采《明史纪事本末》的记载，明堂礼争议时间，应为嘉靖十七年六月。《明世宗实录》卷213，嘉靖十七年六月丙辰，第2页a—9页a。

起类似左顺门事件的大规模抗争。鉴于在左顺门事件中受到的震撼，嘉靖皇帝只好搁置此事，等待时机到来。

就在此时，早在嘉靖八年致仕的扬州府同知丰坊[1]建议嘉靖皇帝恢复明堂秋礼。[2]丰坊先依据《孝经·圣治章》"孝莫大于严父，严父莫大于配天"[3]，又以周公郊祀后稷以配天，庙祀文王于明堂、配上帝为例，请复古礼，为献皇帝在天下郡

1　丰坊之父丰熙为"濮议论"的中坚分子，于嘉靖三年伏阙争大礼时遭廷杖充军，死于戍所。丰坊也因此下狱，被贬谪至通州，嘉靖八年因病求去。长期罢官的丰坊为求录用，曾到处请托，思效法张璁、桂萼等人以词组通显之故事，上《明堂议》，却无擢拔，归家悒悒而死。时人咸恶其叛父的行径，贬为"妄人"。沈德符：《万历野获编》卷2《献帝称宗》，第45页。丰坊相关研究不多，多关注丰坊造伪之作为，详见王汎森：《明代后期的造伪与思想争论——丰坊与〈大学〉石经》，第1—19页。

2　王国维：《明堂庙寝通考》，收入氏著《观堂集林》卷3，第72—85页。明堂之制向来众说纷纭，但经过过去学者整理，可知明堂的主要作用：一是皇帝明礼仪、政教、讲学、颁布法令的场所，例如《礼记·明堂位》云"昔者周公朝诸侯于明堂之位，天子负斧依南乡而立"；二是皇帝朝会诸侯、举行敕封和奖赏仪式的场所，例如《礼记·月令》与《木兰辞》所载。至于明堂义为何，先代诸儒更聚讼不已，但大多以《孝经·圣治章》与《周礼·冬官考工记》为本。明堂的建筑形式也常引起争论，据清代学者陈澧的说法，应采取《礼记》的九室说。关于儒家学者对明堂制度的争议，详见王健文：《奉天承运：古代中国的"国家"概念及其正当性基础》，第150—164页。

3　《明世宗实录》卷213，嘉靖十七年六月丙辰，第2页a—9页a；开明书店编：《断句十三经经文·孝经》，《圣治章》，第2页。

邑各立明堂。[1]并引述《礼记·祭义》之语"圣人为天子者也，尊亲严父配天也"[2]，嘉靖皇帝既为天子身份，献皇帝自然可加尊庙号称宗，配享天地，入祔太庙。丰坊的意见，道破了嘉靖皇帝的心事。嘉靖皇帝大喜，立即命礼部商议。

毋庸置疑，丰坊的提议引起了言官们的反对声浪。祀典与庙制之间的关联在于郊祀配享。郊祀礼得以配天者，必须是始祖与受命祖，如德祖与太祖朱元璋；得以在明堂配祀者，必须为有彪炳功业者，如太宗朱棣。换言之，献皇帝无功无德，根本无法与太祖、太宗相提并论，况且献皇帝从来不曾当过一天真正的皇帝，焉有资格祀明堂、配上帝！丰坊的方案立刻遭到了以礼部尚书严嵩为首的反对浪潮。

礼部尚书严嵩列举献皇帝不可称宗祔庙的理由。第一，明堂之制以尊亲为主，"帝而享之，又以亲之也"。[3]但明堂义古奥难寻，只能"师先王之意，自为令制"。既然明堂、圜丘皆用来祭祀天地，而大祀殿在圜丘之北，正应古礼，明堂秋

---

1 凌纯声：《北平的封禅文化》，《中央研究院民族学研究所集刊》第16期，第1—100页；刘子健：《封禅文化与宋代明堂祭天》，《中央研究院民族学研究所集刊》第17期，第45—51页。中国祭天本有两种仪式，一是封禅制度，二是较少注意、争论不休的明堂制度，用屋内祭天的方式。据刘子健考订，可知宋代的明堂制度大为发展，祭祀对象从天演变成天地和祖宗，把天也祖宗化了。尤其是祭天仪式从露天的坛上搬到屋内，天子的地位被提高，相对地削弱了天的神圣性。

2 郑玄注，孔颖达等注疏：《礼记注疏》卷48《祭义》，第821页。

3 《明世宗实录》卷213，嘉靖十七年六月丙辰，第2页a—9页a。

祫礼自然可在大祫殿举行，不必再更建明堂。[1]第二，古礼以有功者称祖，有德者称宗，"若以功德论，太宗文皇帝再造家邦，功符太祖，当配以太宗也"，"若以亲论，则献皇帝陛下之所自出也，陛下之功德，皇考之功德也，是当以献皇帝配也"。[2]但献皇帝不曾当皇帝，不宜称宗，否则将紊乱君统，错乱宗统。[3]第三，按《周礼》七庙之制，若再奉献皇帝入庙，庙次应如何安排？与武宗并位？与孝宗并位？此等荒谬之事，可谓史无前例。况且已有百世不行祧迁的献皇帝庙，尊荣远超列祖列宗，实不宜轻易旧制。

严嵩没有反对献皇帝配享，却不赞成献皇帝称宗祔庙。未料，严嵩的奏疏有个绝大的漏洞，即"既已称宗，则未有帝宗而不跻祔于太庙之内者"一语[4]，打破了嘉靖皇帝的困境，让他回过头来利用严嵩的说法，成为日后献皇帝入祔太庙的理论基础。根据奏疏文意来看，严嵩用反诘的语气，表达不赞成献皇帝称宗祔庙的态度。然而，嘉靖皇帝却将严嵩的反诘语视为肯定语，用以反证献皇帝只要称宗，拥有天子身份，即可祔庙。在这里，两者的解释出现了很大的出入。因此，嘉靖皇帝决定先让献皇帝称宗，再以严嵩"既已称宗，则未有

1　《明世宗实录》卷213，嘉靖十七年六月丙辰，第2页b。

2　《明世宗实录》卷213，嘉靖十七年六月丙辰，第3页a。

3　《明世宗实录》卷213，嘉靖十七年六月丙辰，第3页a。

4　严嵩：《南宫奏议》，收入陈子龙等编《皇明经世文编》卷219，《明堂秋享大礼议》，第5页b。

帝宗而不跻祔于太庙之内者"这句话作为理论基础，反摆众臣一道，到时不让献皇帝升祔太庙，反倒成了不合礼之事。

嘉靖皇帝一反常态，不急着驳斥严嵩，反而询问礼部，"皇考称宗，在今日不为过情"，"具古人未常概称其君为宗，近代皆若是。何在皇考为不宜"[1]，命礼部再议。第二次礼部集议时，内阁大学士夏言不愿表明立场，回避谈论，礼部尚书严嵩也转变态度，沉默不语，采取观望姿态。反对者却纷纷上言。

素有"岭南人士之冠"[2]的户部左侍郎唐胄（1471—1539）反应特别激烈：丰坊引据的《孝经》之文，根本是穿凿附会，"误识孝经之义，而违先王之礼"[3]，不可相信。考据诸儒之说，明堂之制应据朱熹论点，"明堂之配不专于父"[4]，奉天殿大享之祭，必奉配太宗，怎可奉献皇帝？[5]早在嘉靖四年，何渊提出"立世室"时，当时张璁、席书、桂萼等人为顾全陛下名誉，皆大力反对"立世室"。[6]过去陛下也说过"朕奉天法祖，岂敢

1　《明世宗实录》卷213，嘉靖十七年六月丙辰，第3页a—3页b。

2　《明史》卷203《唐胄传》，第5359页。

3　《明世宗实录》卷213，嘉靖十七年六月丙辰，第4页a。

4　《明世宗实录》卷213，嘉靖十七年六月丙辰，第4页a。

5　《明世宗实录》卷213，嘉靖十七年六月丙辰，第5页a。

6　沈德符：《万历野获编》卷2《献帝称宗》，第44—45页。"献皇帝之称宗也，非张、桂意也。始于何渊之世室……时席书新以议礼得上眷。拜宗伯。力止。……至学士璁、萼及太宰廖纪咸力言其非，且共请重治渊罪，犹不许。至兵部尚书金献民，乃调停为别庙京师之说。上始允行。至十五年，又命改世庙为献皇帝庙，与九庙并列。其称宗祔庙。上心知其不可，亦不复再议。继而犹有请者，上严治论死。事寝久矣。"

有干太庙"[1]等语，话犹在耳，为何今日又议献皇帝入祔太庙，实则丰坊蛊惑，请陛下万不能轻改初衷，否则将失信于天下臣民。

嘉靖皇帝大怒，以"诬礼无君"[2]为由，把唐胄投入诏狱，严刑拷打，黜为庶民。众臣噤声，莫敢相救，也让众臣对嘉靖皇帝的意图了然于胸，却没有人敢直接说出。举行第三次礼部会议时，嘉靖皇帝再也按捺不住了，明白了当地说："明堂秋报大典，当以严父配帝之文为正本，与郊礼不同。人孰无父，其父即祖，兹礼自朕行，宜奉皇考配上帝。"[3]严嵩为了迎合嘉靖皇帝，立刻抛弃先前的主张："孟春祈谷可仍用屋祭之义，于大祀殿举行，恭奉皇祖文皇帝配祀。冬至以太祖，孟春以文祖，季秋以皇考，如此则礼文周，悉诚孝，流通义，皇上爱亲敬祖之心，两无所憾矣。"[4]对于严嵩能一改初衷，嘉靖皇帝表示赞许。[5]当然，礼部尚书严嵩的表态，具有举足轻重的作用，使嘉靖皇帝有了理论根据（严父配天），得反驳众臣的悠悠之口，也让献皇帝得配享秋飨礼。

确定献皇帝的配天仪式后，称宗祔庙之议却悬而不决。为此，嘉靖皇帝又命礼部集议。礼部尚书严嵩等人避开献皇

---

1 《明世宗实录》卷213，嘉靖十七年六月丙辰，第4页b。

2 《明世宗实录》卷213，嘉靖十七年六月丙辰，第5页a。

3 《明世宗实录》卷213，嘉靖十七年六月丙辰，第5页a—5页b。

4 《明世宗实录》卷213，嘉靖十七年六月丙辰，第5页b。

5 沈德符：《万历野获编》卷2《献帝称宗》，第45页。

帝是否祔太庙的争议，建议"明宗尊之义，加宗皇穹，配帝明堂，永为有德不迁之庙"[1]，以献皇帝配享明堂来敷衍了事。嘉靖皇帝识破意图，"以疏不言祔庙"为由，留中不发，命其再议，并仿效明太祖，作《明堂或问》[2]，以示内阁辅臣，又自辩"实不得已之言也"[3]，借《明堂或问》阐述己见，希望群臣明了自己的想法。

《明堂或问》采问答式的假设语气，共十个问答句。答者即嘉靖皇帝，问者列举的问题，即礼部争论不休之事。由于《明堂或问》定下日后廷议的基调，亦可从中了解嘉靖皇帝的意图，有必要多作解释。大意如下。

问者一问：周代始定明堂大享礼，各代儒者持论不同，今日恢复古礼的用意为何？答曰：明堂大享礼仅次大报礼，"时人之情甚非古人比也"。或许有人会问，究竟让太宗配祀还是献皇帝配祀？若奉太宗配祀，又会有人批评"太宗本时君之远祖，以父近之、亲宗之，是非人道之正，降祖为亲经所未闻"。是故提出太宗配祀的人，"上箝君父，下愚细人，此非难者决不可行之礼也"。[4]

问者二问：若以献皇帝配享，是否"爱亲而不爱祖也"？答曰：周公创明堂秋飨礼的用意，本就为了"物成以报父"。

---

1 《明世宗实录》卷213，嘉靖十七年六月丙辰，第5页b—6页a。

2 明世宗：《明堂或问》卷83，收入《四库全书存目丛书》史部第39册。

3 《明世宗实录》卷213，嘉靖十七年六月丙辰，第6页a。

4 《明世宗实录》卷213，嘉靖十七年六月丙辰，第6页b。

献皇帝配享乃合礼之事。

问者三问：明堂之制采父配，将来是否"一世一易"？或者不管经过几代，皆由献皇帝配享？答曰：既采周制，自遵行"武王行礼，奉以文王配之义"[1]，后世子孙应永奉献皇帝配享。

问者四问：既是周公制明堂之礼，为何是武王行礼？答曰：周公是臣子，怎可代行天子之礼？明堂之礼自是武王执行，文王配享。同理可证，今日既由嘉靖皇帝复古礼，自应让献皇帝配享。

问者五问：虽已了解"严父配天"的用意，献皇帝理当配享明堂，不过，为何让献皇帝称宗？答曰：让献皇帝称宗，只因尊亲，既无凭据，也没有利害所在。

问者六问：既然献皇帝必称宗，是否升祔太庙？答曰：祔庙与称宗是一体两面之事。既称宗，必然祔庙。众臣皆以"祔庙必祧，不如专享百世为上"为由，反对献皇帝祔庙，"此不过愚哄其君耳"。[2]献皇帝虽没有当过一日皇帝，但从现实人情出发，应当让献皇帝升祔太庙，如此才能"祖示列圣，欢聚一堂"。[3]若独去献皇帝，"人情不堪，时义不顺"，"必称宗，必祔庙，亲尽必祧，则可以成一代宗庙之礼，岂有太庙中四亲不全之礼乎"。是故献皇帝必入祔太庙。[4]

1　《明世宗实录》卷213，嘉靖十七年六月丙辰，第7页a。
2　《明世宗实录》卷213，嘉靖十七年六月丙辰，第7页a。
3　《明世宗实录》卷213，嘉靖十七年六月丙辰，第7页a。
4　《明世宗实录》卷213，嘉靖十七年六月丙辰，第7页b。

问者七问：现在讨论的称宗、祔庙、议祧礼议题，皆彰明明堂之配，若一旦亲尽奉祧，将怎么办呢？答曰：明堂之配，百世不可易。亲尽奉祧与献皇帝是否祔庙二事，根本毫不相关。

问者八问：众臣可能会因"太宗不得一配为争"，那该如何？答曰：众臣看似尊崇太宗，实则不然，只为掣肘君主，可谓"无道之甚"。[1]如今，始祖已改为太祖皇帝，理当配享郊祀之礼。献皇帝是皇帝之父，自该配享明堂之礼。这些主张太宗配享的人，明知其理，却仍要争辩，要求"所谷可一奉配，又欲复屋下以重明堂之祭"，无疑是强牵妄拟，愚弄君上。[2]

问者九问：若照你的论点，是否"太宗永无配享之典"？身为太宗子孙，又如何自解？答曰：古礼如此，当如是作，"不可避，不可让也"。[3]若让太宗配享，即欺骗上天，"礼之不正不当，为者不可妄，不可欺也"，否则将无法得天命，也无法行圣人之教。

问者十问：太宗兼有创立之功与守成之业，又何以为报？答曰：太宗的丰功伟业，当如太祖享百世不迁的殊荣。因此太宗庙号"当以祖字列之"。

《明堂或问》一出，善于察言观色的严嵩害怕步上唐胄的后尘，不愿再担任反对代表，但他身为礼部尚书，不能

---

1 《明世宗实录》卷213，嘉靖十七年六月丙辰，第7页b。
2 《明世宗实录》卷213，嘉靖十七年六月丙辰，第7页b。
3 《明世宗实录》卷213，嘉靖十七年六月丙辰，第7页b。

像首辅夏言那样推诿责任，必须回答《明堂或问》的所有问题。再三思考后，严嵩决定妥协，主张献皇帝配享明堂，并强调此举"合《孝经》严父之文，宋儒季秋成物之义"[1]，把献皇帝与嘉靖皇帝比作周文王、周武王，猛拍马屁，以挽回宠信。[2]

最受争议的称宗祔庙之议，严嵩也采取退让，宣称为了成全皇帝的"崇孝之心"[3]，献皇帝自当称宗；按照有宗号者则必祔庙的原则，献皇帝应当祔庙。又据历史实例，对献皇帝祔庙的后续问题，直接提出了参考案例，更援引太祖朱元璋建"四亲庙"以尊父祖之例，证明嘉靖皇帝尊崇献皇帝于礼有据、符合人情。关于庙次安排的问题，严嵩也遵循嘉靖皇帝的指示，主张"宜奉皇考祔于孝宗之庙"[4]，献皇帝是孝宗皇帝亲弟，同为一世，应与孝宗同居昭位，不应让献皇帝居于侄子武宗皇帝之下：

> 祔庙之文，考之古者，父子异昭穆，兄弟同世数，
> 故殷虽四君为一世而同庙，盖以兄弟一体，无父子之道

1　严嵩：《南宫奏议》卷1《遵照御制或问献皇帝祔庙文皇帝称祖议》，第11页 b。

2　严嵩：《南宫奏议》卷1《遵照御制或问献皇帝祔庙文皇帝称祖议》，第11页 a—13页 b。

3　严嵩：《南宫奏议》卷1《遵照御制或问献皇帝祔庙文皇帝称祖议》，第11页 b。

4　《明世宗实录》卷213，嘉靖十七年六月丙辰，第8页 b。

故也。其后晋之庙，则有十一室而六世；唐之庙，则有十一室而九世；宋真宗诏议太庙典礼，用学士宋湜等议，而以太祖、太宗合祭同位，其后禘祫图则又太祖、太宗同居昭位。嫌于居武宗之上故以昭穆同世为言。此皆古事之可据者。[1]

关于太宗尊号之事，严嵩以"宗无定数，惟非有功者不得而祖之"[2]的说法，奠定太宗称祖的理论基础，主张太宗永乐皇帝既有北征漠北的"定鼎持危"之功，又有建都北京的"再造鸿业"之业，理应抬高其地位，庙号由守成持平的"宗"，改为建功立业的"祖"。

嘉靖皇帝知道严嵩已不再坚持，但对庙次安排仍不满意，询问严嵩：如今廷议决定把皇考与皇伯考同置孝庙。若孝庙无法放置二主，可否另建新宗庙，分别放置皇考与皇伯考？[3]严嵩等人明知嘉靖皇帝意图，却不戳破，反而提出实际施行的困难，轻易避开问题所在：经过实际的测量后，发现孝庙的寝殿不足以供奉二主，孝庙旁侧的空间不足，无法再建新庙，"皇考神主宜仍于特庙。而遇祫享，太庙恭设神座与皇伯考同

1　严嵩：《南宫奏议》卷1《遵照御制或问献皇帝祔庙文皇帝称祖议》，第12页b。

2　《明世宗实录》卷213，嘉靖十七年六月丙辰，第9页a。

3　《明世宗实录》卷213，嘉靖十七年六月丙辰，第8页b—9页a。

居昭位"[1]，这样既不用担心空间狭隘，也不用再另起新庙，还可以让献皇帝按时与列祖列宗们一起配享大祫礼，可谓两全其美的方法。[2]

嘉靖皇帝本以为严嵩所奏的"空间不足"是借口，于是亲自巡视孝庙附近的地形，证实所奏如实，只好采纳严嵩的方案。不过，嘉靖皇帝为了确定献皇帝的睿宗名分，命礼部在即将举行的郊祀典礼上，把明堂复古的结果告天祭庙、诏告天下，"尊文皇帝庙号为成祖，谥曰启天弘道高明肇运圣武神功纯仁至孝文皇帝"，"皇孝（考）庙号为睿宗，谥曰知天守道洪德渊仁宽穆纯圣恭俭敬文献皇帝"。[3]由此可知，明堂议礼的讨论重点，不在于恢复明堂之制与否，而在于"严父配天"的象征意义[4]，使称宗祔庙之事得到斡旋的空间。

嘉靖皇帝首先证明献皇帝有资格配享明堂秋飨礼，再利用严嵩奏疏上的漏洞，又廷杖唐胄，施予武力恫吓，造成献皇帝改称睿宗的既定事实，最后以《明堂或问》为据，定下血缘关系高于君臣关系、亲统重于宗统的基调，明示臣下须

1　《明世宗实录》卷213，嘉靖十七年六月丙辰，第8页b。

2　荐谥号仪式中新订"成祖文皇帝庙号仪"与"睿宗献皇帝庙号仪"，增加了太祖的谥号字数与繁复礼仪，又新增升祔礼"睿宗献皇帝祔庙仪"与"献皇后祔庙仪"等仪式。详见《大明会典》卷88《礼部四十六·庙祀三》，第3—14页；卷88《礼部四十六·庙祀三》，第14—24页；卷87《礼部四十五·庙祀二》，第21—31页。

3　《明世宗实录》卷216，嘉靖十七年九月辛未，第1页a。

4　沈德符：《万历野获编》卷2《配天配上帝》，第42页。

考虑"人情"，不可让献皇帝屈居武宗之下，献皇帝遂能与孝宗同居昭位，跻居武宗之上。此外，为了避免众臣批评自己过于尊父的行径，嘉靖皇帝改永乐皇帝的庙号"太宗"为"成祖"，让朱棣的政治地位大幅跃升，成为名副其实的创业之主，得到与太祖相等的尊荣，也强化了朱棣在君统上的正统性。

值得注意的是，献皇帝不算真正地入祔太庙，他的神主仍待在太庙左侧的献皇帝庙，只在举行大祫礼时得与孝宗并排享祀而已，并非如《明史纪事本末》所说的入祔太庙。[1]此外，众臣经过嘉靖皇帝的文攻武吓后，已没人敢再议论严嵩的"称宗祔庙"究竟合不合礼法，否则就会像唐胄一样，落得"下锦衣狱拷掠"的下场。从嘉靖朝的议礼过程来看，似乎谁能顺应皇帝的心意，把政治行动的理由编得圆满，谁就能得宠超迁。想要保住前途的官员们只好抛弃气节，利用渊博的学识，遍寻经典与历史事例，寻找可供印证的理论根据。接下来，嘉靖皇帝只须合并献皇帝庙与太庙系统，就能让献皇帝入祔太庙，享受皇帝死后的庙号与祭礼。不过，嘉靖皇帝无论怎么抬高献皇帝的尊荣，却还是无法掩盖献皇帝从未登上帝位的历史事实。[2]

1　谷应泰：《明史纪事本末》卷50《大礼议》，第529—530页。

2　沈德符：《万历野获编》卷2《献帝称宗》，第45页；毛奇龄：《辨定嘉靖大礼议》；段玉裁：《明史十二论》，第1页a—第35页b；赵翼：《廿二史札记》卷31《大礼之议》，第722—724页。

五、庙制底定，睿宗祔庙

　　嘉靖十七年十二月四日，章圣皇太后去世。[1]这个噩耗，让正享受胜利滋味[2]的嘉靖皇帝非常伤心，甚至怀疑昭圣皇太后暗使巫术，诅咒母亲早死，欲下诏彻查宫闱。在病中的内阁首辅李时"以死捍诏"[3]，嘉靖皇帝才勉强作罢，否则又将引发大狱、株连无辜。随着章圣皇太后之死，沉寂已久的"迁显陵"之议又起。[4]章圣皇太后的遗体本该归葬显陵，但显陵（位于今湖北钟祥）远在湖广，而嘉靖皇帝原本就不喜欢显陵的风水格局，"山川浅薄，风气不蓄，堂隧狭陋，礼制未称"[5]，早有迁陵之意，但遭到众臣反对，遂不果行。北迁显陵与否的问题，让嘉靖皇帝十分苦恼，深恐无法让父母得到死后的尊荣，

1　《明世宗实录》卷219，嘉靖十七年十二月壬寅，第1页a—4页a。壬寅日
　　为章圣皇太后大渐之日，癸卯日始逝世。

2　《明世宗实录》卷218，嘉靖十七年十一月辛未，第1页a—2页b。嘉靖
　　十七年十一月一日，嘉靖皇帝正式诏告上天明堂议礼的结果。

3　沈德符：《万历野获编》卷3《世宗废后》，第89页。

4　沈德符：《万历野获编》卷1《龙潜旧邸》，第11页。兴王朱祐杬死后，谥
　　号献，葬于湖广安陆州境内的松林山。当时朱祐杬是亲王身份，陵墓规
　　格远不如帝陵。嘉靖三年"大礼议"后，朱祐杬被尊为兴献皇帝，嘉靖皇
　　帝又频加尊祭祀礼仪。先是在嘉靖四年，改称松林山陵为显陵，等同于帝
　　陵的规格。随后又在嘉靖十年将显陵所在地松林山封为纯德山。嘉靖十年
　　八月，湖广归川南逻口巡检徐震请嘉靖皇帝仿永乐皇帝之例，将国都移至
　　安陆州。礼部反对，举明太祖朱元璋的事例，应改安陆州为府，遂改为承
　　天府。

5　《明世宗实录》卷219，嘉靖十七年十二月乙巳，第4页a。

竟不经廷议，直接命礼部与工部先让章圣皇太后入土为安，再将显陵迁至大峪山[1]，让献皇帝与章圣皇太后合葬，以尽奉养父母之情。武定侯郭勋与大学士夏言等人都不反对，礼部也赶紧拟定北迁显陵的相关细节。[2]

　　然而，当嘉靖皇帝视察大峪山地形时，巡按直隶御史陈让（嘉靖十一年进士）提出不同的看法：睿宗体魄久藏显陵，显陵不可轻易北迁，不如"奉睿宗皇帝遗衣冠与章圣皇太后合葬于大峪山，又以章圣皇太后遗冠帔奉以合葬于显陵"。[3]嘉靖皇帝大怒，斥责陈让欺妄无礼，立刻罢黜，削籍为民。可是陈让的"灵气轻泄说"，让嘉靖皇帝颇有顾忌，动摇了其北迁显陵的想法。[4]经过反复考虑后，嘉靖皇帝向内阁辅臣表示不忍打扰皇考神灵之意，决定废弃迁陵方案，欲亲奉梓官，归葬显陵，"躬至显陵亲临调度"。[5]

1　《明世宗实录》卷219，嘉靖十七年十二月乙巳，第4页b。

2　《明世宗实录》卷219，嘉靖十七年十二月乙巳，第5页a—7页b。

3　《明世宗实录》卷219，嘉靖十七年十二月壬子，第9页b—10页a。

4　《明世宗实录》卷219，嘉靖十七年十二月戊午，第12页a。章圣皇太后的谥号定为"慈孝贞顺仁敬诚一安天诞圣献皇后"，字数为十二字，用以皇太后尊礼。沈德符：《万历野获编》卷3《母后谥号》，第88页；补遗卷1《谥谥》，第802页。明朝惯例：大行皇帝尊谥十七字。大行皇后十二字。皇后谥中必有"天圣"二字，以虚字别之。如高皇后谥号承天顺圣，不致逾越皇帝。后世皆仿此。至嘉靖朝，为追谥章圣太后，谥号为安天诞圣献皇后。沈德符遂批评嘉靖皇帝为了使自己功同成祖，万世不祧，竟使章圣皇太后谥号"是直以笃生嗣皇见之徽称，而没其敌体先帝之实矣"，又改高皇后谥号为成天育圣，以生文皇见重，忽略其助太祖之功。

5　《明世宗实录》卷219，嘉靖十七年十二月己未，第12页a。

礼部反对南巡，建议仍照迁陵初议。但嘉靖皇帝心意已决，仍命令礼部先拟定奉送梓宫等事宜，又着手册立皇太子[1]，想让年仅四岁的皇太子朱载壑（1536—1549）监国，自己奉梓宫归葬显陵，使章圣皇太后与献皇帝合葬一处。为了确实了解显陵的状况，嘉靖皇帝先派遣锦衣卫指挥赵俊（原兴藩兵部典牧所副千户，从龙诸臣之一）前往承天府调查。[2]没想到，承天府方面却回报：显陵地宫进水，修建不易，宜迁往他处。[3]北迁显陵之议，又重新兴起。嘉靖皇帝也犹疑不定，决定亲自前往承天，视察显陵格局，暂置梓宫于北京，并下令众臣不可私下商议，等南巡回来后，再做定夺。

可是，朝廷众臣却议论不休，不少人认为南巡根本没有必要。吏部尚书许赞（1473—1548）更代表众臣，上疏劝阻嘉靖皇帝不要轻离国都，以身犯险。[4]左都御史王廷相（1474—1544）也劝谏嘉靖皇帝不宜远行，以免患病。[5]言官们纷纷上疏劝谏，使嘉靖皇帝十分气愤，他认为这些官员根

1　《明世宗实录》卷220，嘉靖十八年正月甲午，第4页b。正式册封皇太子朱载壑（第二子）的时间是嘉靖十八年二月庚子日，同日被封的有裕王朱载垕（第三子，即穆宗隆庆皇帝）、景王朱载圳（第四子）。皇长子朱载基生两月而殇，早于嘉靖十二年十月薨逝，谥为哀冲太子。《明世宗实录》卷221，嘉靖十八年二月庚子，第1页a。

2　《明世宗实录》卷220，嘉靖十八年正月辛未，第1页b。

3　《明世宗实录》卷220，嘉靖十八年正月丙申，第9页a。

4　《明世宗实录》卷221，嘉靖十八年二月丁未，第9页b。

5　《明世宗实录》卷221，嘉靖十八年二月丁未，第10页a。

本不能理解他的孝心，先后惩处户科都给事中曾烶（嘉靖二年进士）、工部郎中岳伦（嘉靖五年进士）及听选贡生陈良鼎等人。尤其是岳伦，更遭到锦衣卫逮捕审问，被革职为民。岳伦的罢职，使反对声浪顿时平息下来。

嘉靖皇帝的南巡之行并不顺遂。除赵州、临洺镇两处行宫先后起火外，到达河南卫辉府时，行宫也突然半夜起火，让嘉靖皇帝差点葬身火窟。幸亏锦衣卫指挥使陆炳（1510—1560，兴藩旧臣）[1]冒险冲入火场，及时救出皇帝。事后，嘉靖皇帝追究过失责任，多位地方官员遭到廷杖罢职的处分[2]，久蛰南京的陆炳也升迁为锦衣卫都督同知，调回北京任职，成为掌管锦衣卫的最高长官。这次南巡，也是严嵩与夏言二人势力消长的关键。夏言失宠的原因很多，导火线是夏言在南巡期间没有随时扈从，又劝谏皇帝不应在承天府久留，宜早日归京。再加上郭勋、严嵩早有除去夏言之心，常暗地诋毁夏言。这一切都让嘉靖皇帝质疑夏言的忠诚，认定夏言骄纵欺慢，君臣间的信任机制破裂，严嵩得乘隙而入，获得嘉靖

---

1 陆炳，浙江平湖人。其父陆松原隶属锦衣卫，后为兴邸护卫，随兴王朱祐杬就藩安陆。陆松妻子是嘉靖皇帝的乳母，陆炳随母入府，成为嘉靖皇帝幼时玩伴。嘉靖皇帝即位后，陆炳以武进士的资格，被授为锦衣卫副千户，后承袭父职，以锦衣卫指挥使掌理南镇抚司，专理本卫刑名。正由于陆炳是兴藩旧人，又掌管南镇抚司，遂能随行照料嘉靖皇帝的承天之行，因而得到日后掌握朝廷权势的契机。

2 《明世宗实录》卷221，嘉靖十八年二月丁未，第21页a—21页b。

皇帝的恩宠。[1]南巡回来后不久，嘉靖皇帝遂命夏言致仕，还收回过去赐给夏言的所有手敕与代表宠信的银印。[2]

　　值得注意的是，嘉靖皇帝拜谒显陵时，自行设计了许多新的样式，为天寿山诸陵所无。修整后的显陵，外形呈金瓶状，内有九曲河和神龙道，隐含特殊的五行风水观。嘉靖皇帝针对显陵地宫进水的问题，设内外明塘，外明塘据天然池塘改建，界护纯德山地气，内明塘则是人工开凿的圆形池塘，用以聚集地下水，降低地下水位，防止新玄官再度进水；又仿长陵规制，建下马碑、大红门、华表、石像生群及龙凤门，并采古代术数的观念，巧妙地运用九曲河从中隔断，将陵区划分为三等分，使其符合老子所说的"道生一，一生二，二生三，三生万物"[3]，融合人、自然、景观及建筑，形成强烈的象征意义。安放献皇帝遗体的玄宫，本置于旧宝城之中，因易遭水患，于是建新宝城，用来合葬献皇帝和章圣皇太后。两座宝城之间有瑶台相连，外有十六个龙形螭首沟嘴，用于排水。此外，由于外明塘和东南砂山地势较高，不便建立石牌坊，便依地势建一新红门，立下马碑，作为进入陵区的标

1　《明史》卷196《夏言传》，第5194页。

2　《明世宗实录》卷252，嘉靖二十年（1541）八月庚辰，第12页a；沈朝阳：《皇明嘉隆两朝闻见纪》卷6，第5页a—6页b。《皇明嘉隆两朝闻见纪》记夏言第一次致仕时间是五月。

3　朱谦之：《老子校释》章42《老子道经》，台湾华正书局，1986年，第174页；郑玄注，孔颖达等注疏：《礼记注疏》卷14《月令》，第278页。

志，为他陵所无。[1]

南巡归途中，嘉靖皇帝经过庆都尧母庙，欲仿尧父母异陵而葬之故事，让献皇帝葬显陵，章圣皇太后葬北京大峪山，于是命工部加紧大峪山陵墓营建事宜。返京不久后，嘉靖皇帝亲赴大峪山，察看陵区格局，又改变了主意，认为"峪地空凄，岂如纯德山完美，决用前议，奉慈驾南祔"。[2]几经波折，章圣皇太后葬所及迁显陵问题终于尘埃落定。同年闰七月，章圣皇太后的梓宫南运承天府，与献皇帝合葬显陵。[3]大峪山的显陵，后来却戏剧般地留给隆庆皇帝朱载坖，用作昭陵，此为后话。

嘉靖皇帝受章圣皇太后去世的打击，卧病在床，越来越不喜欢上朝议事，反而更热衷于醮事，笃信方术，时常在宫

1　显陵规制奇特，乃因献皇帝本是亲王身份，后因"大礼议"，逐年扩大其陵墓规制，又因地处南方，潮湿多雨，地宫严重进水，不全照明帝陵原有的规制，自成风格。显陵特殊设计如下：外罗城作金瓶状取神圣吉祥之意，内罗城与新旧宝城合围，形成三朝，比附皇宫外朝、治朝及燕朝。又因地宫进水，故而在旧地宫后面另建一新地宫，形成双宝城的设计。外明塘根据原有的天然池塘改建，位于陵区前端的新红门之外。内明塘为人工开凿，位于棱恩门前，聚集地下水，降低地下水位，防止新地宫遭水患。神龙道是陵区中间的弯曲甬道，宛如蜿蜒的神龙，中间铺设石板，比附"龙脊"，两边以鹅卵石铺盖，比附"身体"。九曲河为人工河，将陵区分割为几个不同区域，有区隔限定空间的作用，亦有风水之用。关于显陵规制，参见图3-3，范成玉等编著：《明清皇家陵寝》，广东旅游出版社，2002年，第3—24页。朱鸿教授热心提供显陵风水图，特别鸣谢。

2　《明世宗实录》卷223，嘉靖十八年四月乙丑，第7页a。

3　《明史》卷115《睿宗兴献皇帝传》，第3554页。

中建醮祈祷，甚至无视朝廷名器之重，特授道士陶仲文为太子少保兼礼部尚书。[1]面对皇帝日益怠惰，河南道御史杨爵（1493—1549）首先上言，批评皇帝五大过失：一是宠信郭勋，"任用匪人"；二是灾疫频生，国家财政困难，应要"节用惜用，与民修养"，不应大兴土木；三是"朝仪间阙，经筵不御"[2]，人心松懈、朝政日坏；四是信用方术，滥赐名器，还修建道坛，可谓"贻四方之笑，取百世之讥"；五是"沮抑言路，足以失人心而致危乱也"。他还劝谏皇帝应深刻反省，"念祖宗创业之艰难，思今日守成之不易"[3]，务必痛改前非，重振朝纲。嘉靖皇帝见疏大怒，命锦衣卫逮捕杨爵，关入诏狱，施予极刑，又禁饮食，欲置杨爵于死地。想要搭救杨爵的同僚，如户部主事周天佐（嘉靖十四年进士）和巡按陕西监察御史浦鋐（正德十二年进士）皆遭严惩[4]，伤重不治，死于诏狱。周天佐和浦鋐的悲惨遭遇，让群臣缩颈股栗，没有人敢再出面讲情[5]，

1　杨启樵：《明代诸帝之崇尚方术及其影响》，第79—119页。

2　《明世宗实录》卷246，嘉靖二十年二月丙寅，第3页b。

3　《明世宗实录》卷246，嘉靖二十年二月丙寅，第4页a。

4　张瀚著，盛冬铃点校：《松窗梦语》卷7《忠廉纪》，中华书局，1985年，道光钞本，第131页。张瀚记有同年友周天佐上皇帝书之事，虽不免过誉，但指出嘉靖朝言官消寂的现象，"呜呼！言责在台谏，今之台谏，谁能冒必死之罪，为国家出谠言者！将谓圣朝无直言之臣，可乎？则周之一死，所系匪轻矣"。

5　沈德符：《万历野获编》补遗卷4《致大鸟》，第924页。

也没有人再敢劝谏[1]，言路为之消沉，萎靡不振。

嘉靖二十年四月五日的傍晚，发生了一场暴风雨，"雨雹风霆大作"。[2]当时北京久受旱灾之苦，这场大雨可说天降甘霖，人心欢欣。但当天夜里，太庙突然起火。由于风势猛烈，发自仁庙的火苗一发不可收拾，"人无措手，相视号吁，莫容救护"[3]，焚毁了在嘉靖十五年建成的八座太庙，唯独与太庙群分离的献皇帝庙未受波及。面对太庙俱毁的情况，嘉靖皇帝除颁罪己诏、大赦天下外[4]，还命王公宗室与文武百官修省己过，并把诸位先皇的神主暂移原本用来祭祀献皇帝的景神殿[5]，命礼部立即商议重建太庙之事。礼部尚书严嵩隐瞒财政不足的窘境[6]，也

---

1 《明史》卷209《杨爵传》，第5526页。被收押诏狱的杨爵和同样因言事获罪的刘魁（正德二年举人）、周怡（嘉靖十七年进士）关在一起，时称三忠臣。嘉靖二十四年八月，嘉靖皇帝因乩仙的沙盘推算，答应释放杨爵等三人。不久后，杨爵等三人又被东厂追回，关入诏狱，严刑拷打，禁绝饮食，几临濒死。嘉靖二十六年十一月，大高玄殿发生火灾，火中似乎有人高喊姓名。迷信的嘉靖皇帝为不得罪神灵，便释放三人。

2 《明世宗实录》卷248，嘉靖二十年四月辛酉，第7页a。

3 《明世宗实录》卷248，嘉靖二十年四月丙子，第11页b。

4 张瀚：《松窗梦语》卷5《灾异纪》，第98页。

5 沈德符：《万历野获编》卷2《景灵宫》，第42页；《明史》卷52《礼志六》，第1337页。"五年七月，谕工部以观德殿窄隘，欲别建于奉天殿左。尚书赵璜谓不可，不听。乃建于奉先之东，曰崇先殿。十三年，命易承天家庙曰隆庆殿。十五年，以避渠道，迁世庙，更号曰献皇帝庙，遂改旧世庙曰景神殿，寝殿曰永孝殿。"

6 《明世宗实录》卷246，嘉靖二十年二月丙寅，第3页a—4页a。

无视办运大木不易的困难[1]，主张按"都宫别殿"制，重建太庙。[2]
嘉靖皇帝纳之，立即组织了一个专责宗庙重建的小组。[3]

就在此时，久受嘉靖皇帝压抑的昭圣皇太后崩逝。按礼法
原则来说，昭圣皇太后之死，应是朝廷大事，但嘉靖皇帝却表
现冷漠，又毫不忌讳地指责昭圣皇太后暗施巫蛊，害死了章圣
皇太后，还意图谋害自己，表示自己不愿去昭圣皇太后的灵前
祭祀，让内侍代理即可。[4]由此可见，嘉靖皇帝对昭圣皇太后的
态度近乎痛恨，处理丧礼的方式也十分草率，与先前章圣皇太
后的葬礼规格有明显的落差。[5]嘉靖皇帝如此薄待昭圣皇太后，
朝廷百官竟无人劝谏，也没有人挺身为昔日的国母讲情。

相较于嘉靖十四年二月议庄肃皇后（武宗皇后）谥号时，
尚有礼部尚书夏言、大学士李时、都御史王廷相及吏部侍郎
霍韬等人为维护礼法、出言抗议的情况[6]，如今已不可同日而
语。更由于张璁等人致力于钳制言路，破坏都察院与六科给

1　王士性撰，吕景琳点校：《广志绎》卷4《江南诸省》，中华书局，1981年，
　　第95—96页。"楚中与川中，均有采木之役，实非楚、蜀产也，皆产于贵
　　竹深山大陇中耳。贵竹乏有司开采，故其役专委楚、蜀两省。木非难，而
　　采难，伐非难，而出难。……一木下山，常损数命，直至水滨，方了山中
　　之事。"

2　《明世宗实录》卷249，嘉靖二十年五月戊子，第2页b。

3　《明世宗实录》卷249，嘉靖二十年五月戊子，第3页a—3页b。

4　沈德符：《万历野获编》卷3《嘉靖两后丧礼》，第92页。

5　《明世宗实录》卷252，嘉靖二十年八月辛酉，第3页a。

6　郑晓：《今言》卷1，第94条，第49页；沈德符：《万历野获编》卷3《母后
　　减谥》，第91页。

事中的监察体系，使其丧失了拾遗补阙的权限，削弱了其监督君主的功能。言官群体只能成为皇帝耳目，监控内阁大学士、六部及其他官员的政治行动。如今敢于犯上、出言劝谏者不是下锦衣卫拷讯，就是罢官致仕，其他的朝臣大多慑服于皇帝威势，不敢再行劝谏，阻止皇帝违反礼法的行径。言官们不敢直接向嘉靖皇帝抗争，便把矛头指向深受皇帝宠爱的武定侯郭勋，弹劾郭勋"假擅威福""恣为贪横"及"滥收无籍，索取地钱，擅科私税折"[1]，试图削夺郭勋的权势。

面对雪片般涌来的奏疏，嘉靖皇帝置之不理，反而暗中注意夏言与言官群体的互动，防止夏言串联朝臣，形成党派。直到郭勋串通道士段朝用的事迹败露后[2]，嘉靖皇帝才决定顺应言官的请求，逮捕郭勋，以示警诫。不过，嘉靖皇帝仍记得郭勋支持"大礼"的功劳，特地吩咐北镇抚司绝不能刑求郭勋，又屡以手敕暗示言官不要再追究郭勋的罪行。[3]可是，第二次复职的夏言仍暗中指示言官，让他们继续弹劾，务必除去郭勋。在首辅与言官的"里应外合"下，郭勋抑郁而终。郭勋之死，让嘉靖皇帝发现自己的窘境——既无法阻止内阁和言官的联手，也无法消除言官对皇权的掣肘，又不能马上罢去夏言。他只好物色其他人选进入内阁，并漠视言官们的谏言，分散夏言之权。不久后，夏言就在皇帝的压力下被逼去

1　《明世宗实录》卷253，嘉靖二十年九月乙未，第6页a。

2　郭勋曾向嘉靖皇帝推荐术士段朝用，声称段朝用能烧炼金银，让人长生不老。事实上，段朝用烧炼所得的金银，皆由郭勋私下提供，以试图欺骗嘉靖皇帝。

3　《明史》卷130《郭英传》，第3824页。

职。郭勋既死，内阁首辅夏言又致仕[1]，朝廷权力中空，势必展开新一轮的人事汰换，尤其是首辅翟銮与次辅严嵩的权力之争，让朝廷人事纠纷重新浮上台面。

内阁倾轧带来的人事纠纷，不断困扰着嘉靖皇帝。[2]恰

1　嘉靖二十年十月，夏言复少傅兼太子太师、礼部尚书、武英殿大学士职，仍赴阁办事。第二次革职时间是嘉靖二十一年（1542）七月，直到嘉靖二十四年九月才赴召入朝。嘉靖二十四年十二月复少傅兼太子太师、吏部尚书、华盖殿大学士，仍为首辅，居严嵩之上。第三次致仕时间是嘉靖二十七年正月，三月被捕入狱，十月遭斩首弃市。直至隆庆初年，夏言才被恢复官衔，谥文愍。

2　由嘉靖二十一年至嘉靖二十四年的内阁变迁来看，严嵩日获恩宠，夏言受到裁抑，屡起屡降，详见本书第四章第三节。下表参考张显清：《严嵩传》，第450—451页。

年份	内阁大学士（每栏第一名为首辅，其余依次排列）
嘉靖二十年	首辅夏言，八月落职致仕；九月拜辞，诏还私宅调理，以俟后命；十月复少傅兼太子太师、礼部尚书、武英殿大学士，仍赴阁办事。 翟銮，于夏言致仕期间担任首辅。
嘉靖二十一年	首辅夏言，三月复少师、吏部尚书、华盖殿大学士，七月革职闲住。 翟銮，八月加少傅兼谨身殿大学士。 严嵩，八月加少保、太子太保、礼部尚书兼武英殿大学士，仍掌礼部事。
嘉靖二十二年	首辅翟銮在阁。严嵩，四月解礼部尚书。
嘉靖二十三年	首辅翟銮，八月削官为民。 严嵩，八月加太子太傅；九月晋兼吏部尚书、谨身殿大学士，替代翟銮成为首辅；十二月加少傅。 许赞（原吏部尚书），九月兼文渊阁大学士入阁。 张璧（1475—1545，原礼部尚书），九月兼东阁大学士入阁。
嘉靖二十四年	首辅严嵩，七月加太子太师，十二月加少师。 许赞，七月加少傅，十一月革职闲住。 张璧，七月加太子太保，八月卒。 夏言，九月赴召入朝；十二月复少师兼太子太师、吏部尚书、华盖殿大学士，原职起用，仍为首辅，再居严嵩之上。

巧西北边患又起，战事频频。[1] 接踵而来的壬寅宫变（1542）[2] 让嘉靖皇帝差点被勒毙，更加深了他对皇宫大内的恐惧，使他萌生怠政之意，竟移居西苑二十多年。[3] 换言之，从嘉靖十七年至嘉靖二十二年（1543）为止，这些棘手的问题让嘉靖皇帝无暇处理宗庙重建事宜，庙议之事暂搁下来。直到嘉靖二十二年十月，延宕两年半的庙议之事再度被提起。[4] 首先引发讨论的是睿庙（献皇帝庙）的位置与太庙群的布局。早在太庙群焚毁时，礼部和工部的官员已拟好了一套方案，只待嘉靖皇帝的御批。当嘉靖皇帝提起庙议问题时，内阁首辅翟銮等人立刻送上原本拟定的草图与计划书，"以睿宗庙统于都宫，旧庙门展，南与睿庙南垣齐，势如画一；中为庙门，其前为

---

1 鞑靼首领俺答请求与明朝定期通贡，派使者石天爵前来谈判，承诺只要两国能通贡，就保证不再内侵边界。未料，石天爵却遭到大同巡抚龙大有杀害。俺答大怒，率军内侵山西太原一带。林延清：《嘉靖皇帝大传》，第235—244页。

2 《明世宗实录》卷268，嘉靖二十一年十一月丁未，第1页a—1页b。嘉靖二十一年十月二十日，嘉靖皇帝夜宿端妃曹氏处。王宁嫔策动宫婢杨金英等人，企图缢杀皇帝，但过于紧张，系绳为死结，无法拉紧，无法致皇帝于死。宫女张金莲见事不成，密报皇后方氏。方皇后赶忙率人阻止，嘉靖皇帝遂得救。参与此事的十多位宫女皆被凌迟处死，主谋者王宁嫔被诛于宫中，被冤枉的曹端妃也遭处死，史称"壬寅宫变"。此后嘉靖皇帝搬出大内，隐居西苑，郊庙不亲，朝讲尽废，不见臣下，唯有辅臣、近侍及道士得见。

3 沈德符：《万历野获编》卷2《壬寅岁厄》，第65页。

4 《明世宗实录》卷279，嘉靖二十二年十月壬申，第1页a—2页a。

街；西自庙街门入转南行，复由东入庙门"。[1]

　　嘉靖皇帝显然不满意内阁的方案，命礼部尚书张璧与工部尚书甘为霖（？—1547）再拟新方案。礼部和工部提出的新方案却和内阁的方案完全不同，"太庙、成祖世室及昭穆群庙皆稍增拓规制，睿庙去列庙太远，宜迁之近内，共居一宫，统以河沟为限，庙街及门可无移动"。[2]嘉靖皇帝面对两个全然不同的方案，不知如何是好，只好命文武官员皆具疏上奏，再召开廷议，共同讨论两项方案的优劣利弊。从嘉靖君臣讨论的内容可知，内阁方案的优点是把睿庙置入都宫七庙的规制里，拓展旧庙门街，对齐睿庙南边的墙壁，营造都庙一体的感觉，使新建太庙的位置周正、规模宏敞；缺点是由于庙门延伸，又开在都宫的中间，使新太庙的规制扩大，庙门离睿庙遥远，进入都宫七庙的路径也变得南北迂折，需要走比较远的路。礼部方案的优点是睿庙移到都宫内部，都宫不需要外扩，自成一体；缺点是献皇帝将以独立的姿态，进入太庙之列，成为明代诸帝的一员。

　　然而，礼部尚书张璧、成国公朱希忠和吏部尚书许赞等人选择用联名上奏的方式，分述两个方案，却不直接说出自己的意见，试图两面讨好[3]，不得罪任何人。嘉靖皇帝斥责他们

1　《明世宗实录》卷279，嘉靖二十二年十月壬申，第1页a；卷279，嘉靖二十二年十月壬申，第1页a—2页a。

2　《明世宗实录》卷279，嘉靖二十二年十月壬申，第1页a—1页b。

3　《明世宗实录》卷279，嘉靖二十二年十月壬申，第1页b。

"语涉两端，无任事忠诚之意"[1]，再令召开会议，斟酌众见。不久后，文武官员再举行庙制会议，终于达成共识：皇上仿周制复古，使庙建之制"中立太庙，而世室昭穆列为左右"。[2]可是唯有睿庙在都宫七庙外，未升祔太庙。臣等认为睿宗可比照周文王，虽没有南面称帝，却拥有"累仁积德，笃生圣神，龙飞御宇"[3]的功德，必须将睿庙内移至太庙群，与昭穆列宗并列。既免去"渎亵之嫌"，又可让"祖宗列圣劝聚一堂"[4]，成全皇上的孝心。至于位序的安排，臣等以为"睿宗、孝宗兄弟同气，天性至亲，并居一庙，同为一昭，与古兄弟同世数之义，实相符合"，"今地势辟扩，东至河沟，则新建庙寝规模宏阔，二宗之主可以并容，四时之祭可以共享，不惟同在部（都）宫"。[5]

　　嘉靖皇帝不满睿宗与孝宗同置一庙，质疑礼部的方案：若照你们所言，那又如何拟定庙名？礼部尚书张璧等人回报：原本都宫七庙，各自以庙号为庙名。若睿宗、孝宗二宗同庙，群庙名称就不能再用庙号来代称了。"惟庙位以昭穆为序，称号当以昭穆为名。其昭庙也，宜曰昭第一庙、昭第二庙、昭第三庙；其称穆庙也，宜曰穆第一庙、穆第二庙、穆第三

1 《明世宗实录》卷279，嘉靖二十二年十月壬申，第2页a。

2 《明世宗实录》卷279，嘉靖二十二年十月丁丑，第2页b。

3 《明世宗实录》卷279，嘉靖二十二年十月丁丑，第3页a。

4 《明世宗实录》卷279，嘉靖二十二年十月丁丑，第3页a。

5 《明世宗实录》卷279，嘉靖二十二年十月丁丑，第3页a。

庙。"[1]对于礼部的建议,嘉靖皇帝颇不以为然,还讽刺礼部诸臣没有竭忠任事之诚:"诸臣前后所议率皆牵泥旧文,且于昭穆世叙未见考折厘正"[2],庙制就不用再议了。

几天后,国子监司业江汝璧(正德十六年进士)上疏,条陈太庙建制的四项建议:一是宜奉睿宗入居昭庙,与孝宗同居一庙;二是睿庙应迁移到成祖庙左处,他日可充为世室使用;三是新太庙需要扩张规制,各庙需设计东西夹室,以行祧迁;四是"都官别殿"制应改回"同堂异室"制。礼部劝谏嘉靖皇帝不要接受江汝璧的意见,指出江汝璧对建世室和改庙制的说法,违反了先前更定礼制的根本原则。于是廷议再度停摆,没有人敢打破朝廷里沉默的气氛,直到嘉靖皇帝降下手敕,说明自己的想法,庙议之事才算真正的尘埃落定。十二月,嘉靖皇帝正式命令工部依照原来"同堂异室制"的布局(嘉靖十四年以前的太庙布局)重建太庙,恢复旧制,不再将太庙分列为九个独立庙宇,让所有神主都放置在同一太庙之中,包括原本不能升祔太庙的睿宗神主在内。[3]

嘉靖皇帝恢复旧制的两大理由,一是认为都官七庙虽好,但当初参与庙制更定的相关人员却讨论不详,规划失当,造成几项疏失:"成祖以六世未尽之亲也,而遽廷世室不获奉",

---

1　《明世宗实录》卷279,嘉靖二十二年十月丁丑,第3页b。

2　《明世宗实录》卷279,嘉靖二十二年十月庚辰,第4页a。

3　《明世宗实录》卷281,嘉靖二十二年十二月辛未,第1页a—1页b。

"仁宗以穆位而有常之主而就移左官，遂致紊于班祔；武庙朕元也，不得用为一世，顾居七庙之中，有妨七世之祀"，"我皇考睿宗庙于都宫之外"。[1]二是礼部以兄弟同世之义，欲奉睿宗神主与孝宗同庙，"然题扁各殊，终未为妥"。[2]因此，嘉靖皇帝决定依照"礼非天降，乃起人情"之义，恢复"同堂异室制"，使祖宗列圣同聚一堂，"庶昭穆以明，世次不紊"。[3]

嘉靖二十三年（1544）四月，礼部又讨论新太庙如何安排昭穆位序的问题。礼部想劝止庙制回归"同堂异室"制，嘉靖皇帝却质问礼部：你们以前不是说"同堂异室"制行礼简便，为何现在又说"昭穆之列难行"？[4]礼部尚书张璧等人只好再回奏："都宫别殿"制本是善法美制，"同堂异室"制只是权宜之计，请遵周制，奉行"都宫别殿"制。关于昭穆之序，宜仍奉成祖为世室，"其次奉仁宗为一穆，宣宗为一昭；英宗为二穆，宪宗为二昭；孝宗、睿宗为三穆，武宗为三昭"。[5]自古以来，昭穆制度用以明世系，不用以定尊卑。现今孝宗和睿宗共居一庙，立于第三穆位，他日行祧迁时，只需祧迁孝宗神主，睿宗神主则改迁到原先的睿庙（即原来的世庙）。礼部的建议，让嘉靖皇帝犹豫不决。不过，左庶子江汝璧又提出了

---

1 《明世宗实录》卷280，嘉靖二十二年十一月壬戌，第5页a。

2 《明世宗实录》卷280，嘉靖二十二年十一月壬戌，第5页a。

3 《明世宗实录》卷280，嘉靖二十二年十一月壬戌，第5页a。

4 《明世宗实录》卷285，嘉靖二十三年四月辛卯，第6页b。

5 《明世宗实录》卷285，嘉靖二十三年四月辛卯，第6页b—7页a。

异论，主张始命祖太祖本应居中，成祖居世室（文祖世室，居于昭庙群之首），睿宗应置于睿庙，再将睿庙移到成祖庙对面（居于穆庙群之首），以符合朱熹的《庙议图说》。另外，右赞善郭希颜（嘉靖十一年进士）也反对礼部的方案，主张太祖居太庙中，成祖居左世室，在成祖庙的右边立四亲庙。[1]睿宗是否祔庙或祧迁，必须留待后人决定，于情于理皆合宜，也不会有"丰祢之嫌"。[2]

　　嘉靖皇帝把江汝璧、郭希颜两人的奏疏交给礼部商议。礼部为了维护自己的立场，批评他们荒谬悖戾[3]，仍主张为武宗皇帝立庙。监察御史刘存德等人也纷纷弹劾郭希颜出位逾矩、妄议礼部事。出乎意料的是，嘉靖皇帝并没有斥责郭希颜，反倒惩罚了御史们。事已至此，工部尚书甘为霖只好试探嘉靖皇帝的本意为何，再次询问庙制之事。嘉靖皇帝倒是开门见山地说：我早决定改庙制为"同堂异室"制，你们不用再讨论了。之前，把庙议之事交给礼部讨论，只是为了观探人心的动向而已。几天后，还有人请更庙制，嘉靖皇帝怒斥：非天子不议礼，"典礼在朝廷，自有裁处，有轻议奏扰者罪之"。[4]此后，再也没人敢重提旧事，主张恢复"都宫别殿"制了。

　　嘉靖二十四年六月，礼部奏请暂止于景神殿行明堂秋祭

1　《明世宗实录》卷285，嘉靖二十三年四月辛卯，第7页b。

2　《明世宗实录》卷285，嘉靖二十三年四月辛卯，第7页b。

3　沈德符：《万历野获编》卷2《庙议献谄不用》，第55页。

4　《明世宗实录》卷285，嘉靖二十三年四月甲午，第8页b。

礼。嘉靖皇帝不允，还质问礼部："朕虽非长者，而自为变诈，其何以交于神明？昭穆不序，何得成王礼？"[1]不过，嘉靖皇帝虽大发脾气，还是删去了嘉靖十七年所增的繁复仪式，命礼部按照先朝的旧制，如期举行，不得延误。不久后，嘉靖皇帝询问礼部太庙安神礼[2]，又废止大禘礼。[3]换言之，嘉靖二十四年的庙制改革，最大的变化在于庙制又恢复成"同堂异室制"，与庙制有关的其他改革，似乎又回到原点，仿佛没有改变，唯一改变的只有睿宗朱祐杬入祀太庙，居于昭位。

值得注意的是，当礼部尚书费寀（1483—1548）等人询问新太庙如何安排昭穆时，嘉靖皇帝以"既无昭穆，亦无世次，只序伦理"[4]为由，亲定了神主的排列顺序，安排太祖居

武宗（穆）	孝宗（穆）	英宗（穆）	仁宗（穆）	太祖（始）	成祖（昭）	宣宗（昭）	宪宗（昭）	睿宗（昭）
				正　殿				

图3-18　嘉靖二十四年太庙正殿图

资料来源：《明世宗实录》卷300，嘉靖二十四年六月己未，第9页b。
图片说明：正殿九间，内贮诸帝后的冕旒凤冠袍带，祭祀时陈设，祭毕藏匮。正殿后为寝殿九间，奉太祖至武宗及睿宗神主，皆南向。祧庙五间，藏祧主德祖、懿祖、熙祖和仁祖，皆南向。

---

1 《明世宗实录》卷300，嘉靖二十四年六月癸巳，第1页a。
2 《明世宗实录》卷300，嘉靖二十四年六月己亥，第3页a。
3 《明世宗实录》卷300，嘉靖二十四年六月辛丑，第5页a。
4 《明世宗实录》卷300，嘉靖二十四年六月己未，第9页b。

中，左昭位依序是成祖、宣宗、宪宗和睿宗，右穆位则是仁宗、英宗、孝宗和武宗。嘉靖皇帝终能如愿，让睿宗献皇帝升祔太庙，置于祖先之列，且拥有独立庙室，不再和孝宗同居一室，庙次反居武宗之上。新太庙的庙次安排，遂成兄弟相传、分为二世之状态，直接破坏"父子异昭穆，兄弟同昭穆"的宗法习惯，也造成太庙祧迁失误、世数不足的问题，引起隆庆朝、万历朝及天启朝屡有迁祧睿宗与否的礼仪争议。不过，随着朱祐杬顺利称宗祔庙，"大礼议"总算抵定，不再引起广泛的礼制变动了。

六、礼制与政治的关系

《明史》依据清代大儒毛奇龄《辨定嘉靖大礼议》，大力抨击"大礼议"和"称宗祔庙"二事，前者导致"舆论沸腾，幸臣假托，寻兴大狱"，后者造成睿宗"升祔太庙，而跻于武宗之上，不已过乎"[1]，可谓嘉靖皇帝最大的政治过失。撇开史家评比不谈，从礼学的角度来看，嘉靖朝的礼制改革确实大规模整理了传统中国历代王朝的礼制，其中纠正不少唐宋以来的祀典错误[2]，也改易了明太祖严禁后世子孙更易的许多"祖

1　《明史》卷18《世宗本纪二》，第250页。

2　雷闻：《论隋唐国家祭祀的神祠色彩》，《汉学研究》第21卷第2期，第111—137页。

制"[1]，例如天地合祀、孔子祀典及宗庙规制。在明代礼制史上，嘉靖皇帝实有不可忽视的表现，但嘉靖二十四年"只序伦理"[2]的祔庙原则却毫无根据，只保证了睿宗拥有皇帝身份的实质象征和正当性地位。

更定礼制之举，向来是开国之君的权力。当嘉靖皇帝展开礼制改革时，不啻拥有了再造帝业的功绩，奠定了自身在明代帝系中的特殊地位。嘉靖皇帝能推行礼制改革的原因有二。一是引《周礼》为据，再将恢复"洪武初制"作为改制理由，以得到大臣们的支持。二是嘉靖皇帝善于权术，以高官厚禄为诱，积极地笼络支持者，又以武力威吓，钳制言路，打压反对势力。一长一消之间，嘉靖皇帝提高了威望，甚至被臣下誉为"中兴令主"，进一步地巩固了君主的独尊地位。换言之，为了体现追溯三代的复古理想，也为了达到皇权重塑的实际目的，嘉靖皇帝从国家礼制着手，检讨祖制不合宜的部分，开考据古礼之风，变革祭礼，试图强化自身世系承接君统和宗统的象征。[3]

---

1 《明太祖实录》卷241，洪武二十八年九月庚戌，第3页b。
2 《明世宗实录》卷300，嘉靖二十四年六月己未，第9页b。
3 沈德符：《万历野获编》卷1《重修会典》，第25—26页。"二十四年春。阁臣严嵩等，又请续添新例，以成全书，上允之，至嘉靖二十八年而始成。初则张永嘉、桂安仁、夏贵溪等为政。以故如宗献王，如分郊，如四禘，如改制冠服，俱详载新制。而旧仪反略焉。又礼部仪司所列大行皇太后丧礼一款，则兴献王之章圣蒋后，反居大祖孝慈马后之前。至其后又皆严分宜总裁，徒知取媚主上，而紊礼逾法则极矣。进呈御览之后，世宗留之禁中，不制序，不发刊，圣意深矣。"

过去多视改郊祀礼为嘉靖皇帝欲改庙制的准备，改易庙制则为嘉靖皇帝扩张权力之表征。[1]本书肯定孟森的看法，并针对郊祀改制、庙制改革与皇帝制度三者的关系，提出若干疑问。为何大臣们会接受郊祀改制？为何会坚守原有的太庙制度？又为何要求端正昭穆的排序？为何隆庆、万历、天启、崇祯诸帝明知睿宗祔庙不合礼法，却坚持不祧睿宗？这些问题，唯有观察礼制改革的过程、内容及意义，始能了解礼制改革为何能引起政治文化效应，并解释礼制与政治之间的关系。

传统的祭祀礼俗极其繁复，其中以祭天、祭社及祭祖最具重要性。在传统中国社会，祭天和祭社代表一套合理的政治与社会秩序，而祭祖在皇帝制度中则象征了皇帝在皇室里的伦理功能、大宗身份及政治权力。三者相辅相成，形成一套发自皇帝个人，上达祖宗、皇天的礼秩体系，也构成了整套国家礼制的政治文化观。换言之，嘉靖朝的礼制改革相较于"大礼议"，已不再局限于皇帝个人的家事，其影响扩大到整个皇帝制度，更牵涉了君主政体的正当性基础。

（一）郊祀改制

在进行郊祀祭礼的讨论前，必须先说明郊祀礼对于政治权力的象征意义。甘怀真教授曾指出儒教式的国家祀典，不

---

[1]　孟森:《明史讲义》，第224页。

只是带着实用目的的工具与功能。[1]因而我们应先了解不同时空的经典诠释者对儒家经典有着不同的解读，也因期许不同，会出现不一样的处置方式。换言之，必须观察嘉靖君臣对郊祀礼的诠释意义，始能了解郊祀改制有何力量，足以影响现实中的政治生态。

中国人对天的崇拜由来已久。随着政治制度与社会形态的发展，祭天的政治意义越来越明显，也越来越重要。直到周代始确定祭天文化与祭祀形式，《周礼》则详细规定了祭天的步骤，祭祀时所用的服饰、贡品、礼器、乐器的陈设及演奏的乐舞等细节，确定了后代各朝举行郊祀礼的内容与形式。《周礼》不仅是一套完备的礼仪制度，也是古代人对国家体制的理想蓝图，更是儒家思想的根本依据，奠定了数千年中国传统政治文化的基础。《左传》云："国之大事，在祀与戎。"[2]祀即祭祀，祭祀意味着"礼"；戎即军事，军事意指"兵"。"礼"与"兵"，即皇权的根本所在。有军事无礼仪的政权，容易流于暴虐严苛，引起人民反抗；有礼仪无军事的政权，容易徒有形式，无法保护人民安危。可以说，"兵"是政权的强迫性机制，"礼"是政权的正当性基础，皇帝作为天子，成为天与人的中介者，是天的代理，也是人民的代表。

1　甘怀真：《西汉郊祀礼的成立》，收入氏著《皇权、礼仪与经典诠释：中国古代政治史研究》，第42页。

2　开明书店编：《断句十三经经文·春秋左传》，《成公十三年》，第102页。

天下、社稷及宗庙，三者象征着国家政权所在，隐含国、君、家三位一体的政治文化观，影响甚大。因此当历代儒家学者关怀社会弊病时，必论及君主与它们之间的关系。在国家礼制中，以郊祀礼最为重要，也只有皇帝有权力举行仪式，正所谓"帝王之礼莫大于祭天"。换言之，郊祀礼即皇帝拥有统治天下的权力象征，也是确定"天子"名分的礼仪符码，"天子"得以联络神祇，把万民的崇敬之意上达天听，并传递人界讯息，安定天人之间的秩序。郊祀礼的礼秩地位和政治文化意义，可从明代皇帝即皇帝位前，必须自称"嗣天子臣"行圜丘告天的登极仪式得到印证。[1]这套祭天仪式，即代表皇帝作为昊天上帝的臣子，承接祖宗之体的"天命"，否则其皇帝资格无法获得天下人的承认。

儒家学说向来注重现实的政治等差和社会人伦，不轻谈鬼神之说，但在有关皇帝制度的论述中，却含有相当浓厚的天命思想。天命思想，源于殷人"兹大国殷之命，惟王受命"[2]及周人"天命靡常，惟德是依"[3]的政治观。经先秦儒者系统的

1　《大明会典》卷45《礼部三·登极仪》，第6页a—11页a。宣德朝以降诸
　　帝，大多以皇太子身份继承皇位，登极仪式与太祖不同。嘉靖皇帝自藩国
　　入继大统，与皇太子即皇帝位的仪式亦有不同。三种登极仪式最大的不
　　同，即三次上笺劝进的仪式。太祖的登极仪式极重圜丘告祭礼，并无上笺
　　劝进仪式；宣德皇帝（1398—1435）以皇太子身份继承大统，增劝进仪
　　式；嘉靖皇帝自忖非皇子身份，拒行劝进礼，直接迎驾入行殿，于奉天殿
　　即皇帝位。

2　开明书店编：《断句十三经经文·尚书》，《召诰》，第27页。

3　开明书店编：《断句十三经经文·礼记》，《表记》，第113页。

演绎后，在周初的忧患意识之上发展出一套"天视自我民视，天听自我民听"[1]"汤武革命，顺乎天而应乎人"[2]的观念，逐渐促成了人文精神的萌芽。[3]随后，汉儒又掺杂了战国末年盛行的天人相应说和五德终始说等宗教性内容[4]，将天的自然现象与地上的人事对应，视灾害为天谴，警告帝王必须行有利民生之事。天谴观的概念，向来为儒家学者采纳，直到宋代理学兴起后，天谴观的内容为之一变，转而强调道德的重要性，要求君王必须修身养性，励行对上天和人民的政治责任。至此，政治、自然与道德三位一体，奠定了天命思想的论述基础，成为中国传统政治文化的主体，也成为皇帝制度的重要根底。

天命思想最重要的特色是：皇帝以"道"受"天命"，以"上天之子"的身份，作为天与人之间的媒介；当皇帝离开了"道"，上天便不再护佑，把"天命"转移给有德者，让有德者带领民众推翻暴政，重新建国。也就是说，儒家学说的天命思想，主张民心可主导"天命"所归，统治者必须尽心竭力，

1　开明书店编：《断句十三经经文·孟子》，《万章上》，第30页。

2　开明书店编：《断句十三经经文·周易》，《革》，第16页。

3　徐复观：《中国人性论史·先秦篇》，上海三联书店，2001年，第27页。

4　董仲舒撰，赖炎元注译：《春秋繁露今注今译》卷7《官制象天第二十七》，台湾商务印书馆，1987年，第194—195页。儒家融合阴阳五行概念的再诠释与时代需要，徐复观：《中国人性论史·先秦篇》，第508—516页。

保护人民的性命财产，始获"天命"。若君主不仁，就会丧失"天命"，有德者得行革命，重建政治秩序和社会正义。从表面看，"天命"似乎是西方的君权神授论，使皇权获得了神圣的属性。实际上，"天命"并未赋予皇帝绝对的权力，反而以"道"来约束皇帝的权力，使皇帝不得自行其是、为所欲为。[1]

所谓的"道"，即皇帝制度的"公义"部分，其要旨为"天下者，天下之天下，非一人之私有故也"。[2]皇帝是天下人的代表，当以人民为念，再执行皇帝的权责，强调伦理的规范，维护政治的合理秩序。于是历代儒家学者视"礼"与"法"为"道"的标准，尤其是宋明理学的信徒，最重视义利、理欲及公私之辨，并以"天理纲纪论"为判别人事之标准。因此，礼制的作用不仅仅是咏诗乐舞或跪拜叩头，还在于让政治秩序和人事关系有合理的规范。

然而，这种儒家式的祭祀观不容许皇帝为谋求己利或出于私心而行祭祀之典。[3]一旦皇帝违逆公义，必遭上天抛弃，臣民即可"从道不从君"。[4]或许可以说，在传统政治文化中，郊祀礼不能被视作皇帝制度的装饰品，而应是皇帝制度的根本。皇帝行郊祀之礼，即履行天与人的中介者的责任，也

1　张荣明：《中国的国教：从上古到东汉》，中国社会科学出版社，2001年，第173—200页。

2　朱熹：《四书章句集注·孟子集注》卷9《万章章句上》，第307页。

3　甘怀真：《西汉郊祀礼的成立》，第61—62页。

4　李涤生：《荀子集释》，《臣道篇》，台湾学生书局，1979年，第292页。

是皇帝遵从天道的表现。正因为皇权的正当性奠基于皇帝以"道"受"天命"，皇帝作为上天在人间的代理人（天子），强调天人关系的密切性，万民遵照天意，服从天子的旨意。[1]于是在王朝交替或即位典礼时，每位统治者都须举行祭天仪式，以宣传政权的正当性。

从西汉文帝行郊祀礼始，经武帝、宣帝、成帝的持续推行后，郊祀礼成为儒家倡导的国家典礼；时间稍后的南北朝因政权更替频繁，正统性不足，更需要大肆举行郊祀礼，作为异姓间更替皇位的正当化手段；唐代以降，皇帝即位前举行的祭天仪式便成为一种习惯性的国家典礼。据清代学者袁枚考订，可以肯定最初的祭天仪式并无圜丘方泽之制[2]，《周礼·大司乐》分祭天地于南、北郊之说，很可能是后人托古改制的产物。历代各朝虽在形式上有所变动，但大致不脱《周礼》"以祀天，旅上帝"[3]之意，依循春夏秋冬的时令，依次举行祈谷、大雩、明堂报享、南郊祭天，其中又以南郊祭天最受重视。

直到唐代武则天当权时期，郊祀礼发生了重大的变革。[4]武则天为了制造女主当政的理论根据，着手调整天地的尊卑

---

1 王健文：《奉天承运：古代中国的"国家"概念及其正当性基础》，第25—29、45—55页。

2 袁枚：《随园随笔》，台湾鼎文书局，1978年，第106页。

3 开明书店编：《断句十三经经文·周礼》，《春官宗伯》，第32页。

4 欧阳修、宋祁：《新校本新唐书附索引》卷76《高宗则天武皇后》，台湾鼎文书局，1975—1981年，第3480页。

位次，遂改天地分祀为天地合祀。唐玄宗李隆基也没有恢复天地分祀，仍采天地合祀，并收入《大唐开元礼》[1]，影响甚巨，使宋、元、明三代沿用天地合祀之制。宋代君臣屡有将郊祀礼改回天地分祀的议论，却因国势衰微、财政匮乏，无力支应举行天地分祀的庞大费用，只好继续沿用天地合祀之制。[2]明初本实行天地分祀[3]，直至洪武十年，洪武皇帝"感斋居阴雨之应，览京房灾异之说"[4]，"始定合祀之制，即圜丘旧址为坛，以屋覆之，名大祀殿"。[5]永乐皇帝迁都北京后，郊祀礼仍尊奉洪武十年的规定，沿用天地合祀之制。

明初郊祀礼的变化，几乎是太祖洪武皇帝一人决定，并未遇到多大的阻碍，臣下只能遵命行事。以洪武十年的改制为例，洪武皇帝以天人相应的灾异说作为改制理由，实则脱离了儒家的祭祀观[6]，礼臣没有参与权，难以反对，洪武皇帝乾纲独断的行事风格，却未引起广泛讨论，臣下只能听任皇帝自为，不敢抗颜上辩。

相对来说，嘉靖皇帝改革郊祀礼，显得曲折许多。造成

1　欧阳修、宋祁：《新校本新唐书附索引》卷9《玄宗》，第215页。

2　脱脱等撰：《新校本宋史并附编三种》卷100《吉礼三》，台湾鼎文书局，1975—1981年，第2450—2456页。

3　《大明会典》卷81《礼部三十九·郊祀一》，第6页b—7页b。

4　谷应泰：《明史纪事本末》卷51《更定祀典》，第532—533页。

5　《大明会典》卷85《礼部三十九·郊祀一》，第7页b—10页a。

6　罗仲辉：《论明初议礼》，收入王春瑜主编《明史论丛》，中国社会科学出版社，1997年，第74—91页。

差异的原因，在于洪武皇帝与嘉靖皇帝的身份区别。洪武皇帝为创业雄主，威势足以震慑众官，尤其是国家初建、儒教势力衰微，官员们即便不满皇帝的做法，也难有置喙的余地。嘉靖皇帝虽贵为皇帝，却非开国之君，不具有直接获得"天命"的可能，其"天命"实来自祖先（洪武皇帝）授予。[1]若嘉靖皇帝随意改易郊祀礼，等于违反了代表天道的祖制，这样一来，嘉靖皇帝就失去了继承祖宗"天命"的资格。

为不被臣下指责是破坏祖制之君，嘉靖皇帝首先改革社稷礼[2]，罢德祖配享，打破"左祖右社"[3]的平衡原则，确定宗庙祭礼的重要性高于社稷祭礼，也就等于代表皇室的宗庙（私）高于代表国家的社稷（公），反而提高了皇室的地位。社稷坛不再是祭地的代表，方泽便赋予其特殊功能，奠定"天地分祀"的仪式基础。[4]

其次，以"天地分祀"合于《周礼》，又以时间先后为由，论证"天地分祀"始为洪武皇帝属意的初制，宣称郊祀改制之举，乃恢复祖制，也表明自己恪守天道，不致落人口实。

再次，改易配享天地之对象，以"天惟一天，祖亦惟一

1　王健文：《奉天承运：古代中国的"国家"概念及其正当性基础》，第19、98—116页。

2　《明世宗实录》卷109，嘉靖九年正月庚申，第11页a。

3　开明书店编：《断句十三经经文·周礼》，《冬官考工记》，第73页。

4　小岛毅：《郊祀制度の变迁》，第140—144页。

祖"[1]的配享原则，"奉太祖独配"[2]，把太祖推向受命祖的地位。

最后，始祖和受命祖互有消长、不合于昭穆位序的情况，使宗庙必须改易尊卑顺序，嘉靖皇帝遂有充分的理由，行庙制之改革。

就这样，在追溯古礼、遵从祖制的宣传下，众臣失去法理性依据，难以反对。

（二）庙制改革

祖先崇拜（ancestor worship）[3]和血缘网络是构成中国传统社会文化的主要因子，也是维系着个人、家族、社会及国家四者的稳定力量，从中衍生出特殊的祭祀观和家族观。祀天祭祖是中国传统礼仪制度最为重视的内容，宗法制度是以亲族系谱为基础，集中政治权力的政治制度。皇帝的家庙，即太庙，不仅出于祖先崇拜，更体现"天命"传承，表现其政权正当性。[4]在《春秋公羊传》鼓吹"大一统"之下，君统延续遂成为中国传统政治文化的主轴。

《春秋公羊传》认为，在国君一体的政治文化下，君统传延是国家的重要事务之一。君统传延的标准，在于先君与今

1　《明世宗实录》卷111，嘉靖九年三月辛丑，第10页b。

2　《明史》卷48《礼志二》，第1252页。

3　James Hastings（ed.），*Encyclopaedia of Religion and Ethics*，New York: Charles Scribner's Sons Press, 1958, Vol.12, p.761.

4　洪德先：《俎豆馨香——历代的祭祀》，第365—379页。

君犹如一体，只有君位世袭，万世一系，稳定了君统后，始能言"大一统"之理想。[1]由于汉代统治者致力于把政治社会导向"大一统"方向，《春秋公羊传》有利于政权一统，自然获得统治者的青睐，大力宣传尊卑贵贱为社会之等级，建构出"贵贱之分"的政治原则和"嫡贵庶贱"的君位传承习惯。换言之，唯在名分礼秩体系中，皇帝制度始能完其全貌。

在中国传统政治文化体系中，"天"是王朝兴替的最高主宰，衍生出"王者，父天母地"的概念[2]，因此皇帝又称"天子"，其意涵为：君为天之子，受命于天，须代天施治，否则将失"天命"。开国之君的正当性来自"天命"，而继体之君的正当性则来自受命祖传递的"天命"。君位继承事关君统传延及继体之君的正当性，嗣皇帝必须先明示自己与受命者的血缘关系，表明自己是祖先选定的君主。当他们正式承接了君统后，代表政权正当性基础的"天命"才能通过血缘关系转移到自己身上。

宗庙即先祖形貌之所在，作为不同世代君主的血缘连接，其作用不但是维护皇家的亲亲原则，也是对天下臣民展现政权传递的"天命"，可谓皇权内部的政治象征。在儒家的祭祀观里，继体之君只能遵守祖先制定的根本大法，一旦轻言改

1　开明书店编：《断句十三经经文·春秋公羊传》，《庄公四年》，第11页。

2　郑玄注，孔颖达等注疏；《礼记注疏》卷4《曲礼》，第78页。"王者以父母地，是上天之子，又为天所命子养下民，此尊名也。"

制，将会遭到上天祖灵的惩罚，丧失"天命"。儒家对宗庙的诠释多以《礼记·王制》与《礼记·祭法》为理论基础。然历代学者对庙数与庙制的设置，众说纷纭。[1]嘉靖朝改易庙制，同样引《礼记》为诠释资源，证明改革之合理性。前文已讨论庙制更定的过程、内容及君臣间的种种论述，下文将探究庙制改革的政治文化意义。

首先，嘉靖朝庙制改革的契机实为郊祀改制的影响。郊祀礼改为天地分祀后，郊祀配位便由太祖独享，禘祫制度受到连带影响，宗庙位次须重新安排，否则便会出现礼秩紊乱的问题。嘉靖皇帝虽宣称敬天法祖，但其依据《周礼》、恢复"洪武初制"等话语却很难洗刷私心作祟的嫌疑，备受史家批评[2]，更甚者指责其为篡统之君。[3]嘉靖皇帝改革庙制的动机，表面上看是崇敬列祖列宗，实则是让献皇帝庙的规制符合新太庙建筑群，尽可能地消弭献皇帝庙与太庙群列的不同之处，继而增强献皇帝在帝系上的正统性，以提升献皇帝的政治地位。

与之同时，嘉靖皇帝借恢复古礼，使献皇帝获得皇帝独享的礼仪尊荣，并制定了对皇帝个人的崇拜仪式，排除异己，

1　开明书店编：《断句十三经经文·礼记》，《王制》，第24页；《祭法》，第90页。

2　《明史》卷51《礼志五》，第1318—1319页；卷52《礼志六》，第1337—1338页。沈德符：《万历野获编》卷2《献帝称宗》，第44—45页。谈迁：《国榷附北游录》卷56，第3561页。

3　段玉裁：《明史十二论》，《世宗论九》，第31页b。

惩处不愿附和的臣子，提高自己独得"天命"、君统转移的说服力。换句话说，从嘉靖四年到嘉靖二十四年，嘉靖皇帝借着复杂的庙制改革，把用来尊崇献皇帝朱祐杬的世庙（即后来的献皇帝庙）合并到太庙系统中，让亲生父亲得以称宗祔庙。更重要的是，嘉靖皇帝借着让献皇帝称宗祔庙的契机，建立了新的宗统，终于达成了皇权重塑的目的，巩固了嘉靖一脉获得帝系的正当性基础。

其次，依据《孝经》的文义，明堂并非宗庙，历代学者又以"祖有功而宗有德"来解释明堂之制，只有受命祖可以祀于明堂、配上帝，不是每个皇帝都能享受这一尊荣。明堂与宗庙乃布政之官，具有特殊的政治功能[1]，差别在于"郊祀后稷以配天，宗祀文王于明堂，以配上帝"。[2]若按古礼意，在礼秩地位上，宗庙实不及明堂，得配享明堂者须有大功德。是故严嵩主张"太宗文皇帝再造家邦，功符太祖，当配以太宗也"。[3]反观丰坊亦引用《孝经》，强调"孝莫大于严父，严父莫大于配天"[4]，倡孝亲之论，主张献皇帝配享明堂。观原典，丰坊的主张可谓断章取义、曲解经义。不过，嘉靖皇帝为达成献皇帝配享明堂的目的，亲撰《明堂或问》，暗示严嵩和群臣不得再反驳，否则将遭严惩。严嵩只好妥协，改变初衷，再度强

1　凌纯声：《中国祖庙的起源》，第142页。

2　开明书店编：《断句十三经经文·孝经》，《圣治章》，第2页。

3　《明世宗实录》卷213，嘉靖十七年六月丙辰，第3页a。

4　开明书店编：《断句十三经经文·孝经》，《圣治章》，第2页。

调《孝经》严父之文，证明献皇帝配享明堂是理所当然之事。这样一来，就等于把献皇帝视为周文王，献皇帝便成为新的受命祖。恢复明堂秋祫礼之举遂成为嘉靖皇帝体现新君统的重要凭据。

再次，嘉靖皇帝借着庙制改革，改太宗为成祖，提升了永乐皇帝的政治地位，证明建立新宗统的必要性。之所以提高永乐皇帝的庙号，乃因时人多肯定永乐皇帝得位的正当性，无人敢怀疑永乐皇帝是篡统之君。永乐皇帝本是藩王，正好与嘉靖皇帝具有同样的背景，皆以藩王身份得到帝位，又都在名义上继承了皇位，重新以小宗支系重建新宗统。因此嘉靖皇帝提高太宗庙号，乃为了比附永乐皇帝，迂回地暗示新宗统之建立，避免士人们发起公开的批判。再据朱国桢《涌幢小品》载，嘉靖皇帝对《永乐大典》情有独钟。[1]朱鸿也认为，嘉靖皇帝以外藩入主，情似成祖。[2]或许能推测嘉靖皇帝之所以命人编纂《明伦大典》，乃仿效永乐皇帝命人制定《永乐大典》的手段，粉饰其尊亲意图，并合理化其政治行动，重塑皇权的神圣性。

最后，嘉靖皇帝以"非天子不议礼"[3]为由，直接突破礼法

1　朱国桢：《涌幢小品》卷2《永乐大典》，第17页a。

2　朱鸿：《明成祖与永乐政治》，第208页。

3　《明史》卷114《后妃传二》，第3533页。明制：帝后合葬制是以原后和下任皇帝之生母合葬帝陵、祔享太庙。嘉靖皇帝不喜原配孝洁后张氏，欲以孝烈后合葬祔庙，预占庙位，破坏祔庙原则。当隆庆皇帝即位后，虽未祧迁睿宗，却把孝烈后移主弘孝殿，隆庆皇帝生母孝恪后则祀于神霄殿。

的限制，强行升祔睿宗。表面似乎是"人情论"的延伸，实则大有不同。整个礼制改革运动，等于实现嘉靖四年何渊的"立世室"方案而已。[1]嘉靖皇帝虽将孝亲之论发挥到极致，却背离了"人情论"的预设框架，也跳脱出《明伦大典》建构的经典诠释体系，使孝亲之论难再自圆其说。[2]

为恐后人改制，嘉靖皇帝又提早作了预防，钦定孝烈皇后方氏先行祔太庙[3]，预定自己死后在太庙的位置，先祧仁宗，以阻止后世子孙祧睿宗、改庙制，巩固了睿宗神主在太庙的位置。[4]并借着《大明会典》的编纂，强化变更宗统、建立帝系的正当性。[5]后来的明代诸帝为了证明自身即位的正当性，不得不继续遵循嘉靖皇帝的安排，宁愿他人批评太庙昭穆于礼不合，也不愿意先行祧迁睿宗[6]，推翻嘉靖皇帝更定礼制的成果。举例来说，天启元年（1621），光宗将行祔庙，但庙位不足，须先议祧迁。太常寺卿洪文衡（万历十七年进士）主张不祧宪宗，改祧睿宗，"睿宗入太庙，实出一时崇奉至情，揆诸典礼，非继统君不得入也"。但却遭礼部左侍郎周道登（万历二十六年进士）反对。周道登直截了当地反驳说："奉祧宪宗，祧也，

1　沈德符：《万历野获编》卷2《世室》，第36—38页。

2　沈德符：《万历野获编》卷2《献帝称宗》，第44—45页。

3　黄景昉：《国史唯疑》卷4《成化·弘治》，第112页。

4　《明史》卷213《徐阶传》，第5632—5633页。

5　沈德符：《万历野获编》卷1《重修会典》，第25—26页。

6　《明史》卷217《于慎行传》，第5738—5739页；卷52《礼志六》，第1338页。

顺事也，议及睿宗，非祧也，夺也。"[1]天启皇帝从周道登之议，祧迁宪宗。由此可知，睿宗已成为新宗统的开创者，若先祧睿宗，无异于否认嘉靖一脉的宗统地位，将成"夺统"之局。天启皇帝选祧宪宗的原因，正在于此。

（三）礼为政之本

艾森斯塔得分析中国的传统政治文化是一种文化取向，并以集体取向的概念，解释中华帝国"这种文化取向及其所决定的基本合法性，极大地影响了统治者的具体目标及其所需资源类型的形成"。因此，当君主面临政治抉择时，必须考虑权力来源的合法性，其行动的指标"在文化方面被表达出来，并且是作为文化价值与取向的从属物而形成的"。[2]历代君臣双方展开的思想论战，大多关注文化取向，这成为中国传统政治文化的特点之一。

中国传统礼制的功用在于，一是明人伦，"父子有亲，君臣有义，夫妇有别，长幼有序，朋友有信"。[3]二是序尊卑，"天地尊卑，乾坤定矣，卑高以陈，贵贱位矣"。[4]三是节民心，"使

1　温体仁等撰：《明熹宗实录》卷13，收入《明实录》第124—133册，天启元年七月甲戌，第5页b—8页b。

2　艾森斯塔得著，阎步克译：《帝国的政治体系》，第233页。

3　开明书店编：《断句十三经经文·孟子》，《滕文公上》，第17页。

4　开明书店编：《断句十三经经文·周易》，《系辞上》，第21页。

民富不足以骄，贫不至于约，贵不慊于上，故乱益亡"。[1]儒家的礼治观，为帝国提供了一套共同的意识形态和沟通途径，使帝国得以联结有着不同风俗习惯的士人，也为帝国提供了立足于尊尊、亲亲和贤贤三位一体的权力原则，使帝国政治文化体系的运作不受技术的限制，能跨越不同文化、地区、种族，整合为一体化国家。[2]于是"礼"成为中国古代社会政治制度、道德观念、社会关系及行为准则的基础。

中国古代国家的成立，不只依凭着由上至下的暴力，也需要臣民对新政权持有肯定或默许的态度。是故统治者须通过制度性的媒介，建立维护政治秩序的合理规范，展现政权的"公义"，使民众能认同其政权之理念。国家礼制正是中国古代国家"公义"的制度性媒介，内化"礼"于典章制度之中[3]，上至国家政权的组织形式，下至民间百姓的日常往来，都有详细且严格的规范，使社会有一严格的身份等级，每个人按其身份被纳入名分礼秩体系之中。在很多情况下，国家礼制代表一国的最高法律，具有不得变易、不容置疑的权威性。臣民一旦违礼，即犯国法，将遭处罚。

在中国古代社会，"礼"之所以能产生广泛又深远的影响，主要是"礼"能依循时代的需要，随时改易，又能妥善地结合

1　开明书店编：《断句十三经经文·礼记》，《坊记》，第104页。

2　阎步克：《士大夫政治演生史稿》，第346页。

3　雷闻：《论隋唐国家祭祀的神祠色彩》，第111—112页；瞿同祖：《中国法律与中国社会》，台湾里仁书局，1984年。

儒家礼意与民间礼俗，作为订立礼制的基础，也成为帝国维系正当性效力的源头。在政治上，由"礼"发展出的道德政治观（克己复礼），往往将王朝的兴衰存亡归结为道德层面，甚至国家法律体系都以"礼"为基本依据，建立身份等差的礼秩社会，"国之大事，在祀与戎"。[1] 在思想上，儒家强调的伦理道德，更以"礼"为其基本要义，聪明睿智之士无不皓首穷经，务求端正礼意谬误，厘清经典经义。总之，"礼"凭借着仪式、象征和符号，成为天与人的媒介。又随着后世学者的模拟和推想，儒家礼意渗透在知识思想体系之中，"礼"也代表权力、知识及思想秩序的合理化体现，成为中国传统政治文化的主体。

祭礼是"礼"最重要的表现形式，所谓"礼有五经，莫重于祭"[2]，唯有君主拥有对天的主祭资格，作为天与人之间的连接枢纽。[3] 可以说，"祭"的意义，不只反映了敬天尊祖的宗教信仰，也表达了得到普遍认同的政治秩序。[4] 不过，"礼"并非纯粹的宗教仪式，也不只是权力装饰品。以"礼"为主体的传

1　开明书店编：《断句十三经经文·春秋左传》，《成公十三年》，第102页。

2　开明书店编：《断句十三经经文·礼记》，《祭统》，第95页。

3　王健文：《奉天承运：古代中国的"国家"概念及其正当性基础》，第25—29、45—55页。

4　雷海宗：《皇帝制度之成立》，收入许倬云主编《中国上古史论文选辑》第二册，台湾国风出版社，1967年，第192—194页；凌纯声：《北平的封禅文化》，第1—100页；刘子健：《封禅文化与宋代明堂祭天》，第45—51页。

统政治文化，更不只是物质利益与权力关系的反映而已。[1]礼教和武力是皇权的两大根本，缺一不可。光有礼教之养，而无武力之强，只能像春秋时的鲁国，统治者无力压制贵族，终不免落入被他国并吞的命运；空恃武力之强，无礼教之养，便如同秦朝，虽成就大一统，却难收天下人心，仅二世而亡。

由嘉靖君臣讨论、争执及妥协的过程来看，可知国家礼制的文化符号，其本身就是权力象征；礼与政的关系，可用"礼，其政之本欤"[2]概括之。过去多以为明清两代是君主专制的成熟期，皇权不受任何束缚，但从嘉靖朝礼制改革来看，却出现了不合逻辑的状况，让我们不禁质疑：皇帝若真的拥有绝对权力，礼制改革势必一蹴而成，没有必要耗费二十年之久，也无须运用繁复曲折的手段来证明其正当性。或许嘉靖礼制改革能证明皇帝并非具有绝对权力。更进一步说，若将国家礼制视作"公义"象征，皇帝必须遵守礼法，皇权必须符合"公义"，其正当性始能被臣民认同，如此也就不难理解嘉靖皇帝不得不大费周章的困难之处。

小结

国家礼制，最重正名，务求尊卑等级，不可僭越。[3]更定

1　张荣明：《中国的国教：从上古到东汉》，第6页。

2　开明书店编：《断句十三经经文·礼记》，《哀公问》，第101页。

3　龙文彬：《明会要》卷14《禁踰侈》，中华书局，1956年，第240页。

礼制和"大礼议"一样，都是嘉靖皇帝致力于处理的大事，也是嘉靖前期的重要事件。前文花了许多篇幅，探索嘉靖君臣讨论礼制改革的过程、内容与结果。嘉靖朝整个礼制改革看似烦琐，其实不然，实有十分清楚的发展脉络。

颁布《明伦大典》后，嘉靖皇帝以"恢复古礼"为由，促使朝臣们考据礼经，不断地改变国家礼制，其中包括郊祀礼，社稷祭礼，孔子祀典，历代帝王庙、太庙、庙祭礼，明堂大享礼等祭礼，试图利用祭祀仪式的改变，强化君统，改易宗统，重塑皇权正当性。[1]嘉靖君臣先重构统治者与天的关系，再安排统治者与其他人的关系，重组朝廷的权力结构。并大幅改易国家礼制的政治象征，强化君主的文化控制权，强调嘉靖皇帝受"天命"得位，是上天选择的中兴令主。又改变宗庙的外在建筑及内在昭穆的制度，试图模糊宗统（孝宗一脉）与家系（献皇帝一脉）的界线，逐渐提高献皇帝的政治地位，让献皇帝终能称宗祔庙，获得君统。[2]

郊祀礼的功用，在于展示天、君、人的关系；宗庙制度的功能，则彰显开国之君与继统之君之间的血缘关系，成为继统之君获"天命"的根据。然而，改易郊祀礼的结果，不但显示了嘉靖皇帝怎么看待皇权与天的关系，也表明了"天命"可借由郊祀礼进行强化、塑造、建构，甚至可以作为转移君统的有力武器；改易庙制的结果是，献皇帝终能称宗祔庙，否定孝宗、武宗的宗统地位，重建宪宗—献皇帝—嘉靖皇帝的新宗统体系，嘉靖一脉登上明帝系的大宗地位，成为"天命"已转移自身世系的重要依据。至此，嘉靖皇帝一脉正式成为明代皇室的帝系拥有者。

长达二十年的礼制改革，不只改变了明皇室的帝系传承，小宗变大宗，也让皇权性质异化，更使嘉靖朝的政治文化体系产生极大的变化。嘉靖皇帝虽达成皇权重塑的目的，却也将中国传统政治文化的身份原则模糊化，破坏了国家礼法制度的基础——名分礼秩，导致政治文化体系的"公""私"概念变质，使皇权流于私化，而皇帝不再受到国家礼法的约束，"以我之大私为天下之公"。[1] "人情论"的过度衍生与诠释，不啻承认了皇帝的个人性，使"大礼议"突破了历代的尊亲惯例（汉代定陶王议、宋代濮议），成为礼学上"以亲逾尊""以私害公"的最坏示范。尤其是"人情论"被皇帝随意解释时，无异于为皇帝的私欲开了一扇"合礼"的窗口，使皇帝制度的"私情"日益扩大，"公义"自然受到压缩，趋于消失。

天命思想与国家礼制，本是儒家学说防止皇帝私欲过于膨胀的武器。儒家学者认为皇帝因"天命"和"礼法"，须遏止私欲，避免绝对专制。但现实政治里，皇帝握有权力，"天

1　黄宗羲著，李广柏注译，李振兴校阅：《新译明夷待访录》，《原君》，台湾三民书局，1995年，第3页。

命"一词几乎成为强权的专利，却难以落实儒家理想。一旦皇帝能随意改易国家礼制，即代表皇帝有权力去操纵天人关系，也意味着国家礼制的约束力开始削弱。[1]皇权走向私化的结果是，皇权的基础——名分礼秩体系逐渐动摇。

若名分礼秩遽然断裂，皇权将首当其冲，受到损害。当皇帝只顾"私情"，却不再受限于"公义"时，皇权将丧失公共性质，政治行动的正当性将遭臣民质疑，最后将造成整个政权的认同危机。如果当权者（上至皇帝，下至胥吏）都无所不用其极地运用权力，势必导致"国将不国"的局面。一个当权者有了权力，最要紧的不是运用权力，也不是滥用权力，而是要遏止自己的权力欲。

换言之，当"公义"不在，士人又失去话语权力时，"忠"的伦理渐成为虚幻的口号，兼为儒家信徒的大臣们究竟如何调和现实与理想之间的落差，成为中国传统政治文化的棘手课题。从嘉靖君臣的礼仪之争，无异见到了君臣双方在儒家理想与政治现实间的拉扯、调和、抗拒及妥协的过程，也看到了权力隐于礼制的吊诡，更能窥得礼制与政治相互依存的双生关系。在皇帝的强大压力下，言官逐渐丧失政治理念，沦为内阁的传声筒（见第四章第四节）。失去理念的士人，只

1　徐泓：《明代社会风气的变迁——以江、浙地区为例》，收入《第二届国际汉学会议论文集·明清与近代史组》，台湾"中研院"，1989年，页136—159。

能像严嵩一样，向现实妥协，承认皇帝的"私情"重于国家的"公义"，原有的"王者师"理念不再，君臣关系转以"利"为中心，逐渐走向破裂之途。

第四章

从"大礼议"看嘉靖朝政治文化

　　过去研究论及皇权问题时，多以为自秦汉确立皇帝制度后，君主通过制度的变革，压抑了相权和台谏的权力，皇权遂不断增强，至明清达到顶峰。[1]这样的论点固然不无道理，但有时却太具有普遍性，令人很难再从体制内去观察人事的独特性。因此每当皇权不振，史家莫不归咎于君主昏庸，或是士气衰竭，以致奸佞当政，朝政败坏。笔者以为，政治史的范围不应只限于政治制度或国家权力或农民起义等单面向的讨论，或许能试着注意体制内的人事关系，探究皇帝、宰相与官僚体系（泛指由众多官僚构成的权力结构和管理体制）之间如何互动，始能了解政治文化体系如何制约这些人的行

1　萧公权：《中国政治思想史》；钱穆：《国史大纲》，台湾商务印书馆，1995年；刘泽华：《专制权力与中国社会》，香港中华书局，1988年；刘泽华：《中国的王权主义：传统社会与思想特点考察》；嵇文甫：《晚明思想史论》，东方出版社，1996年。

为模式。

若从体制内来看人事关系，首重权力核心的性质。何谓权力核心的性质？既是人为的文化建构，也是现实的政治现象，更是各方势力互争短长的表征，其中又以人们的亲疏关系作为具体表现。政治权力的消长，正是通过人事关系的表现，人们得确立在团体中的身份地位。政治斗争不应被当作理所当然的权力衍生物，而中国传统政治文化的君臣关系，并非用"君尊臣卑"[1] 就能全然解释。或许我们能重新从君臣关系和政治制度的角度，探究君臣双方在体制内的互动状况，由此来界定皇权的性质、强弱及范围，并分析官僚体系对皇权、阁权及同僚间的对应模式。

"大礼议"是明代政治文化思潮转捩的前奏[2]，其结果不只造成皇权扩张，也使各方的权力形态发生变异。与其把"大礼议"当作道德问题或礼仪之争，还不如说嘉靖君臣在找寻一个因应现实的权力分配原则。值得注意的是，嘉靖君臣屡讨论"天理"是否重于"人情"、"尊尊"是否高于"亲亲"及"大公"是否必须"无私"等问题，其焦点是身份的判定。可以说，隐于"大礼"背后的政治文化问题，即讨论皇帝身份、职权及政治责任的问题，其中又牵涉着皇权的公共性质能否借名分礼

1　余英时：《"君尊臣卑"下的君权与相权》，收入氏著《历史与思想》，台湾联经出版事业股份有限公司，1976年，第53—55页。

2　孟森：《明史讲义》，第185页；朱鸿：《"大礼"议与明嘉靖初期的政治》，第263页。

秩的合理安排得到落实。[1]除了名分之争外，"大礼议"还涉及几个重要问题：皇帝大权独揽，真的是皇权强大的标志？内阁对皇权和官僚体系有何作用？言官的劝谏对皇权和阁权有何影响？

　　本章试图跳脱出道统与治统冲突的大框架，着重"大礼"衍生的人事纠葛。先分析明代皇帝、内阁及言官三方的政治体制，再从人事纠葛探讨君臣之间的权力关系，探寻隐于体制内的沟通管道，探索皇权的影响范围、信任机制及官僚体系如何制约皇权，析论皇权性质及内在限制。若皇权过度私化，看似扩张，实则已破坏其正当性基础。皇权扩大的结果，将破坏体制内原有的权力分配原则，君臣之间无法有一合法的信任机制，官僚体系内部也将出现不平衡的状态，又无力重新分配其权力版图，党争势必激烈化，整个国家机器难再正常运作，逐渐走向败亡之途。

一、明代前期的政治生态

　　进入正题前，必须先认识明前期的政治生态，了解皇帝、内阁与言官三者的互动关系，再与前三章综合比较，将更清

1　过去多从社会结构或经济形态分析中国的皇帝制度，随后渐转向法制和礼制的层面，于是广义的政治史研究引入了"意识形态""正当性""合法化"等政治学概念。相关回顾见甘怀真：《皇权、礼仪与经典诠释：中国古代政治史研究》，自序，第 i — x 页。

楚嘉靖朝政治文化的特殊性。明代皇帝与内阁之关系较为复杂，幸好学界已有不少研究成果，暂不论，先从言官的议事空间分析明初皇帝与言官的关系，从而了解皇帝对士人的态度，以及士人对皇帝的期许。据前人研究，明初政治生态有两大特色，一是君主专制发展到极致，二是反智识政治的典型时代。[1]自洪武十三年（1380）明太祖洪武皇帝废去中书省后，明朝的政治体制以皇权作为权力总枢纽，以吏部为运作枢纽[2]，各个行政机构无法自行其是，必须经皇帝仲裁，始能有相对独立的行政权力，无法脱离皇权的控制，正如《明书·职官志》所说，"文武夹维，内外交应，协恭互发则指臂相随，辄断独行则龃龉不遂"。[3]

然而，政权可借武力得来，却无法靠武力维持。是故明太祖建国后，着重制礼，申明国家礼制之重要性，"礼法，国之纪纲。礼法正则人志定，上下安，建国之初，此为先务"，"古昔帝王之治天下，必定礼制，以定贵贱，明等威"，"贵贱无等，僭礼败度，此元之失政也"。[4]由此可知，太祖着重制

1　余英时：《"君尊臣卑"下的君权与相权》，第53页。然而，黄仁宇不认为绝对化的君尊臣卑可解释明代的君臣关系，反而指出文官体系及其背后的文化意识力量十分强大，皇帝没有绝对权力，实受制于廷臣。又指出明朝行政管理技术不足，无法以数目字管理，君主很难行绝对专制政治。黄仁宇：《万历十五年》，台湾食货出版社，1994年，第63、109、117、161页。

2　赵翼：《廿二史札记》卷33《明初吏治》，第755页。

3　傅维鳞：《明书》卷65《职官志一》，台湾华正书局，1974年，《畿辅丛书》本，第2453—2454页。

4　余继登：《典故纪闻》卷1，第5页；卷2，第36页。

礼作乐之目的，乃矫正元末僭礼失分之恶俗，并借国家礼制，划分社会各阶层的身份等级，重建名分礼秩体系，使政治权力与社会秩序得有一标准，以巩固政权的基础。

明太祖朱元璋虽重视礼法，却无法待臣以礼。洪武朝的种种迹象显示，太祖不能尽行刘基（1311—1375）优礼士人的建议[1]，仍以威势驾驭朝臣，尤其是监察手段之多元，可说是无所不用其极。太祖鼓励台谏（台：十三道御史；谏：六科给事中，即言官群体）善尽耳目之责，又广开管道，鼓励臣民陈情[2]，还钦定宦官制度[3]，广派宦官私下征访臣下有否欺隐之事。[4]当太祖亲外甥李文忠（1339—1384）请裁内臣时，太祖竟怒斥"若欲弱吾羽翼何"[5]，遂尽杀亲附李文忠的门客，李文忠惊惧致死。[6]尽杀李文忠门客事，表明太祖视宦官为皇权之羽翼，"以天下之耳目为视听"[7]，也显露极度不信任臣下的态度，不似宋

<hr>

1　《明史》卷95《刑法志三》，第2329页。

2　《大明会典》卷80《礼部三十八·建言》，第1页a—2页a。

3　《明史》卷74《职官志三》，第1818—1827页。

4　《明史》卷128《宋濂传》，第3786页。

5　王世贞：《弇山堂别集》卷20《史乘考误一》，收入《中国史学丛书》，台湾学生书局，1965年，台湾"中央图书馆"藏本，第878页。尽杀李文忠门客事，王世贞认为毫无根据，但查《明史·李文忠传》，乃知李文忠因宦官问题，忤旨得罪。且太祖一手制定宦官组织，时委派重要任务。该项传言自不假。

6　《明史》卷126《李文忠传》。第3745页。

7　余继登：《典故纪闻》卷5，第89页。"太祖谓侍臣曰：人主聪明，不可使有壅蔽，一有壅蔽，则耳目聋瞽，天下之事，俱无所达矣。"

太祖（927—976）优容士人，定下"不杀士大夫"之家法。[1]可以说，明初的官场弥漫着一股恐怖气氛，使"京官每旦入朝，必与妻子诀，及暮无事，则相庆以为又活一日"。[2]

明代刑法尤重"朋比之诛"。[3]一旦君王怀疑臣下有结党情事，即使是诸侯功臣或六部堂官，也难逃廷杖严刑。如洪武十三年的胡惟庸案，表面上是中书左丞相胡惟庸（？—1380）企图谋叛，实则是太祖捏造的政治罪，借机废除中书省，集权于皇帝一人之手。[4]"胡惟庸之狱"颇有蹊跷，其中又以结党问题最为敏感。昔日与太祖共同打天下的功臣集团，大多是淮水以南一带的人士。[5]功臣们因同乡情谊，交相串联，集结了一股不可忽视的力量。太祖担忧，深恐日后无法节制，遂借胡惟庸案，以"依附叛逆"的罪名，大规模地整肃派系，与胡惟庸相善的官员纷纷被株连，连同属于淮西集团的功臣也难逃斧钺。

胡惟庸案爆发后不久，太祖顺理成章地罢废了中书省，

---

1 刘子健：《包容政治的特点》，收入氏著《两宋史研究汇编》，台湾联经出版事业股份有限公司，1987年，第45—49页。

2 赵翼：《廿二史札记》卷32《明祖晚年去严刑》，第741页。

3 《明史》卷94《刑法志二》，第2322页。

4 檀上宽：《明王朝成立期的轨迹》，第344—345页；吴晗：《胡惟庸党案考》，《燕京学报》第15期，第164—205页。

5 余继登：《典故纪闻》卷1，第12页。从"太祖尝召浙西降将，谕之曰：吾所用诸将，多濠、泗、汝、颍诸州之人"，可知功臣集团多为濠、泗、汝、颍诸州人士，多与太祖有同乡之谊。

并仿照周官六卿之制，把中书省政务分归六部，以吏部为各部之冠。[1]又将六部尚书的秩禄升为正二品，不设长官。六部正式升格为总理官僚体系的首脑，直接听命于皇帝，互相合作，推动政事，却又颉颃相制，不敢相压，防止权力集中，"事皆朝廷总之，所以稳当"[2]，使君主政体得到了专制强化的契机。又由于御史大夫陈宁卷入胡惟庸案，涉嫌重大，太祖遂罢御史大夫，改御史台与六部为正二品衙门，由正二品的御史中丞出任御史台最高长官，相对地降低了御史台的地位。后来，太祖犹嫌不足，又以御史台体制不全、未能尽责为由，废除御史台与各道按察司（洪武十三年五月），改设都察院（洪武十五年十月，1382）。监察制度几经变动后，直至洪武十七年（1384），以正二品的左右都御史为都察院最高长官，终成定制。[3]

洪武年间，太祖屡借细故，频兴大狱，"元功宿将，相继尽矣"[4]，缙绅受祸之重，言路之受挫，远超前代。例如，永嘉侯朱亮祖（？—1380）父子犯罪，被鞭挞至死，后追论为胡惟庸党人，朱亮祖次子亦连坐诛死。又如，工部尚书薛祥（？—1381）颇得民心，后遭胡惟庸构陷，失去官职。当太祖查明真相时，猜疑薛祥首鼠两端才没禀告胡惟庸的不法

1　赵翼：《廿二史札记》卷33《明吏部权重》，第766—767页。

2　《明太祖实录》卷239，洪武二十八年六月己丑，第2页b。

3　《明太祖实录》卷149，洪武十五年冬十月丙子朔，第3页b。

4　赵翼：《廿二史札记》卷32《胡蓝之狱》，第738—740页。

情事[1]，严刑拷掠，让薛祥竟坐累杖死，天下哀之。由此可知，胡惟庸案不但是宰相制废除的标志[2]，也是太祖最忌臣下结党与打压士人之明证。

在这样的氛围下，明初士人能获得的政治空间不大[3]，更遑论有什么礼遇，"多不乐仕进"[4]，以免面临家破身死的大难。叶伯巨之语可谓道尽了士人的心声，"今之为士者，以溷迹无闻为福，以受玷不录为幸"，"一有差跌，苟免诛戮"。[5]清代学者赵翼曾据野史，指出读书未深的太祖常因文字疑误杀人，"上由此览天下章奏，动生疑忌，而文字之祸起云"。[6]太祖屡行文字狱、残杀士人的说法，数百年来几成定论，现已得陈学霖教授的澄清，文字狱之事多属查无实据、随意攀附，不可轻信。[7]

1　《明史》卷138《薛祥传》，第3973页。

2　论明太祖废相与相权问题之专著甚多，兹举要者。杜乃济：《明代内阁制度》，台湾商务印书馆，1969年；吴缉华：《论明代废相与相权之转移》，收入氏著《明代制度史论丛》，台湾学生书局，1971年，第19—30页；张治安：《阁臣的任用》及《宦官权势之发展及其与内阁之关系》，收入氏著《明代政治制度研究》，台湾联经出版事业股份有限公司，1992年，第171—206、207—256页。

3　余英时：《宋明理学与政治文化》，第253—273页。

4　赵翼：《廿二史札记》卷32《明初文人多不仕》，第737页。

5　《明史》卷139《叶伯巨传》，第3991页。

6　赵翼：《廿二史札记》卷32《明初文字之祸》，第736页。

7　陈学霖：《明太祖文字狱案考疑》，收入氏著《明代人物与传说》，香港中文大学出版社，1997年，第1—33页。

　　不过，从明代野史流传的广泛程度来看，或许是士人不满太祖的反智识政策，遂有传言贬损之。若由此观之，这些传说也反证了太祖不敢轻忽士人掌握文化话语权的力量。余英时认为，最直接表露太祖欲控制文化权力的例子，莫过于罢配孟子一事。[1]不过，太祖迫于士人的舆论压力，来年随即恢复了孟子的配享，不得不承认孟子的道统地位："孟子辨异端，辟邪说，发明孔子之道，配享如故。"[2]我们可以说，明初士人即使面对政治压力，在文化传承的领域，仍能超脱于外，保持其独特的优越感。士人拥有的文化力量，让太祖不得不妥协，允许孟子配享，甚至口是心非地称赞孟子是阐明孔子之道的圣贤。[3]

　　明成祖永乐皇帝（庙号称太宗，嘉靖十七年改为成祖）起兵夺位。即位后，大肆杀戮曾辅佐建文帝的朝臣，不惜冒着"天下读书种子绝矣"[4]之后果，欲以杀人立威，如方孝孺

1　余英时：《宋明理学与政治文化》，第268—271页；黄进兴：《学术与信仰：论孔庙从祀制与儒家道统意识》，第1—82页；黄进兴：《毁像与圣师祭》，第1—8页。

2　《明史》卷50《礼志四》，第1296页。

3　全祖望撰，詹海云校注：《全祖望〈鲒埼亭集〉校注》卷35《辨钱尚书争孟子事》，台北编译馆，2003年，第827—828页。全祖望（1705—1755）引《典故辑遗》解释太祖罢配孟子的原因："上读《孟子》，怪其对君不逊。"余英时：《宋明理学与政治文化》，第268—270页。余英时指出，全祖望之所以记载，颇有深意，但其记载的时间失真。笔者再查《明史·礼志四》，全祖望记载的时间确实有误，应为洪武五年罢配孟子。

4　《明史》卷141《方孝孺传》，第4019页。

（1357—1402）惨遭诛杀十族的厄运，"宗族亲友前后坐诛者数百人"。[1]成祖又惧臣下窃议篡位之非，于永乐四年（1406）重申"诽谤之禁"[2]，严禁臣民私议朝政，还倚重宦官[3]，设置东厂（1419），缉访"谋逆、妖言、大奸恶"等事[4]，士人被诬入狱的案例比比皆是[5]，言论空间更见压缩[6]，这也间接地暗示士人——皇权神圣不可侵犯，犯者死。

被视为明君的仁宗洪熙皇帝（1378—1425）与宣宗宣德皇帝，似乎让士人自由许多。他们在位期间，立刻下诏宽恕建文诸臣，也废除了永乐年间的诽谤禁[7]，礼遇士人，还常鼓励朝臣进言[8]，即使冒犯皇威，也少有刑罚。[9]仁宗曾因不悦进谏，处罚某位朝臣免朝参，不料引起言官不满，最后只好降下手敕，安抚朝臣，才算了结。[10]宣宗也曾论言路的重要性，"致理之道，莫先于广言路。盖天下之大，吏治得失，民生休戚，

1　《明史》卷141《方孝孺传》，第4020页。

2　《明史》卷6《成祖本纪二》，第83页。

3　赵翼：《廿二史札记》卷36《明代宦官先后权势》，第844页。

4　《明史》卷95《刑法志三》，第2331页。

5　清高宗敕撰：《续文献通考》卷136《刑考二》，第4017页a。

6　《明史》卷304《宦官传一》，第7766页；赵翼：《廿二史札记》卷32《明初文人多不仕》，第737页。

7　《明史》卷8《仁宗本纪》，第111页。

8　朱鸿：《论明仁宗的求言纳谏》，《教学与研究》第17期，第169—207页。

9　余继登：《典故纪闻》卷8，第144页。

10　余继登：《典故纪闻》卷8，第147页。"洪熙中，大理少卿弋谦因言事免其朝参，自是言事者遂少。"

人不言，朝廷何由悉知"，"凡有建言民瘼者，卿等勿讳，言或激切，亦其心发于忠，若以其言激切而弃之，孰肯进言"。[1]换言之，在"仁宣之治"中，士人得到了一丝喘息的机会，不像明初士人那样惊恐，其发言的空间自然也宽阔许多。[2]

然而，自宣德朝后，宦官的势力似乎逐渐扩展。[3]兹举一例。督事浙江的宦官裴可烈与浙江按察使林硕（永乐十年进士）有争执，裴可烈遂诬奏林硕"讥谤及沮格诏书"。[4]宣宗闻奏后，立刻派人逮捕林硕进京侦问。事后虽查明真相，却未处罚裴可烈，仅下敕切责而已。直到宣德六年（1431）裴可烈始以贪暴不法，获罪杖死。[5]由此来看，一向被士人称誉的宣宗也有包庇家奴的私心。[6]成化年间，皇帝纵容宦官的情形更加严重，因而有人借南京给事中王渊、王徽弹劾宦官骄纵竟

---

1 余继登：《典故纪闻》卷9，第161页。

2 Charles O. Hucker, *The Censorial System of Ming China*, Stanford: Stanford University Press, 1966, pp. 108－119.

3 吴缉华：《明仁宣时内阁制度之变与宦官僭越相权之祸》，收入氏著《明代制度史论丛》，第190—216页；朱鸿：《论明宣宗的另面样貌》，收入朱诚如、王天有主编《明清论丛（第一辑）》，紫禁城出版社，1999年，第245—253页；朱鸿：《心慊慊而乖违——论明宣宗从"好圣孙"到"好"圣孙的转变》，《鸿禧文物》第3期，第93—112页。

4 余继登：《典故纪闻》卷9，第159页。

5 杨士奇等撰：《明宣宗实录》卷85，收入《明实录》第16—21册，宣德六年十二月乙未，第2页b。

6 余继登：《典故纪闻》卷9，第165页。"宣宗因言者近来风宪多怀顾忌，少有敢言，请降敕勉励，以开言路。"

遭贬谪之事，嘲讽北京言官们胆小怕事，为了仕途顺遂，不敢对皇帝犯颜直谏："南京科道猛如虎，九年考满升知府。北京科道绵如羊，九年考满升京堂。"[1]

此外，最受批评的廷杖之刑（明代责打大臣的杖刑，即用木板打大臣的臀部），自太祖建国后，不仅世代相传，还愈演愈烈，越来越不顾士人颜面。正德朝以前，受杖大臣尚容许穿着厚棉底衣，以重毯叠裹，意在使其受辱，不伤性命。正德年间，宦官刘瑾用事，欲张其威势，改让受杖者褪去衣裳。[2]受杖者失去厚衣重毯的保护，大概率立毙杖下，有幸不死者也有残废之虞，身心受到重创。最大规模的廷杖，首发于群臣谏阻正德皇帝南巡一事（1519），受杖者达一百四十六人之多，被杖毙者有十一人，仍无法改变皇帝南巡玩乐的想法。嘉靖年间，更发生左顺门事件，杖打了一百三十四位大臣，杖死了十七位大臣；到了嘉靖晚期，死于廷杖的大臣越来越多，"公卿之辱，前此未有"，"杖杀朝士，倍蓰前代"。[3]

从以上的事例来看，明代诸帝一方面仰赖朝廷正式的监察系统（言路）及皇家私属的内侍系统（宦官及锦衣卫），竭力防范大臣结党，禁止朝臣私下评议政事。严禁结党发展到最后，竟不惜牺牲官员的生命，避免朝廷内部形成足以威胁

---

1 王士禛撰，赵伯陶点校：《古夫于亭杂录》卷2《南北科道》，中华书局，1988年，第49—50页。

2 余继登：《典故纪闻》卷17，第301页。

3 《明史》卷95《刑法志三》，第2330页。

皇帝意志的团体；另一方面又屡抑言路，如成祖，重申诽谤之禁，或如嘉靖皇帝惩戒御史杨爵，往往不经吏部或刑部的正式手续，使用隐晦方式予以压抑，避免背负罪名。可是，当皇帝时常惩处言官，手段也越来越直接时，万历年间的东林党人却不顾皇帝和内阁之严令，极力主张朝廷应开放言路，尊重监察权的独立性，把天下人的舆论反映到现实政治，让言官能超然于政争之外，保持监督政务之权力。[1]

若从明前期的政治生态来看，监察体系应是听凭皇帝差遣、用于驾驭群臣的耳目，但这只是逻辑上的表象，而非历史上的实象。综观明朝的监察制度，人员之多、职权之广及地位之重，远胜于前代，士人直言抗上者不绝于史书，尤其是明末党争的表现形式，竟是言路的积极，"人务奔竞，苟且恣行，言路横尤甚"[2]，"今权珰报复，反借言官以伸；言官声势，反借权珰以重"[3]。东林党人走得更远，直接提出"开言路"的要求，批评内阁阻隔言路，重申六部尚书的职权范围和行政责任，主张皇帝只拥有裁决权，不可干涉六部[4]，不能违反廷议的决定，任何命令皆须经科抄手续，否则无效。[5]从东林党

1　小野和子：《东林党考》，收入刘俊文主编《日本学者研究中国史论著选译第六卷·明清》，中华书局，1993年，第266—300页。

2　《明史》卷243《赵南星传》，第6299页。

3　《明史》卷245《周宗建传》，第6358页。

4　小野和子著，李庆、张荣湄译：《明季党社考》，上海古籍出版社，2006年，第14—17、50—55页。

5　《明史》卷74《职官志三》，第1805页。

人的角度来看，言官不是皇帝监控朝臣的耳目工具，反而是士人表达自己或从属团体之集体意志的发言人，也是以士人为主体的官僚体系展现自主性（autonomy，自行其是，不受外力干涉）的代表者。

若与唐宋两代相比，明代的君臣关系确实是"君尊臣卑"[1]，但若就制度面来看，皇帝并非是一言九鼎，皇权范围也非固定不变，反而时有变动。端视整个政治体制的权力结构如何构成，一是政令须经官僚的认同、参与及配合，始能顺利施行。二是廷议的议事范围十分广泛，"凡奉旨发放为格为例及紧要之事，须会多官计议停当，然后施行"[2]，参与廷议者的组成也很复杂，参与者有九卿（即六部尚书、都御史、大理卿、通政使）、六科给事中及十三道监察御史，很难完全控制言论导向。到了成化年间，众臣廷议范围已扩大到人事选拔的议题，最后决策权虽握在皇帝手中，但除了涉及皇权的特殊事例之外（如"大礼议"），皇帝通常会尊重廷议的结果。[3]

士人群体一方面是官僚制的母体，君主视他们是治理天下的服务人，民众（地方士绅为主体）视他们是传达地方意见的中介人；另一方面也是儒家文化的捍卫者，因而发展出一套政治理念与文化意志，有意识地设定了为君主服务的基本标

1　余英时：《"君尊臣卑"下的君权与相权》，第53页。

2　《大明会典》卷80《礼部三十八·会议》，第2页a—3页a。

3　张治安：《廷议》，收入氏著《明代政治制度研究》，第26—36页。

准。[1]可以说，士大夫是国家（这里的"国家"是指明朝）的公仆，不只是皇帝的私奴；是人民的保护者，不只是代表君主的收税人；是王者师，不只是臣僚。因此当皇帝欲用势压道时，士人必须勇于批评，阻止皇帝为所欲为[2]，即便皇帝执意不听，至少也得顾及士人舆论，想办法自圆其说。《明伦大典》正是说明皇帝、经典及士人三者关系的案例之一。

可是，士人的舆论却有太过随意的弱点，个人操守也会影响监察功能。有时士人能发展群体意识，表现出一致团结抵抗皇权的姿态；有时却选择屈服，向强权或功名妥协；有时又会不断互相倾轧，为权位内斗。"大礼议"一案，可谓士人群体走向两个极端的转折点。"大礼议"初期，士人坚决抵制"人情论"，但自左顺门事件后，他们开始妥协，采取表面顺从、心实鄙视的消极态度。当嘉靖皇帝逝世后，士人又试图推翻"大礼议"的结果[3]，引发了内阁首辅徐阶与次辅高拱（1512—1578）另一轮的权力之争。[4]长久下来，士人群体遂分裂，渐有党派之分。党派中人为了确保政治前途，屡借言

1　余英时：《儒家"君子"的理想》，收入氏著《中国知识分子论》，河南人民出版社，1997年，第17—34页。

2　余英时：《中国知识分子的古代传统——兼论"俳优"与"修身"》，收入氏著《中国知识分子论》，第7页。

3　《明史》卷217《于慎行传》，第5738—5739页。

4　《明史》卷213《徐阶传》，第5632—5633页；韦庆远：《张居正和明代中后期政局》，第216—249页；张哲郎：《从明代皇帝之即位诏及遗诏论明代政权之转移（下）》，第8—12页。

路攻击异己，弱势者只好勾结宦官，保全地位[1]，形成东林党与阉党的对立。至崇祯年间，言官们似已沦为各派系进行党争的工具，公然违反不得结交大臣的规定，与阁臣往来甚密，不亲附阁臣、不结党交际者反为时人侧目。[2]

　　德国社会学家韦伯（Max Weber，1864—1920）曾指出：拥有绝对权力的君主面对官僚体系，无法进行绝对的支配，只有君主拥有强大的武力或正当性基础，始能重订新的行政管理原则。[3]从明代言官频频反抗皇帝旨意的激烈态度，可见皇帝制度仍受到有形与无形的规范。韦伯的分析不无道理，但也不能忽略官员的威望与权力皆来自朝廷赐予的名位，实有其先天的软弱性。一旦官员除名罢官，原有的诸多特权也会消失，官僚体系在很大程度上仍受皇帝操纵，只能请求皇帝尽量遵守儒家规范，却无力阻止皇帝的违法行为，也无法要求君主负起社会责任。[4]

1　小野和子：《东林党考》，第296—300页；贺凯（Charles O. Hucker）：《明末的东林运动》，收入张永堂等译《中国思想与制度论集》，台湾联经出版事业股份有限公司，1976年，第163—211页。

2　李清撰，顾思点校：《三垣笔记》，《崇祯》，中华书局，1982年，第52页。"每清晨过阁臣门，马扇重叠，非某科亦某道"，"韩给谏如愈起家单门，然为令清，及居言路，亦孤立无附。时江南北阁臣，一座师，一同里，皆不昵也"。

3　马克斯·韦伯著，顾忠华译：《社会学的基本概念》，台湾远流出版事业股份有限公司，1993年，第67—69、91、94页。

4　余英时：《"君尊臣卑"下的君权与相权》，第53页。

　　经前几章的分析，可知嘉靖皇帝的政治手腕是"无为于上，群臣悚惧乎下"。[1]他之所以能钳制群臣，除紧握锦衣卫的武力外，最主要的是控制话语解释权，打压士人一向自恃的"道"。可以说，延续"大礼议"的目的之一，正在于此。顾炎武（1613—1682）于《日知录》曾评论：嘉靖九年的孔庙改革，"欲以制礼之功，盖其丰昵之失，而逞私妄议，辄为出入，殊乖古人之旨"，"嘉靖之从祀进欧阳修者，为大礼也，出于在上之私意也；进陆九渊者，为王守仁也，出于在下之私意也"。[2]清代学者王士禛（1634—1711）也曾记载嘉靖皇帝不满《孟子》"礼，为旧君有服"之语[3]，差点因此罢配孟子。[4]笔者曾详查《明世宗实录》，却无法寻出王士禛依据的史料，难辨出真伪。但有趣的是，王士禛与全祖望解释太祖为何罢配孟子的猜测，如出一辙。再者，王士禛言之凿凿、语带暗示的论述，批评"世庙君臣之私进之"[5]，让人易以为嘉靖皇帝欲

1　韩非撰，吴澫校：《韩非子》卷1《主道第五》，第67页。

2　清高宗敕撰：《续文献通考》卷48《学校考二》，第3232—3233页。

3　王士禛撰，赵伯陶点校：《古夫于亭杂录》卷5《论君臣》，第111页；甘怀真：《汉唐间的丧服礼与政治秩序》，收入氏著《皇权、礼仪与经典诠释：中国古代政治史研究》，第399—403页。甘怀真指出"为旧君服"的概念，似乎不只是经典考证这么简单。当政治现实与社会状况不合于《孟子》时，君主常有重新诠释《孟子》的现象。

4　郑晓：《今言》卷1，第86条，第45页。

5　王士禛撰，靳斯仁点校：《池北偶谈》卷1《欧阳从祀》，中华书局，1982年，第25页。

罢配孟子，乃因"为旧君有服"一语违反"大礼议"之根本
（是否以孝宗为皇考）。然而，细观《孟子》原文，或许太祖和
嘉靖皇帝痛恨孟子之因，不是孟子不敬，而是"君之视臣如土
芥，则臣视君如寇仇"这句话。孟子提倡君臣相对的道德义务
观，恰好说中君主的大忌：

> 孟子告齐宣王曰："君之视臣如手足，则臣视君如腹
> 心；君之视臣如犬马，则臣视君如国人；君之视臣如土
> 芥，则臣视君如寇仇。"王曰："礼，为旧君有服，何如斯
> 可为服矣？"曰："谏行言听，膏泽下于民；有故而去，则
> 君使人导之出疆，又先于其所往；去三年不反，然后收其
> 田里，此之谓三有礼焉，如此，则为之服矣。今也为臣，
> 谏则不行，言则不听，膏泽不下于民；有故而去，则君搏
> 执之；又极之于其所往；去之日，遂收其田里。此之谓寇
> 仇，寇仇何服之有？"[1]

明代前期最大的政治变化，乃是中书省和御史台的废除，
且钳制言路、严禁结党，整个政体缺乏缓冲机制，也失去了
制衡皇权的力量，皇帝成为明朝政治体制中既决策又协调的
行动者，遂能直接介入官僚体系的运作，实现皇权专制的目
的。再据前人研究明代内阁制度的成果，可知嘉靖皇帝"始

1　开明书店编：《断句十三经经文·孟子》，《离娄下》，第25页。

委政内阁"[1]，自己则高高挂起，作为最后裁决者。[2]若干学者认为嘉靖朝内阁制度变化之原因，可能是嘉靖皇帝深受道家无为而治的影响[3]，或出于酬谢张璁等人的心态[4]，或忙于修玄、无暇理政。[5]笔者以为，主要原因在于皇帝独断的体制已难以运作。罢废宰相的明朝政治体制，让君臣之间得以扁平化管理，不再有君权与相权的冲突，也能使政通令行，六部直接向皇帝负责。不过，皇帝虽能直接监控官僚体系的运作，但同时也不得不担负宰相的职责，与官僚体系相互协调，始能顺利推行政务。然而，当君臣关系恶化时，整个政治体制便难有效运作，遂使嘉靖皇帝不得不委托内阁首辅，使其作为君臣间的缓冲，避免政治失序的危机。

二、公与私之间：名分的意义

黄仁宇曾描述万历皇帝（1563 — 1620）如何无奈地成为"活着的祖宗"。[6]万历年间"立国本"引发的君臣冲突让我们不得不去思考：皇帝是否只是制度下的傀儡，无权发展个人意

1　王世贞：《嘉靖以来内阁首辅传》，《钦定四库全书提要》，第83页。

2　林丽月：《王者佐·社稷器——宰相制度》，收入郑钦仁编《立国的宏规》，第107页。

3　朱鸿：《"大礼"议与明嘉靖初期的政治》，第79 — 88页。

4　田澍：《嘉靖革新研究》，第70 — 75页。

5　杨启樵：《明代诸帝之崇尚方术及其影响》，第79 — 119页。

6　黄仁宇：《万历十五年》，第161页。

志？吊诡的是，明朝废除宰相制后，皇帝的权力大涨，却仍受到某种限制，无法轻易实现其个人意志。因此，本节将针对"皇帝的个人性"展开讨论。或许万历皇帝不得不成为"活着的祖宗"，正代表皇帝得服从礼法[1]，遵守公共规范（名分，名即身份，分即身份所赋予的职分义务），否则将丧失其政权的正当性。

就现代社会的自由观点来看，"大礼议"乃皇帝家事，与人无干。但若回到中国传统政治文化的氛围中，"礼"表达出的"正名定分"概念，实则权力的内在规范，"大礼议"是系关天理纲纪的国家大政，至关重要。在中国传统政治文化中，皇帝是人间名分礼秩的示范者，一旦皇帝搞不清楚谁是父母，就不知道自己的职分，也无从表现行孝道、获"天命"的政权正当性，又该如何让臣民遵守名分礼秩？在这样的思考脉络下，也就不难理解嘉靖皇帝的大臣们冒死抗争的原因。

值得注意的是，中国传统政治文化的支配原则，乃基于角色与角色间的和谐关系[2]，身份不同，履行的义务也不一致，因人、事、情、理的不同而各有差异，情况复杂，并不能直接援引德国社会学家韦伯"科层制"或"卡里斯玛权威"（魅力型权威）的观点。换言之，名分礼秩的确定，关系政治的成

---

1 黄仁宇：《万历十五年》，第135—162页。

2 韩格理（Gany G. Hamilton）：《天高皇帝远：中国的国家结构及其合法性》，收入氏著、张维安等译《中国社会与经济》，台湾联经出版事业股份有限公司，1990年，第108页。

立，可防止权力纷争，为治国之要。孔子强调正名的目的即在定分，唯有"名正分定"，方能礼乐兴、刑罚中。[1]于是儒家学者认为人间各种实象皆须从"名"出发。所谓"名号"，即各种权力现象必须经政治系统得到"名分"，使权力集团的每位成员必须据其名、安其分，务求和谐运作，并以团体的利益为利益，不得自行其是。我们可以说，中国政治文化的"正名定分"概念，实不同于西方社会的权力运作方式。于是我们试图以"身份"的观点，重探"大礼议"，了解嘉靖朝的权力结构，从而分析"名分"之于嘉靖朝政治文化的意义。

在儒家理论体系中，皇帝被称为"天子"，即上天在人间的代理人，也是天下人的代表。所以皇帝须以身作则，顺应天道，教化民众，展现"知天命"的象征意义，始是尽责的天子。由于中国传统政治社会以身份来规定与之相应的义务，再根据角色份位，要求皇帝必须名副其实，符合道德标准。换言之，中国传统政治文化体系的层级关系，乃基于各种角色的界定，以安排各种团体在体制内的权限。因此，分析中国传统政治的权力运作时，不应直接套用西方或现代政治学的理论概念。

中国传统政治文化的基础，即"正名定分"原则。"礼"确定"名分"的标准，设定每个人的行为准则，宣扬君贤、臣

1　开明书店编：《断句十三经经文·论语》，《子路》，第14页；何晏等注，邢昺疏：《论语注疏》，《子路第十三》，收入阮元校勘《十三经注疏》，第115页。

忠、父慈、子孝、兄友、弟悌等伦理价值。在政治上，支配臣民的是"忠"的伦理观念；在社会上，支配儿女的则是"孝"的伦理观念。尤其自汉代以来，"公"概念与皇帝制度紧密联系，"公"的基准来自"名分"的判定。[1] 孟子早辟其说，清代大儒黄宗羲（1610—1695）在《明夷待访录·原君》中讲得最为清楚。

在"正名定分"概念下，天下是君、臣、民三方的公有物，不是皇帝的个人私产。每个人遵守礼法，按其身份，确实履行"忠"与"孝"的义务。[2] 不过，未必每个皇帝都愿意配合这套政治理念，于是不少士人牺牲生命，以死谏君，只为请求皇帝遵守礼法，重归"公义"之中。在"明尊卑，定其分"的礼秩体系之中，每个人皆需履行义务，没人能免除责任。即使是皇帝，也会被冠上"天子"之名，其政治行动间接受到制约。

"大礼"之所以在朝野之间引起广泛争议，正因嘉靖皇帝突破了身份原则，违反了皇帝的份位责任，破坏了国家礼法，也脱离了名分礼秩体系。对于"濮议论"人士的悲惨遭遇，后世史家大多给予很高评价，称赞他们是道统代表。而"人情论"常遭后人贬为附和皇帝的小人之见。此外，"人情论"的

1　沟口雄三著，赵士林译：《中国的思想》，中国社会科学出版社，1995年，第56页。

2　甘怀真：《中国中古时期"国家"的型态》，收入氏著《皇权、礼仪与经典诠释：中国古代政治史研究》，第279页。

思想基础，与阳明学不谋而合，某些支持者也与王阳明交往密切，极易让人以为"人情论"受阳明学的影响。这些说法诚是确论。只有从名分礼秩的角度切入议礼双方的思考脉络，始能了解他们各自对天理与人情的界定，从而分析他们面对公（尊尊）与私（亲亲）冲突时的态度。

杨廷和等人坚持的"濮议论"，反对嘉靖皇帝尊崇本生父母，请求嘉靖皇帝以国家礼法为重，不能因情徇"私"，必须放弃兴献王之子的身份，转而考孝宗、母昭圣，成为孝宗嗣子，否则将破坏君统与宗统合一的宗法原则。而张璁等人坚持的"人情论"，主张"亲亲"是一个人最重要的情感根本，应尊重每个个体的亲亲之"私"，即使是集天下之公的皇帝，也能保有敬父爱母的私情，故赞成嘉靖皇帝尊崇本生父母。换句话说，议礼双方讨论皇帝是否能拥有亲亲之私时，论述角度不同，讨论层次也不一致，自然互不理解，难以妥协。

杨廷和等人未必全然忽视亲亲之私，只是身为顾命大臣，不得不把尊尊原则放在考虑的第一位，劝阻嘉靖皇帝崇敬兴献王为皇考，否则宗统将断裂、君统难衔接，名分错置，国家礼法将失去效力，无力再钳制皇帝。[1]唯有坚守礼法的名分原则，"大公无私"，始能确保皇权的公共性质，皇权才能被包含在天理纲纪的框架之中，不致绝对专制。在"尊尊为公"的逻辑下，国家礼法是论述重点，嘉靖皇帝欲尊崇本生父母

1　《明世宗实录》卷9，正德十六年十二月乙巳，第17页a。

的孝心，成为不正当的情欲，自然不能当作考虑"大礼"的重点，更无法与正统大义相提并论。[1]

张璁等人也非借亲亲来贬低尊尊的地位，而是基于现实人情的考虑，着眼于每个个体都有亲亲之私的需要，嘉靖皇帝欲尊崇本生父母乃理所当然的孝心，不应视为私欲，除之而后快。唯有让兴献王的伦理身份与政治身份名实相符，称兴献王为皇考，始符合天理，"此正名定分，父得为父，子得为子，兄授位于弟，臣授位于君，大伦大统两有归矣"。[2]为了不造成名分错置的后遗症，张璁等人还特地提出了尊尊、亲亲两全的解决之道，主张"奉神主而别为祢室，于至亲不废；隆尊号而不入太庙，于正统无干，尊尊、亲亲两不悖矣"。[3]由此可知，"人情论"的最终目的，在于让皇帝的亲亲之私收入天理纲纪的价值体系之内，并非把"私"抬于"公"之上，更不是支持嘉靖皇帝自创新宗统（自成化皇帝到献皇帝再到嘉靖皇帝）、取代旧宗统（成化皇帝至弘治皇帝到正德皇帝）的政治行动。

由此可知，不管是"濮议论"还是"人情论"，皆肯定正统大义的重要性。不同的是，两方对私情的界定范围相异。

1　笔者以为，这正是杨廷和斥责张璁不知国体的重要原因。《明史》卷190《杨廷和传》，第5037页；谷应泰：《明史纪事本末》卷50《大礼议》，第511页。杨廷和指的"国体"，乃正统大义，即认为嘉靖皇帝唯有承接孝宗一脉才能拥有君统兼宗统的地位，使宗统与君统不致分离。

2　《明世宗实录》卷43，嘉靖三年九月丙寅，第3页a。

3　《明世宗实录》卷43，嘉靖三年九月丙寅，第3页a—3页b。

前者认为尊尊原则高于一切价值，代表尊尊的国家礼法，乃规范皇帝行为的公共价值，任何人事物皆须遵守。亲亲原则固然重要，但若有干尊尊，即是私情，也必否定其重要性。尤其是皇帝的身份敏感，一旦遵循亲亲原则，将相对削弱尊尊原则，让亲亲与尊尊之间出现灰色地带，皇帝的个人意志便有舒展的空间，从而破坏了国家礼法的基础。"人情论"认为尊尊、亲亲皆重，不应偏废，始为天理。即使对象是皇帝，也不应贬低亲亲原则之重要性，只要把亲亲原则重新纳入国家礼法，尊尊原则也能得到合理的安排。

议礼双方争执的重点，即称兴献王"皇考"与否。"皇"指人间极尽尊崇的最高地位，即皇帝权力的来源——天[1]；"考"是对死去父亲的尊称，指宗统传承的一环。"皇考"二字，从字面看，只是对皇帝父亲的称呼。其实不然，"皇考"之称，除了皇帝父的意思外，也代表着皇帝承接天命的中介者。被赋予"皇考"尊号者，不但是宗庙的合法成员，更是赋予统治权的传承者，因此杨廷和等人坚持嘉靖皇帝称孝宗为皇考，延续帝系宗统的传承，保护君统与宗统必须合一的皇权正当性。

"大礼议"也连带影响嘉靖朝的文化控制政策。嘉靖皇帝不但借着《明伦大典》的宣传，建构"人情论"的理论体系，

1　《后汉书·崔骃传》载："皇再命而绍恤兮，乃云眷乎建武。"章怀太子据此注："皇，天也。"西嶋定生：《中国古代统一国家的特质——皇帝统治之出现》，收入杜正胜编《中国上古史论文选集》，第 732—734 页；甘怀真：《中国古代皇帝号与日本天皇号》，收入氏著《皇权、礼仪与经典诠释：中国古代政治史研究》，第 470—477 页。

还利用《明伦大典》的"史官曰"，驳倒"濮议论"，否定杨廷和等人稳定政局的功劳[1]，压抑任何可能评论"大礼议"的群体力量，还频频宣扬"祖制"（太祖创建的政治文化体系）的政治功能，证明自己继承君统的正当性，从而加强了皇帝的权威。同时，更大规模修纂国家政书，更定国家礼制，通过正名号、尊祭器等礼仪规定，塑造自己获得"天命"的理论依据，建构自身世系成为新宗统，相对地否定孝宗与武宗的地位，重新巩固皇权的正当性基础。

可以说，嘉靖朝最引人注目的几项文化政策，皆与"大礼议"有关，是嘉靖皇帝借国家政书表达政治主张，重新阐述"孝"伦理观，再将一己意志凌驾于国家机器之上，操纵国家礼制的修订，寻求士人的认同，巩固皇权的正当性基础，从而建构新的支配（domination）原则[2]，营造一种新形态的君

1　《明世宗实录》卷89，嘉靖七年六月癸卯，第2b—4页a。

2　韦伯从政治组织理论发展出支配原则，可惜这套理论常被误解，以致被误用。韦伯认为政治组织蕴有一个深层结构，试图从内在结构去论证权力关系的一般性规则，找出让臣民甘心被统治的内在顺从规则，即支配原则。支配原则可将例行程序制度化，形成政治组织的互动规则，皇帝也必须遵照，否则将引起官僚体系的失控，瓦解国家机器。韦伯的政治组织理论固然精辟，却误以为中国传统政权基础等同于西欧封建国家，又因无法阅读中文文献，缺乏对儒家经典的认识。是故韦伯对中国传统政治文化多有误解，其支配原则也有许多偏失。马克斯·韦伯著，林荣远译：《经济与社会》，商务印书馆，1997年；本迪克斯（Reinhard Bendix）著，刘北成等译：《韦伯：思想与学说》，台湾桂冠图书股份有限公司，1998年，第101—144、299—404页。

臣关系。或许可以大胆推测，嘉靖皇帝之所以屡屡宣传自己继承君统的正当性，正因为其政权正当性不足以让士人信服，如同拉斯韦尔（Harold D. Lasswell）所说："一个基础稳固的意识形态……并不会从事大量有计划的宣传，以求自保……当人们开始思考要以什么方法和工具来说服百姓时，百姓的信心已然凋萎。"[1]

所谓的正当性危机，指的是"礼"的正当性形式已失去了效力。嘉靖皇帝虽有效地压抑了士人的舆论，使"天下之是非，一出于朝廷，天子荣之，则群趋以为是；天子辱之，则群擿以为非"[2]，但他仍无法避免史家的批判。究其原因，在于"大礼议"解构了中国传统政治文化的身份原则，破坏了国家礼法的基础——名分礼秩，尤其是公私概念逐渐变质，"公"与"私"的界线不再泾渭分明，让皇帝的个人性也能被接受，皇权流于私化，不再受到国家礼法的约束，终能"以我之大私为天下之公"[3]。

中国传统政治文化里，向来只有"公"与"私"两个领域，"公"指的是某种通则或标准，"私"指的是个人行为或欲望，

1　Harold D. Lasswell, *Politics: Who Gets What, When, How*, New York: P. Smith, 1958, p.31.转引自彼得·柏克（Peter Burke）著，许绶南译：《制作路易十四》，台湾麦田出版社，1997年，第163页。

2　黄宗羲著，李广柏注译，李振兴校阅：《新译明夷待访录》，《学校》，第37页。

3　黄宗羲著，李广柏注译，李振兴校阅：《新译明夷待访录》，《原君》，第3页。

而公私之辨是儒家学者的传统论题之一，"公而不私"或"大公无私"是这一辩题的基本结论。对宋明理学家而言，"公"与"私"富有强烈的道德价值，可囊括一切思想、行为及论述，其中没有灰色空间，正同宋儒朱熹曾说："人只有一个公私，天下只有一个正邪。"[1]值得注意的是，中国传统的公私概念不能比附西方近代社会的"public"与"private"。西方近代社会的公私概念，衍生于政治学和社会学，专指社会上公共和非公共的领域，与哈贝马斯（Jurgen Habermas）提出的"公共空间"和"私人空间"有同工异曲之妙。中国传统的公私概念，则出于伦理学与形上学[2]，既没有精确的界定范围，也没有专门的定义解释，乃根据说话者与受话者的身份，并视不同的环境场域，而有不同的阐述与释义。

简单来说，公私之间的界线并非固定不变。"公"的概念是相对于"私"的，可依照现实的不同，随时调整。"私"的定义、范围及影响，遂为历代儒家学者热烈讨论的主题之一。吊诡的是，一旦讨论对象是皇帝时，"公"与"私"便因对象的特殊性而转为绝对化的概念，其范围也变得不可妥协，如同《韩非子·五蠹》"背私谓之公"[3]，似乎只要去除了私心，即为大公。"大公无私"这句成语，变为公私概念的简义，仿佛在"大

1　黎靖德编，王星贤点校：《朱子语类》卷13《力行》，第228页。

2　翟志成：《宋明理学的公私之辨及其现代意涵》，第1—2页。

3　韩非撰，吴蕭校：《韩非子》卷19《五蠹第四十九》，第1058页。

公"名义下的"私"，皆为洪水猛兽，儒家信徒必鸣鼓攻之。

相较于诸子百家[1]，先秦儒家的公私观近于兼顾，取其折中，不像后来的理学家趋向两极化、绝对化。汉儒杂合儒、法、道及阴阳五行各家思想，公私观念先倾向法家，后近于道家。后来的宋明理学家再一反汉儒，将公私概念连结理欲观、义利观及是非观的论述，作为天理纲纪论的重要内容[2]，并把"私"定位为一切罪恶的源头，"公"为一切道德的最高价值。就这个角度来说，宋明理学家之所以严格规定"私"的范围，正是要强调社会秩序的合理性，追求"公"的纯洁性，实现清明政治的理想。

在非黑即白的思维方式下，"公"与"私"之间的妥协空间越来越小，代表"公"的"尊尊"与代表"私"的"亲亲"的界线也越来越明晰，甚至在伦理体系里产生了一道道泾渭分明的身份隔阂。[3]宋明理学家的公私概念，或许可在朱熹《朱子语类》的义利之辨中看出端倪：

1　先秦诸子百家对"公""私"对立的观念颇多阐述，无法细论，仅约略说明。墨家、法家较近于"公"，然其赏罚刑名皆以克制私欲为目的，又不离于"私"的考虑，主张人性本恶。道家、名家偏重个人，较近于"私"，然其思想又兼论"无我""大同异"，以"至公"为最后目标。

2　宋明理学家解释修身是齐家、治国、平天下的基础，修身基准即在于能否"存天理，去人欲"。牟宗三：《心体与性体》，台湾正中书局，1968年。

3　《孟子·滕文公上》："圣人有忧之，使契为司徒，教以人伦：父子有亲，君臣有义，夫妇有别，长幼有序，朋友有信。"笔者以为，人伦体系包含了一个人在世间所有的人际关系，即君臣、父子、夫妇、兄弟、朋友。

（门人）问："君子喻于义。义者，天理之所宜，凡事只看道理之所宜为，不顾己私。利者，人情之所欲得，凡事只任私意，但取其便于己则为之，不复顾道理如何。"（朱熹）曰："义利也未消说得如此重。义利犹头尾然。义者，宜也。君子见得这事合当如此，却那事合当如彼，但裁处其宜而为之，则何不利之有。君子只理会义，下一截利处更不理会。小人只理会下一截利，更不理会上一截义。盖是君子之心虚明洞彻，见得义分明。小人只管计较利，虽丝毫底利，也自理会得。"[1]

总归朱熹与门人的对话，即"大公无私"之意。朱熹认为，君子必先知天理、辨义利。天理如何求得？即去除私欲，不以个人利益为重，"理会本领端正"，始能考虑天理。"若不理会本领了，假饶你百灵百会，若有些子私意，便粉碎了。"[2]不过，必须厘清的是，宋明理学家反对的私欲，乃指不合礼法的私欲，也就是一切有可能动摇公共规范的私欲。

被誉为明君的宣德皇帝朱瞻基曾与侍臣一同讨论为君者的权限问题，并公开接受理学家主张的"大公无私"观点，指出皇帝不应以个人私欲为念，应以天下人之公论为理政行事的判断依据：

1　黎靖德编，王星贤点校：《朱子语类》卷27《君子喻于义》，第702页。

2　黎靖德编，王星贤点校：《朱子语类》卷84《论考礼纲领》，第2180页。

　　宣宗［明代宣德皇帝］因与侍臣论人君御世之权，惟命德讨罪为重，曰："二者天下之公器，人君特主之耳。若舜举十六相、诛四凶，而天下咸服，此以天下之好恶为好恶也。齐威王封即墨大夫以万家，而烹阿大夫，齐国大治，此不以左右之好恶为好恶也。故爵赏刑罚，至公无私，然后能服天下。"[1]

虽无法得知宣德皇帝是否有违心之论，但至少可以知道一点：就算是皇帝也不敢声明自己有独断独行的权力，或公然表现出视天下为一己之私产的态度。再从宣德皇帝颁发的《御制官箴》来看，御撰的序文中清楚阐述"朕承大宝，临抚兆民，实赖中外文武群臣同心同力以兴起治功"[2]，无疑是说明君臣关系必须和谐协力，始能政出令行，共治天下。

　　如何使君臣关系和谐？这就得仰赖某种能让君臣共同遵守的公共规范，明确界定彼此的职权所在，让权力关系能有一合理的轨迹，否则君臣之间没有明确的势力范围，必难对政治秩序有一共识，自难维持稳定的权力平衡。那么能让君臣共同遵守的公共规范为何？即是"礼"，是"正名定分"的原则。朱熹曾感叹满朝文武无人知礼，"这个典礼，自是天理之

1　余继登：《典故纪闻》卷10，第178页。
2　官箴书集成编纂委员会编：《官箴书集成》第一册，黄山书社，1997年，第247页。

当然，欠他一毫不得，添他一毫一得。惟是圣人之心与天合一，故行出这礼，无一不与天合。其间曲折厚薄浅深，莫不恰好。这都不是圣人白撰出，都是天理决定合著如此"。[1]由朱熹的感慨可知，"礼"对宋明理学家来说，可谓至关重要。名分礼秩之正常运作，代表人间秩序之稳定，合于天理之自然。

中国传统政治文化体系里，维系人间秩序的天理纲常观，可谓"礼"的意识形态。换言之，所有人间秩序的内在规范，皆来自儒家学者对"礼"的诠释，将"礼"形诸政治制度中。在这个意义上，"名分礼秩"不但是中国传统政治运作权力的准则，也是节制皇权的无形规范。嘉靖皇帝过度崇敬私亲的作为，违反了"正名定分"的原则，动摇了中国传统政治文化的基础——"礼"，让皇权在"公"领域的正当性备受士人的质疑。

一旦皇帝不遵守公共规范，臣民又如何抵制？从皇帝的角度来看待皇权性质时，自然希望皇权能扩张到无限大，即《诗经·小雅》所说的"普天之下，莫非王土，率土之滨，莫非王臣"[2]，把天下所有的土地都视为皇帝之产业，把天下所有的人民都充作皇帝之臣仆，等于视天下为皇帝的私产。然而，当臣民面对皇权私化的困境时，只能强调"祖制"与"天命"，

1　黎靖德编，王星贤点校：《朱子语类》卷84《论考礼纲领》，第2184页。

2　开明书店编：《断句十三经经文·春秋左传》，《昭公七年》，第185页。

提出"天下者，祖宗之天下，天下之天下"[1]的观点，劝谏皇帝不能只顾私家利益，必须回归公义，照顾天下臣民，始能成为政权的具体象征。两组观点看似相同，然其性质却完全不同。前者直接把天下当作皇帝个人的私产，依附于皇帝的人民只是臣仆，没有任何名目反抗的可能，其代表着全然私化的权力概念；后者阐明天下并非皇帝个人能控制的产业，在皇帝之上还有祖宗的神灵与造福天下人的期许，也就是"天命"归依的主体，因此皇帝必须考虑"天命"的既有限制，保持皇权的公共性质。换言之，"天下者，祖宗之天下，天下之天下"，其代表着"天下为公"的权力概念，相对地限制了皇权的范围，使皇帝难以理所当然地享有绝对专制。

历代学者对"天下为公"的概念也多有论述，尤以黄宗羲最为积极，他主张为政者是公共治理之根本，应以公抑私，压制人性中的个体性，而以天下之公利为职分。[2]作为明遗民，黄宗羲身遭亡国之痛，因而从"天下为公"的角度，审视明朝

---

1 《明世宗实录》卷8，正德十六年十一月癸酉，第10页b；《明史》卷197《霍韬》，第5208页。"天下者，祖宗之天下，天下之天下"，张璁、方献夫、霍韬有同样的看法，认为"天下者，天下之天下，非一人所得私也"。据溯本考据，此句乃从《四书章句集注》摘出，见朱熹：《四书章句集注·孟子集注》卷9《万章章句上》，第307页。值得注意的是，张璁等人将此作为"继统不继嗣"的理论根据，反驳杨廷和等人，阐述天下并非孝宗之天下，应是祖宗之天下，嘉靖皇帝无须先继嗣再继统。

2 朱承：《黄宗羲的公共性思想——以〈明夷待访录〉为中心的考察》，《哲学研究》2020年第4期，第72—81页。

灭亡的根本原因，直指君主专制政权是私欲的最大渊薮，"皇权私化"正是亡国的主因。并比较了三代前后君主的差别，解释古代社会设置君王的用意，认为君主应是全天下人的服务者，其职分是为人民谋福利，但当今为君者却视天下为一家之私产，多逞私逐利，终将丧失政权的正当性，被人民斥为"天下之大害者"[1]，遭受破家亡国的命运。黄宗羲反君主的思想，乃承袭孟子以来的民本思想[2]，对近代中国民主思想的启蒙影响甚大。[3]尤其强调皇帝身份是以天下人之利为先的服务者，必得遵守为君者的责任（养民），不能把权力私有化，否则属于公产的天下，将沦为皇帝之私产。[4]

嘉靖皇帝屡宣称"非天子不议礼"的说法，正出于视天下为私产的心态。"皇权私化"让皇帝与士人之间的距离越来越

1　黄宗羲著，李广柏注译，李振兴校阅：《新译明夷待访录》，《原君》，第4页。

2　金耀基：《中国民本思想史》，台湾商务印书馆，1993年，第149—155页。

3　沟口雄三：《明清时期的人性论》，收入刘俊文主编《日本学者研究中国史论著选译第七卷·思想宗教》，中华书局，1993年，第164、166页。

4　谢肇淛：《五杂组》卷15。转引自谢国桢：《明代社会经济史料选编（下）》，福建人民出版社，1981年，第295页。"近来矿税之使，其体稍杀，然如陈增之山东，陈奉之在湖广，高淮之在辽东，皆妄自尊大，抑县令使行属礼……如徽之程守训，扬之王朝寅，闽之林世卿，皆以衣冠子弟，投为鹰犬。逢迎其欲，而播其恶于众，所欲不遂，立破其家，中户以上，无一得免。"沟口雄三著，陈耀文译：《中国前近代思想之曲折与展开》，第240—245页；谷川道雄：《中国社会构造的特质与士大夫的问题》，收入刘俊文主编《日本学者研究中国史论著选译第二卷·专论》，中华书局，1993年，第193—196页。

遥远，君臣关系日趋紧张。尤其是嘉靖君臣引经据典、逐步论证皇帝个人性高于公共性的过程，实则牵引着皇帝与士人群体争夺话语权的角力，最终皇帝根据"人情论"抢占了道德的高地，造成嘉靖朝权力结构的变化。再从黄宗羲的批判观点，可见皇帝欲扩张皇权时，会先扭曲名分原则，"天命思想"有可能在"天下者，皇帝之天下"的名目下被模糊化，甚至被作为皇权私化的理论根据。对统治者而言，经典诠释如同两面刃，既可转化成有利于统治的政治概念，也有可能被反转化，成为官僚体系制约皇帝的依据。无论是皇帝还是官员，皆以"公"的名义，重构经典诠释，让儒家经典的权威看似削弱，实则有强化的趋势。

在"为君者究竟是何种身份""由谁来认定皇帝的身份""皇帝是否可以自己认定自己的身份"等问题脉络下，就能了解"大礼"所争何事，为何衍生亲亲、尊尊争议及名分秩序背后的政治文化体系。根据前文分析，皇帝并非一人之独夫或皇室之宗长而已，乃是天命的代表，也为天理之表率。宋明理学以君臣上下之分的"忠"伦理作为尊尊秩序的基础，再以血缘亲疏之分的"孝"伦理作为亲亲伦理的根源，认为天理是外在事物的不变定理，还强调去除人心的不正当私欲，重申公义对人间秩序的重要性。是故天理代表天下公义，即人间正当秩序的投影，而"正名定分"则是中国传统政治文化体系的核心，人间所有秩序都有赖于人们遵循名分原则，依礼行事，不坏名、不乱分，天下自然长治久安。

　　虽说皇帝介入权力的运作，未必完全是为了扩张皇权的私欲，或许是出于某种公共层面的考虑，例如以暴力的手段提升或监督官僚体系的效率。但皇帝这么做的结果，将可能削弱"天子"的神圣性质，也等于把"人"的特性曝光于官僚面前，使皇权的公共性质越来越薄弱，降低了控制官员和百姓的说服力量。反之，皇帝的个人性越来越强时，不再受到儒家经典（《周礼》）或祖宗家法（《皇明祖训》）或礼仪制度（吉礼）的限制，将使皇权逐渐专制，破坏公义与私情之间的微妙平衡，间接地损害权力运作的常规，使权力结构出现裂痕，帝国的政治文化体系势必走向一个既没有礼法依循，又没有"天命"支撑的不稳定局面，只能用暴力维系帝国的运作，可能会迫使士人们抱团自救，形成党派，或引来非理性的反扑，造成君臣之间的冲突更加激烈。嘉靖皇帝错乱名分的后果，正如杨言所说，"以臣并君，乱天下大分。以小宗并大宗，干天下正统"[1]，造成名分礼秩的崩坏，破坏皇权的正当性基础，也引发社会失序的危机。然而，士人们如何挽回政治失衡的危机？又如何看待与皇帝的关系？

三、首辅难为：从杨廷和到严嵩

　　过去对皇帝制度的研究成果可总结为"皇权专制"，在君

1　《明史》卷207《杨言》，第5466页。

臣关系上往往强调"君尊臣卑"。这些研究大多引用近代以来西方的"主权论"，评述中国传统政治制度理性不足，于是有皇权皆专制之说。这虽有道理，但未必符合中国历史发展的现实，不免有过度简化之嫌，既未厘清中国皇权的施行范围[1]，也误解了"忠"伦理的内涵。若一味运用西方行为理论分析中国传统政治制度，或以为西方的君权神授论等同于中国传统政治文化的"天命思想"，将难解释中国古代国家的政治现象，也将会扭曲中国传统政治的权力运作，最终导致灵肉分离，理论渐背离历史事实，面目全非。

　　讨论中国传统政治文化时，不应有化约主义和本质主义的态度，或可把"皇权专制"和"君尊臣卑"看成制度上的"共相"（universal），而非判别的唯一标准。自宋代以降，皇权从总体来看似乎不断强化，但皇权扩张的同时，士大夫欲制约皇权、把皇权纳入公共规范的呼声也日渐高起。尤其是理学体系的完善，皇帝被视为不可违逆天理的公义代表者[2]，宰相被视为维系皇帝与官僚体系的协调机制，"宰相之权尊，则公道始有所依而立也"。[3]中国传统政治文化的"忠"伦理，其

1　彼得·柏克著，许绶南译：《制作路易十四》。柏克曾指出君王必须通过各种塑造自身形象的手段强化政权的正当性，即便是傲视欧洲各国、明白提出君权神授论的路易十四（Louis XIV）也不例外。

2　余英时：《朱熹的历史世界：宋代士大夫政治文化的研究》，台湾允晨文化出版社，2003年；余英时：《宋明理学与政治文化》，第26—60、156—248页。

3　文天祥：《文文山全集》卷3《御试策一道》，台湾河洛图书出版社，1975年，第51页。

内涵不是绝对的"忠君"，还是效忠于国，范围不限于君臣之间，谋求天下人之福祉。[1]换言之，君臣关系向来不是绝对的尊卑关系，而是相对的上下关系，正如《三字经》所说"君则敬，臣则忠"之形态，君臣有礼，始能维持和谐的君臣关系。

中国古代政治体制虽由皇帝的私臣系统演变而来[2]，但随着士人进入政府组织成为政府之主干后，势必划分皇室与政府的公私性质[3]。士人的效忠对象是天下人，"故我之出而仕也，为天下，非为君也；为万民，非为一姓也"。[4]君王必以万民为念，区隔政府与皇室的公私关系，君臣之间存在着仪式上的距离，臣民始得转"忠国"为"忠君"，遂能在理想与现实之际取得一平衡点。出仕的士人确实能得到许多经济利益，但这不意味着他们委身为奴。在阶级理论先行的前提下，若干学者往往把中国传统的君臣关系描述为阶级利益的直接交换，遂难解释士人为何会维护中下层民众、牺牲本阶级利益。[5]

---

1 沟口雄三著，陈耀文译：《中国前近代思想之曲折与展开》，第239页。

2 钱穆：《国史大纲》，第159—165页。

3 甘怀真：《中国中古时期"国家"的型态》，第232页。

4 黄宗羲著，李广柏注译，李振兴校阅：《新译明夷待访录》，《原臣》，第10页。

5 谷川道雄：《六朝时代的名望家支配》，收入刘俊文主编《日本学者研究中国史论著选译第二卷·专论》，第154—174页；谷川道雄：《中国社会构造的特质与士大夫的问题》，第177—198页；宫崎市定：《明代苏松地方的士大夫和民众》，收入刘俊文主编《日本学者研究中国史论著选译第六卷·明清》，第229—265页。

政治体系中任一组织从来不能如工厂机器一样，总是理性地运转，组织的效率取决于行动者的协调能力。这种协调的能力，不只受到官僚技术的影响，更大程度上取决于行动者进行政争的方式，并表现于行动者的人际网络，也就是谁赢谁输、谁从属于谁、谁影响谁的权力关系。单从皇权与阁权之争来看"大礼议"，着实无法全面解释"大礼议"的产生原因、发展过程，以及"大礼议"对日后政局的影响，所以本节讨论嘉靖朝最重要的四位内阁首辅[1]，他们也是参与"大礼议"的关键人物，即杨廷和、张璁、夏言及严嵩，并从他们各自对皇帝、内阁同僚及言官的态度，观察他们对首辅的身份认定、公私范围及政治抉择。

讨论嘉靖朝四位内阁首辅前，必须先探讨明代的内阁制度及其作用。前人已有丰硕的成果，不再赘述，仅简略介绍。明太祖废除中书省后，传统的政治制度发生重大改变，皇帝与官僚体系之间的缓冲机制被废除了。明代内阁逐渐成熟，向宰执制度过渡[2]，但囿于祖制[3]，拥有宰相之实的阁臣始终无宰相之名[4]，可以说

---

1 嘉靖朝内阁首辅排序：杨廷和、蒋冕、毛纪、费宏、杨一清、张璁、李时、夏言、翟銮、严嵩、徐阶。正德十六年至嘉靖二十四年的首辅年表，见第三章注释。

2 谭天星：《明代内阁政治》，中国社会科学出版社，1996年。

3 明太祖：《皇明祖训》，《祖训首章》，第4页 b—5 页 a。

4 何良俊：《四友斋丛说》卷7《史三》，中华书局，1959年，第58页；黄宗羲著，李广柏注译，李振兴校阅：《新译明夷待访录》，《置相》，第25—34页。黄宗羲指出，明代弊政，始于太祖废除宰相。

内阁始终处于畸形发展的状态。[1]随着皇帝信任与否，明朝的政治体系不定时出现政归六部或阁部相持的局面。[2]首辅惯例的形成，始于天顺年间内阁大学士李贤（1409—1467）以吏部侍郎的职衔统管吏部事。此后，内阁首辅屡兼吏部尚书之职衔[3]，无形中增加了权势，也提升了自身在内阁中的地位。

直到嘉靖朝，内阁首辅终于突破祖宗成法，压制六部，确立政事总枢纽的地位，"至嘉靖间，始委政内阁，而居首揆者，责任尤专，凡一时政治得失，皆视其人为轻重"。[4]本居六部之首的吏部尚书，难再抗衡内阁首辅，也无法再夺回失去的权威。[5]在内阁众臣中，唯有首辅拥有票拟权，其他阁臣皆唯唯承命，不敢过问。[6]但内阁首辅与历代的宰相相比，政治地位已有

1　钱穆：《中国历代政治得失》，台湾三民书局，1994年，第101—102页。

2　赵翼：《廿二史札记》卷33《明吏部权重》，第766—767页。

3　孙承泽：《春明梦余录》卷23，香港龙门书店，1965年，据南海孔氏刻印古香斋袖珍本影印，第15页a。

4　王世贞：《嘉靖以来内阁首辅传》，第83页。

5　吏部尚书与大学士的权力消长，可从上殿议事的席次顺序得知："仁宣之代，与卿（九卿）并，太宰（吏部尚书）位第一，华盖次之，大宗伯（礼部尚书）位第三，谨身次之；正统景泰之际，大宗伯、太宰位皆第一，华盖次之；……成化末，太宰文帅与首臣权相敌也，次之与首势相逼也……弘治间，首次以官序而不异权，太宰、大司马（兵部尚书）以孤卿重而不相角……正德不亲政，其始端委而听阁臣之赞襄，既而使大阁夺之……嘉靖入绍，尽埽其蠹而新之，归政内阁。"王世贞：《嘉靖以来内阁首辅传》，序，第85—87页。

6　孙承泽：《春明梦余录》卷23，第19页a。

天壤之别，仅存票拟权和多种不成文的权限[1]，其权力范围往往取决于皇帝的信任程度。[2]况且，内阁权势的扩张只是被时人默认的权宜之计，从来无法得到正式的认同，即使是最有权势的内阁首辅张居正也不敢担当宰相之名。

万历年间，言官屡屡攻击内阁，认为内阁不过是供皇帝咨询的私臣，岂可僭于六部之上，侵夺君主拟旨之权。于是言官们祭出"恢复祖制"之名号，主张吏部重新掌权，去除内阁名不副实的弊病。[3]在《嘉靖以来内阁首辅传》序中，王世贞认为内阁权势扩张之因，乃侵夺吏部尚书的职权、移转君上的权威，"高帝之罢设丞相，著为甲令，重其典，危其辞，岂不谆谆偲偲哉？然卒避名而阴操其实，以至于极重不可反者，万几不独断，睿智不恒操，耳目之用，必有凭而积渐之势成也"。[4]王世贞从法理上批评内阁权位不当之言，正可解释明代中叶后内阁与言官频繁冲突之制度性原因。

总之，在明朝原有的政治体制中，内阁首辅的权力扩张是不合法度或违反祖训的表现，其宰相名分也难得到认同，反被视为未获法理承认的皇帝私臣。而在现实权力的运作中，

1　张治安:《内阁的"票拟"》，收入氏著《明代政治制度研究》，第77—98页。

2　赵翼:《廿二史札记》卷33《明内阁首辅之权最重》，第763—765页。

3　林丽月:《阁部冲突与明万历朝的党争》，《台湾师大历史学报》第10期，第1—19页。

4　王世贞:《嘉靖以来内阁首辅传》，序，第85页。

内阁虽无宰相之名，却有宰相之实。[1]尽管明朝在制度层面或法理层面都不承认内阁拥有宰相名分，但这不是指皇权不需借助内阁辅助。皇权大小取决于官僚体系的运作，后者保证皇帝权力的行使。一旦皇帝直接以统治者的身份面对臣下，去除了君臣在仪式上的距离，相对地也削弱了作为"天子"的说服力，且不得不直接面对人数众多的官僚体系，君臣之间便常发生龃龉、摩擦或误会等情事，甚至演变成大规模的政治冲突。内阁制度的创始、发展及成形，证明皇帝将内阁作为缓冲地带，内阁首辅遂充当"耳目之用"[2]，让皇帝不需与臣下冲突，借由内阁首辅便能向官僚体系传递命令。[3]

由明朝众多官员组成的官僚体系，成分繁杂，内部的人际关系十分复杂，往往有互相冲突又互相依存的面向。不过，经由这些人际网络，内部成员有同一性，即便有人怀抱着不同的政治理念，也得遵从某种不成文规范，并在这个限度内充分利

---

1 《明世宗实录》卷517，嘉靖四十二年正月庚寅，第1页a—1页b。嘉靖皇帝与徐阶商议大学士人选时，曾说："此官虽无相名，实有相职。相必君择，古之正理。廷推固非道，但后世官生之主不知人。"

2 王世贞：《嘉靖以来内阁首辅传》，序，第85页。

3 米歇尔·克罗齐埃（Michel Crozier）著，刘汉全译：《科层现象》，上海人民出版社，2002年，前言第1、3、6页。该书作者指出"当人们必须将人类组成的组织作为手段加以利用时，这种必要性便促成了对一切行为的压制"，"有错的不是技术或组织形式，有错的是有意识或无意识地参与策划的人"，又批判韦伯的官僚体系理论，"就效率而言，制度化和科层的等级模式具有绝对优越性，可是对事实的分析证明，这种模式越占上风，组织的效率便越低下"。

用自身优势，削弱他人的影响力，以提高自己的权位。尤其是政治体制内的个人，权力大小取决于资源多寡，因而产生某些不可抗拒的政治取向，让行动者不惜发起一次次的政争，试图获得更多的政治资源。最后的结果有二；一是内阁首辅成功地进入权力核心，与皇帝沟通的距离缩减，却让皇帝疏离官僚体系，损害了帝国赖以为生的根基（官僚体系）；二是内阁首辅拥有的政治资源虽多无益，只能内耗于首辅与次辅，首辅与吏部尚书，以及内阁与言官的冲突之中。首辅为站稳脚跟、巩固权位，逐渐靠拢皇帝，与官僚体系日渐疏离，内阁遂失去了它原本的功用，再也无法充当皇帝的耳目。

（一）杨廷和

　　杨廷和是嘉靖朝的第一位内阁首辅，也是"大礼议"关键人物。《明史·杨廷和传》肯定他诛除江彬[1]、稳定政局之功劳。[2]后世学者亦接受《明史·杨廷和传》的评价，视其为道统的守护者，并把《世宗即位诏》当作刷新正德弊政、推行嘉靖新政的证明。[3]王世贞以为，杨廷和担任首辅期间，对嘉靖朝内阁

1　张萱：《西园闻见录》卷27《宰相中》，第28页 a — 32页 b。

2　《明史》卷190《杨廷和传》，第5034 — 5039页。

3　孟森：《明史讲义》，第212 — 213页；林延清：《嘉靖皇帝大传》，第11 — 16、21 — 52页；朱鸿：《"大礼"议与明嘉靖初期的政治》，第21 — 29、45、63、125 — 126页；怀效锋：《嘉靖新政中的法制改良》，第56 — 65页。

制度最大的影响是"相形成，而首次遂大分"。[1]

"相形成"是指，杨廷和成功压抑吏部尚书的力量，改变过去阁部相持的局面，形成内阁负责执政的情势。"相形成"的肇因，是杨廷和与吏部尚书王琼之斗争[2]，王琼最后落败，竟被罢黜、问死罪。后来，杨廷和忌恨颇得时誉的石珤[3]，强改廷推的结果，使石珤担任吏部尚书两个月后，又改任掌詹事府司诰敕（正三品）。名为改任，实为暗降[4]，于是"人或谓廷和太专"。[5]所谓的"专"，即权力集于杨廷和一人之手，他人的利益相对受到损害。嘉靖皇帝、王琼及石珤等人之所以怨恨杨廷和，因即在此。

1　王世贞：《嘉靖以来内阁首辅传》，序，第87页。

2　王琼：《双溪杂记》，收入氏著《王琼集》，山西人民出版社，1991年，据《今献汇言》本，第36—38页；张萱：《西园闻见录》卷27《宰相中》，第28页b；王世贞：《嘉靖以来内阁首辅传》卷1《杨廷和》，第104、108页；朱鸿：《"大礼"议与明嘉靖初期的政治》，第28—29页。自废中书省后，六部尚书即为政府最高行政事务官，吏部尚书则为六部之首，号称冢宰。王琼之所以无法预闻策立新君之事，一因与江彬等结交，人品不为时人所重，二是武宗留下的遗言里，未赋六部九卿议处权力。王琼虽以冢宰之尊，却不得预闻当立之事。又据《嘉靖以来内阁首辅传》记载，当时知其事者，唯有阁臣杨廷和、蒋冕、毛纪，司礼监温祥、魏彬、张永而已。李贽却反驳王世贞的看法，指出杨廷和受朱宸濠赂，擅与护卫。事发，又嫁祸于梁储与王琼。梁储不辩，卒被劾去。李贽：《续藏书》卷3《王晋溪》，收入氏著《李贽文集》，社会科学文献出版社，2000年，第85页。

3　《明史》卷190《石珤传》，第5048页。

4　《明史》卷190《杨廷和传》，第5036页；卷190《石珤传》，第5048页。

5　王世贞：《嘉靖以来内阁首辅传》卷1《杨廷和》，第109页。

"首次遂大分"是指，首辅与次辅的差等地位终获得确立。
"首次遂大分"的肇因，是杨廷和与次辅梁储在正德、嘉靖交
替之际的权力较量。[1]杨廷和以成化十四年（1478）进士起仕，
先入翰林院，任庶吉士，后任翰林院检讨，正德八年（1513）
以南京户部尚书职承继李东阳（1447—1516）的首辅之位。
后多栽培成化二十三年（1487）登第之后辈，拉拢该年进士进
入权力中枢，形成"一榜四相"的现象。[2]梁储与杨廷和本为同
年进士，又同入翰林院，任庶吉士，关系不可谓不密切，且梁
储对廷和推崇备至，曾虚首辅之位，待廷和起复。[3]然而，杨、
梁二人却在挑选皇位继承人及撰写《武宗遗诏》之事上，意见

1　《明史》卷190《梁储传》，第5040、5042页；王世贞：《嘉靖以来内阁首辅
　　传》卷1《杨廷和》，第104、105页；田澍：《嘉靖革新研究》，第35—36
　　页。王世贞及《明史》皆以为，杨廷和派遣梁储是为了留蒋冕以自助，唯
　　恐诛除江彬事泄，故将梁储派遣出京，迎接朱厚熜；田澍则反驳之，认为
　　杨廷和本想派遣蒋冕，却遭梁储阻碍，非如王世贞所说的假戏真做。笔
　　者根据《杨文忠三录·视草余录》《万历野获编·首辅再居次》和梁储遭
　　给事中张九叙弹劾等事，推论梁储与杨廷和失和之因，可能是正德年间
　　首辅、次辅地位之争，关系冷淡。廷和心中迎接新君人选应为蒋冕，而
　　非梁储。见杨廷和：《杨文忠三录》卷4《视草余录》，第2页a—3页a、
　　第4页b—5页a；沈德符：《万历野获编》卷7《首辅再居次》，第195页。
2　朱鸿：《"大礼"议与明嘉靖初期的政治》，第105—107页。朱鸿曾统计
　　"濮议论"领导人物的籍贯出身及任官情况，得知成化二十三年得中的进
　　士，多援廷和，进入权力中枢，担任阁臣或六部首长。该科会试主考官乃
　　李东阳，廷和有感东阳提携，遂以前辈身份拉拔该科进士。
3　王世贞：《弇山堂别集》卷7《内阁首臣复居次》，第330页。

不合，使杨廷和欲攻去梁储，难容其于内阁。[1]嘉靖皇帝即位后，杨廷和便指使吏科给事中张九叙等人，以"结附权奸，持禄固宠""滥鬻将官，依阿权幸"[2]为由，弹劾次辅梁储、吏部尚书王琼等人，二十多位阁部大臣先后被罢黜或下狱。[3]继任次辅的蒋冕、毛纪二人，同为成化二十三年进士，多亲近杨廷和，将杨廷和视为座师，唯命是从。是故，嘉靖初年延续首辅高于次辅的状况，首辅、次辅之分已定，不再有变化。

　　嘉靖皇帝优待杨廷和[4]，但"大礼议"起后，君臣关系迅速坏去。嘉靖皇帝自是希望杨廷和网开一面，成全他的尊亲心愿，遂多褒奖，又屡次召见，或私下赠金[5]，希望内阁和礼部

1　沈德符：《万历野获编》卷18《梁文康子杀人》，第461—462页。沈德符以为，杨廷和与梁储在正德朝的功过："梁文康之子次摅居乡，以夺田杀三百余人，屠灭三十余家。事在正德八年，法当极典，乃父方为宰相，法官仅拟发边卫立功……文康曲法庇之，举朝无敢言者。至命撰威武大将军，敕实文康视草，而高岱《鸿猷录》极口赞誉，谓梁以死诤，而委其罪于杨新都，则以同乡故曲笔也。薛方山《宪章录》亦因之……正德九年，复与宁藩护卫，此实新都当国，依违不能力持，不为无罪，而杨氏子孙乃移之文康，此又当为梁昭雪。"

2　《明世宗实录》卷1，正德十六年四月己酉，第25页b—26页b。王琼为求自保，遂劾廷和："大学士杨廷和窃揽乾纲，事多专擅，擢其子慎及第第一，改其弟廷仪吏部侍郎，曾不引避，又私其乡人，每每越陟美官，庇其所私厚。"嘉靖皇帝不信。关于王琼指责廷和复宸濠护卫之事，陈洪谟：《继世纪闻》卷5，中华书局，1985年，第101—106页。

3　沈德符：《万历野获编》卷2《定策拜罢迥异》，第38页。

4　《明史》卷190《杨廷和传》，第5035页。

5　《明史》卷190《毛澄传》，第5057—5058页。

不再坚持"濮议论"。杨廷和等人坚决主张皇帝必须遵守本分，不该破坏名分原则，否则国体（国家礼法）不保、君道（为君者应遵行的天理规范）沦亡。嘉靖皇帝既敬畏杨廷和耿介忠国，又暗恨其违拗、不通人情，"自是廷和每召对，上必温旨谕之，而持不可者三，封还御批者四，前后执奏几三十疏，上益忿忿有所恨，而左右得乘间言廷和恣无人臣礼"。[1]君臣关系开始出现裂痕，"上下扞格弥甚"[2]，但还不至于全盘崩解，直到张璁上奏"人情论"，整个局势遂有重大变化。

　　杨廷和与言官群体的关系也日益恶化。言官弹劾阁臣的动机复杂，未必出于公义，或有私怨，或因事而发，或人云亦云，不可等同视之。[3]例如兵部给事中史道外调山西按察司金事，暗恨杨廷和示意吏部，因而弹劾杨廷和是"漏网元恶"。[4]兵部尚书彭泽为廷和辩解，却引起十三道监察御史和六科给事中李学曾等人强力反对，纷纷弹劾彭泽阻塞言路，破坏祖宗成法[5]；曾赞同"濮议论"的御史曹嘉见苗头不对，也

1　王世贞：《嘉靖以来内阁首辅传》卷1《杨廷和》，第110页。

2　《明史》卷190《蒋冕传》，第5045页。

3　沈德符：《万历野获编》卷10《翰林建言知名》，第260页。

4　《明世宗实录》卷21，嘉靖元年十二月丁亥，第7页b—8页a。史道素与王琼相善，曾上疏论救王琼，王琼得以减刑。《明世宗实录》卷8，正德十六年十一月己巳，第8页a。

5　《明世宗实录》卷22，嘉靖二年正月癸卯，第1页a；卷22，嘉靖二年正月壬子，第4页a。

不再亲附，反而弹劾杨廷和"能擅威权，以移主柄"[1]，后又批评说：

> 夫法者，人君与天下共者也，孰可以不法而独责之大臣？盖大臣者，近君秉政权，以统摄庶官者也。夫君近则势易逼，秉权重则事易擅，统众则下之附者易，以合三者之形成，然后大臣之强不可制，君威弱而国法敚，治乱安危之几，转目变矣！[2]

杨廷和受到弹劾后，立刻上表乞休，大学士蒋冕、毛纪及六部尚书都表示愿与杨廷和共进退，纷纷乞休，数日未到阁部办事，整个朝政顿时停摆，让嘉靖皇帝颇有受制之感。事后，嘉靖皇帝处罚这两位弹劾者，安抚杨廷和[3]，又遣内侍慰留，弹劾风波遂平息。但嘉靖皇帝对杨廷和的看法却已改变，恩宠渐衰，不再如以往那般言听计从。后来言官们把矛头转向嘉靖皇帝，劝谏皇帝不应在宫中举行斋祀，请罢内侍崔文，避免宦官干政。[4]杨廷和等人也采激烈的手段，屡屡抗疏，又

1　《明世宗实录》卷22，嘉靖二年正月乙卯，第7页a—7页b。

2　《明世宗实录》卷22，嘉靖二年正月丙辰，第5页a。

3　杨廷和曾作一篇欺罔二十条的长疏，以反驳史道、王琼及其他人士的弹劾。杨廷和：《杨文忠三录》卷8《辞谢录四》，第16页b—27页b。

4　《明世宗实录》卷25，嘉靖二年四月庚寅，第8页b—9页a；卷25，嘉靖二年四月癸巳，第11页b—12页b。

累疏乞休，多露不平之意。[1]嘉靖皇帝虽不加罪杨廷和和言官们，却逐渐失去了包容的气度，君臣之间的距离越来越远了。[2]

嘉靖三年，一直主张"人情论"的桂萼上《请正大礼疏》[3]，主张重开"大礼议"，科道之风又盛，言官转而攻击张璁等人。正在这敏感时刻，兵科给事中邓继曾又上疏进谏[4]，请防内臣拟旨之弊，"夫祖宗以来，凡有批答，必付内阁拟进者，非止虑独见之或偏，亦防矫伪者之假托也"，"陛下不与大臣共政，而倚信群小，臣恐大器之不安也"。[5]嘉靖皇帝大怒，再也不愿忍让，将邓继曾打入诏狱，"厌薄言官，废黜相继，纳谏之风微矣"。[6]同时批准杨廷和致仕，不再慰留，更批评杨廷和"因辞归咎，非大臣道"[7]，幸仍赐给玺书和赐予礼遇，勉强保全了君臣恩义之道。可是，《明伦大典》颁布后，杨廷和却被冠上"怀贪天之功，制胁君父"[8]之罪，成为嘉靖朝内阁首辅善始不得善终的首例。

---

1 《明世宗实录》卷34，嘉靖二年十二月庚戌，第5页b。

2 徐学谟：《世庙识余录》卷1，第13页b—14页a。

3 桂萼：《文襄公奏议》卷1《请正大礼疏》，收入《四库全书存目丛书》史部第60册，第1页a—5页a。

4 《明世宗实录》卷36，嘉靖三年二月丁酉，第1页a。

5 《明史》卷207《邓继曾传》，第5462页。

6 《明史》卷207《邓继曾传》，第5463页。

7 《明史》卷190《杨廷和传》，第5039页。

8 《明世宗实录》卷89，嘉靖七年六月癸卯，第2页b—4页a。

（二）张璁

众所周知，张璁得宠乃"大礼议"之故。张璁任首辅后，嘉靖皇帝虽有压抑，时有龃龉，却始终恩宠不衰。及至张璁病逝（嘉靖十八年二月），嘉靖皇帝更哀痛不已，取"危身奉上"之义，特谥文忠，赠太师，张璁得享文臣的最高荣誉。

王世贞比较张璁任首辅前后的权力变化："永嘉之为卿佐，则击内阁，而破相之体；居内阁，则排六卿，而成相之尊。其为次，则出尊之上；为首，则恶次之近。"[1]由王世贞的分析可知，张璁担任内阁首辅期间是嘉靖朝内阁权力扩张的转折点，也是首辅与次辅关系恶化的开始。张璁未任首辅时，致力于打击内阁的权威，破坏内阁体统，贬低首辅的政治地位。可是，当任首辅后，张璁一反过去的态度，致力于打压六部尚书的参政权，六部议事权因而移转到内阁首辅手上，六部成为政令的执行机构，这提高了官僚体系效率[2]，也提高了首辅威望，同时打压了次辅，使其不得动摇首辅的领政地位。

张璁如何能破相之体（体统），成相之尊（尊贵）？这个问题必须回到内阁、皇帝及言官之间的关系来看。前文已述，左顺门事件发生后，"濮议论"人士失势，嘉靖朝的权力结构大为变动，内阁和六部重臣纷纷去职外调，其中又以言官群

1　王世贞：《嘉靖以来内阁首辅传》，序，第87页。

2　米歇尔·克罗齐埃著，刘汉全译：《科层现象》，第6、170—181、197—201、212—237页。

体受创最大，例如给事中张原、御史张日韬等人惨遭杖死，或贬戍充军，或外调地方，或除官为民。在这肃杀的气氛下，言路渐趋沉寂，失去主动优势，"近会本多删削忌讳以避祸，独言或举纤微以塞责，一不蒙谴则交庆，以苟于罪为幸，潜消谠直之气，渐长循默之风"。[1]于是"人情论"终获得胜利[2]，张璁、桂萼等人也获得了升迁的机会，却无法立即超擢，只能慢慢地积累资源，削弱对手的权力，寻机会跃上内阁，成为大学士。

内阁首辅蒋冕、毛纪相继因"大礼议"罢去，由费宏接任首辅。费宏是嘉靖皇帝第一批起复的正德旧臣，为人平和持重，先以力谏复宁王朱宸濠护卫、坚拒万金贿赂之事，获得士人们的好评，"及再召用，天下想望风采"[3]，可见其人品贵重、为官清廉，受到言官的推崇。不过，费宏不是一味犯上谏言的孤勇者，在他担任首辅之前，"颇测知上意"[4]，既不犯颜强谏"大礼"，也不随意附和众论，对主张"人情论"的张璁、桂萼等人采取友善态度，"议礼之臣桂萼、张璁辈亡所修怨"。[5]

1 《明世宗实录》卷57，嘉靖四年十一月庚辰，第5页a—5页b。

2 嘉靖三年九月五日，"称孝宗敬皇帝曰皇伯考，昭圣皇太后曰皇伯母，恭穆献皇帝曰皇考，章圣皇太后曰圣母"。十五日，"大礼"颁布天下。《明世宗实录》卷43，嘉靖三年九月丙寅，第2页a—3页b；卷43，嘉靖三年九月丙子，第6页a—7页a。

3 王世贞：《嘉靖以来内阁首辅传》卷1《费宏》，第125页。

4 王世贞：《嘉靖以来内阁首辅传》卷1《费宏》，第125页。

5 王世贞：《嘉靖以来内阁首辅传》卷1《费宏》，第125页。

费宏的守正平和，让嘉靖皇帝十分敬重，颇为礼遇。

自议定"大礼"后，各部院出现了大量缺额，尽以议礼新贵补充，"帝益眷倚璁、萼，璁、萼益恃宠仇廷臣，举朝士大夫咸切齿此数人矣"。[1]面对朝廷人事水火对立的情形，首辅费宏无法不顾朝廷公论，更不可能降低自己的身份，继续对张璁等人示好。[2]为了顺应舆论、获得多数官员的支持，费宏决定暗自裁抑议礼新贵们的势力[3]，架空其权力，让他们投闲置散，以稳定朝廷人事。[4]

张璁、桂萼等人既为翰林学士，却无法参与《武宗实录》的编纂工作，也无法获得翰林院堂上官的实权，遂认定费宏与翰林院声气相通，朋比为奸，故意压抑他们，让他们沦为翰林院的具员。因而心生怨恨，"复恨宏，甚于恨杨廷和"，"前后数上疏攻宏，大有诽诋"。[5]后来，张璁等人又趁席春（席书之弟）外调按察司金事之事（见第二章第一节），请求辞职归乡[6]，欲逐去费宏。饱受攻击的费宏不得不上疏抗辩，请求乞休。[7]

嘉靖皇帝为了留住身边的股肱重臣，只好出面缓和冲突。

1　《明史》卷196《张璁传》，第5176页。

2　王世贞：《嘉靖以来内阁首辅传》卷1《费宏》，第126页。

3　徐学谟：《世庙识余录》卷3，第6页b—7页a。

4　《明世宗实录》卷49，嘉靖四年三月甲戌，第4页b—5页a。

5　王世贞：《嘉靖以来内阁首辅传》卷1《费宏》，第126页。

6　黄景昉：《国史唯疑》卷6《嘉靖》，第161页。

7　《明世宗实录》卷53，嘉靖四年七月庚午，第3页a—4页b。

可是，言官们却紧抓着这件事，弹劾席书。尤其是吏科右给事中张翀、浙江道监察御史徐岱等人，抨击席书为弟乞官，有玷清议。[1]其他言官也交相指责席书，又弹劾吏部尚书廖纪任用匪人，大力反对张璁任兵部右侍郎之人事命令[2]，更批评张璁贪佞险躁，不知兵事，岂可掌兵部之事。[3]霍韬暗恨翰林院学士不敬张璁等人，口出不逊，早有压抑翰林院之意。当被任命为詹事兼翰林院学士后，霍韬决心整顿翰林院，指出"自杨荣、杨士奇、杨溥及李东阳、杨廷和专权植党，笼络翰林为属官，中书为门吏，故翰林迁擢不关吏部，而中书至有夤缘进秩六卿及支一品俸者"。因此，霍韬建议将翰林院庶吉士外放地方，"庶不阴倚内阁为腹心，内阁大臣不阴结翰林为朋比，且欲令京官补外以均劳逸"[4]，避免朝臣结党营私。

霍韬致力于打击翰林院，间接削弱内阁的力量。又建议由吏部掌管翰林官的升降去留，切断内阁与翰林院之间的联系。不久后，兵部右侍郎张璁弹劾费宏越权，劫制兵部[5]，干预掌管奋武营人选，又借费宏的儿子犯罪下狱之事，复纠举费

---

1 《明世宗实录》卷53，嘉靖四年七月丙子，第5页a。

2 夏燮：《明通鉴》卷52，第1396页。

3 《明世宗实录》卷66，嘉靖五年七月戊子，第3页a—3页b。

4 《明世宗实录》卷80，嘉靖六年九月丁亥，第8页b。霍韬请求嘉靖皇帝外派翰林官，但遭刑部给事中沈汉及吏部尚书廖纪反对。嘉靖七年，嘉靖皇帝便以侍读汪佃讲解《尚书·洪范》不称旨为由，正式实行翰林外补。

5 《明世宗实录》卷68，嘉靖五年九月丙午，第12页b—13页a。嘉靖皇帝显然赞同张璁，"简用文武大臣，由吏、兵二部推举，宏虽居辅导，点用皆自朕，但尔所言良是，以后推用大臣，各部务从公举以副任用"。

宏庇子害民[1]，最后借着哈密事件（嘉靖六年二月），推波助澜，诬首辅费宏、次辅石珤为杨廷和党人，终于扳倒他们[2]，杨一清得任首辅，张璁、桂萼二人遂先后入阁。

王邦奇指斥哈密（西北七卫之一，嘉靖初废卫，即今新疆哈密）失国，乃因当时的首辅杨廷和与兵部尚书彭泽处理不当，兵部主事杨惇（杨廷和次子，嘉靖二年进士）曾把相关战事文书藏起，翰林修撰余承勋（杨廷和女婿，正德十二年进士）等人又到处串联请托，不欲人知之。又攻击现在的首辅费宏、次辅石珤是杨廷和余党，曾向杨一清问计，掩盖边事失利，蒙蔽圣听。嘉靖皇帝大怒，将兴大狱。

礼科给事中杨言论救杨惇等人，力陈杨廷和之功，又反讽皇帝不善待功臣，"今去国未几，祸延子婿。臣恐自今全躯保身之臣皆以廷和为口实，谁复为国家任事者哉？宜斥谗言，以全国体"。[3]杨言的论救，引起反效果，让皇帝更加愤怒，遂命首辅费宏致仕，还亲审杨言[4]，大肆拷讯，备极五毒。杨言被贬宿州判官，杨惇、余承勋等人也被削职为民。张璁等人还诬陷副都御史陈九畴（弘治十五年进士）勾结彭泽，虚报邀赏，建议起复前兵部尚书王琼总理兵部。

1 《明世宗实录》卷70，嘉靖五年十一月乙酉，第2页b。嘉靖皇帝不打算处罚费宏，"章奏俱朕亲览，岂有蒙蔽？费宏内阁元臣，予夺朕自有公处"。

2 《明史》卷190《石珤传》，第5049页。

3 《明世宗实录》卷73，嘉靖六年二月丁巳，第2页a—2页b。

4 《明世宗实录》卷73，嘉靖六年二月丁巳，第2页b。

事实上，张璁等人连续攻讦费宏与翰林院有朋比之事，未必确有其事。嘉靖皇帝明白其伎俩，并未动摇对费宏的信任，也不处置张璁等人，试图达到兼听并观、分而治之的目的，却加剧了朝廷里相持不下的对立状况。费宏的去职，竟因被诬为廷和余党。陈九畴和杨言二人被逮捕问罪，也再度破坏士人心目中言官议事、君不加罪的政治理想。从费宏与张璁等人的恩怨始末，可见深获宠信的张璁等人是朝廷里的弱势集团，即使有皇帝作为后援，也不得不团结在一起，共同对抗整个官僚体系的排挤，"大礼议"造成的对立现象，似乎无法轻易地消除，政治倾轧始终在道德的台面下进行着。

嘉靖六年是大计之年，考核百官变成各方势力的斗争场。当时，兵部左侍郎张璁被北科道所纠，南京给事中邹架、御史毛麟之等人也纠劾礼部右侍郎桂萼等人有不职情事。[1]嘉靖皇帝并未惩戒张璁、桂萼等人，照旧供职。[2]但桂萼忌恨言官们屡屡攻击，遂建议嘉靖皇帝科道互纠，肃清台署，"故大学士杨廷和广树私党，蒙蔽陛下者六年，幸次第斥逐，然遗奸犹在言路，昔宪宗初年尝诏科道官于拾遗之后，互相纠察，言路遂清，臣请以时举行如旧例"。[3]

吏部侍郎何孟春反对桂萼的建议，申明成化朝无此例，

---

1 《明世宗实录》卷77，嘉靖六年六月丁未，第2页a。

2 《明世宗实录》卷77，嘉靖六年六月己巳，第8页a。

3 《明世宗实录》卷77，嘉靖六年六月己巳，第8页a—8页b。

批评桂萼"情涉报复，无以厌众心、昭公论"。[1]嘉靖皇帝不听，要求科道互纠，"时考察内六科已去四人，十三道已去十人矣"。[2]唯一遭吏部罢劾的江西道御史储良材（正德十二年进士）则批评负责考察的何孟春为廷和党人，庇护党类，排斥异己。嘉靖皇帝听信，怒责吏部和都察院挟私报怨[3]，支持张璁《宪纲》七条的政策，清查各道御史，"前后共二十余人，台署为空"。[4]由此可知，张璁、桂萼等人始终以"廷和党人"作为攻击政敌的借口，"耸动上听，以要必允，心虽狠而识则陋矣"。[5]

嘉靖六年九月，"李福达之狱"终于结案，朝廷的人事又有变动。[6]所谓"李福达之狱"，起因是负责审理李福达的御史马录（正德三年进士）等人皆"濮议论"的重要支持者。嘉靖皇帝疑心马录欲借李福达之事陷害武定侯郭勋，遂决意彻查。嘉靖皇帝先审问马录、刑部尚书颜颐寿（1462—1538）、大

1　《明世宗实录》卷77，嘉靖六年六月己巳，第8页b。实录有误，吏部侍郎为何孟春，非孟春，疑漏字。

2　沈德符：《万历野获编》补遗卷3《科道互纠》，第883页。

3　沈德符：《万历野获编》卷11《考察破例》，第303页。

4　夏燮：《明通鉴》卷53，第1436页。

5　沈德符：《万历野获编》补遗卷3《科道互纠》，第884页。

6　程似锦：《明季嘉靖年间李福达之狱考释》，《法商学报》第26期，第569—599页。《通纪》《明书》皆记李福达之狱于嘉靖六年，乃据张璁等为三法司讯狱的时间。《明史》《明史记事本末》书李福达之狱于五年七月，与《明实录》相符。盖据《明实录》，是时马录等奏拟已上，正下其章于都察院，爰书已定，郭勋遂以议礼为言，结张璁、桂萼等构成是狱。事皆六年。

理寺卿汤沐(弘治九年进士)及大理寺少卿徐文华等人,严刑拷打。再命张璁、桂萼、方献夫等人统摄三法司[1],暗助郭勋,案情急转直下,李福达竟获释放。结案后,又逮捕曾经支持马录的给事中郑一鹏(正德十六年进士)及御史姚鸣凤(正德十二年进士)等人[2],台署又经大规模清洗[3],言官们再次被斥逐。[4]

嘉靖皇帝本以"分而治之"作为驾驭臣下的统治术,使臣下互相牵制,巩固皇权的权威,却最讨厌有人提起前首辅杨廷和,也担忧士人批评自己处置不公,更避免左顺门事件再次发生,重新推翻"大礼"的结果。正是嘉靖皇帝的心病,让臣下得借"大礼"操控皇帝意志。[5]张璁等人知其所忌,屡讦首辅、刑辱御史、外调翰林,无不遂愿,让首辅之尊严已失,断绝首辅与官僚体系的联系,使首辅再也无力纠结朝臣,或违逆旨意,封还敕令。应为政事监督者的言官,也不再以劝诫君上为荣,反而产生了门户之见,因人废言,群起攻讦,

---

1 范守己:《皇明肃皇外史》卷7,第8页b。

2 沈德符:《万历野获编》卷7《张方二相》,第197页。"张(璁)欲坐前尚书颜颐寿等奸党,紊乱朝政律,尽诛之。方(献夫)力诤,至具疏欲劾张、桂二人,且弃官归,乃得末灭。颐寿等仅罢官去,其解缙绅之祸不小矣。"

3 范守己:《皇明肃皇外史》卷7,第7页b—12页a;李诩撰,魏连科点校:《戒庵老人漫笔》卷1《十可笑》,第48页。

4 谷应泰:《明史纪事本末》卷56《李福达之狱》,第610页。

5 张治安:《明代嘉靖初年的议礼与党争》。

或依附权贵，反击政敌[1]，成为皇帝罢免官员的打手。[2]

值得注意的是，"李福达之狱"事后，嘉靖皇帝认为御史骄纵，只有张璁有办法压制言路，于是更加宠信张璁。[3]嘉靖六年十月，嘉靖皇帝不经廷议的流程，直接任命张璁以礼部尚书兼文渊阁大学士进入内阁。升迁之速，实为罕见，让朝臣更不满张璁等人，终流于意气，引起门户之见。可以说，嘉靖皇帝以中旨任命张璁、桂萼进入内阁，等于破坏廷推制度[4]，时人视为非法。官僚体系负责国家政务的运作，可谓政权的行政基础。一旦有升迁不公、不循正规管道之事，原本的考核制度将不被官员信任。官员为求升迁，开始钻营门路，走权贵的后门，造成士气低落、人心涣散之弊。由此来看，嘉靖皇帝实为开启党争的首恶，"乃使交相持以启朋党之争，则上失纲而下生乱，其必然也"。[5]

续任首辅的杨一清，有总制延绥、宁夏、甘肃三镇的大功。正德年间，因得罪刘瑾，被逮入狱，后又因得罪江彬、

1　《明史》卷206《叶应骢传》，第5443页。

2　沈德符：《万历野获编》补遗卷2《考察官议礼不纳》，第855页。

3　王世贞：《嘉靖以来内阁首辅传》卷2《张孚敬》，第151页。

4　明代任用高级官员的方式为特简与廷推，"旧制，升必满考，若员缺当补不待考满者曰推升……阁臣、吏兵二部尚书，会大九卿五品以上官及科道廷推。……凡尚书、侍郎、都御史、通政使、大理卿缺，皆令六部、都察院、通政司、大理寺三品以上官廷推"。《大明会典》卷5《吏部四·推升》，第19页b—20页a。

5　王夫之著，舒士彦点校：《读通鉴论》卷25《唐宪宗》，中华书局，2013年，第742页。

钱宁，辞职居家。嘉靖皇帝即位后，欲起用杨一清总制边务，却遭杨廷和反对，只好作罢。嘉靖三年，大同兵变，边镇空虚，杨一清因赞同"人情论"，遂得到张璁等人的推荐，被召入朝，重新起复，担任兵部尚书兼左都御史，总制陕西三边军务，"故相行边，自一清始"，"温诏褒美，比之郭子仪"。[1] 嘉靖四年十一月，杨一清再度入阁。张璁、桂萼既攻去费宏，意想杨一清必定推荐自己入阁，没想到杨一清反而请召谢迁。张璁等人失望之余，遂怨恨杨一清。

张璁入阁后，一反过去的态度，不再宣扬六部主政的主张，而是致力于扩张内阁职权，使六部权力益缩[2]，"下视六卿，莫敢与抗"。[3]又倚仗皇帝宠信[4]，不愿屈居次辅之位，屡辱首辅杨一清，"乃至轻一清，亦不复修后进礼"。[5]桂萼随后入阁，与张璁渐行渐远，屡有冲突。因为桂萼一有建议，往往遭张

1　《明史》卷198《杨一清传》，第5229页。

2　沈德符：《万历野获编》卷10《阁部重轻》，第245页。

3　王世贞：《嘉靖以来内阁首辅传》卷2《张孚敬》，第154页。

4　嘉靖皇帝先赐张璁"忠良贞一""绳愆弼违"二记银章，张璁得密疏奏事，密问往还数十疏，只称张璁字及号、不直名。后来始赐杨一清"耆德忠正""绳愆纠谬"二记银章。杨一清虽居首辅之位，信任不及璁，待遇亦不如璁。因此张璁恃皇帝宠信，欲除去一清，登首辅之位。王世贞《嘉靖以来内阁首辅传》卷2《张孚敬》，第154页。笔者以为，嘉靖皇帝赐印密奏，遂使大臣互相牵制，如同韩非所说："术者，藏之于胸中，以偶众端而潜御群臣者也。"沈德符：《万历野获编》补遗卷2《后辈侮前辈》，第843页。

5　王世贞：《嘉靖以来内阁首辅传》卷2《张孚敬》，第154页。

瓒反驳，桂萼暗恨张瓒盛气凌人。桂萼又与杨一清有宿怨，无法通力合作。又因锦衣卫指挥金事聂能迁弹劾张瓒[1]，杨、张两人渐成水火，不能相容。[2]这时期的内阁处于分裂状态，阁臣三人互诋彼此，"上闻亦厌之"。[3]

　　嘉靖皇帝从张瓒攻击杨一清的种种行径中，终于明白了张瓒指使兵科给事中史立模（正德十六年进士）禁止匿名文书的目的，"似为大臣拒绝人言，以箝天下之口"，遂怒斥张瓒"非人臣之道"[4]，开始防范张瓒。杨一清采取以退为进的策略，致力于博取皇帝的信任，又百般容忍张瓒等人的言论攻击，最后则称病不朝，恳求致仕归乡，"俾得远憎怨，保余年"。[5]嘉靖皇帝慰留杨一清，并公开警告张瓒，"性资虽敏，奈强梗不受人言，已是不听于众"，"可惜者自伐其能，恃朕所宠"，"朕所礼之者，非私恩也，报昔正伦之功。瓒当愈加谦逊，竭诚图报可也"。[6]此谕旨公开后，嘉靖皇帝表明支持杨一清的立场，也表示出不再偏袒张瓒的态度。杨一清仍居首辅位，

1　《明世宗实录》卷90，嘉靖七年七月丁亥，第11页b—12页a；卷91，嘉靖七年八月癸卯，第2页b；卷91，嘉靖七年八月甲寅，第7页b；卷91，嘉靖七年八月辛酉，第9页b—10页a。

2　《明史》卷196《张瓒传》，第5178页。"指挥聂能迁劾瓒，瓒欲置之死。一清拟旨稍轻，瓒益恨，斥一清为奸人鄙夫。"

3　王世贞：《嘉靖以来内阁首辅传》卷2《张孚敬》，第154页。

4　《明世宗实录》卷91，嘉靖七年八月辛酉，第10页a。

5　《明世宗实录》卷91，嘉靖七年八月甲子，第10页b—11页a。

6　《明世宗实录》卷91，嘉靖七年八月甲子，第11页a—12页b。

恩宠如故，受到斥责的张璁羞愧不已，不敢再借言路攻讦杨一清。

内阁倾轧暂告一段落后，嘉靖皇帝逐渐疏远张璁、桂萼，又怀疑张璁、桂萼与郭勋相结甚深，"别谕内阁，以使璁知朕意，决治一勋者，正为保全与所交，亦是保全璁耳，彼党与既多，将为国害，岂不多逮，所与不可不惜之"。[1]兵科给事中孙应奎（正德十六年进士）眼见圣宠渐衰，遂弹劾内阁诸臣，指出辅臣间形如水火，政务荒废，直指问题所在，丝毫不给辅臣留一点尊严。自是一清、璁与萼皆不安其位，而攻璁、萼者四起：

> 今大学士杨一清虽练达国体，而情多尚通私其故旧，此可与咨谋，难独任也；张璁学虽博，而性偏伤于自恃，犹饬励功名，当抑其过而任之；至于桂萼以枭雄之资，桀骜之性，作威福而沮抑气节，援党与而暗役言官，大私亲故，政以贿成，势侵六官，事多沮挠，上负委任而下贻隐忧，使天下敢怒而不敢言。[2]

礼科给事中王准（嘉靖二年进士）也弹劾张璁、桂萼朋党偏比，举荐私人。[3]张璁则辩驳自己被恶意毁谤，乃因议礼得

---

1 《明世宗实录》卷98，嘉靖八年二月戊寅，第11页b—12页a。

2 《明世宗实录》卷103，嘉靖八年七月己未，第2页a—2页b。

3 《明世宗实录》卷103，嘉靖八年七月癸丑，第7页a。

罪朝臣。言官不肯放过张璁、桂萼，必欲劾去之，与张、桂二人积有宿怨的工科给事中陆粲（1494—1551）[1]则举证历历，请求皇帝立刻罢黜张、桂二人：

> 大学士张璁、桂萼凶险之资，乖僻之学，曩自小臣赞议大礼，蒙陛下拔置近侍，不三四年位至极品，恩宠隆异，振古未闻。虽损躯陨首，未足以报，乃敢罔上行私，专权纳贿，擅作威福，报复恩仇。璁虽狠愎自用，执拗多私，而其术犹疏，为害犹浅；桂萼外若宽迂，中实深刻，忮忍之毒一发于心，如蝮蛇猛兽，犯者必死。[2]

陆粲的奏疏让嘉靖皇帝大为震撼，令吏部查核，决计清除张璁等人的势力。于是罢黜张璁，桂萼则是革官致仕，其他受桂萼引荐者，皆逮捕审问，以示朝廷取才公正。[3]同时，嘉靖皇帝又担心张璁之去将危害"大礼"，遂逮捕给事中王准和陆粲[4]，不让人趁机挟私，继续攻击张璁、桂萼，防止朝臣集结力量，推翻"大礼"。随张、桂二人罢去，嘉靖朝堂掀起一

1　王世贞：《嘉靖以来内阁首辅传》卷2《张孚敬》，第152页。首辅杨一清欲留陆粲等人为翰林，张璁复密疏嘉靖皇帝，将庶吉士皆出之，又说翰林院的庶吉士皆费宏私党，遂外补。陆粲等人恨张璁入骨。

2　《明世宗实录》卷104，嘉靖八年八月丙子，第4页a。

3　《明世宗实录》卷104，嘉靖八年八月丙子，第5页a。

4　《明世宗实录》卷104，嘉靖八年八月戊寅，第7页a。

场声势浩大的反议礼活动，言官们纷纷弹劾亲附张璁、桂萼的官员，如兵部尚书李承勋（弘治六年进士）、王琼，礼部侍郎严嵩，南京礼部侍郎黄绾、都给事中夏言，监察御史储良材等人。

言官们弹劾奏疏里列出的官员竟有一百多人，牵连甚广，几乎形成一面倒的情势，让嘉靖皇帝感到事有蹊跷[1]，开始怀疑言官们的动机。同为"人情论"支持者的霍韬，对张、桂二人罢去之事心有不平，又担心自己成为下一个攻击目标，"张、桂行，势且及我矣"[2]，因而愤然上疏，揭发杨一清收受贿赂、私用门生陆粲等罪状，又为张璁辩白，表示言官们之所以紧咬张璁、桂萼，皆因他们首倡"大礼"之故，更上疏乞休，表示自己不愿独留而背弃张、桂二人。[3]霍韬的言论打动了嘉靖皇帝，开始顾念张璁、桂萼昔日支持"大礼"之恩情。同为议礼新贵的吏部尚书方献夫也不安于位，请求引避，以全公论。[4]唯恐张璁、桂萼复起，言官们又发动更大的攻势，却让嘉靖皇帝更认定言官们故意诬陷张璁，自己竟被杨一清和陆粲蒙蔽，才会中了言官们的诡计。于是嘉靖皇帝立刻召回张璁[5]，又慰留被劾诸臣，追究杨一清贪赃罪，"位居

---

1 《明世宗实录》卷104，嘉靖八年八月丙戌，第12页b。

2 夏燮：《明通鉴》卷54，第1469页。

3 《明世宗实录》卷104，嘉靖八年八月丙戌，第12页b—14页a。

4 《明世宗实录》卷104，嘉靖八年八月丙戌，第16页b—17页a。

5 《明世宗实录》卷105，嘉靖八年九月癸巳朔，第1页a。

内阁辅臣之首，乃大肆纳贿，不畏人言，甚非大臣之体"。[1]
张璁则三上密疏"引一清赞礼功，乞赐宽假，实以坚帝意俾
之去"。[2]

杨一清去位后，张璁接任首辅。[3]张璁担任首辅的决定使
群臣大哗，引发强烈不满。例如，刑部员外郎邵经邦便批评
嘉靖皇帝任人不公，"礼与政不同，张璁寻去寻留，非政体，
迹似私议礼之臣，则所议者不为公礼矣。可守也，亦可变也，
可成也，亦可毁也"[4]，还讥讽嘉靖皇帝："使万年之后，庙号世
宗，顾不伟与？失此不为乃过，加以非分之任，使之履蹈盈
满，犯天人之怒，亦岂璁等福耶？"[5]嘉靖皇帝大怒，以"扇惑
人心，动摇国是""讪上无理"[6]等罪名，逮捕邵经邦，严加拷
讯，欲置其于死地，直接下令兵部处以充军之刑。邵经邦罹
获重罪之事，众臣噤声，无人敢再出面反对。

张璁登上首辅后，立志摒弃门户之见，试图成就相业，
改以国家社稷为念，不再致力于"大礼"之争论，而是修补
与官僚体系的关系。尤其是嘉靖八年八月被罢之事，让张璁
顿生警惕，深知一生荣辱皆操于皇帝，自然不能得罪皇帝，

---

1 《明世宗实录》卷105，嘉靖八年九月癸卯，第8页a。

2 《明史》卷198《杨一清传》，第5231页。

3 《明世宗实录》卷105，嘉靖八年九月辛亥，第10页a—11页a。

4 黄景昉：《国史唯疑》卷6《嘉靖》，第161页。

5 《明世宗实录》卷106，嘉靖八年十月丁卯，第2页b。

6 《明世宗实录》卷106，嘉靖八年十月丁卯，第3页a。

必须绝对忠心，始可保功名禄位。除此之外，张璁也意识到自己的孤立无援，开始重修群己关系，主动向昔日的伙伴桂萼、方献夫、霍韬等人示好，希望他们能支持自己推动新政。可惜的是，张璁的壮志一开始就注定流产。张璁以"人情论"得皇帝青睐，早就得罪朝廷百官，官僚体系不愿支持其改革政策，言官们也视其为小人，必欲劾去。这样险恶的局势，让张璁欲收拢权力，不得不依赖嘉靖皇帝，拉拢昔日议"大礼"的伙伴，成为党中之党。而张璁借京察考察言官、科道互纠、裁革冗员等政策，整顿台署，打压科道之风[1]，无形中丧失了首辅的超然姿态，也让首辅与官僚体系的关系更加紧张。

史家对张璁的评论多有偏颇，较少论及张璁之功业，故略述之。以孤傲闻名的霍韬，曾称赞张璁有十善功业，虽掩饰大狱之过，但不致流于溢美：

> 生敬罗峰者［张璁］，谓其一心忠于朝廷，绝纤芥私也。主张大礼不悚不慑，明千古之谬，伸圣主大孝，一也。辨明大狱［李福达狱］，救一家十数冤命，破散蔽上之奸党，二也。在阁九年，未尝容内臣私请，政本清端，三也。十年不进一内官，且革镇守芟百余年积弊，四也。吏、兵二部推选文武官，未尝片言干预，内官病故，故

例荫义男义侄家童校尉三四十人，罗峰削黜之尽，五也。
宦官皆知警戢，省郡有司在京大小官不敢肆滥，六也。
革戚畹滥官，罢十八侯伯，七也。门无私谒，夙弊尽绝，
八也。三黜奔归，行囊惟一二衣箱，如寒素卑官，九也。
在位日只用外甥一人，亦才名不忝，余则绝纤芥私党，
坦坦平平过，皆可见心迹至明，十也。[1]

万历时人张萱（万历十年举人）则视张璁为真宰相，予以
好评："天下迫于议礼而口非公者十之九，忌公贵而刺之者十
之九，久而称公是、非公者半，公没而思之者更十九矣。"[2]王
世贞也称许张璁："以破人臣之私交，而离其党，一意奉公守
法，不复恤讥怨，其驭御史一以威，时时有所纠按，然亦不
至毛鸷，而性特廉介。"[3]

张璁刚明果敢，不避嫌怨，廉洁守正。[4]当嘉靖皇帝欲破
坏礼法时，多委婉规劝，如"立世室"之议、"天地分祀"之
议、更定德祖庙位及亲王留任南京之事，皆能犯颜直谏。换
言之，张璁担任首辅后，对嘉靖皇帝与向来敌对的官僚体系
的态度与以往不同，可见身份的转变影响其行动的抉择。当

1　张萱：《西园闻见录》卷28《宰相下》，第10页b。

2　张萱：《西园闻见录》卷28《宰相下》，第10页a。

3　王世贞：《嘉靖以来内阁首辅传》卷2《张孚敬》，第151—152页。

4　《明史》卷196《张璁传》，第5180页。

嘉靖皇帝欲诬陷张延龄谋逆时，端赖张璁竭力劝阻，"以故终昭圣皇太后世，延龄得长系"[1]，让嘉靖皇帝免于不孝的罪名。[2]值得注意的是，张璁十分注意勋戚宦官横暴百姓之事，几经劝谏，终获嘉靖皇帝支持，着手裁抑勋戚，清理庄田，严禁贪赃，力阻宦官干政，罢除天下镇守内臣，遂增加国家财政，宦官势力稍衰，"一时苞苴路绝"[3]，影响后世甚大。

可以说，张璁改革的目的，即以首辅之姿态，强行介入官僚体系的运作中，把官僚的自我性降低（例如，用三途并进法，避免朝廷厚用者皆进士出身；又例，严订吏部对言官考核标准，一面压制言官，一面遏止大臣荐举之风），重新整顿官僚体系，要求官僚不以自身利益为利益，而应以君主之利益为利益。张璁改革的手段，一是建立首辅的权威，让皇帝得借首辅传达己意，且不与官僚体系发生冲突，内阁首辅便成为官员劝谏皇帝的挡箭牌。二是借着翰林外补、压抑言路及三途并用[4]等手段，使皇帝越过吏部，掌控官员升迁，重

1　《明史》卷196《张璁传》，第5180页。

2　焦竑：《玉堂丛语》卷4《献替》，第114页。张璁屡请恕张延龄："昭圣皇太后春秋高，卒闻延龄死，能不重伤痛乎？万一不食，有它故，何以慰敬皇帝在天之灵。"嘉靖皇帝听到后，怒斥张璁："自古强臣令君非一，若今爱死囚令我矣，当悔不从廷和事敬皇帝耶。"可见嘉靖皇帝之恼怒，但张璁却不退缩，仍坚持不应处死张延龄，方献夫也支持张璁，所以终昭圣太后及孚敬有生之年，延龄得不死矣。

3　《明史》卷196《张璁传》，第5180页。

4　《大明会典》卷5《吏部四·推升》，第27页b。

新申明官僚为皇帝服务的目标，皇帝遂能在最大范围内控制官僚体系。三是压抑次辅对首辅的威胁，使次辅不得僭夺权力，并借由阁臣兼任吏部尚书（如方献夫）或兼署都察院（如张璁），排除吏部尚书的议政权，专制诸司，控制言路，钳制御史，加强内阁与行政部门的联系，建立首辅独尊、政事出于首辅的局势。

反过来探讨嘉靖皇帝如何看待张璁的相业。前文已述，自"大礼议"后，嘉靖皇帝对首辅人选十分谨慎，衡量首辅适任与否的唯一标准，即是否忠心于自己，不允许再出现首辅集结朝臣的情形。由于张璁有襄赞"大礼"之功，担当百官对"大礼"的强烈批评，还勇于任事，不避毁谤，致力于推行改革，并压制其他臣僚的不满意见，于是嘉靖皇帝对张璁恩宠不衰。张璁可说是嘉靖朝众多首辅里，唯一能全君臣之交的代表者。但当张璁不愿再屈从帝意时，嘉靖皇帝遂行分而治之的手段，开始物色新的人选，欲另培植一个议礼新贵，抗衡张璁之势，防止首辅专擅朝政，再度分散皇权，并利用张璁与官僚体系的矛盾，分化首辅与朝臣的关系，再伺机挫其威势，使首辅不能有集结朝臣之力，防范首辅再度成为官僚体系之领袖。

（三）夏言

嘉靖朝的三十多位内阁大学士中，夏言曾极受恩宠，下场也最为悲惨，"身首异处，为天下笑"。[1]夏言之死，不仅是内阁首辅因罪被杀的首例，也是嘉靖皇帝、内阁首辅及官僚体系三方的矛盾难以化解的表征。

　　夏言为正德十二年（1517）进士，原担任兵部给事中，后与御史郑本公、兵部主事汪文盛（正德六年进士）共同审核五府京卫的冒滥冗员[2]，共汰去约三千二百人；又提出管理京卫的九条办法，肃清京卫；还清理皇庄，悉还被勋贵夺去的民产，无主者则召民佃种。[3]夏言负责的这些任务，多是吃力不讨好之事，却能不避劳苦，秉公办理，大得朝臣称许，遂获得清名，给嘉靖皇帝留下很好的印象。[4]夏言虽未卷入"大礼议"和左顺门事件，但根据众官员对"濮议论"的签署名单[5]，夏言实为"濮议论"支持者。

　　第三章已述，嘉靖朝堂屡行礼乐更作，六部的权力分配发生变化，礼部地位超越吏部，列为六部之首，入阁者多以礼部尚书加大学士职。礼部尚书地位的提升，不但显示嘉靖皇帝执着"大礼"，也指明一条得获上宠、进入内阁的最快途径。夏言同张璁一样，以"议礼"起家。嘉靖九年，嘉靖皇帝

1　王世贞：《嘉靖以来内阁首辅传》，序，第88页。

2　《明世宗实录》卷6，正德十六年九月戊寅，第14页a—15页a。

3　《明世宗实录》卷6，嘉靖元年十一月丁未，第2页a；卷23，嘉靖二年二月丁丑，第6页a。

4　《明史》卷196《夏言传》，第5191—5192页。

5　《明世宗实录》卷9，正德十六年十二月乙巳，第17页a。

开启天地是否分祀的廷议。首辅张璁和其他议礼诸臣皆不表赞同。可是，吏科给事中夏言则重申嘉靖二年的主张，奏请举行皇后亲蚕礼，大力支持天地分祀。[1]支持天地合祀的霍韬予以反驳[2]，却遭到嘉靖皇帝怒斥，甚至将霍韬下狱论罪，大杀张璁等人的气焰。[3]

张璁担任首辅后，颐指百僚，无人敢抗其权势。夏言挑战首辅张璁的作为，使备受压抑的官员们一吐怨气，因而对夏言刮目相看。夏言一战成名，成为言官们的领袖，颇得时望。[4]就这样，素厌张璁的官员们似乎找到了一个精神领袖[5]，嘉靖皇帝也寻得了一位能与张璁分庭抗礼的议礼之臣。想当然尔，首辅张璁十分忌恨夏言，总想伺机除去。夏言"自以受帝知，独不为下"[6]，也不满张璁排挤自己、引荐彭泽（嘉靖朝有二彭泽，一是支持"濮议论"的前兵部尚书彭泽，另一是支持"人情论"的正德十二年进士彭泽，这里指后者）担任太常寺卿之事，两人的矛盾越来越深，渐成对抗之势。对嘉靖皇帝来说，支持夏言既可牵制张璁，又可帮助自己推动礼制改革。于是夏言一路升迁，主管翰林院。

---

1 《明世宗实录》卷109，嘉靖九年正月丙午，第3页a。

2 《明世宗实录》卷111，嘉靖九年三月庚子，第5页b—6页b。

3 《明史》卷197《霍韬传》，第5212页。

4 沈德符：《万历野获编》卷19《吏垣都谏被弹》，第501页。

5 《明史》卷196《夏言传》，第5193页。"时士大夫犹恶孚敬，恃言抗之。"

6 《明史》卷196《夏言传》，第5193页。

就在这时，行人司正薛侃（正德十二年进士）请太常寺卿彭泽观其草疏，请求久无皇储的嘉靖皇帝迎亲王入京，立为守城王[1]，或作为预备皇储（仿宋仁宗迎濮王子之事），以待皇子生。[2]薛侃的奏疏，等于把嘉靖皇帝比作无子继承的宋仁宗，必会让嘉靖皇帝勃然大怒。彭泽久怨夏言，便私与张璁商议，欲用薛侃之疏，攀诬夏言，借刀杀人。因此彭泽不但不阻止薛侃，还暗示薛侃，张璁必暗中协助，鼓动薛侃尽快上疏。[3]薛侃信以为真，便答应上疏。张璁则事先将薛侃的奏本密呈嘉靖皇帝，污蔑夏言勾结江西王府，欲谋策立江西王世子。嘉靖皇帝大怒，命三法司廷讯薛侃，欲找出幕后指使者。

三法司审讯薛侃时，都御史汪鋐抨击夏言是指使薛侃的幕后黑手，薛侃则坚称与夏言无关，又供称陆鳌、欧阳德及彭泽三人皆见过这份奏疏。嘉靖皇帝对审讯结果大生疑虑，便逮捕夏言，又将维护夏言的给事中孙应奎、曹汴等人拘提下狱。命令郭勋、次辅翟銮、司礼监太监张佑会同九卿、科道及锦衣卫再度廷讯薛侃。薛侃受尽酷刑，只说是自己所为，洗清夏言涉案的嫌疑，并说明前因后果，揭发彭泽催促上疏、

1　沈德符：《万历野获编》卷4《论建藩府》，第101页。

2　夏燮：《明通鉴》卷55，第1493页。

3　夏燮：《明通鉴》卷55，第1493页。

张璁暗地称许之事。[1]同时，御史谭缵（正德十二年进士）、端廷赦（正德十六年进士）及唐愈贤（嘉靖五年进士）又交章论劾张璁专擅。[2]真相大白后，嘉靖皇帝大为震怒，对张璁更加失望，饬令张璁致仕，"乃昧休休有容之量，犯戚戚媢嫉之科，殊非朕所倚赖，专于忌恶，甚失丞弼之任"[3]，彭泽充军福建，薛侃纳赎为民。[4]

不久后，夏言代李时升任礼部尚书[5]，官运亨通，"去谏官未浃岁拜六卿，前此未有也"。[6]夏言因议郊祀事得到皇帝的宠信，又因除去首辅张璁，论救御史喻希礼、石金之事，获得

1　叶荨:《廷鞫实录》，收入薛侃《图书质疑》，明万历四十五年薛茂杞重刻本。叶荨是薛侃的学生。《廷鞫实录》记录薛侃审鞫时的经过。本由三法司审讯薛侃，后由司礼监太监张佑负责审问。可知嘉靖皇帝已无法信任首辅张璁、都御史汪鋐及刑部尚书许瓒，因而派司礼监太监负责审讯，免遭臣下蒙蔽。此外，这次事件也意味着议礼新贵的内部分化。薛侃本是王阳明的弟子，算是"人情论"的潜在支持者，张璁却借薛侃与夏言的同年关系，欲诬陷夏言。张璁的行径，让黄宗明、方献夫等人颇感不齿，日渐疏远张璁。感谢唐立宗教授不吝提供广州档案馆所藏之密本。

2　《明世宗实录》卷128，嘉靖十年七月戊午，第3页b。实录作"唐愈"，有误。查《明史·张璁传》与实录卷119、132、149，应为"唐愈贤"。

3　《明世宗实录》卷128，嘉靖十年七月戊午，第3页b—4页a。

4　沈德符:《万历野获编》卷7《张方二相》，第197—198页。

5　《明世宗实录》卷130，嘉靖十年九月戊辰，第4页b。李时担任首辅。

6　《明史》卷196《夏言传》，第5192页。

朝臣的普遍好评。[1]然而，桂萼之死（1531），让嘉靖皇帝又思念张璁，未及二月，又命行人司奉敕书，召还张璁续任首辅。尽管如此，嘉靖皇帝对张璁的宠信已不如以往。朝廷里有炙手可热的夏言[2]，内阁又有翟銮、李时及方献夫分首辅之权，张璁已不能像过去那样专擅。但仍有言官弹劾张璁擅权，欲攻去之，如魏良弼借彗星恶兆弹劾张璁擅权。[3]首辅张璁反击魏良弼挟私报复。兵科给事中秦鳌则诋毁张璁私借票拟权，外泄帝意，上天遂以彗星示警。[4]嘉靖皇帝听信，便罢去张璁。[5]

　　未及半年，张璁第四次被召还，重任首辅。[6]短短四年内，三次遭罢，让张璁备受打击，再也不能恢复数年前振作奋发、荡清弊政的豪气。随着嘉靖皇帝日益宠信夏言，张璁与夏言的矛盾更加尖锐，常有抗衡，"柱孚敬口矣"。[7]此外，大学士方献夫不愿再附和"大礼"，欲急流勇退，于嘉靖十三年四月请求致仕，张璁日益孤立。与此同时，张璁长子张逊志也急

1　《明世宗实录》卷133，嘉靖十年十二月戊子，第2页b—3页b；《明史》
　　卷196《夏言传》，第5193页。御史喻希礼、石金请宥大礼大狱得罪诸臣，
　　欲论罪处，夏言为其求情。喻希礼与石金下诏狱、遭远谪，夏言却获得朝
　　臣们的称赞。

2　《明世宗实录》卷149，嘉靖十二年四月癸巳，第5页a。

3　《明世宗实录》卷149，嘉靖十二年四月癸巳，第5页b。

4　《明史》卷206《秦鳌传》，第5456页。

5　《明世宗实录》卷141，嘉靖十一年八月戊戌，第5页b。

6　《明世宗实录》卷149，嘉靖十二年四月乙亥，第1页b。

7　王世贞：《嘉靖以来内阁首辅传》卷2《张孚敬》，第174页。

病猝死。这些困厄让张璁心灰意冷，去意甚坚。[1]岂料，嘉靖皇帝非但不允许，还一语道破张璁的心病，批评张璁不信任自己，方会求退。[2]嘉靖十四年春天，张璁患病。[3]嘉靖皇帝派人慰问张璁，私下却询问次辅李时，欲起用费宏。[4]嘉靖皇帝获得李时的支持后，便不再挽留张璁，批准其致仕。可见嘉靖皇帝已想汰除张璁，欲借用费宏的人望，稳定政争不断、朝臣攻讦的局面。

可惜，费宏在位二月，旋即病逝，作用不大。李时升任首辅，呈独相局面。夏言得到宠信后，不再像过去那样折节下士，反倒傲视八座，自视甚高。例如，仪制司郎中张元孝（嘉靖二年进士）和祠祭司郎中李遂（嘉靖五年进士）因细故延误祀事，夏言不留任何情面，劾谪他们放纵不职。又公开表明自己因不结党，"为时所忌，措身益孤"。[5]夏言对官僚体系的态度转变，让众多朝臣对他固宠媚君的言行颇有微词。尤其夏言在入阁前，再度抵挡霍韬的论劾[6]，"渐孺视八座"。[7]嘉靖十五年闰十二月，夏言不经廷推而特简入阁。首辅李时鉴于霍韬的经验，不敢相抗，"一切礼文之事，皆以属言，赏亦称是"[8]，阁权

---

1 张孚敬：《太师张文忠公集》奏疏卷8《乞休陈时事》，第36页b—39页b。

2 《明世宗实录》卷164，嘉靖十三年六月乙巳，第2页a。

3 张孚敬：《太师张文忠公集》奏疏卷8《谢手调药剂》，第42页a—43页a。

4 《明世宗实录》卷173，嘉靖十四年三月辛巳，第8页b。

5 《明世宗实录》卷167，嘉靖十三年九月癸未，第7页b。

6 《明史》卷197《霍韬传》，第5212—5213页。

7 王世贞：《嘉靖以来内阁首辅传》卷3《夏言》，第197页。

8 王世贞：《嘉靖以来内阁首辅传》卷3《夏言》，第197页。

反操于次辅夏言之手，首辅李时徒具虚名。

当夏言正式登上首辅后，阁部争斗又趋于激烈。与夏言久积宿怨的霍韬与武定侯郭勋嫉恨夏言得宠，决定联手对付。于是霍韬便诬陷夏言在南巡承天期间，曾有收受贿赂之事。[1]嘉靖皇帝虽不相信霍韬所言，但嘉靖十八年的南巡之行确是夏言失宠的开端。南巡过后，嘉靖皇帝认定夏言有欺慢之心，不再像以前那样信任他[2]，也无法再忍受夏言的专擅，反而对支持明堂改制、献帝称宗的礼部尚书严嵩青睐有加。八月，命夏言致仕，收回所有手敕与银章。[3]

没过多久，夏言被召回内阁，但依然故我，还暗讽郭勋等人"自处不敢后他人，一志孤立，为众所忌"。[4]夏言所说的"众"是指武定侯郭勋等人。嘉靖皇帝十分不悦，切责夏言，并用朱笔涂改疏文数处，以示惩戒。夏言之举，乃欲探测嘉靖皇帝是否还宠信郭勋。事实证明，嘉靖皇帝不愿意有人攻击郭勋。夏言知道后，大为惶恐，不敢再公然攻击郭勋，但仍思报复。[5]嘉靖十九年（1540）十月，霍韬病死，但夏言与郭勋的明争暗斗仍旧持续着。后来，昭圣皇太后崩逝，夏言

1　《明世宗实录》卷232，嘉靖十八年十二月癸巳，第5页b—6页a。

2　《明史》卷196《夏言传》，第5194页。

3　《明世宗实录》卷224，嘉靖十八年五月己巳，第2页b—3页b；沈朝阳：《皇明嘉隆两朝闻见纪》卷6，第5页a—6页b。《皇明嘉隆两朝闻见纪》记夏言致仕时间为五月，有误，应为八月。

4　《明史》卷196《夏言传》，第5195页。

5　《明世宗实录》卷224，嘉靖十八年五月丁丑，第15页b。

回复太子服制的疏文中出现错字，引起嘉靖皇帝大怒，命其致仕。夏言第二次致仕的原因，并非是疏文有讹，或态度不恭，而是夏言与郭勋互相争宠，让嘉靖皇帝烦扰不堪，故先除去夏言，借以稳定政局，平衡各方势力。

与夏言相善的言官［如给事中高时（嘉靖十四年进士）］不敢直接向嘉靖皇帝抗争，只好把矛头指向武定侯郭勋，遂上疏攻击郭勋"假擅威福""恣为贪横"及"滥收无籍，索取地钱，擅科私税折"。[1]嘉靖皇帝不听，对这些奏疏置之不理，反而暗中注意夏言与言官群体的互动。郭勋为避风头，只好称病在家。与此同时，京山侯崔元新获皇帝宠信，嫉妒郭勋，便趁机对郭勋明褒暗贬一番。再加上郭勋串通道士段朝用的事迹败露，让嘉靖皇帝再也无法忍受郭勋，决定惩处，以示警诫。不过，嘉靖皇帝犹记郭勋支持"大礼"的功劳，特地吩咐北镇抚司绝对不能刑求郭勋，必须待之以礼，又屡下手敕暗示言官们不要再追究[2]，但始终没人为郭勋请旨免罪。

郭勋一案开始时，夏言虽以病告假，不在任上[3]，但与言官来往密切，"阁事多取裁，治勋狱，悉其指授"[4]，暗中指示言官们继续弹劾郭勋，即使受到斥责，也必须先除去郭勋。在夏言与言官"里应外合"下，郭勋自然难逃一死，抑郁而终。嘉

1　《明世宗实录》卷253，嘉靖二十年九月乙未，第6页a。

2　《明史》卷130《郭英传》，第3824页。

3　《明世宗实录》卷252，嘉靖二十年八月庚辰，第12页a。

4　《明史》卷196《夏言传》，第5195—5196页。

靖皇帝闻其死讯，不禁迁怒三法司，认定他们故意拖延，害死郭勋。于是刑部尚书吴山（1470—1542）遭到免职，侍郎、都御史以下均被降职、罚俸。[1]郭勋之死，让嘉靖皇帝惊觉夏言的影响力，也对夏言与官僚体系的关系深感忧虑，更认定言官"专听言主使""徒欺谤君上"[2]，决心罢去夏言，切断首辅与官僚体系的联系。

　　嘉靖皇帝眼见自己竟无法压制言官的舆论力量，对夏言的猜忌越来越深，"虽优礼言，然恩眷不及初"[3]，但又不能不倚赖夏言处理繁重政务，或谋作礼乐之事，或撰写青词，一时之间也没有人能取代夏言的位置。两相为难之下，嘉靖皇帝另谋他途，设法物色值得倚重的人选进入内阁，分散夏言的权力。这个足以抗衡夏言势力的人选，即礼部尚书严嵩。嘉靖皇帝既找到了严嵩，于是夏言第三次被逼去职。[4]严嵩因而代夏言入阁，担任次辅。同时，在严嵩的授意下，御史乔佑（嘉靖八年进士）、给事中沈良才（嘉靖十四年进士）论劾夏言"负恩误国"，提出重新考察言官。嘉靖皇帝大喜，便命吏部尚书许赞会同都察院大举考察言官。此次考察贬黜十三人，曾帮助夏言劾去郭勋的给事中高时竟落得远谪边境的下场。[5]

1　《明世宗实录》卷267，嘉靖二十一年十月丁亥，第2页b—3页b。

2　《明史》卷196《夏言传》，第5196页。

3　《明史》卷196《夏言传》，第5196页。

4　《明世宗实录》卷264，嘉靖二十一年七月己酉朔，第1页a—1页b。

5　《明史》卷196《夏言传》，第5196页。

（四）严嵩

众所皆知，严嵩乃是明代赫赫有名的贪官权奸，嘉靖皇帝对他的恩宠长达十几年之久，信任之专，可比张璁。严嵩为弘治十八年进士，曾入选翰林院，任庶吉士，杨廷和为其座师。严嵩本有大好前途，与其同年者不乏才俊之士，例如顾鼎臣（1473—1540）、翟銮及湛若水等人。然而，严嵩眼见正德朝政败坏，以母丧乞休为由，避官钤山十年，虽错过了向上爬升的机会，但居官南京，远离权力中心，没有卷入"大礼议"的风波，躲过了被株连的厄运，也让自己成为中性人物，不容易被人划归某党某派。后来，严嵩利用桂萼的关系（两人本乡友，桂萼之子曾就学于严嵩）得为南京礼部右侍郎，前往承天（湖北安陆）祭告显陵，又建议嘉靖皇帝撰写显陵碑，给嘉靖皇帝留下了良好的印象，很快就升为南京礼部尚书。不久后，又借同乡夏言之力，改任南京吏部尚书。

当夏言担任次辅时，严嵩对他十分恭谨，极力讨好（严嵩早夏言四科，却称夏言为先达，可见其柔媚手段）。于是夏言视严嵩为私党，甚至"以门客畜之"[1]，让严嵩暗恨不已。[2]但严嵩仍对夏言保持温顺的态度，以便利用夏言的势力进入中央任官。正巧当时礼部尚书顾鼎臣入阁，夏言便推荐严嵩担任礼部尚书，又因其文采过人，于是让严嵩入值西苑专为皇帝

1　《明史》卷196《夏言传》，第5196页。

2　沈德符：《万历野获编》补遗卷2《后辈侮前辈》，第843页。

撰写青词，渐获得嘉靖皇帝的宠信。然而，严嵩真正获得皇帝青睐的契机，却缘于嘉靖十七年的议礼风波。第三章第四节曾述，通州休致同知丰坊建议恢复明堂之礼，让献皇帝称宗，以配上帝。首辅夏言持观望态度，不敢如前首辅张璁一样勇于反对。礼部尚书严嵩本持反对意见，后因嘉靖皇帝不悦而尽改前说，甚至为之规划礼仪，"益务为佞悦"。[1]

南巡过后，嘉靖皇帝日益宠信严嵩。这让夏言开始注意严嵩的动向，欲除去严嵩，于是利用亲附自己的言官，大肆批评严嵩贪赃枉法。[2]可是，嘉靖皇帝出于"分而治之"的意图，对言官的论劾置若罔闻，还极力称赏严嵩的忠诚，"欲以讽止言者"[3]，扶植严嵩的势力。后来，夏言屡遭斥责，严嵩意欲取代夏言的位置。严嵩先与郭勋联合，诋毁夏言事上不敬；郭勋死后，严嵩又与崔元、陶仲文等人密谋，欲谋首辅之位，因而借夏言不戴香叶冠、劝谏少行斋祀、赴西苑独乘腰舆等事[4]，趁机构陷夏言，离间嘉靖皇帝与夏言的关系。嘉靖皇帝信之，命夏言致仕，"盖嫉人贤己，欲美必皆己出，亦无归美君上之意，是其恣肆已成性，必不迁于忠谨敬畏之地"，"军国重

1　《明史》卷308《严嵩传》，第7914页。

2　《明世宗实录》卷267，嘉靖二十一年十月庚寅，第4页b；王世贞：《嘉靖以来内阁首辅传》卷3《夏言》，第207页。

3　《明史》卷308《严嵩传》，第7915页。

4　《明史》卷308《严嵩传》，第7915页。

事径自私家而专裁之，王言要密，岂宜人臣视如戏具"。[1]就这样，严嵩巧妙地击败夏言，得以顺利进入内阁。[2]

正得殊宠的严嵩入阁成为次辅后，嘉靖皇帝特赐票拟权，这等于削弱了首辅拟票的专权，让严嵩的影响力明显地比首辅翟銮高出许多，内阁出现首辅、次辅相斗的状况。严嵩意欲除去翟銮，取而代之[3]，因而拉拢吏部尚书许赞，形成联合阵线，还鼓动言官上疏弹劾翟銮的不法情事[4]，更指使刑科给事中王交等人污蔑翟銮二子有舞弊之事。[5]嘉靖皇帝大为震怒，斥责主考官："二子纵有轼、辙才，岂可分明并用。"[6]翟銮及其二子获重罪，被夺官秩，其他与嘉靖二十三年会试有关的官员，皆以阿谀翟銮之罪遭到重罚。科场逐渐转为党争的战场，挑选考官人选之事，往往也隐含不同政治力量的较量。

翟銮被罢免后，严嵩如愿成为内阁首辅。[7]时隔不久，严嵩奏请再择人入阁，不愿像夏言一样有独相之嫌，并推荐吏部尚书许赞和礼部尚书张璧入阁。嘉靖皇帝欣然允诺，让熊

1　《明世宗实录》卷263，嘉靖二十一年六月辛巳，第1页a—2页a。

2　《明世宗实录》卷267，嘉靖二十一年十月庚寅，第4页b。

3　《明世宗实录》卷275，嘉靖二十二年六月壬寅，第6页b—10页a。

4　王世贞：《嘉靖以来内阁首辅传》卷4《严嵩》，第239页。

5　焦竑：《玉堂丛语》卷8《纰漏》，第285页；《明世宗实录》卷289，嘉靖二十三年八月庚寅，第4页a—4页b；沈德符：《万历野获编》卷2《无逸殿》，第49页。

6　《明世宗实录》卷289，嘉靖二十三年八月庚寅，第4页b。

7　《明史》卷308《严嵩传》，第7915页。

浃接任吏部尚书，费寀接任礼部尚书。严嵩推荐许赞入阁的原因，乃酬谢许赞助己斗倒翟銮之功。至于张璧，则因其生性柔和，年迈多病，无力干预严嵩。许赞、张璧入阁后，仅充备员，不但无权参与票拟，也无法入西苑侍值，让许赞忍不住私下抱怨说：何必夺我吏部，让我瞧别人的脸色行事？由此可见，严嵩实与独相无异，朝政大权握于严嵩一人之手。[1]

严嵩能常固君宠的原因，一是善于察言观色，又能不避讥笑，勤撰青词，助赞修玄；二是任劳任怨，在西苑日夜值班，处理众多奏疏，让皇帝高枕无忧；三是厚结锦衣卫都督同知陆炳，互通声气，利用内官打听宫中消息[2]，伺机逢迎，"移帝喜怒，往往不失"；[3]四是善作皇帝耳目，既不抗颜犯上，又不执着礼法，表现出代主受过的姿态；五是利用亲附自己的言官攻击政敌，借嘉靖皇帝之手重惩弹劾自己的言官。[4]

当严嵩成为首辅后，有不少批评严嵩贪赃的弹劾。嘉靖

1　王世贞：《嘉靖以来内阁首辅传》卷4《严嵩》，第239页。

2　何良俊：《四友斋丛说》卷8《史四》，第74页。据何良俊记载："有一顺门上（左顺门）内臣尝语余曰：我辈在顺门上久，见时事几变矣。昔日张先生进朝，我们多要打个号。盖言罗峰（张璁）也。后至夏先生（夏言），我们只平着眼儿看哩。今严先生（严嵩）与我们拱拱手，方始进去。盖屡变屡下矣。"然嘉靖朝御宦官最严，未尝假以事权，首辅会屡变屡下的原因，除与皇帝信任程度与首辅权势高低有关外，也可见嘉靖朝三位首辅对宦官的态度。严嵩厚结宦官也可从贿赂宦官之行径得到印证。王世贞：《嘉靖以来内阁首辅传》卷3《夏言》，第214页。

3　《明史》卷308《严嵩传》，第7917页。

4　魏蕴泽：《明世宗与严嵩》，硕士学位论文，台湾大学历史所，1968年。

皇帝心里有数，虽不问罪，却开始怀念夏言，欲借夏言来分化严嵩的势力，特旨召回夏言，恢复一切职衔。[1]为了避免严嵩不满，又赐严嵩少师荣衔，"以示并重"。[2]根据惯例，夏言重入内阁，必再任首辅，严嵩必须交出票拟权，降为阁僚。[3]夏言复位后，自然不会忘记自己被整下台的屈辱，十分痛恨严嵩，遂独掌票拟之权，架空严嵩，"直陵之，出其上"。[4]朝臣们见到夏言复出，料想夏言又能压制严嵩，因而再聚集到夏言身边，欲除去严嵩及其党羽。夏言集合言官的舆论力量，整治严嵩的私党，将其党羽一一剪除，削弱严嵩之势[5]，又整顿吏治，罢去一些贪官污吏，这无疑是针对严嵩贪赃的毛病，借题发挥，以示警告。严嵩不敢相救，心实恨之，但不敢轻易出手，与夏言公然相抗。

可是，夏言却弄巧成拙，自毁前途。因为遭弹劾的官员里，便有嘉靖皇帝最为信任的陆炳和崔元二人。他们为报一箭之仇，转与严嵩合作，欲除去夏言。此外，夏言也无法得到所有官员的认同，反而出现了许多怨言。夏言一无所知，不知防范，仍傲慢专横，又不愿再迎结皇帝，渐失上宠。不

1　《明世宗实录》卷306，嘉靖二十四年十二月戊申，第3页a。

2　王世贞：《嘉靖以来内阁首辅传》卷3《夏言》，第211页。

3　王世贞：《弇山堂别集》卷7《内阁首臣复居次》，第330页。

4　王世贞：《嘉靖以来内阁首辅传》卷3《夏言》，第212页。

5　王世贞：《嘉靖以来内阁首辅传》卷3《夏言》，第212—213页。

久后，河套议起[1]，夏言思建不世功，便支持陕西总督曾铣
（？—1548），欲收复河套。[2]曾铣和御史们皆极力主战，但陕
西三边的地方官员们却不赞成，以为与蒙古交战，胜负难定，
耗费极大，建议皇帝慎重考虑。此时，蒙古俺答部又开始骚
扰黄河沿岸，陕西也不断传来灾疫，让嘉靖皇帝颇为踟蹰，
只好求神问卜。没想到，扶乩的结果是"主兵火，有边警"[3]，
这使嘉靖皇帝一改初衷，心倾主和，重开廷议。

严嵩与陆炳见帝意动摇，便极言河套不可以武力复之，
批评夏言擅权自用[4]，又指使宦官污蔑夏言，捏造夏言致仕离京
时曾私谤皇帝，颇多怨言，企图挑起嘉靖皇帝的猜疑。同时，
严嵩还勾结与曾铣有仇的甘肃总兵仇鸾（1506—1552）一起
诬陷夏言，谎称夏言由苏纲（夏言继妻之父）从中牵线，私下
收贿，于是帮曾铣掩盖边事失利之事。嘉靖皇帝大怒，命夏
言致仕。不久后，嘉靖皇帝便以交结近侍罪，诛杀曾铣[5]，嘉靖

1　河套指内蒙古和宁夏境内的贺兰山以东、狼山和大青山南及黄河沿岸的地
　　区。河套地利肥饶，外患觊觎。天顺六年时，蒙古部落曾率众侵入，成为
　　陕西、山西的一大威胁。朝廷屡次派兵进军河套，驱逐瓦剌各部，多徒劳
　　无功。嘉靖初年，边境为患，至嘉靖二十五年，占据河套的蒙古各部又进
　　犯延安府，故总督陕西三边的兵部侍郎曾铣上疏请复河套。谷应泰：《明
　　史纪事本末》卷58《议复河套》，第617—625页。

2　《明史》卷196《夏言传》，第5197页。

3　《明世宗实录》卷332，嘉靖二十七年正月己卯，第1页a。

4　《明世宗实录》卷332，嘉靖二十七年正月癸未，第2页a。

5　《明世宗实录》卷334，嘉靖二十七年三月癸巳，第4页b—5页b。

二十七年十月，夏言被斩于西市。严嵩登上首辅之位，恩宠不衰，直到嘉靖四十一年遭御史邹应龙劾去为止。

（五）首辅的身份

长达二十四年的"大礼议"，让嘉靖朝的人事关系无不与"大礼"有所关联。长期议礼的礼意争论，带来多次的权力升降，党派之分俨然成形。党派立基于人际关系，党派之争即各种势力冲突的现象，现象是一种制度的产物，制度建构的人际关系将决定党争的性质与程度。

明代中叶党争的出现，正是源于内阁制的扩张，造成朝廷人事矛盾的激化。而且明代内阁的结构性因素，使首辅徒有宰相之实，却无宰相之名，也无法建立首辅、次辅的权责之分，导致嘉靖朝内阁倾轧剧烈，徒为皇帝利用。从嘉靖朝四位内阁首辅的权力交替来看，嘉靖皇帝为了处理"大礼议"引发的君臣冲突，赋予首辅很大权力，使其充当朝廷里的缓冲机制，或作为压制异论之用。但嘉靖皇帝猜忌多疑，无法容忍专权擅用者，即便是耿介如廷和，忠诚如张璁，刚强如夏言，阴柔如严嵩，一旦犯其忌讳，也必以"分而治之"的权术挑起官僚体系的内部矛盾，让阁臣互相牵制。内阁首辅不得不依赖皇帝威势，无法成为官僚体系的代表者，也难以转化为真正之宰相。当阁臣间的冲突日益激烈时，很可能寻求朝臣支持或私下牵扯，壮大己方的声势，结党之风遂盛。

达成合理的政治秩序最为重要的条件，乃职位、职权、职责三者分明。居其位者，必有其权；有其权者，必负其责。反之亦然，负其责者，必有其权；有其权者，必居其位。若有丝毫偏失，将破坏权力的平衡，也会使人事的安排极不稳定。

明太祖废中书省，代表宰相制废除，中央政制为之一变，六部尚书是官僚体系的最高长官。内阁大学士本是皇帝处理政事的私人顾问，秩位不高，仅正五品，却有票拟诏书之权，得出纳王命、审查奏章、决定政策。积时既久，渐成皇帝与众臣沟通的枢纽，同时分侵六部尚书的议事权，六部仅负行政责任。然而，首辅之秩位甚卑，必须兼尚书衔，方能提升威望[1]，从来不是真正的宰相。一旦内阁与六部发生争执，六部可站在法理的角度，批评首辅越级揽权，是为权臣，无大臣之体。首辅的执政地位，难获朝野一致的承认。[2]首辅的职位与职权既不相符，职权与职责又无直接关系，却成为政事的总枢纽。这种不合理的制度，实难得到合理的结果。

首辅的身份为何？"公仆意识"将帮助我们了解明代内阁大学士实有双重身份，即首辅陷入公私两难的制度性陷阱。从上述四案可知，嘉靖朝四大首辅的权力交替，皆与"大礼议"有关。就帝国政治体系来说，首辅身份是官员，同样受到官僚体系的影响，却比起其他官员有更多机会影响皇帝意志，

---

1 《明史》卷72《职官志一》，第1734页。

2 钱穆：《明代政治得失》，收入韩复智编《中国史论集（下册）》，台北编译馆，1989年，第1757页。

照理说是领导官僚体系的最佳人选。再依职权来看，首辅的身份是皇帝的私人秘书，权力是否稳固取决于皇帝的信任程度，从某种程度上来说，首辅又是皇帝最为亲近的私臣。可以说，首辅既背负着某种道德期许，又不得不依赖皇帝，一旦面临君主私欲和国家公义相冲突时，首辅怎么抉择？值得注意的是，态度决定一个人做事的方法，位置决定一个人对待事物的态度，当位置不同时，对待事物的态度也有所差异。除杨廷和外，当张璁、夏言及严嵩三人的身份，从皇帝宠臣转变为首辅时，皆面临内阁制度隐含的结构性矛盾：首辅的身份为何？是君主私臣，还是国家公仆？

单从道德的角度去解释首辅疲软的现象，并不能获得全面的解释，仍须回到现实制度来谈。从明前期的政治生态来看，可知明朝的政治体制没有宰相负责协调意见时，极易产生舆论群起、天子莫知所从的状况，皇帝欲压制言路，常使用特别手段，禁绝士人私下议论政务，士人的议事空间逐渐萎缩，处于信任危机之中。可以说，明代士人的政治失节并非一日之寒，真正有能力者不得不选择冷漠或委婉的态度，保全己身，没有能力者自然人云亦云，随波逐流。后设的内阁，虽能协助皇帝处理繁重的政务，却无法发挥统合意见、缓和冲突及规划政务等功能。又因内阁职权不明，产生阁部相争的局面，更因首辅制的建立，阁臣之间互相倾轧、政争不断。

嘉靖朝的内阁首辅权力扩张后，"朝位班次俱列六部之上"。[1]实际上，皇帝通过内阁首辅，得以将自己的意志伸入官僚体系的科层关系，直接干涉吏部考察官员的运作程序，提高行政效率，让皇权具体化，不再被文书系统或官官相护的习惯所架空。又利用钦赐银章、密疏上奏的办法，让内阁大学士不受常规化的文书系统限制，可以充当皇帝的耳目，向皇帝传达讯息，代为监视整个官僚体系的运作。并利用科道互纠，以考察之名，行剪除之实，大量汰换不合己意者，降低官僚体系内部互结朋党的可能性。为了防范内阁势力过大，嘉靖皇帝采取"分而治之"，让首辅与官僚体系时有冲突，削弱首辅成为官僚体系领导者的可能性，皇帝成为整个官僚体系的核心。同时整顿翰林院，切断翰林院与内阁的关系，翰林院诸学士的人事权收归吏部，不再由内阁把持。

首辅专擅的表征，不一定是首辅把持朝政、权欲过大。或许可以说，处于公私两难的首辅，一旦倾向官僚体系的集体意见，抗颜犯上，不遵照帝意行事，势必引发皇帝猜疑。首辅须在皇帝与官僚体系之间做出抉择，要么与皇帝决裂，要么屈从，无法与官僚体系建立起公开又和谐的联系管道，难以正式过渡成真宰相，其身份仍具有双重性质，甚至会矮化为皇帝私臣，如严嵩一般，摇摆不定，多从帝意，逢君之恶，始能稳固权位，独善己身。

1　《明史》卷72《职官志一》，第1734页。

四、从道不从君：言官的道德危机

过去史家大多注意到明代士人难以发挥"澄清天下之志"的事实，却较少注意到士人群体的行动方式，也忽视了官僚体系对士人的影响。观察任一政治现象的人们大多同意：决定政治行动与否，鲜少取决于西方行动理论的理性原则，而是广义的道德因素，尤其对中国传统政治文化而言，更是贴切。综观史册上的忠臣义士，他们决定劝谏君主时，似乎很少考虑现实的利益。事实上，言官上疏的动机往往是出于对时局的不满，也可能出于对未来的期待。换言之，言官劝谏皇帝大多受到道德意识形态的影响，或基于公众之评议，不完全出于自利性的考虑。

当君臣间的冲突日盛，信任危机越来越大时，士人的无力感越来越强烈，因此道德问题对他们的影响也越来越明显。不过，未必每个言官都是抱有崇高道德感的理想主义者，明代言官的构成十分复杂，其锋芒所指往往因人、因事、因时而异，只不过代表儒家道统的"道德"是士人群体互相声援的身份标签，形成了各个群体内部的共通处，构成明代言路积极的内在条件。据前人研究，言路"渐多以意气用事"[1]的原因有很多，除了政治日益腐败、宦官渐握权柄及维护儒家道统之外，是否有其他原因？本节尝试从制度层面出发，重新思

---

1 赵翼：《廿二史札记》卷35《明言路习气先后不同》，第801页。

考明代言路习气先后不同的问题，着重监察制度的权责及其限制，观察言官在"大礼议"所扮演的角色，并讨论言官的主张究竟对嘉靖朝有何意义。

明初的监察系统，本是六科给事中（1364年设）与御史台（1367年设）[1]，从一品左右御史大夫为御史台的最高长官，给事中则无特定长官。自胡惟庸案后，太祖以御史大夫陈宁串联胡惟庸为由，先罢御史大夫，再废御史台，后另创都察院，以正二品的左右都御史为最高长官（洪武十七年），统辖各道御史；又扩大六科的编制，不隶属任何单位，直接向皇帝负责。明朝监察制度遂有重大改变，分为二途，各道御史和六科给事中合称"科道"，为体制内的监察系统，锦衣卫和东厂则是体制外的监察系统，亦由皇帝直辖。暂不论锦衣卫与东厂的建置、发展及影响，明代的监察制度相较于前代，确有特殊之处。

据张治安的研究，要点有三。[2]一是组织的扩大。都察院系一百四十余人。[3]南北六科给事中员额，六十人左右。[4]换言之，明代监察机关的人数，约有两百人，为历代监察官数

1　《明太祖实录》卷26，吴元年冬十月壬子，第2页a—2页b。

2　张治安：《明代监察制度研究》，台湾五南图书出版股份有限公司，2000年。

3　《明史》卷73《职官志二》，第1767—1780页。

4　《明史》卷74《职官志三》，第1805—1807页。

量之冠。[1]二是职权的扩张。给事中位卑权重，其升迁较他官为快，所谓秩卑而权重，禄薄而赏厚。举凡前代言官之职权，六科给事中皆可行使，更扩大其范围，除监察六部、驳正违误外，还能建议朝政，拾遗考察，驳正奏疏，纠劾贤佞，注销文书，参与廷议、廷推及大狱廷鞫。[2]凡君主有失，给事中得封还执奏，否决皇帝意志。都御史及十三道监察御史则专纠内外百司施政，监督各道府州县官得失、军民利病、钱粮漕运及风俗文教等大小事项，职权之广、察事之多，历代均不能望其项背。三是性质的转变。明代监察制度最为人诟病处，即废除门下省，不设谏议大夫。六科给事中独掌封驳权，又可行弹劾权，职权合并，权力甚大。[3]

明代监察制度虽有权力制约之意，但设计再好的制度，都可能毁于君主无法自制的独断。[4]六科给事中本有规谏君主的封驳权，但在皇帝的打压下，似乎更偏重纠举百官的弹

---

1 张治安：《宦官权势之发展及其与内阁之关系》，第222页。据张治安先生在该文第26脚注，可知西汉御史人数约四十五人，东汉约二十人，魏晋及隋约二十人，唐代的御史台三十人左右，宋代十人左右。宋代的台谏制度与明代相仿，关于宋代台谏机构的建制及职能，可见虞云国：《宋代台谏制度研究》，上海社会科学院出版社，2001年，第21—40页。值得注意的是，明太祖废去门下省，得以直辖监察系统，张治安：《六科》，收入氏著《明代政治制度研究》，第258—263页。

2 张治安：《六科》，第269—304页。

3 《明史》卷74《职官志三》，第1805页。

4 Charles O. Hucker, *The Censorial System of Ming China*, pp. 30–57.

劾权,逐渐偏离了谏议君主的原意,反倒对官员的监察网络越来越周密,考核也越来越严苛。曾是东林党人的孙承泽(1592—1676)批评明代监察制度的缺憾:

> 昔言官、察官,截然二项,如宋时亦尚如此。监察御史初亦言事,后惟察事。至谏院左右谏议大夫、左右司谏、左右正言,此专为拾遗补阙之官,凡奏疏涉弹击,上即戒谕而不纳,故观唐宋言官奏疏绰有可观,后世有纠劾而鲜规正,盖以言官、察官浑之为一也。[1]

因此历代监察制度的功能是否能落实,多半与君臣两方面的政治理念、政治生态的优劣,乃至对政治文化的认知程度有关。

中国传统政治文化只谈道德,讳私讳党,生怕引起君上猜忌,惨遭诛杀。"朋党"向与"小人""奸佞"等画上等号,被统治者视为洪水猛兽,也是不能公开表示的非法团体,更是帝国灭亡的罪恶之源。事实上,"党"一直存在于政治体制之中,无论古今,无关形式。"党"不是指现在的政党,指的是因政见相似,或因血缘、地缘、师承、学派等关系形成的私人群体。然而,正因"党"不能公开,只能隐藏于体制内。一旦权力原则遭到破坏,官员无所适从,就有结党自保的倾

---

[1] 孙承泽:《春明梦余录》卷25,第2页a。

向。当官员各自分派、互有倾轧时，为求己方之胜利，必攻讦他方为私党，他方又反唇相讥，遂堕入恶性循环，国家大事置之不顾，资源终耗于口舌之间，直到国家衰亡为止。

宋儒欧阳修在《朋党论》中提出"君子有党"的论点："小人无朋，其暂为朋者，伪也；君子则不然，所守者道义，所行者忠信，所惜者名节……此君子之朋也。"[1] 辩解君子小人结党目的不同，影响自迥异。欧阳修的说法，或能解释明中叶党争渐趋激烈的现象。万历年间，东林党人自命为君子，斥政敌为小人，大力排斥异己。不被东林接受者，只好另结他党，互相攻之。[2]

明朝严禁官员结党，如《大明会典》就清楚说明"若在朝官员，交结朋党、紊乱朝政者皆斩，妻子为奴，财产入官"[3]，刑责不可说不重。但讽刺的是，正因党争激烈，明朝的文武官员都忙着分门别户，无暇处理民变，也无力对抗满洲，最后竟亡国，为后世笑。美国学者贺凯指出明朝的抡才方式易流于私人化。尤其是廷推制度无法拔擢真正的人才，只会使官僚体系的运作更加僵化，门户积习日渐稳固，而明代末期

1　欧阳修：《欧阳修全集》居士集卷17《朋党论》，第124—125页。

2　谢国桢：《明清之际党社运动考》，上海书店出版社，2004年，第10—11、37—43页；王天有：《晚明东林党议》，上海古籍出版社，1991年。

3　《大明会典》卷160《律例三·奸党》，第14页a—14页b。

的结党营私之风，全由制度之弊而起。[1]

士人为何重要？明朝的行政权力只能到达县级单位，无力维持县以下的运作。[2]各地士人经由科举考试成为士绅，或负责地方事务，稳定社会秩序，或担任官职，成为君民之间的桥梁，协助朝廷了解各地方社会的需求。可以说，士人的最大作用，正是把国家无力管辖的基层社会纳入合理的礼秩体系之内，成为上层政治与下层社会的纽带，并将天下人之需求形成公论，告诸朝廷，使天下事非一家私议。[3]然而，当国家与社会不再受到礼法束缚，倾向自私自利时，君与臣、

1　Charles O. Hucker, *The Censorial System of Ming China*, pp. 178-204. 贺凯指出，洪武年间已行的荐举办法，易开门户之渐，明太祖早感其弊端，却未能革除。对此，清代学者赵翼亦有批评，指出荐举制度易生门户之见。赵翼：《廿二史札记》卷33《大臣荐举》，第763页。

2　Ho Ping-ti（何炳棣）, *The Ladder of Success in Imperial China: Aspects of Social Mobility, 1368-1911*. 明中叶地方士绅的地位日趋重要，至清中叶已成拥有特殊地位的社会集团，拥有公认的政治、经济和社会特权。张仲礼著，李荣昌译：《中国绅士——关于其在十九世纪中国社会中作用的研究》，上海社会科学院出版社，1998年。

3　葛荃：《立命与忠诚：士人政治精神的典型分析》，浙江人民出版社，2000年，第45—46页。

臣与臣及人与人之间的关系，往往陷入冲突的处境。[1]如何克服私权化带来的困境，保证国家机关与社会发展的协调性，这也是宋儒朱熹撰书立论的目标。

中国传统政治文化屡教导士人不得结党营私，期许士人"为王者师"，要求道德自律，抱有"先天下之忧而忧，后天下之乐而乐"的信念。朱熹更呼吁士人应修身养性，破除心中欲念，维护天理的公义性质。然而，道德没有标准，也无一套有效的制度，判定个人道德优劣，全赖士人自律，故宋明理学家苦心提倡"存天理，去人欲"。[2]后又有王阳明倡言"至善无恶者心之体也，有善有恶者意之动也，知善知恶者良知也，为善去恶者格物也"[3]，规劝士人必须去除不正当的私欲，以国家社稷为重。宋明理学家的大声疾呼，也正说明了私欲难灭、良知难明乃是常态，士人沉沦也非一朝一夕，宋明两代大儒不得不著书立作，倡导遵守礼法，回归廉洁耿直的标准。

1　王临亨撰，凌毅点校：《粤剑编》卷2《志时事》，中华书局，1987年，第71页。"近闻当道者行部，过一村落，见有设公座，陈刑具，俨然南面而抽税者。问为何如人，则生员之父也。"赵翼：《廿二史札记》卷34《明乡官虐民之害》，第783—785页。"前明一代风气，不特地方有司，私派横征，民不堪命。而缙绅居乡者，亦多倚势恃强，视细民为弱肉，上下相护，民无所控诉也。"由此可见，明代士绅逐渐失去为乡民谋福利的社会理想，不肖者甚至与权贵、豪强、宦官共谋，危害乡间。

2　黎靖德编，王星贤点校：《朱子语类》卷117《训门人五》，中华书局，1985年，第2823页。

3　黄宗羲著，沈芝盈点校：《明儒学案》卷13《浙中王门学案二》，中华书局，1985年，第238页。

　　嘉靖朝言路的转折点，应为嘉靖三年的左顺门事件。前文提及，杨廷和致仕后，嘉靖皇帝明显倾向"人情论"，这使言官们视张璁等人为奸佞，十分怨恨，想尽办法欲劾去。例如，御史刘谦亨（正德十二年进士）弹劾张璁、桂萼等人不可超升翰林学士，破坏祖宗成法。随即，吏部尚书乔宇、吏部给事中李学曾等二十九人及河南道监察御史吉棠等四十五人联名上疏，皆表示不愿接纳张璁等人[1]，请求皇帝收回命令。御史段续、陈相又极论张璁等人之罪状，请正典刑。嘉靖皇帝不听，切责联名者，还逮捕段、陈二人，严刑拷打。言官们见事不可为，聚众哭谏，是为左顺门事件。[2]自左顺门事件后，嘉靖皇帝深恶言官，以诽谤君上之名，钳制言路，屡屡杖打、贬谪及杀戮言官，不合己意者皆久锢牢狱，"以杖戍未足遏其言，乃长系以困之，如沈束在狱凡十八年"。[3]

　　嘉靖皇帝厌恶言官的理由，固然在于言官们在"大礼议"中的不合作态度，更重要的原因是，皇帝若太过听从言官的意见，将无形中削弱皇权，削弱对官僚体系的控制力。为了维护皇权的威势，嘉靖皇帝不断地诉诸武力，以积极的考核，或消极的抵制（奏疏留中）等方式，阻止言官的劝谏，并借由《明伦大典》和各种礼意的讨论，将"大礼"和左顺门事件正当

1　《明世宗实录》卷40，嘉靖三年六月丙午，第5页a。

2　谷应泰：《明史纪事本末》卷50《大礼议》，第508—523页。

3　赵翼：《廿二史札记》卷35《明言路习气先后不同》，第802页。

化。同时，嘉靖皇帝也不吝赠予高官厚禄，试图动摇言官的意志，从内部分化言官，使他们放弃"王者师"的理念，屈服于皇权之下。

张璁、桂萼进入内阁后，自然遭到言官大肆批评，不受言官乐见。为破除施政窒碍的局面，张璁请求嘉靖皇帝起用汪鋐，担任总管都察院的右都御史，借着考核十三道监察御史绩效的机会，控制御史的考核，降低言事的频率，汰换那些阻碍张璁的御史们。[1]又推行一系列钳制言路的政策[2]，尤其是科道互纠法，暗中转移吏部、都察院的考察权，让给事中与御史互相监视，分化科道之力，使皇权更不受拘束[3]，有效阻止"科道官陈奏大段多私"的情况。[4]并援引正统四年（1439）及成化三年（1467）八月颁布的《宪纲条例》，禁止御史风闻言事，重振纲纪，要求科道安分，不可"内则奴隶公卿，外则草芥司属"[5]，强化对官僚体系的控制，力破朋党[6]，却使内阁和言官逐渐对立，几成互劾之势。[7]

在皇帝与首辅施予的巨大压力下，言官内部产生分裂，

1　沈德符：《万历野获编》卷21《佞人涕泣》，第549页。

2　沈德符：《万历野获编》卷11《科道俸满外转》，第292页。

3　沈德符：《万历野获编》补遗卷3《科道互纠》，第883—884页。

4　《明世宗实录》卷177，嘉靖十四年七月己卯，第4页a。

5　《明世宗实录》卷80，嘉靖六年九月壬午，第4页a。

6　《明史》卷206《马录传》，第5429页。

7　赵翼：《廿二史札记》卷35《明言路习气先后不同》，第801页。

无法永续理念，要求皇权回归公义。有人安于现实，只求自保；有人屈于权势，欲满足个人的权力欲，遂依附权贵，成其羽翼，谋求升迁的机会；有人坚持言官的职责，以敢言求誉，维持"治天下"的热忱。但这些人对如何"治天下"的看法又不一致，形成众多小群体，让朝廷的人事争斗更加激烈。[1]

例如，给事中储良材依附桂萼，遭吏部考察罢去，储良材抨击吏部左侍郎何孟春及右副都御史刘文庄皆廷和余党，竟借考察之权行报复之实。何孟春等人则反诘储良才私德有玷，理当罢去，考察为国家大政，自不会因私废公。嘉靖皇帝不听，借机整肃吏部与都察院，调任支持"人情论"的胡世宁为左都御史，再命张璁署都察院事，掌握都察院的考察权，最后共罢去二十余位言官，台署一空。自后"吏部考察之法，徒为具文，而人皆不自顾惜"，"举劾惟贿是视，而人皆贪墨以奉上司，于是吏治日偷"。[2]在统治者与言官来回攻守之下，明中叶的政治生态日益严峻，演为徒逞意气、党同伐异的情势，党争日趋激烈，终让帝国资源内耗殆尽，遭受国亡家破之痛。

明代士人结党的原因，不只是道德问题，乃出于整个政治制度的矛盾。正因太祖订立的旧政制已无法再应付现实需求，帝国需要新的政制，因而扩大首辅力量。可是，首辅权力的扩大，却造成阁部相争、内阁倾轧的局面，也让体制内

1　沈德符：《万历野获编》卷21《士人无赖》，第541—542页。
2　赵翼：《廿二史札记》卷33《明初吏治》，第755页。

的人际关系更加复杂，相互纠结，种下党争的种子。在实际政治运作过程中，嘉靖皇帝为扩张皇权，钳制言官，打压道统理念，又曲解古礼，剥夺士人的话语权[1]，试图减轻舆论压力，却让士人不再相信官方意识形态，产生信仰危机，进谏皇帝之举不具有"道统"的制衡性与强制性，仅作为君主政治的某种调节方法。[2]献皇帝称宗祔庙之事，更破坏了身份原则，动摇了中国传统政治文化的基础——名分礼秩，整个政治文化依恃的思想资源逐渐消耗，礼法败坏，纲纪不再具有绝对权威的地位。

再回到铨选制度上来看，张璁等人跃居高位后，实施三途并用法，改善举人和监生备受歧视的状况[3]，以及南京六部官

1　蒙文通：《儒家政治思想之发展》，收入氏著《古学甄微》，巴蜀书社，1987年，第179页。据蒙文通先生研究，汉儒依据经典，将王道政治演绎为系统的社会改造理论，"明堂"之说，着重朝廷的用人规范，强烈呼吁君王应落实士大夫政治，与士人共治天下。

2　黄进兴：《道统与治统之间：从明嘉靖九年（1530）孔庙改制谈起》，第917—941页。

3　顾炎武：《日知录》卷17《进士得人》，台湾文史哲出版社，1984年，第494页。"闻有一二举贡，受知于上，拔为卿贰大僚，则必尽力攻之，使至于得罪谴逐，且杀之而后已。于是不由进士出身之人，遂不得不投门户以自庇，资格与朋党二者，牢不可破，而国事大坏矣。"黄开华：《晚明科举与士风颓败之探讨》，收入氏著《明史论集》，第587—637页。

员进入中央朝廷[1]等情形，这无疑是破坏了明朝实行已久的习惯法，必须重新分配官员在权力上的比重，也让官僚体系的人际关系比以前更为复杂。尤其是官员们为了能从壅塞的仕途中脱颖而出[2]，不得不投靠门户、附和权贵，"一登仕官之途，即存侥幸之念，谄谀贿赂，无所不为。遇一官缺，必有数人竞争，于是京师有讲抢攘之谣，而廉耻扫地矣"。[3]

仕途壅塞的背后，往往伴随着贪墨之风盛行。嘉靖朝贪墨之风渐盛的原因，或可从首辅贪污的情况来解释。从嘉靖朝的历任首辅来看，除张璁犹能自持、清廉执政外，其他人多有收受贿赂之事。[4]手握重权的首辅若热衷财货，举朝官员很难不去花钱巴结，形成一股贪渎风气。顾炎武便曾讽刺说："彼都人士，为人说一事置一物，未有不索其酬者。百官有司受朝廷一职事一差遣，未有不计其获者。自府吏胥徒，上而

1　黄开华：《明政制上并设南京部院之特色》，第1—52页。"大礼议"给了南京六部官员往中央前进的契机，如张璁、桂萼、严嵩、赵文华等人皆是以南京六部官员而获取高位。至于"大礼议"中失势的官员，也多被贬谪到南京任职，这直接切断了他们在朝廷里串联的力量，间接消除了他们在官场的影响力。

2　王琼：《双溪杂记》，第6页。"历年开贡开科，加以纳银纳粟事例，监生积累至数万余人。考勤后一年余，仍留在部，及放回听选，必十四五年方得挨次取选。往往衰颓迟暮之人，方入仕途，是以吏治不精，民不得所。"

3　余继登：《典故纪闻》卷17，第312页。

4　王世贞：《嘉靖以来内阁首辅传》卷3《夏言》，第210—211页；凌扬藻：《蠡勺编》卷17，收入《丛书集成初编》第225册。

至于公卿大夫，真可谓之同心同德者矣。"[1]

在政治上，士人既无法逃脱皇权的控制，也不能摆脱官方意识形态的压迫，只好转向社会发展，另寻一条实现儒家理念的道路，期待"觉民行道"，改造民众，创造新形态的知识群体，和士人共同成为道统的承担者。如王阳明独创心学，提倡"致良知"，等于开放"理"的意识形态，不再让士人垄断儒家经典话语权，让人人都能拥有一条认识"天理"的专属路径。[2]可是，王阳明及其门人呼唤民众觉醒个体意识，使官方意识形态（官方朱子学，即通过明朝有意剪裁的程朱学说，如八股取士时所用的经注范本）出现缺口，也使名分礼秩的约束力不再有效，出现社会失序的状况。[3]可以说，鼓舞民众发展个体意识，正是阳明学得以迅速扩展的原因之一，也是它被朝廷打压成伪学的主要原因。社会失序的情况，更加深了礼法崩解的危机，士人群体又因皇权强大、丧失"为王者师"的理念，道德与行为失范，不愿同流合污者，宁愿被视为异端（如李贽），公然脱离官方意识形态，也不愿再入仕途，随波逐流。士人对政治的疏离，意味着明朝用来连接中央与地方的纽带（士人）断裂，控制地方的能力越来越弱。

1　顾炎武：《日知录》卷16《河渠》，第367页。

2　沟口雄三著，陈耀文译：《中国前近代思想之曲折与展开》，第26—31页；余英时：《宋明理学与政治文化》，第316—319、330—332页。

3　郑德熙：《明嘉靖年间朱子学派批判王学思想研究》，博士学位论文，台湾中国文化大学史学研究所，1990年。

　　总的来说，首辅权力的扩张，虽暂时提高官僚体系的行政效率，强化了朝廷对士人的控制，但内阁僭于六部之上的变革，打破朝廷原有的权力结构，却又没有同时建立新的权力分配原则，造成了政争不断的现象，"阁体既尊，而权亦渐重，于是阁部相持，凡廷推考察，各骋意见，以营其私，而党局分焉。科道庶僚，乘其间隙，参奏纷拿"。[1] 此外，随着首辅权势扩大，言官内部分化，有些人选择与首辅结交，有些人与首辅为敌，投入其他阁臣门下，欲劾去之。伍袁萃（万历八年进士）就批评徐阶结交言官、暗操舆论，是为权奸：

　　　　华亭 [徐阶] 在政府久，富于分宜 [严嵩]，有田二十四万。子弟家奴暴横闾里，一方病之，如坐水火。中丞海公 [海瑞]，行部至云间，投牒诉冤者日以千计。公檄兵宪蔡公治之，二公皆持正执法，请托不行。有给事戴凤翔者，服阕北上，华亭投三万金嗾之论去海公；会江陵 [张居正] 当国，华亭门生也，嗾给事陈三谟论去蔡公。二公去而水火之民既出而复内之矣。此一事也，见方正之难容焉，见法纪之渐灭焉，见家居之罢相能逐朝廷之风宪焉，见琐闼之言官甘为私门之鹰犬焉。呜呼！

权奸之可畏也，如是哉！[1]

明代言官的外强中干，反映了皇权的扩大，却也印证了皇帝必须先妥善处理言官的舆论倾向，保持人事的稳定。嘉靖皇帝早就从"大礼议"的风波中学会了应对臣下倾轧的技巧，更善于利用言官达成自己的目的。每当嘉靖皇帝欲罢免首辅时，必先授意言官交章论劾，施政错误转由首辅承担，保持了圣明天子的威势。

然而，当首辅失宠时，久受压抑的言路随即反扑，攻击首辅。六部部臣也会附和言官，暗中支持。首辅只能依靠皇帝出面，平息舆论，或指使另一批附己的言官，代为辩驳，否则就得上疏乞休，告老归乡。皇帝是否愿意代为平息，端视皇帝与首辅之间的君臣关系。若双方的信任基础稳固，皇帝便保全首辅，严惩攻击首辅的言官，但这容易造成政局紧张；反之，若双方猜忌不已，皇帝乐见言官攻击首辅，好安排亲信入阁。

明代最有权势的首辅张居正，专政十年，"操下如束湿，异己者辄斥去之，科道皆望风而靡"，"并为之建醮祈祷，此

1　伍袁萃：《林居漫录》卷1，收入《续修四库全书》子部第1172册，上海古籍出版社，1997年，据南京图书馆藏万历刻本影印，第2页a—2页b。伍袁萃撰，贺灿然评正：《漫录评正》卷1，收入《北京图书馆古籍珍本丛刊》子部第70册，书目文献出版社，1988年，第1页b—2页a。

言路之一变也"。[1]张居正逝世后，立刻遭到言官的反扑，清算罪状。显然，言官承旨内阁并非心悦诚服，而是慑服于皇帝的权威。万历朝历任首辅尽反张居正施政措施，虽获得万历皇帝的信任，内阁却软弱无力，再也无法钳制言路，言官气焰大张。同时，长期怠政的万历皇帝欲舍长立爱，言官大力反对，与内阁顿成水火之势，朝堂陷入争论不休的困境。言官批评皇帝以一己掩天下，要求舍私从公，维护名分礼秩。[2]首辅不敢反对皇帝意志，便惩处言官，试图让言官闭嘴。但弄巧成拙，这些上谏者"讪君得名"，反而获得名声。言官受此鼓舞，越不受控制，越发攻讦其他官员，部党角立，另成一门户攻击之局。[3]

从万历年间内阁首辅王锡爵（1534—1610）与东林领袖顾宪成（1550—1612）的对话，更能了解当时内阁与言官对峙的僵局：

> 娄江［王锡爵］谓先生［顾宪成］曰："近有怪事知之乎？"先生曰："何也？"曰："内阁所是，外论必以为非；内阁所非，外论必以为是。"先生曰："外间亦有怪事。"娄江曰："何也？"曰："外论所是，内阁必以为非；外论

1　赵翼：《廿二史札记》卷35《明言路习气先后不同》，第802页。

2　小野和子著，李庆、张荣湄译：《明季党社考》，第175—176页。

3　赵翼：《廿二史札记》卷35《明言路习气先后不同》，第802—803页；Charles O. Hucker, *The Censorial System of Ming China*, pp. 180–204.

所非，内阁必以为是。"[1]

由此可知，双方以意气矫激相尚，非出于公心评政论事，党争日渐白热化，政局江河日下，国势自然日益衰微。

小结

嘉靖"大礼议"可说是"献皇帝正名化"运动，历经二十四年的漫长时间（相对于嘉靖皇帝在位四十五年），通过大规模编撰的文化事业（如编撰《明伦大典》《大明会典》《承天大志》等国家政书），以及改定国家礼制、重整权力结构等方式，始让嘉靖皇帝达成献皇帝称宗祔庙的目的。不容忽视的是，官僚体系实有强大力量，否则"献皇帝正名化"无须花费这么长的时间，嘉靖皇帝也无须强行通过献皇帝祔庙的决议。

"大礼议"并不符合儒家名分礼秩的标准，官僚体系如何回应"大礼议"？我们从内阁首辅与言官两种不同政治身份来看他们的政治抉择。照理来说，身为儒家信徒的官员应全体对抗，但内阁首辅却附和皇帝的意志。之所以如此，乃因首辅的身份与权责始终没有明文规定。换言之，首辅难为的原因，乃出于制度上的矛盾，即首辅身份不合法制，首辅的身

1　黄宗羲著，沈芝盈点校：《明儒学案》卷58《东林学案一》，第1377页。

份屡受质疑，六部与言官们又攻击内阁行事不合祖制，无法成为首辅的后盾。面对内外相逼的情况，首辅只能依赖皇帝，博取信任，不敢出言劝阻，最后只能屈服于皇帝意志，难以担任皇帝与官僚体系之间的缓冲。

在皇权的强大压力下，作为制衡皇权的言官，也未能集体抗衡，反而受到分化，附和首辅，作为皇帝的唇舌，攻击其他官员。言官的政治失节，并非全然是道德问题，而是皇帝长时间施予的巨大压力所致。先是左顺门事件让言官受到重挫，再是屡行严格的考核政策破坏原有的习惯法，打乱权力分配的原则，言官们失去顺利升迁的管道，首辅便能利用考核权钳制言路，敢于犯颜抗上、忠言劝谏的言官们越来越少，明初士人那股不忮不求的气节也如明日黄花。

"大礼议"实影响嘉靖朝整体的人际关系、权力结构及政治文化。

一是皇权的正当性来自中国传统政治文化的"天命"思想。"天命"的合理性，取决于皇权必须符合公义性质，不可因私废公。皇权的公义性质，即"正名定分"的名分原则，以"礼"构成国家社会的合理秩序。然而，嘉靖皇帝欲崇敬献皇帝的种种政治行动，既不符合国家礼制，也破坏名分原则，动摇了政治文化体系的基础——名分礼秩。皇帝因私废公，将使士人质疑皇权的公义性质（天命）。皇权趋向私化的结果，是皇帝得以个人意志支配官僚体系，却让政治体制丧失了正当性，帝国礼秩出现混乱。

二是嘉靖皇帝钳制言官，压抑舆论，欲阻止官员结党，却也成了官员之间的争斗工具。随着首辅权势的扩大，其他阁臣及六部官员能得到的资源相对减少，导致内阁倾轧、阁部互诋的情况严重。首辅只能向皇帝求助，请皇帝充当协调者。首辅既然依靠皇帝给予权力，便不得不谄媚求宠，无法坚持"为王者师"的政治理念。阁部大臣为了能驳倒首辅，得到更多权力，只能逢迎皇帝，反而让行政效率降低，言路为之一变，谄媚之风盛行，"诸臣遂凭借宠灵，互相排陷，朝廷之上争哄无已，不啻如骄儿在父母膝前攘夺梨栗，亦可耻也"。[1]

三是太祖严令后世子孙不得再立宰相，政务由六部共同分担，防止皇权遭相权威胁。可是，嘉靖朝内阁首辅通过赞同"大礼"、依附皇帝、疏远朝臣的方式，获得皇帝信任，权力大为扩张，俨如真宰相。首辅独尊的新体制，改变政出六部、权归部臣的权力分配原则，虽强化了皇权的威势，但废相造成的沟通困难并未解决，反而衍生出更多的矛盾，党争从此而生。尤其是首辅身份和权责皆不被官僚体系认同，六部和言官对其不满，冲突更甚，让皇帝与官僚体系之间日渐疏离，君臣关系濒临破裂。

四是贪污之风盛行。嘉靖朝的贪墨现象，与当时的政治生态密切相关。从明中叶江南商业的蓬勃、大家族解体、土

1　徐学谟：《世庙识余录》卷6，第15页a。

地逐渐集中于特定阶级等现象来看[1]，可知江南地区商品经济蓬勃发展，衍生了贫富差距过大的社会问题，也造成社会秩序失调的情况。一旦不再以"礼"作为判别社会身份的标准时，社会秩序将产生某种阶级分化，地方社会遂有了多重身份标准。礼秩失控的社会现象，使士人的价值基准（为王者师）发生动摇，他们不再心系社稷，担当照顾贫苦百姓的责任，反沦为争权夺利之辈。

五是明代铨选制度本有弊病[2]，官僚体系内部隐有优劣高低之分，容易以同年或同乡关系互分派别、互结门户、私下串联。及至首辅夺去吏部的考察权后，改变了原有的升迁惯例，无意间扩大了铨选制度的结构性矛盾，创造朋党的发展条件，门户之见越发稳固，投奔之风日渐滋长，士风为之丕变，不再以清廉耿直为荣。明中叶以降的政治局势，自然每况愈下，难以振作。

1　李文治:《明清时代封建土地关系的松解》，中国社会科学出版社，1993年，第6—37页。李文治认为从明中叶开始至清代前期，由血缘身份的父子长幼关系到品级身份的贵贱尊卑关系都在变化。指出名分礼秩的解体乃是商品货币经济的发展所致。

2　林丽月:《明代的国子监生》，中国学术著作奖助委员会，1978年；林丽月:《明初的察举（一三六八—一三九八）》，收入吴智和编《明史研究专刊》第2期，台湾大立出版社，1979年，第43—63页。

结　论

　　本书从"大礼议"出发，针对嘉靖朝的政治文化体系，分别从嘉靖皇帝的身份问题、尊尊亲亲的礼秩冲突、《明伦大典》的文化影响、政治权力与国家礼制的关系、皇权私化的结果等方面展开论述，因而了解名分礼秩实为中国传统政治文化的基础。

　　就"大礼议"的身份之争来看，由于嘉靖皇帝朱厚熜是皇帝身份，本应是人间秩序的示范者，一旦身份不明，名分混淆，就难表明皇帝的职分，也无从表现"天命"的政权正当性。在尊尊的大义下，皇帝备受礼法限制，无法拥有个人性，因而丧失亲亲的空间。但"人情论"的再诠释，模糊了"统"与"嗣"的界线，亲亲的礼秩地位相对提高，嘉靖皇帝因而得到尊崇父母的权力。

　　"人情论"虽让皇帝的个人性得到舒展，却让皇权得以借"人情"为由，逐步破坏名分原则，使国家礼制失去权威性，因而瓦解了名分礼秩体系。嘉靖皇帝欲重建宗统，获得皇权的正当性基础，不惜编纂《明伦大典》，钳制言路，改易国家礼制，使原有的权力分配原则遭到破坏，并引发明朝政治体制的结构性矛盾。"大礼议"影响之深广，恐怕连嘉靖皇帝自己也始料未及。是故"大礼议"不应只视为政治斗争，或礼学争论，或嘉靖皇帝的一己之事，应回归于政治文化层面来讨论，方能全面解释"大礼议"的影响。

皇权的正当性来自文化认同，让人民产生精神层面的信服，不敢质疑"天命"；皇权的威势则来自军事征服，让人民在现实层面屈服，不敢犯上作乱。换言之，皇帝的权威、权力来源及其影响层面并不相同，皇权的两大根本在武力和礼教，二者互相对抗又互相补充，缺一不可。合理的政权，唯包含"礼"与"兵"，始能长久延续。嘉靖皇帝之所以能获得最后胜利，即在赤裸的武力外，再披上一层礼法的外衣，深谙"礼"与"兵"互用之权术。

一是以兴邸旧人掌控锦衣卫，因而能在左顺门事件镇压伏阙群臣，大举清扫"濮议论"的中坚分子，奠下"人情论"获胜的基础。

二是嘉靖皇帝以《明伦大典》重新解释"大礼议"的始末，建构"人情论"的理论体系，让儒家经典转为官方控制士人的武器，让政治行动具备道德的合理性，也赋予皇权独尊的正当性基础。同时污蔑杨廷和等人，强加罪名，吓阻士人不得多发异论，无形中剥夺了士人的话语解释权，也扼杀了士人"为王者师"的政治理想，使天下之是非皆出于朝廷，而朝廷之是非皆决于皇帝。尤其是"史官曰"的官方立场，让许多撰写嘉靖朝史事的明清史家间接受其影响，从而模糊"大礼议"的批判焦点，《明伦大典》的文化影响实不容小觑。

三是以"恢复古礼"和"恢复祖制"为由，不断地改变国家礼制，先重构统治者与天的关系，再大幅改易国家礼制的文化象征，改变宗庙礼秩，提高献皇帝的政治地位，改易宗统，强化君统，强调嘉靖皇帝受"天命"得位，是上天选择的中兴令主，遂得重塑皇权的正当性。

四是嘉靖皇帝为了避免与臣下直接冲突，委政内阁，又赐予密奏权，内阁权力大张，侵夺六部职权。首辅可以越级干涉言路的动向、廷议的决策及人事的升降，钳制监察系统，使官僚体系不能再非议"大礼"。

长达二十四年的"大礼议"，最后由嘉靖皇帝取得胜利，完成献皇帝称宗祔庙的心愿，终能撇开旧宗统，建立新宗统，达成皇权重塑的目的，建构嘉靖政权的正当性基础。等到嘉靖皇帝重新结合君统与宗统后，皇权的基础——"天命"也由孝宗一脉转移至献皇帝一脉，使其成为上溯太祖，承接宪宗，下启嘉靖一脉之帝系。隆庆以降的明代诸帝面对祧迁睿宗问题时，几经争议，往往无疾而终，不了了之。一旦径行祧迁睿宗，就等于推翻嘉靖一脉作为帝系兼君统宗统的正当性，皇帝将处于名分不正的窘境。对隆庆以后诸帝来说，睿宗祧迁与否，成为不可承受的尴尬问题，无法得到"合礼"的解决之道，直到明朝灭亡为止。

就中国传统政治文化来看，正名（名即身份）始能定分

（分即身份所赋予的职分义务），定分方能止争。"礼"所传达的"正名定分"概念，向来是权力原则的内在规范。换言之，只要名分原则得以落实于国家礼制之中，君、臣、民三方便有一共同遵守的权力规范，政治秩序与社会秩序即能安稳运行。简单来说，"大礼议"即"献皇帝正名化"之政治行动。嘉靖皇帝固然完成了皇权重塑的任务，却破坏了名分原则，动摇了以"礼"为主的政治文化体系，君、臣、民三方不再有合理的行事规范，各行其是，名分礼秩再难发挥功能，是故开启明中叶政治混乱、君臣冲突、社会失序的危机。"大礼议"以亲逾尊的案例，让后人诟病不已。直到清代，还有不少礼学大家各执一词，希望能厘清亲亲与尊尊的礼秩地位，不致偏失，让政治权力和社会文化获得一共同规范，重归名分礼秩体系之中。

当国家与社会的发展倾向以私利为重时，君与臣、臣与臣及人与人的关系往往陷入冲突之中。从动态的政治运作来看，权力结构是各方势力冲突、利益交换，以及分配再平衡的衍生物。而且，权力更迭影响的不止皇帝一人，其范围如同骨牌倾倒，在整个帝国体制内产生广泛的效应。当我们观察嘉靖君臣面临公私冲突时，其政治抉择和行动原则极富有随机性，不能以理性衡量之，全视当时的君臣关系、经典的诠释内容，以及权力分配的状态三方面来决定。由此可知，皇帝、内阁和言官三方势力的消长，确有互相依存又互相冲突的内在联结。

　　嘉靖皇帝整肃官僚体系，皇权看似大为扩张，得以干预官僚体系的运作，其实不然。据第四章的讨论，"大礼议"不但动摇国家礼法的基础（名分礼秩），大为贬损皇帝的文化象征，也破坏了帝国体制内的权力分配原则，让人事关系复杂化，党派分立，体制内又未建立新的分配原则和迁降管道，奔竞之风盛行，士气大衰，已出现明中叶党争激烈、政风腐败的征兆。换句话说，"大礼议"虽得重塑皇权，但却让皇权趋向私化，反而对明朝的政治体制、权力结构及士人操守造成严重的杀伤力。

　　探究皇权私化的原因，必须回到明朝的政治体制来看。自废除中书省后，明朝的权力结构易生矛盾，既没有抗衡皇权的力量，也没有调节君臣冲突的缓冲机制，常让君臣关系趋于紧张。

　　及至"大礼议"发生，君臣关系濒临破裂。嘉靖皇帝为了解决君臣屡生冲突的问题，大为扩张内阁首辅的权力，让首辅充当皇帝与官僚体系间的缓冲机制。可是，事实证明，嘉靖皇帝的意图落空了。失败的原因在于首辅的身份不明，无法褪去皇帝私臣的外衣，因而无法得到官僚体系的普遍认同，既不能坚持政治理念，堵住悠悠之口，也难以充当皇帝与官僚体系之间的缓冲机制。而且，首辅的权势来自皇帝的信任，首辅往往不得不顺从帝意，脱离不了皇权的羁绊，无法挺起腰杆成为官僚体系的领袖，或拥有抗衡皇权的力量。可以说，明朝的政治体制早有结构上的矛盾，让首辅往往陷入进退维

谷的两难处境，首辅既无法过渡成真正的宰相，也无法发挥
调节功能，首辅权力的扩大反而破坏了原有的权力分配，让
体制内的矛盾更加尖锐，构成党争的条件。

自废门下省、创都察院后，明朝的监察体系只能监察官
员，在先天上已是跛足，无法阻止皇帝滥用权力。六科本有
规谏君主的封驳权，虽保有权力制衡的功用，但因皇帝的威
吓削弱了言官劝谏皇帝的意向，抨击的对象指向官僚体系，
互相攻讦的情况越来越激烈。嘉靖三年的左顺门事件，让嘉
靖皇帝深疾言官，屡屡打压言官的气焰，不合帝意者一律杖
打、贬谪及杀戮，群臣为之股栗，莫敢进谏。同时，嘉靖朝
历任首辅为能获得皇帝信任，致力于钳制言路，又兼掌吏部
考察权，从内部去分化言官，甘为己用者，皆能仕途顺遂，
不为己用者，一律外调他处，因而让朝廷的人事关系恶化。
代表道统的言官在内阁强力的钳制下，逐渐放弃"为王者师"
的政治理念，甘愿屈服皇权之下，士气大衰，以求自保。

由此可知，不管是内阁制度，还是监察制度，都没有制
衡皇权的力量，唯一能规范皇帝的，即国家礼法。一旦皇帝
无视名分原则，随意逞其个人意志，甚至凌驾于礼法之上，
暗地操纵国家礼制时，皇帝制度的"公义"性质将随之消失，
皇权势必挣脱礼法的束缚，开启皇权私化的趋势。

皇权私化的倾向，将使国家礼法的正当性备受考验。皇
权私化的结果，让皇帝的个人性大增，得以独裁手段来满足
其欲望，不再受礼法束缚，群臣只能消极默许，以免惹祸上

身。权力私化的倾向，当然不限于皇帝一人，而是蔓延至整个官僚体系。当皇帝或内阁首辅有权力私化的倾向时，官僚体系用来分配权力的习惯法则将被破坏，帝国体制内的权力平衡面临崩溃的危机，政治生态就会出现各种权力之争。某些官员为求自保，便拉拢亲附自己的人组成一个个的小群体，私下结党，扩大力量，以谋求最大的利益。一次次的权力冲突衍生出党争，政治秩序势必随之败坏，造成人事倾轧与吏治腐败的现象。

皇帝直视天下为私产的态度，使君臣双方的政治理念渐行渐远，君臣关系趋向疏离。尤其当君臣意见不合时，又没有沟通机制进行内部协调，君臣冲突只会更加激烈，以致皇帝不再信任官僚体系，只能倚重宦官或自己的宠臣进行统治，人事倾轧日甚。随着君臣冲突越来越尖锐，宦官或宠臣越容易获得皇帝信任，便代替官僚体系，充当皇帝的左右手，甚至介入整个官僚体系的运作，让皇权私化的倾向越来越严重，资源分配也越来越不平均，因而成为党争之渊薮。

总之，明朝的政治文化体系早在嘉靖朝时就已出现崩解危机。"大礼议"破坏了名分原则，让国家礼法逐渐失去正当性效力，君臣之间的冲突也无法回归制度层面得到有效解决，反而更加恶化。可以说，名分礼秩的瓦解，让原本存在于体制内的结构性矛盾无法协调，形成党争不断的政治生态。党争一起，帝国的政治资源将内耗于无意义的意气之争，再也无法从体制内改革，让明朝越发陷入权力私化的旋涡之中，也让政治和社会秩序再难回归到合理的礼秩体系之内。最后，整个国家将走向内部崩解或外部叛乱之路。

不过，"大礼议"涉及的问题非常复杂，仍有一些无法处理的问题，有待日后再予讨论。例如，嘉靖朝的政治生态有没有受江南社会风气的影响？如果有，那又以何种形式影响之？若撇开政治因素不谈，光从议礼双方的社会背景来看，议礼双方都生长于明朝经济繁荣之地，为何发展出两种不同的思想路径？是否因来自不同的社会阶级，关心的对象不一样？如果是同一阶级，那又出于何种动机而选择不同的政治行动？上述问题实涉及各地域社会的发展差异、士人与庶民的社会关怀，以及大文化体（国家掌握下的程朱理学）与小文化体（地方文化）的互动关系。关于这些问题，目前尚无法顾及，只能悬而未决，有待日后研究，或能从中寻得政治权力、社会文化及个人行动互为影响的内在脉络。

附录一：明代诸帝世系表[1]

年号	庙号	名字	生卒年	在位年	即位年龄	在位年数	死时年龄	世系	陵寝	备注
洪武	太祖	朱元璋	1328—1398	1368—1398	41	31	71	祖籍沛县，后居濠州。父朱世珍，母陈氏。	孝陵	元至正二十八年（1368）正月称帝，建元洪武，国号明，定都应天府（今南京市）。
建文	惠帝	朱允炆	1377—？	1398—1402	22	4	不详	太祖嫡孙，懿文太子朱标第二子，母吕妃。		洪武二十五年（1392），懿文太子朱标病死，其子朱允炆被立为皇太孙。建文四年（1402），燕王攻陷应天府，允炆自焚而死（另一说不知所踪）。

---

1 杜建民：《中国历代帝王世系年表》，齐鲁书社，1998年，第193—199页。

（续上表）

年号	庙号	名字	生卒年	在位年	即位年龄	在位年数	死时年龄	世系	陵寝	备注
永乐	太宗 成祖	朱棣	1360—1424	1402—1424	43	22	65	太祖第四子，身份尚存争议多。	长陵	即位前，封燕王。惠帝欲削藩，燕王起兵反，史称"靖难"。建文四年破南京，夺帝位，改洪武三十五年，第二年为永乐元年（1403），永乐十八年（1420）定都北京。
洪熙	仁宗	朱高炽	1378—1425	1424—1425	47	1	48	成祖长子，母仁孝文皇后徐氏。	献陵	即位前，封燕王世子。后立为皇太子，成祖死，即帝位。
宣德	宣宗	朱瞻基	1398—1435	1425—1435	28	10	35	仁宗长子，母张皇后。	景陵	永乐九年（1411）被立为皇太孙，洪熙元年（1425）正月被立为皇太子，五月仁宗卒，六月嗣位。
正统	英宗	朱祁镇	1427—1464	1435—1449	9	14	38	宣宗长子，母孙贵妃。	裕陵	以皇太子嗣位。正统十四年（1449），英宗亲征瓦剌，败于土木堡，被俘。景泰二年（1451），英宗回京入居南宫。景泰八年（1457），英宗复位，复位。
天顺				1457—1464	31	8				
景泰	代宗	朱祁钰	1428—1457	1449—1457	22	7	30	宣宗次子，母吴贤妃。	西山	即位前，封郕王。土木堡之变后，受于谦等拥立，即位为帝，并册立英宗见深为皇太子。景泰八年，英宗复位，废景泰帝为郕王，病死，以亲王礼葬西山。

（续上表）

年号	庙号	名字	生卒年	在位年	即位年龄	在位年数	死时年龄	世系	陵寝	备注
成化	宪宗	朱见深	1447—1487	1464—1487	18	23	41	英宗长子，母周贵妃。	茂陵	天顺八年（1464）正月，英宗卒，以皇太子嗣位。
弘治	孝宗	朱祐樘	1470—1505	1487—1505	18	18	36	宪宗第三子，母纪淑妃。	泰陵	以皇太子嗣位。
正德	武宗	朱厚照	1491—1521	1505—1521	15	16	31	孝宗长子，母张皇后。	康陵	以皇太子嗣位。正德十六年三月死于豹房。
嘉靖	世宗	朱厚熜	1507—1567	1521—1567	15	45	60	宪宗孙，孝宗侄，武宗堂弟，兴献王朱祐杬（宪宗第四子）长子，母蒋妃。	永陵	武宗死，无嗣。由慈圣皇太后与首辅杨廷和定策，由兴献王世子朱厚熜嗣位。嗣位后，掀起"大礼议"风波。
隆庆	穆宗	朱载垕	1537—1572	1567—1572	30	6	36	世宗第三子，母杜康妃。	昭陵	嘉靖十八年，封裕王。
万历	神宗	朱翊钧	1563—1620	1572—1620	10	48	58	穆宗第三子，母李贵妃。	定陵	以皇太子即位。
泰昌	光宗	朱常洛	1582—1620	1620	39	1月	39	神宗长子，母王恭妃。	庆陵	万历四十八年（1620）七月，神宗死。八月，光宗以皇太子嗣位在位仅一月。明宫三大案（梃击、红丸、移宫），皆发生于光宗即位前后。服红丸中毒死。

（续上表）

年号	庙号	名字	生卒年	在位年	即位年龄	在位年数	死时年龄	世系	陵寝	备注
天启	熹宗	朱由校	1605—1627	1620—1627	16	7	23	光宗长子，母选侍王氏。	德陵	即位后，司礼监宦官魏忠贤专擅。
崇祯	思宗	朱由检	1611—1644	1627—1644	17	17	34	光宗第五子，熹宗弟，母刘贤妃。	思陵	即位前，封信王。遣诏即帝位。崇祯十七年（1644）三月，李自成率军攻克北京，朱由检遵自缢于煤山，明亡。

附录二："大礼议"编年表[1]

时间	大事记	资料出处	备注
正德十六年三月九日（辛酉）	兴藩长子朱厚熜嗣兴王位。	《明武宗实录》，197/3b，正德十六年三月辛酉。[2]《国榷》51/3213。	据《明武宗实录》与《国榷》的记载，朝廷命朱厚熜提前除斩衰服，继任兴王。故事，亲王薨，子未封，止给赡粟二百石，俟释服袭封。世子母妃蒋氏乞预袭，特许之。可知朝廷选择朱厚熜入继大统，已有征兆。

1 附录的史源有《明世宗实录》《明穆宗实录》《明神宗实录》《明熹宗实录》《国榷》《明史》《明通鉴》等皇帝皇外史》《皇明萧宗外史》《皇明肃隆两朝闻见纪》《万历野获编》《国榷》《明书》《明史纪事本末》《明史纪事本末·更定祀典》，收入《中国明代研究学会第四届第一次会员大会暨"〈明史纪事本末〉研读成果发表会"，2002年4月27日于台湾师范大学发表，未刊印，见http:p//www.history.nccu.edu.tw/；杜淑芬：《〈明史纪事本末·大礼议〉校读》，第125—167页；何淑宜：《皇权与礼制：明嘉靖朝的郊祀礼改革》，第1—24页。

2 关于附录二体例，略做说明，单另再注。资料出处格式应为《明武宗实录》卷197，正德十六年三月辛酉，第3页b。为节省篇幅，卷页以阿拉伯数字直示，表示为《明武宗实录》，197/3b，正德十六年三月辛酉。

（续上表）

时间	大事记	资料出处	备注
三月十四日（丙寅）	武宗崩于豹房，年三十一。	《明武宗实录》，197/4b，正德十六年三月丙寅。《明史》，16/212。	
三月十四日（丙寅）至四月廿二日（癸卯）	内阁首辅杨廷和起草《武宗遗诏》，迎兴献王世子朱厚熜即皇帝位。	《明武宗实录》，197/6a－7a，正德十六年三月戊辰。《皇明嘉隆两朝闻见纪》，190/5034－5035。	廷和总执朝政三十七日，中外晏为安。
四月廿二日（癸卯）	兴世子自兴邸至京师，止于京郊外。会皇太后劝进，廷臣上笺劝进，乃即皇帝位。是日日中，入自大明门，谒大行皇帝几筵，朝皇太后，御奉天殿，即皇帝位。	《明世宗实录》，1/2a－6b，正德十六年四月癸卯至壬寅。沈德符《万历野获编》，人纪绍礼，2/35。《皇明肃皇外史》，1/3a－3b。《皇明嘉隆两朝闻见纪》，1/2a－2b。《国榷》，51/3218。《明史纪事本末》，50/509。《明通鉴》，49/1317。	据《明世宗实录》与《国榷》的记载，朱厚熜提出疑问后，曾获得长史袁宗皋的认同，袁宗皋对曰："殿下聪明仁孝，天实启之。"据《明史纪事本末》，杨应魁为杨应魁，应为仪制司郎中（按：应为仪制司郎中）余才所拟。据《皇明肃皇外史》，礼仪状乃大学士杨廷和命仪部郎中余才所拟。又《皇明肃皇外史》记杨应奎与袁宗皋对话一事于正德十六年四月丁亥，记嘉靖帝与袁宗皋对话一事于正德十六年四月壬辰，记嘉靖帝由大明门入一事于四月癸卯，《皇明嘉隆两朝闻见纪》则将三事统记于四月壬辰日。

(续上表)

时间	大事记	资料出处	备注
四月廿三日(甲辰)	礼部尚书毛澄等具上仪注。	《明世宗实录》1/19a—20a。《皇明嘉隆两朝闻见纪》1/2b—3a。《明通鉴》49/1318。	此据《明世宗实录》,徐乾学《读礼通考》亦据之,以为世宗服廿七日,如子为父母黄朋,至武宗服以三月丙寅朋,以为武宗之期。按武宗入京师至葬欲成服计之,故以五月十八日为廿七日之期。据《皇明嘉隆两朝闻见纪》记,上谕毛澄"廿四日视朝,具仪来闻"。其中廿四日之记载,与《明世宗实录》《明通鉴》皆不同。故上确实有为武宗服斩衰服,至五月十八日始除服。
四月廿七日(戊申)	始议大礼。世宗靖皇帝(下文简称上)诏议兴献王主祀及尊称。	《明世宗实录》1/24a,正德十六年四月戊申。《皇明肃皇外史》1/4a。《皇明嘉隆两朝闻见纪》1/5a;1/17a—7b。《明史》190/5037。《明史纪事本末》50/509。《明通鉴》49/1318。	《皇明肃皇外史》与《皇明嘉隆两朝闻见纪》皆提到公文车举人张璁向礼部侍郎王瓒提出上与汉哀、英两帝不相类同的言论,王瓒深以为然,并宣之于众。首辅杨廷和命言官弹劾,王瓒遂被贬为南京礼部侍郎。
五月七日(戊午)	内阁首辅杨廷和、礼部尚书毛澄等六十余人,议兴献王为皇叔父,称孝宗为皇考,今上入继大统,宜以益王子崇仁王主后兴国。上命再议。"大礼议"遂起。	《明世宗实录》2/11b—12a,正德十六年五月戊午。《皇明肃皇外史》1/6b。《明史》190/5037。《国榷》52/3225。《明通鉴》49/1319—1320。《皇明嘉隆两朝闻见纪》1/7a。	《皇明肃皇外史》将毛澄两次上疏之事皆记于正德十六年六月,但末书明日期。《皇明嘉隆两朝闻见纪》记于正德十六年四月戊申,误也。《明史纪事本末》将第二次与第三次集议的时间误记为四月,实际上礼部上集议分别是五月,七月及八月。

（续上表）

时间	大事记	资料出处	备注
五月廿四日（乙亥）	复议大礼，内阁与礼部两议，主张仿照宋代濮议的故事，提出"濮议论"。上不从，命廷臣再议。	《明世宗实录》，2/24a—24b，《皇明正德十六年五月乙亥。《皇明肃皇外史》，1/6b。《明史》，52/3228。《国榷》，50/509—510。《明纪事本末》，50/509—510。《明通鉴》，49/1321—1322。《皇明嘉隆两朝闻见纪》，1/7b。	毛澄两次上两议，皆在五月。《明史》本传，一书月乙亥，一书是月乙亥，盖是月乙亥月七日戊午。《三编》系之四月中，盖因诏议崇奉兴王典礼，牵连并记耳。唯《目》中上文漏去"五月戊午"四字，而下文所谓"是月廿四日者"，乃五月月分也。今据本传参书之。《皇明嘉隆两朝闻见纪》记于正德十六年五月乙卯，有误，应为乙亥。
七月三日（壬子）	礼部观政进士张璁上疏，提出《正典礼第一疏》，主张称兴献王为皇考。	《明世宗实录》，4/4b—6a，正德十六年七月壬子。《皇明肃皇外史》，1/7b—8b。《皇明嘉隆两朝闻见纪》，1/12b—13b。《明史》，17/216，196/5173—5174。《国榷》，52/3233。《明史纪事本末》，50/510—511。《明通鉴》，49/1323—1324。	此疏为"人情论"的大纲。《明史·世宗纪》书张璁上疏于是月壬子，是月辛亥朔，王子初二日也。《明史·毛澄传》书"八月庚辰朔"，不系干支。《先章录》书"七月庚戌"。证之《明世宗实录》六月壬午朔，则庚戌亦非七月之晦，今据《世宗本纪》书"王子"。据《毛澄传》，删《毛澄传》"朔"字。
七月四日（癸丑）	诏自今来丧不得夺情。	《明世宗实录》，4/6a—6b。《国榷》，正德十六年七月癸丑。52/3233—3234。《明通鉴》，49/1324。	此举为上报复臣下不愿成全自己崇敬私亲的政治手段。

（续上表）

时间	大事记	资料出处	备注
七月十五日（甲子）	上召廷和等，欲尊父为兴献帝，母为兴献皇后，祖母为寿安皇太后，廷和等执不可，封还手诏。给事中朱鸿、汤史、于光、御史王瀛、卢琼交章劾谏，皆不听。	《皇明嘉隆两朝闻见纪》1/13b—14a。《明通鉴》49/1324—1325。	杨廷和等封还手救。《明史·世宗纪》连叙于壬子子，召廷和等在甲子。证之《明世宗实录》，召廷和等在甲子，《皇明肃皇外史》《明书》《笔章录》《明史纪事本末》皆记为壬子，误也。
八月一日（庚辰）	四议大礼。毛澄等遂持前议，又录魏明帝诏文。上不悦，留中不报。	《明世宗实录》，5/1a—2a，正德十六年八月庚辰；5/5b，正德十六年八月辛卯；6/3a—3b，正德十六年九月丁巳。《明史》190/5038。《世庙识余录》1/4a—4b。《皇明嘉隆两朝闻见纪》，1/14a、1/16b。《明史纪事本末》，50/512—513。	查《明世宗实录》《明史纪事本末》记载时间有误，应为正德十六年八月庚辰，而《皇明肃皇外史》的时间不详。
八月十二日（辛卯）	礼部上慈驾仪注，遣文武大臣迎于通州，入崇文东华安门，迎于东安门。上不许。命再议。	《明世宗实录》，5/5b，正德十六年八月辛卯。《皇明嘉隆两朝闻见纪》，1/14a。《国榷》，52/3238。	蒋妃入门礼经过三次集议，礼部方案屡被驳回，最后由世宗钦定九月辛酉以母仪迎后驾入蒋氏。徐学谟在《世庙识余录》评曰："杨廷和等仪迎后之功，持之太过，故激后来之祸。若于城外豫筑行宫，令群臣恭上尊号而后人，宜无不可。"《明史纪事本末》未与《皇明嘉隆两朝闻见纪》未写嘉靖此次廷议的时间。

（续上表）

时间	大事记	资料出处	备注
九月廿五日（癸酉）	上钦定母妃蒋氏由中门入，命锦衣卫冶母后仪仗。九月癸酉，蒋妃始由正阴门入京，是为皇太后礼仪。	《明世宗实录》，6/10a，正德十六年九月癸酉。《皇明肃皇外史》，1/10a—10b。《皇明嘉隆两朝闻见纪》，1/14b。《国榷》，52/3340。《明史纪事本末》，50/511—512。《明通鉴》，49/1325—1326。	蒋妃至京师，《明史·世宗本纪》书之于十月壬午。证之毛澄等传，盖以九月至通州，是母妃以尊称未定，故久留之。诸书皆系之九月癸酉。《明世宗实录》记录第二次讨论蒋妃入门礼的八月壬午日，实为误记。因八月壬午在辛卯之后，辛卯之后是壬寅，应以《国榷》记录为准，而《国榷》记录第三次议定蒋妃入门礼的时间有误，应为九月辛酉。
十月一日（己卯朔）	奉武宗毅皇帝神主祔庙祔享。	《明世宗实录》，7/1a，正德十六年十月己卯。	
十月二日（庚辰）	礼部尚书毛澄等言兴献王嗣绪无人，徽称未定。上下谕礼部："父宜称兴献帝，母兴献后，宪庙贵妃邵氏为皇太后。"	《明世宗实录》，7/1b—2a。《皇明肃皇外史》，1/15a。《国榷》，52/3242。《明史纪事本末》，50/512。《皇明肃皇外史》，49/1326。《明史》，1/10b，17/216。	《皇明肃皇外史》记十月辛巳，有误，应为十月庚辰。《皇明嘉隆两朝闻见纪》未书明日期，仅言十月。《明史·世宗本纪》记为冬十月己卯朔，误也。《明史纪事本末》记"廷和等意假母后示"，误也，实为"钦奉慈寿皇太后命"。且张璁上《大礼或问》疏时间是正德十六年十一月癸酉，而非十月。

（续上表）

时间	大事记	资料出处	备注
十月四日（壬午）	兴献后至京师，由大明中门入。初欲庙见，以廷议而止。毛澄等之考孝宗也，时兵部主事霍韬私为《大礼议》驳之。巡视松潘御史熊浃亦如韬言。是时兴献帝后之称已定，俱下所司。	《明世宗实录》，7/4a—4b。《皇明肃皇外史》，1/11b—12a。《皇明嘉隆两朝闻见纪》，1/15a—15b。《国榷》，52/3242。《明通鉴》，50/512。《明纪事本末》，49/1326—1327。	《明史·世宗本纪》书追尊兴献帝后子是日己卯朔，证之《毛澄传》，则云"十月二日庚辰"，相差一日，今从实录为十月二日庚辰。又，《世宗本纪》称"兴献后"者异。帝妃曰兴国太后"与《世宗本纪》称"兴献后"者异。按初封封太后系兴国，其改称兴国，俱见明年三月诏中，《世宗本纪》分书之是也。今据实录，称兴献后，留通州弥旬，徽称定，方于壬午日至京。又记霍韬认为张璁之言欲为帝所用，乃上言礼官特议之非。然而同知马时中，国子监生何渊，巡检房浚皆上言如璁议，于是上益为心动。据《皇明嘉隆两朝闻见纪》至母丧，由大明中门入，上迎候于午门，时间有误，蒋妃行为十月二日庚辰。
十一月廿五日（癸酉）	张璁上《大礼或问》疏，下所司。	《明世宗实录》，8/8b—15a。《国榷》，52/3246。《明通鉴》，49/1326。	此疏为"人情论"的重要理论根据。《国榷》记为十一月癸酉，《明通鉴》记为十月己卯，《皇明肃皇外史》亦记十月，但未书日期。采实录时同点，为十一月廿五日（癸酉）。据《皇明肃皇外史》，群官要上疏，而世宗皆留中不报。

（续上表）

时间	大事记	资料出处	备注
十二月	除张璁为南京刑部主事。瞿韶以病归乡。	《皇明肃皇外史》，1/14b。《皇明嘉隆两朝闻见纪》，1/16b。《明史纪事本末》，50/513。	《明世宗实录》与《国榷》皆未记载。而《皇明肃皇外史》《皇明嘉隆两朝闻见纪》及《明史纪事本末》皆记张璁外放至南京任官时间不详。查《明史纪事本末》将张璁外放至南京吏部主事书石珤记为石璐。《明史·石珤传》与《皇明肃皇外史》人名各有误。
十二月十一日（己丑）至十二月廿七日（乙巳）	上令兴献帝后尊号皆加称"皇"字，下礼部议。大学士杨廷和与礼部尚书毛澄等人上疏力争，皆不纳。后借假藉旨，兴献帝后加称"皇"。	《明世宗实录》，9/13a—14b，正德十六年十二月己丑；9/4a—4b，正德十六年十二月戊戌；9/16a，正德十六年十二月乙巳。《皇明肃皇外史》，1/15b—16a。《皇明嘉隆两朝闻见纪》，1/17a—17b。《国榷》，52/3248。《明史纪事本末》，50/513。《明通鉴》，49/1328。	《明史·世宗本纪》不具。《明史·毛澄传》云"十二月十一日己丑"，盖是月己卯朔也。《明史纪事本末》错置时间同为正德十六年十月，又虚构杨廷和"宜候明年大婚成、庆宫阕，加之可也"此语。且山东济南府历城县巡检房浚上奏亦在正德十六年十二月，并非于正德十六年十月。

（续上表）

时间	大事记	资料出处	备注
嘉靖元年正月十一日（己未）至正月十八日（丙寅）	清宁宫小房发生火灾。礼部尚书毛澄与兵科给事中邓继曾借灾劝止兴献皇后加称"皇"。上不从。	《明世宗实录》，10/6a－6b。嘉靖元年正月壬戌。《皇明肃皇外史》，2/1a－1b。《皇明嘉隆两朝闻见纪》，1/18b－19a；1/18b－19a。《明通鉴》270/5462。《国榷》，52/3251。《明通鉴》，50/513－514。《明史纪事本末》，50/1330－1331。	据《明史·世宗本纪》，因清宁宫次产失火连书之，即三月颁诏之文也。证之实录，并无此语，盖传谕正月己未，后始行之。清宁宫火灾发生于嘉靖元年正月壬戌，毛澄上疏始于正月十四日（乙酉），给事中邓继曾上言灾异发生于正月十八日（丙寅）。杜淑芬：《〈明史纪事本末·大礼议〉校读》，第135页，有误。查《明世宗实录》，嘉靖元年三月十五日（壬戌）颁诏天下，详查兴献帝后之尊号，可知世宗早已遵从杨廷和等人的"濮议论"，称孝宗为皇考，而兴献王尊号也删去"皇"字。
三月四日（辛亥）	上谕内阁，兴献帝册文，朕宜称孝子。杨廷和等难之，不报。	《明世宗实录》，12/1a－1b。嘉靖元年三月辛亥。《皇明嘉隆两朝闻见纪》，1/21b－22a。《国榷》，52/3254。	
三月十五日（壬戌）	初定大礼。丁巳日上圣母（慈寿皇太后）尊号曰昭圣慈寿皇太后，回庄宗皇后（武宗皇后）曰庄肃皇后，戊午日上圣母安圣皇太妃（邵太妃）尊号曰寿安皇太后，本生母兴国太后，本生父兴献帝，兴国太母兴献帝后，壬戌日颁诏天下。	《明世宗实录》，12/4a，嘉靖元年三月丁巳；12/6b－9a，嘉靖元年三月壬戌。《明外史》，17/217。《皇明嘉隆两朝闻见纪》，2/5a－6a。《皇明肃皇外史》，1/20b。《明史纪事本末》，50/514。	《明史·世宗本纪》所载尊号年月，皆据实录。是时称母后曰兴国太后。据此，则去年十月廷臣言兴献之兴献后，于生存之母。据《明史·毛澄传》于去年十月下书兴国太后，盖错置时间的记载之误。

（续上表）

时间	大事记	资料出处	备注
约三月十五日后	上派出太常寺丞周璧谕张璁，"诏虽下，圣心未惬也"。	《皇明嘉隆两朝闻见纪》，1/20b。	证之《明世宗实录》，并无此语，疑删去。
三月廿一日（戊辰）	遣成国公朱辅、礼部侍郎贾咏诣安陆，上兴献帝尊号。时命礼部侍郎贾咏题神主，咏题神主曰"兴献帝神主"，不称"考"及"叔"，亦不叙子名，朝论是之。	《皇明肃皇外史》，2/6a。《皇明嘉隆两朝闻见纪》，1/21b—22a。《国榷》，52/3255。《明史纪事本末》，50/515。《明通鉴》，50/1334。	《皇明嘉隆两朝闻见纪》并记于嘉靖元年三月四日（辛亥），误也。又《皇明嘉隆两朝闻见纪》并未书明日期，《明世宗实录》记为辛亥日。
五月三日戊申（戊申）	添设安陆祠祭署，选皇亲蒋轮家子侄一人奉祀，仍命世袭。	《明世宗实录》，14/2a，嘉靖元年五月三日戊申。《皇明嘉隆两朝闻见纪》，1/25b—26a。	
六月	巡抚湖广都御史席书与吏部员外郎方献夫，道闻"大礼议"未定，上疏主张称孝宗为"皇伯"，称兴献帝宗为"皇考"，别立庙祀之。二疏俱受阻，不果上。	《皇明肃皇外史》，3/29a—31a。《明史纪事本末》，50/514。《明通鉴》，50/1335—1337。	献夫上疏在是年之夏，见《明史》本传，而《方献夫传》中以为草疏末上。《明世宗实录》《国榷》均未记录，《皇明肃皇外史》与《明史纪事本末》所记大致相同。有待再考。再查《太师张文忠公集》之记载，席书与方献夫曾撰草疏，但受到舆论压力，因而无法把奏疏上至朝廷。

（续上表）

时间	大事记	资料出处	备注
九月廿六日（己巳）	吏部听选监生何渊上言，请立世室，奉兴献帝之神主，如周祀文王于世室遗意。命所司会议以闻。	《明世宗实录》，18/6a，嘉靖元年九月己巳。《国榷》，52/3267。《明通鉴》，50/1340。	
十一月廿日（壬戌）	南京礼部尚书杨廉等人上疏建议尽快选择兴献帝继子人选，以主持祀典。上不听。	《明世宗实录》，20/10b-11a，嘉靖元年十一月壬戌。	
十二月十一日（癸未）	庚申日，邵太后病逝。上命礼部要推荐安葬山陵地，欲入葬茂陵，与宪宗合葬，引起朝议。	《明世宗实录》，20/7a-7b，嘉靖元年十一月庚申。21/3b-4a，嘉靖元年十二月癸未。《皇明肃皇外史》2/17a。《皇明嘉隆两朝闻见纪》，1/29b。	杨廷和议衰服事，《明史·杨廷和传》不载。此据徐氏《读礼通考》引廷和自记中语。今证之《明世宗实录》廿七日，礼部所上仪则十三日而除，不为斩衰礼。言明非孝宗嗣子，而是邵太后之孙、兴献帝之子。《皇明肃皇外史》亦言"衰服十三日而除"，礼为杨廷和所定。《明史纪事本末》，50/515，记于嘉靖元年十一月，未载明日期，对照《明世宗实录》，时间有误。
嘉靖二年二月廿四日（乙未）	易兴献帝陵庙用黄瓦，命南京兵工二部及湖广抚按官修置。	《明世宗实录》，23/13a，嘉靖二年二月乙未。《国榷》，52/3275。	《国榷》记载时间有误。将乙未日置于丙申日前。据《明世宗实录》改。

（续上表）

时间	大事记	资料出处	备注
二月廿五日（丙申）	葬孝惠皇太后于茂陵。	《明世宗实录》，23/13a，嘉靖二年二月丙申。《皇明肃皇外史》，3/3a。《皇明嘉隆两朝闻见纪》，1/32b—33a。《国榷》，52/3275。《明通鉴》，50/1346。	明代礼制唯有皇帝的原皇后与下一任皇帝生母得祔葬。部太后实为宪宗皇妃，非皇帝之母，不应祔葬于茂陵。此举将邵太后直视为皇帝之母，暗示兴献帝为皇帝。
二月廿九日（庚子）	礼部尚书毛澄致仕。	《明世宗实录》，25/14a，嘉靖二年二月庚子。《国榷》，52/3280。《明通鉴》，50/1346。	《明世宗实录》记致仕于二月庚子。嘉靖二年闰四月庚戌日，卒。
四月廿四日（乙未）	始命兴献帝家庙享祀，乐用八佾。	《明世宗实录》，25/13a—13b，嘉靖二年四月乙丑。《皇明肃皇外史》，3/6b—7a。《皇明嘉隆两朝闻见纪》，1/34b—35a。《国榷》，52/3297。《明史纪事本末》，50/1348。《明史纪事本末》，50/515。	据《明世宗实录》载，时为乙丑日，但详查万年历，嘉靖二年四月实无乙丑日，疑笔误，可能是十一日（己丑）。或据《明通鉴》载，应为廿四日（乙未）。今据《国榷》与《明通鉴》。《明史纪事本末》记于嘉靖二年二月，时间不详。而《明史纪事本末》记于嘉靖二年二月，查《明世宗实录》与《皇明肃皇外史》记载，应为"刘氏"和"唐祚仪"。《皇明肃皇外史》有误，应为"刘氏"和"唐祚仪"。
六月十八日（丁巳）	上谕杨廷和等人商议加称兴献帝后皇号一事。	《皇明肃皇外史》，3/16a—16b。	早在五月时，世宗首次下谕杨廷和等人加兴献帝后皇号之事。
七月十三日（辛巳）嘉靖三年	制兴庙乐章。	《明世宗实录》，29/3b—4a，嘉靖二年七月辛巳。《皇明肃皇外史》，3/17b。	

（续上表）

时间	大事记	资料出处	备注
嘉靖三年正月廿一日（丙戌）	南京刑部主事桂萼等上《正大礼疏》，并录席书、方献夫二疏上之。上得疏大喜，命礼部议行。复起议"大礼"。	《明世宗实录》，35/2b—3b，嘉靖三年正月丙戌。《皇明嘉隆两朝闻见纪》，1/41a—42b。《国榷》，52/3293。《明史》，17/218；196/5181；196/5188；51/1360。《明通鉴》，196/5181。	书与方献夫上疏，皆在元年，而证之《明世宗实录》，则书之疏未上，而献夫疏闻已报闻，故元年十二月南京御史方风等劾之，并及张璁、霍韬。萼闻官于南京，故并上二人疏，至萼所上疏三年正月丙戌之冬，故《明世宗实录》则书于三年正月十一月上之。唯《明史》桂萼本传叙敍议行，其言"萼以二年正月上疏，所以迟迟得官者，实以廷和在朝格之。迨三年正月，廷和乞休，寻下此议，今据桂萼传书于是年冬，为明年下廷议说本。《明通鉴》未写明桂萼确实上疏时间，仅说是三月廿一日（丙戌）为记，并查证是"嘉靖二年，是冬"，故此处仍以《明世宗实录》为记。《国榷》，时间点与《明纪》同。《皇明嘉隆两朝闻见纪》与《明史纪事本末》均记桂萼上疏时间为嘉靖二年十一月，皆误。
二月二日（丁酉）	给事中邓继曾曾疏谏：归政内阁，不宜与群小商议。上大怒，下锦衣卫狱。此后，上疏薄言官，废黜相继。	《明世宗实录》，36/1a，嘉靖三年二月丁酉。	

（续上表）

时间	大事记	资料出处	备注
二月十一日（丙午）	杨廷和以大礼既定，织造事言官积忤，乞归致仕。交章请留，不听。	《明世宗实录》，36/3a—3b，嘉靖三年二月丙午。《皇明肃皇外史》，4/3b—4a。《国榷》，53/3295。《明史》，17/218。《明史纪事本末》，50/516。	《明史纪事本末》与《皇明肃皇外史》皆将此同错置为嘉靖三年春正月，误也。
二月十三日（戊申）	上下诏集议兴献帝尊号。礼部尚书汪俊会同文武大臣与言官二百五十余人一同上《大礼仪》。召张璁、桂萼，上不听，桂尊于南京，下部再议。	《明世宗实录》，36/3b—4b，嘉靖三年二月戊申。《皇明肃皇外史》，4/4a。《国榷》，53/3295。《明史》，207/5462—5463。《明通鉴》，51/1362。《皇明嘉隆两朝闻见纪》，2/2a。《明史纪事本末》，50/516。	汪俊集廷臣上议，诸书及《明史》本传皆书正月。《明世宗实录》系之二月戊申者，乃再下延议之月日也。其言"俊等议上，俱留中。越旬有五日，俱留中。"云云，然则俊之集议上疏，在正月十三日，上溯正月大建之月日，正所谓"越旬有五日"者也。今据《明世宗实录》统系之戊申下，而书俊等上议于前，系以"先是"二字，则与下文"旬有五日"之语相应矣。《明史纪事本末》亦记于嘉靖三年春正月，误也。唯《明世宗实录》言召张璁、桂萼，时萼谢病归粤东，不在南京也。《明史》言"召张璁、桂萼，霍韬于南京，召席书、霍韬于南京任中，亦非召至十六人，姓名不具。今分书之。至《明史·桂萼传》增入乔宇等十六人，《皇明嘉隆两朝闻见纪》记于嘉靖三年正月，误也。

（续上表）

时间	大事记	资料出处	备注
二月三十日（乙丑）	诏免朝贺圣慈皇太后圣旦。御史马明衡、朱淛上疏劝止。上以明衡等言离间，逮下镇抚司拷讯，翰林修撰舒芬、御史萧一中、李本、陈逅、林应聪等论救，皆下狱被谪。	《明世宗实录》，36/9b—11a，嘉靖三年二月乙丑。	《明史纪事本末》所记略于《皇明肃皇外史》，据《明世宗实录》，昭圣皇太后生辰应为二月三十日（戊申），《国榷》所记大致与《明世宗实录》同。对照四书所记人名，《明史纪事本末》记为"马鸣衡"，"刑部员外郎林惟聪"，实误也。查《明世宗实录》应为"马明衡"，"刑部员外郎林惟聪"。《国榷》《李本》记为"李本"，"林应聪"，皆误。
三月一日（丙寅朔）	敕谕礼部，加称兴献献皇为"本生皇考恭穆献皇帝"，兴国太后为"本生母章圣皇太后"。礼部尚书汪俊主张兴献帝、兴国太后尊号前加称"皇"字，不宜加"本生"，上切责汪俊，令司务范箴等入月俸。	《明世宗实录》，37/1b，嘉靖三年三月丙寅。《皇明肃皇外史》，4/7a—7b。《国朝典汇》，53/3296—3297《明史纪事本末》，50/517。《明通鉴》51/1364。	俊等再议之上，亦在三月。《明世宗实录》系之三月丙寅朔者，俱下诏之日。查其因，知俊等再议仍系以"先是"二字，下文言"留中十余日"《明史·汪俊传》，亦言"议上复留十余日，至三月朔，乃诏礼官"，据《明世宗实录》。今同系三月。《皇明嘉隆两朝闻见纪》记载汪俊答话，"请勋臣安陆兴不汪之庙。俟他日袭封兴为献皇帝世世奉陵两朝曾为献，皇帝百世不汪王子孙，世世奉享"，表示退让。

（续上表）

时间	大事记	资料出处	备注
三月一日（丙寅）至三月五日（庚午）	今在大内奉先殿侧别建一室。	《明世宗实录》，37/1b—2a，嘉靖三年三月丙寅；37/3b，嘉靖三年三月庚午；39/3a，嘉靖三年五月壬申。《皇明肃两朝外史》，4/7b。《皇明嘉隆两朝闻见纪》，2/6a—6b；8b。	《皇明嘉隆两朝闻见纪》记于嘉靖三年四月，未写明日期。查《明世宗实录》可知，嘉靖三年五月八日（壬申）改观德殿。
三月四日（己巳）	吏部尚书乔宇等婴争大礼，请于孝宗称"皇考"，于兴献帝称"本生考"。翰林修撰唐皋、编修邹守益等，给事中张翀等，御史邓本公等，各疏止，夺俸三月。	《明世宗实录》，37/2b—3b，嘉靖三年三月己巳。《国榷》，53/3297。《明通鉴》，51/1364—1365。《明史纪事本末》，50/517。	《国榷》记于嘉靖三年三月戊辰。《明通鉴》同。《皇明肃皇外史》与《明史纪事本末》时间不详，仅记载嘉靖三年三月。
三月十二日（丁丑）	改松林山墓名为显陵。	《明世宗实录》，37/4b，嘉靖三年三月丁丑。《国榷》，53/3297。	
三月十四日（己卯）	礼部尚书汪俊复上疏论大礼。复下廷议。	《明世宗实录》，37/4b—5a，嘉靖三年三月己卯。《明史纪事本末》，50/517—518。《国榷》，51/1365。	

（续上表）

时间	大事记	资料出处	备注
三月廿一日（丙戌）	吏部尚书乔宇再疏堂内殿建室之议，湛若水、张翀、任洛、汪昌、石珤等皆以为言，帝切责之。	《明世宗实录》，37/6b—9a，嘉靖三年三月丙戌。《明史纪事本末》，50/518。	《明史纪事本末》史事时间的顺序有误，与《明世宗实录》有出入。
三月廿三日（戊子）	上以大礼已定，诏桂萼、张璁等不必来京。时桂萼、张璁已至凤阳，闻命复同上疏，于是上益心动，趣复召之。	《明世宗实录》，37/9a—11a，嘉靖三年三月戊子。《皇明肃皇外史》，4/8a—9a。《明史纪事本末》，50/518。	《明世宗实录》不具胡瓒事，证之《明史·张璁传》与《明史》《明史纪事本末》合，唯胡瓒佚其名，今据《明史》增入。《国榷》记为庚申日，有误。
四月四日（戊戌）	九卿、吏部乔宇等合疏"请留汪俊，罢召张璁、桂萼等"，又请求席将席书复原职。复自南京侍刑部员外郎中黄宗明、都察院经历历黄绾合疏论，上得疏，大悦。	《明世宗实录》，38/1b—2a，嘉靖三年四月戊戌。《明通鉴》，53/3298。《明史纪事本末》，51/1366—1367。《明史纪事本末》，50/518。	据《明世宗实录》，前后诏谕，但欲子"本生等而已。自桂萼之议。及璁，萼目南京闻召，乃请去"本生"二字，而是时颁诏，仍从"本生"之称，盖蒋冕、毛纪格之也。故《明史》《明史纪事本末》言："璁至东昌，读诏书叹曰：两分考并称、纲常紊矣。"据此，则知璁萼等疏欲子未颁诏之前奏请更正，而是时颁诏之后，诸书皆系之四月颁诏之日，今据《明世宗实录》张本矣。然已称己考为"皇伯考"张本。《国榷》将席书升任礼部尚书之事记为嘉靖三年三月廿一日（丙戌），查礼部任职尚书席书升任时间，当从《明世宗实录》为四月四日（戊戌）。

（续上表）

时间	大事记	资料出处	备注
四月十五日（己酉）	上昭圣康惠慈寿皇太后尊号。	《明世宗实录》，38/6b，嘉靖三年四月己酉。《皇明肃皇外史》，4/11a。《皇明嘉隆两朝闻见纪》，2/6b。《明通鉴》，51/1368。《国榷》，53/3298。《明史纪事本末》，50/519。	
四月十六日（甲申）上章圣皇太后尊号，四月十九日颁布天下，追尊兴献帝尊号日本圣皇考恭穆献皇帝，兴国太后日本圣母章圣皇太后。	四月十六日（甲申）上章圣皇太后尊号，四月十九日颁布天下，追尊兴献帝尊号日本圣皇考恭穆献皇帝，兴国太后日本圣母章圣皇太后。	《明世宗实录》，38/8b—9a，嘉靖三年四月癸丑。《皇明嘉隆两朝闻见纪》，2/6b。《明通鉴》，51/1368。《国榷》，53/3298。《明史纪事本末》，50/519。	《皇明嘉隆两朝闻见纪》《皇明肃皇外史》与《明通鉴》皆将上兴国太后尊号一事记于嘉靖三年四月庚戌，误也。上兴献帝等尊号二事皆记于嘉靖三年三月，误也。《明史纪事本末》将二事皆记于嘉靖三年四月癸丑。
四月廿六日（庚申）	吏部员外郎方献夫上章圣皇太后尊号，批评诸礼官，疏安留中。	《明世宗实录》，38/14a—16b，嘉靖三年四月庚申。	
四月廿七日（辛酉）	翰林院编修邹守益请罢兴献帝称考立庙。上大怒，下诏狱，谪广德州判官。	《明世宗实录》，38/17a，嘉靖三年四月辛酉。《国榷》，53/3300。《明史纪事本末》，50/518。《明通鉴》，51/1368—1369。	

（续上表）

时间	大事记	资料出处	备注
五月一日（乙丑朔）	内阁大学士蒋冕致仕。	《明世宗实录》，39/1a—1b，嘉靖三年五月乙丑朔。《国榷》，53/3300。《明通鉴》，51/1369—1370。	蒋冕因建室之事上谏，并请止议"大礼"，遭上斥责，蒋冕遂乞去。首辅蒋冕去月日，《明史纪事本末》记嘉靖三年三月，误也。
五月八日（壬申）	上定奉先殿西室名"观德殿"，奉安献皇帝神主，命有司具仪以闻。	《明世宗实录》，39/3a，嘉靖三年五月壬申。《皇明肃皇外史》，4/12b。《皇明嘉隆两朝闻见纪》，2/8b。《国榷》，53/3300。《明史纪事本末》，50/519。《明通鉴》，51/1370。	《皇明肃皇外史》与《明史纪事本末》只记为嘉靖三年五月，未写明日期。
五月廿四（戊子）	命造观德殿祭器如大庙。	《明世宗实录》，39/9b，嘉靖三年五月戊子。《皇明嘉隆两朝闻见纪》，2/10a。	《皇明嘉隆两朝闻见纪》未记年月。
五月廿四（戊子）	张璁、桂萼到京，复同上疏，建议去"本生皇考"，直称献皇帝为"皇考"。时廷臣侧目二人，萼称疾不敢出，自与郭勋约内助，愍约见后始朝，恣肆论劾不已。	《明世宗实录》，39/8a—9b，嘉靖三年五月戊子。《皇明嘉隆两朝闻见纪》，2/10a—10b。《明通鉴》，51/1370—1371。	《皇明肃皇外史》《明通鉴》与《明史纪事本末》记张璁、桂萼二人于六月到京，误也。今以《明世宗实录》时间点为准。但《明世宗实录》未记与郭勋约内助，仅言廷臣侧目二人，欲言击之，见《明世宗实录》，40/4b，嘉靖三年六月丙午。

（续上表）

时间	大事记	资料出处	备注
六月八日（辛丑）	上以观德殿将成，命大常寺协律郎崔元祈，集乐舞生廿余人，肄于大内。太常寺卿汪举靖治元祈等撰人罪。礼部侍郎朱希周言不从，举复争之。上诘责。	《明世宗实录》，40/3a—3b。《国榷》，53/3301。《明通鉴》。	事见《明史》希周本传，月日则据《明世宗实录》。唯"元初"《明世宗实录》作"元祈"，今据《明世宗实录》。
六月十三日（丙午）	上命主事桂萼、张璁为翰林学士，方献夫为侍读学士。学士王熙、修撰杨维聪、舒芬、编修王思，请罢斥张璁、桂萼。	《明世宗实录》，40/4b，嘉靖三年六月丙午。《国榷》，53/3302。《明通鉴》，51/1371—1372。《明史纪事本末》，50/520。	《明通鉴》评曰：自是而大礼之讼兴，伏门之祸起矣。
六月十八日（辛亥）	桂萼、张璁、方献夫等各上疏辞学士。吏部尚书乔宇与吏部都给事中宇等等七十余人上疏弹劾张璁、桂萼，吏部员外郎薛蕙并上《为人后解》。上大怒，以蕙出位安言，逮下镇抚司拷讯。张璁、桂萼复列散阁十三事。疏奏留中。	《明世宗实录》，40/5b—8a，嘉靖三年六月辛亥；40/10b—14b，嘉靖三年六月乙卯。《皇明肃皇外史》，4/15b—16a。《皇明嘉隆两朝闻见纪》，2/11b。《明史纪事本末》，53/3302。《国榷》，50/520—521。《明史》，17/219。《明通鉴》，51/1372—1373。	《明史纪事本末》先记胡侍被贬，再记张璁等入京，后记张璁取群臣弹章奏发刑部，命拟璁等罪，薛蕙上言乞归，杨慎等人上言乞归。查《明世宗实录》《明史纪事本末》记载有误，应以《明世宗实录》为准。嘉靖三年六月史事顺序应为张璁等人京，张璁进言张璁等人，杨慎进言《为人后解》，吏部上疏，薛蕙上疏《为人后解》，此后才是胡侍才是胡侍待上疏被贬。

（续上表）

时间	大事记	资料出处	备注
六月廿二日（乙卯）	翰林院修撰杨慎、张衍庆等三十六人上言，愿赐罢归。上怒，命夺杨慎俸两月，张衍庆等一月。	《明世宗实录》，40/9b，嘉靖三年六月乙卯。《明史纪事本末》，50/520。	《明世宗实录》仅记杨慎与张衍庆等三十六人。今查《明史纪事本末》可知参与者大多是翰林院官员，其中有修撰姚涞、编修许成名、崔桐，检讨丰熙、金皋等人。
六月廿五日（戊午）	鸿胪寺右少卿胡侍上疏辩张璁、桂萼所犯大礼七事。上以胡侍出位妄议，诏逮问。言官论救，胡侍谪山西潞州同知。	《明世宗实录》，40/10b—14b，嘉靖三年六月戊午。《国榷》，53/3303。《明史纪事本末》，50/520。	《明史纪事本末》记胡侍谪为"潞州判官"有误，应为"山西潞州同知"。《皇明肃皇外史》未载。
七月四日（丁卯）	吏部文选司员外郎方献夫再辞。上不允辞。	《明世宗实录》，41/1b—2a，嘉靖三年七月丁卯。	
七月六日（己巳）	少保兼太子太保吏部尚书乔宇引疾乞休，允之。翰林院修撰舒芬乞归，不允。监察御史王时柯弹劾张璁等，玩法奏扰，切责。	《明世宗实录》，41/2a，嘉靖三年七月己巳。	

（续上表）

时间	大事记	资料出处	备注
七月十二日（乙亥）	上下谕礼部，将在七月十六日（己卯）去"本生"字样，本生圣母定尊号曰"圣母章圣皇太后"，命礼部具仪以闻。	《明世宗实录》，41/4a，嘉靖三年七月乙亥。《皇明肃皇外史》，4/16a。《皇明嘉隆两朝闻见纪》，2/12a—12b。《国榷》，53/3303。《明史纪事本末》，50/521。《明通鉴》，51/1374—1375。	
七月十四日（丁丑）	礼部右侍郎朱希周乃率郎中余才、汪必东等，翰林学士丰熙等疏言反对去"本生"字样。六科给事中张翀等、十三道御史余翱等、吏部郎中余宽等、户部郎中黄显等、兵部郎中相世芳等、刑部郎中陶滋等、大理寺正毋德纯等，俱率同官上疏谏止。上怒甚，逮为首者八人下诏狱拷掠。	《明世宗实录》，41/4b—5a。《皇明肃皇外史》，4/17a—17b。《国榷》，53/3303。《明史纪事本末》，50/521。《明通鉴》，51/1374—1375。	诸书及《明史·何孟春传》，皆言八人下诏狱即伏哭左顺门之事。证之《明世宗实录》，在戊寅伏哭之前，盖是时，府、部之首，特旨下之诏狱，上以人人为台谏，则此八人尚未入狱，故追论时牵连并记也。且人人姓名，皆与《明史·何孟春传》合。惟《明史纪事本末》漏去余翱，又诸书所记大礼上疏诸人，先后参差，悉据《明世宗实录》月日。

（续上表）

时间	大事记	资料出处	备注
七月十五日（戊寅）	左顺门事件。众臣伏阙于左顺门哭喊，劝止大礼。上大怒，命锦衣卫以系狱及廷杖待罪诸臣，凡二百廿余人，上令再拷。遣五品以下员外郎马理等一百三十四人于狱。四品以上及司务等官夺俸。论救伏阙诸臣者罪，皆夺俸。	《明世宗实录》，41/8a—8b，嘉靖三年七月戊寅。《皇明肃皇外史》，4/17b—18a；4/18b—19a。《皇明嘉隆两朝闻见纪》，2/12b—13a。《国榷》，53/3304。《明史》，17/219。《明史纪事本末》，50/521—522。《明通鉴》，51/1375—1377。	《明史·世宗本纪》下马理等一百三十四人锦衣卫狱在七月戊寅，并书逮其为首者之丰熙、张翀等，即下狱之八人是也。唯《明世宗实录》则于乙亥书下熙等人入于诏狱，而廷臣伏阙及同哭左顺门之事，一概漏脱。证之《明史·何孟春传》，所载伏阙之二百廿余人，皆着其官及其姓名，今据《明史》《明史纪事本末》《典汇》诸书皆同，《明史·何孟春传》。 《明史·世宗本纪》以为十六人，《何孟春传》以为十七人。证之《明世宗实录》，实十七人。按十七人姓名，皆见《明史·王思传》中，俱云"原再敕杖，创重卒"。据《明史·张原传》，言"原以一次受杖死，盖在杨慎等杖下毙人之列，此，则原以乙卯再敕杖杖卒。故《明史·世宗本纪》系十六人于乙卯，系张原于辛卯，是张原以乙卯再敕杖杖卒，别系张原于乙卯则仍十七人，与《明史·张原传》合之则仍十七人，言十七人。《明史·张原传》，疑"八"字转写误耳。今采用《明史·张原传》。 《皇明肃皇外史》录伏阙左顺门之事于嘉靖三年七月庚辰，误也。再者，《明史纪事本末》漏记余翱，查《明世宗实录》收押伏阙等七人，却记为八人，误也。查《明史·何孟春传》伏阙诸臣的官职，可知有九卿有廿三人，翰林院、詹事府有官十二人，给事中廿一人，御史三十人，吏部十二人，户部卅六人，礼部十二人，兵部廿人，刑部廿七人，工部十五人，

（续上表）

时间	大事记	资料出处	备注
七月十六日（己卯）	更定尊号曰"圣母章圣慈仁皇太后"。吏部左侍郎何孟春等疏言张璁等人散安十三事，上怒斥何孟春结党，因私愤伤大体，夺俸一月。	《明世宗实录》，41/19a—20a，嘉靖三年七月己卯。《皇明肃皇外史》，4/18b。《明史纪事本末》，50/521。《国榷》，53/3304。《明通鉴》，51/1377。	大理寺有十一人，共两百廿九人。其中与《明史纪事本末》不同者，有"吴棐""葛𡷗"何"𪟝"，应改为"吴棐""葛𡷗"何"𪟝"。《皇明肃皇两朝闻见纪》，2/13b，记"改本生圣母章圣皇太后"字样。无"慈仁"字样。《明史纪事本末》，50/521，记何孟春上言圣母圣皇太后（戊黄）。查《明世宗实录》何孟春上言时间在七月己卯，应为左顺门事件前一日。
七月十七日（庚辰）	大学士毛纪乞休，上不允。	《明世宗实录》，41/21a—21b，嘉靖三年七月庚辰。《明史纪事本末》，50/521。	《明史纪事本末》，50/521，记左顺门事件发生前，世宗御平台召毛纪切责之。查《明世宗实录》，记上御平台，召毛纪等赐问更易尊号之事，帝不允。时为七月庚辰，即左顺门事件发生后二日。
七月廿日（癸未）	上命锦衣卫治伏阙诸臣罪。逮数日再杖杨慎等人，给事中张原卒。何孟春等人遭贬谪。	《明世宗实录》，41/8a—8b，41/23b；嘉靖三年七月癸未。《皇明肃皇两朝闻见纪》，2/13a—13b。《国榷》，53/3304—3305。《明史纪事本末》，50/523。《明通鉴》，51/1377。	上命锦衣卫拷掠伏阙诸臣的时间乃在四月廿日（癸未），而非如《明史纪事本末》所记的四月十七日（庚辰）。

（续上表）

时间	大事记	资料出处	备注
七月廿一日（甲申）	迎献皇帝神主至京，奉安于观德殿，上尊号"皇考恭穆献皇帝"。	《明世宗实录》，41/23b，嘉靖三年七月甲申。《皇明肃皇外史》，4/19a—19b。《皇明嘉隆两朝闻见纪》，2/13b。《国榷》，53/3306。《明史纪事本末》，50/523。《明通鉴》，51/1378。	
七月廿三日（己丑）	内阁首辅毛纪论救伏阙诸臣，上切责之，准其致仕。	《明世宗实录》，41/24a—25a，嘉靖三年七月己丑。《皇明肃皇外史》，4/19a—19b。《明史纪事本末》，50/521。《国榷》，53/3306。《明通鉴》，51/1378—1379。	《皇明肃皇外史》仅言月份，未记日期。《明史纪事本末》将切责毛纪的时间错置为左顺门事件前，实为左顺门事件后的后八天。杜淑芬，《〈明史纪事本末·大礼议〉校读》，第151页，记毛纪于七月辛丑致仕，有误，应为七月己丑。
七月廿八日（辛卯）	后军都督府经历俞敬，请宥罪体恤众臣。疏下所司。	《明世宗实录》，41/25b—26a，嘉靖三年七月辛卯。	查《明世宗实录》，是时左顺门事件已有处分，上怒扰未已，有言当戍黄绾罢，群臣业已散去，乃修撰杨慎，检讨王元正，给事中刘济、安盘、张汉卿，诏锦衣卫将杨慎等八人伏阙大哭。上大怒，御史王时柯等七人伏阙大哭。于是张原原杖死，张汉卿、杨慎、王元正、刘济充戍，安盘、张原、王时柯俱削籍为民。

（续上表）

时间	大事记	资料出处	备注
八月一日（癸巳）	命原任给事中于桂、陈洗、史道、阎闳、御史曹嘉等，俱复原职，降南京太仆寺少卿夏良胜三级，调外任。	《明世宗实录》，42/1a，嘉靖三年八月癸巳。《皇明肃皇外史》，4/19a—21a。《明史纪事本末》，50/523。	《皇明肃皇外史》与《明史纪事本末》记为七月，误也，应为八月癸巳。
八月四日（丙申）	吏部左侍郎何孟春调南京工部，掌詹事府事吏部左侍郎贾咏，改署吏部事。	《明世宗实录》，42/2a，嘉靖三年八月丙申。《皇明肃皇外史》，4/19a—21a。《明史纪事本末》，50/523。	《皇明肃皇外史》与《明史纪事本末》记为七月，误也，应为八月丙申。
八月七日（己亥）	南京兵部侍郎席书言乞宥丰熙等人罪。上不允，命速来京供职。	《明世宗实录》，42/2b—3a，嘉靖三年八月己亥。	
八月九日（己亥）	养病兵部主事霍韬奏大礼事。上赞之，令速赴召命。	《明世宗实录》，42/3a—5a，嘉靖三年八月己亥。	

（续上表）

时间	大事记	资料出处	备注
八月十八日（庚戌）	礼部左侍郎吴一鹏等疏人，留中者久之。至是始得旨，大礼各疏俱下礼部，令再议以闻，戒勿仍前执拗。南京吏部尚书杨旦等奏：将杨等，懿放归田里，献夫催令养病。上不允，切责。	《明世宗实录》，42/7a—8a，嘉靖三年八月庚戌。《皇明肃皇外史》，4/19a—21a。《明史纪事本末》，50/523。	《皇明肃皇外史》与《明史纪事本末》记为七月，误也。《明世宗实录》将"大礼"误记为"大理"，"陈洸"误记为"陈光"。
八月十九日（辛亥）	南京国子监祭酒崔铣，以忤异自陈求退。疏人，令铣致仕。上不悦，令铣致仕。	《明世宗实录》，42/8a—9a。《皇明肃皇外史》。嘉靖三年八月辛亥。《皇明肃皇外史》，4/19a—21a。《明史纪事本末》，50/523。	《皇明肃皇外史》与《明史纪事本末》记为七月，误也。《明世宗实录》将"昇"误记为"盆"，"陈洸"误记为"陈光"。
九月三日（甲子）	锦衣卫革职百户随全，光禄寺革职禄事钱子勋上言，献皇帝宜改葬天寿山。事下工部，工部尚书赵璜以改葬不可者三。五官灵台郎吴升尝与赵璜亦上言不可。下礼部集议。	《明世宗实录》，43/1b，嘉靖三年九月甲子；43/12a，嘉靖三年九月丁亥。《国史》，4/25a—25b。《明通鉴》，53/3309。《明史》，51/1382—1383。《明史纪事本末》，50/523—524。	《皇明肃皇外史》与《明史纪事本末》皆将锦衣卫革职百户随全，光禄寺革职禄事钱子勋上疏言礼，并未评论大礼评议，实为议献皇陵改迁北京天寿山事，应在嘉靖三年九月三日，实为嘉靖差谬。再者，钱子勋等人礼结果颁布天下前二日。又上疏倡言显陵宜正天寿山之事，交由廷议，经礼部尚书席书与工部尚书赵璜数次劝阻，事竟。

（续上表）

时间	大事记	资料出处	备注
九月五日（丙寅）	大礼终定，称孝宗为"皇伯考"，称昭圣皇太后为"皇伯母"，称献皇帝为"皇考"，称章圣皇太后为"圣母"，"濮议"终被否定。	《明世宗实录》，43/2a—3b，嘉靖三年九月丙寅。《皇明嘉隆两朝闻见纪》，2/15a。《国榷》，53/3309。《明史纪事本末》，50/523。《明通鉴》，51/1383。	徐文华等三人力争，"大礼"得郭勋言之乃定，语见《明世宗实录》不载，唯于石临疏中言"请如郑岳、徐文华所拟，上或强勿复言而夺文华，即文华等力争之证也。郭勋之倡言论据《明史》《明史纪事本末》言"郭"等总等至京师，已预结勋为内助。
九月十五日（丙子）	大礼之议，颁布天下。	《明世宗实录》，43/6a—7a，嘉靖三年九月丙子。《皇明肃皇外史》，4/24a—24b。《皇明嘉隆两朝闻见纪》，2/16a—16b。《国榷》，53/3309—3310。《明通鉴》，51/1383—1384。	
九月廿六日（丁亥）	礼部集廷臣议迁陵事。礼部尚书席书，皆以为显陵不宜轻动。上令再议。	《明世宗实录》，43/12a，嘉靖三年九月丁亥。《皇明肃皇外史》，4/25a。《国榷》，53/3310。《明史纪事本末》，50/524。《明通鉴》，51/1385。	《皇明嘉隆两朝闻见纪》记于嘉靖三年十月，未载明日期。《明通鉴》记于十月甲辰日，乃并实录十月甲辰九月。《皇明肃皇外史》将议迁陵的结果记于嘉靖三年九月，此应为第一次廷议的时间。
十月十三日（甲辰）	礼部尚书席书等议迁陵事，复言不可，终不行。	《明世宗实录》，44/5a—5b，嘉靖三年十月甲辰。《国榷》，53/3311。	

(续上表)

时间	大事记	资料出处	备注
十一月四日(甲子)	吏部左侍郎胡世宁、大理寺右评事韦商臣等论救左顺门伏阙诸臣,皆停获不报,多遭不责、停俸及外调。	《明世宗实录》,45/1b—2b,嘉靖三年十一月甲子;46/1a,嘉靖三年十二月辛卯。《国榷》,53/3312。《明通鉴》,51/1386。《皇明肃皇外史》,4/29a—29b。《皇明嘉隆两朝闻见纪》,2/20b—21a。	《皇明嘉隆两朝闻见纪》记于嘉靖三年十二月,月日不详,应为十一月甲子和十一月辛卯。
十二月一日(辛卯朔)	上以韦商臣妄言沽名,率意渎奏,令降二级,调外任。	《明世宗实录》,46/1a,嘉靖三年十二月辛卯朔。《明史纪事本末》,50/524。	《明史纪事本末》记"巡抚江西都御史陈洪谟亦言之,留中不报",查《明世宗实录》《国榷》皇外史》均未见,可知无陈洪谟上奏之事。
十二月七日(丁酉)	翰林院侍讲学士方献夫上呈《大礼议》。上令礼部尚书席书编纂《大礼集议》,收录立世室之议。	《明世宗实录》,46/2b—3a,嘉靖三年十二月丁酉。《皇明嘉隆两朝闻见纪》,2/21a—21b。	《皇明嘉隆两朝闻见纪》汉写"侍读学士方献夫请辑'大礼议',允之",今据《明世宗实录》补之。
嘉靖四年二月七日(丙申)	内阁首辅费宏建议《武宗实录》应收录献皇帝事迹。	《明世宗实录》,48/3b,嘉靖四年二月丙申。	

（续上表）

时间	大事记	资料出处	备注
三月十五日（甲戌）	开始修纂《献皇帝实录》。	《明世宗实录》，49/4b—5a，嘉靖四年三月甲戌。《皇明肃皇外史》，5/8b—9a。《皇明嘉隆两朝闻见纪》，2/24a。《国榷》，53/3318。《明史纪事本末》，50/524。《明通鉴》，52/1391。	
四月十九日（戊申）至十月十七日（癸丑）	光禄寺署丞何渊上疏请立世室，崇祀皇考于太庙，下礼部议。礼部尚书席书等议，不报。张璁特奏极言不可。吏部尚书廖纪等亦反对。褚侍郎之议始寝，赐名为世庙。后为庙路事多有争议。	《明世宗实录》，50/5a—6b，嘉靖四年四月戊申；51/10b—12a，嘉靖四年五月庚辰，56/8b—11a，嘉靖四年十月癸丑。《皇明肃皇外史》，5/10a—12a。《皇明嘉隆两朝闻见纪》，2/24a—25b。《国榷》，53/3317，嘉靖四年二月壬子。《国榷》，53/3320，53/3319。《明史》,17/220。《明通鉴》，50/525。《明纪事本末》，52/1392—1393。	诸书皆系何渊请建世室于四月。证之《明世宗实录》，渊受光禄寺署丞在二月，上疏在三月。是月戊申，乃礼部集议之四月，今统之四月，而书渊上疏于其上，为下文集议张本。

（续上表）

时间	大事记	资料出处	备注
五月廿二日（庚辰）	建世庙，祀献皇帝。	《明世宗实录》，51/10b—12a，嘉靖四年五月庚辰。《明通鉴》，52/1394。《明史中纪事本末》，50/525。《皇明肃皇外史》，5/17b—18a。《皇明嘉隆两朝闻见纪》，2/26b。	据《明世宗实录》，议立世庙献帝在五月庚辰，《明史·世宗本纪》亦据之，仿定为百世不迁。《明史·礼志》载世庙当与孝宗同祧，卒不从，此书增入，此为献皇帝后称睿宗的张本。又按，礼部所上预立一庙之议，援又宣帝为皇孙立庙京师，载之《明世宗实录》，但考蔡之《汉书·戾太子传》，可知汉宣帝之立庙实不在京师，此处乃为立世庙一事饰说也。廖纪等人反对立世庙之议。《明通鉴》《皇明嘉隆两朝闻见纪》皆记于嘉靖四年五月庚午。《皇明肃皇外史》与《皇明嘉隆两朝闻见纪》记于嘉靖四年六月，皆误。
五月廿四日（辛巳）	复传奉官，兵部尚书金献民议不可，上不听。王邦奇、李全等人遂试以百户职位。	《明世宗实录》，51/12b—12a，嘉靖四年五月辛巳。《皇明肃皇外史》，194/5141—5142。	
十月十七日（癸丑）	世庙之建，下礼部会廷臣议。席书、张璁、桂萼等因持两端议上，上卒如渊议"量拆神宫监北房，取路东行，循沟北人，但又容辇通行，不必宽广"，议遂定。	《明世宗实录》，56/8b—11a，嘉靖四年十月癸丑。《皇明肃皇外史》，5/21a—21b。《皇明嘉隆两朝闻见纪》，53/3327。《国榷》，52/1401。	世庙与大庙同门，《明史·礼志》及诸书皆不具。今据《明世宗实录》增，为献皇帝早日入祀大庙张本。《明通鉴》将向渊之奏记于嘉靖四年几月辛丑。

（续上表）

时间	大事记	资料出处	备注
十二月十七日（辛丑）	《大礼集议》书成。	《明史》，17/220。《皇明皇外史》，5/22a。《国榷》，53/3329。《明史纪事本末》，52/1403。50/525。《明通鉴》，52/1403。	《明世宗实录》未记载。《皇明肃皇外史》《国榷》《明史纪事本末》《明通鉴》皆记为嘉靖四年十二月，应为成书时间，不为颁诏天下的时间。颁诏天下应是嘉靖四年闰十二月四日（戊午）。
十二月廿四日（戊申）	上亲撰《书经三要》。	《明世宗实录》，58/4b—5a，嘉靖四年十二月戊申。	
闰十二月四日（戊午）	《大礼集议》成，颁布天下。	《明世宗实录》，59/1a，嘉靖四年闰十二月戊午。《皇明嘉隆两朝闻见记》，2/31a。《明通鉴》，52/1405。《国榷》，53/3330。《明史纪事本末》，50/525。	《皇明肃皇外史》《二月》，皆误。记了嘉靖四年十二月，甲子。知嘉靖四年闰十二月十日（甲子），为颁布天下与赏赐编撰者的时间，并非成书时间。
嘉靖五年四月十九日（辛未）	上林监右监丞何渊上《世庙颂》。	《明世宗实录》，63/6b，嘉靖五年四月辛未。《国榷》，53/3335。	
六月廿五日（丙子）	《献皇帝实录》成。	《明世宗实录》，65/8b，嘉靖五年六月丙子。《皇明肃皇外史》，6/10a。《皇明嘉隆两朝闻见记》，2/39b。《国榷》，53/3338。《明史纪事本末》，50/525。《明通鉴》，52/1411。	

（续上表）

时间	大事记	资料出处	备注
七月五日（丙戌）	李福达之狱起，狱久不决。	《明世宗实录》，66/2a—3a，嘉靖五年七月丙戌；66/5b—6a，嘉靖五年七月乙未。《国榷》，53/3339。《明通鉴》，52/1412。	《通纪》《明书》皆系李福达之狱于嘉靖六年，据《明史》《明史纪事本末》书福达之狱牵连并记耳。盖据《明世宗实录》则是时马录于嘉靖五年七月，与《明世宗实录》符。上，正下其奉于都察院之时，而是时爰书已定，郭勋以言官屡请并治勘，遂以议礼为言，桂萼等结张璁，秘结张璁、桂萼等事皆在六年。
七月十九日（庚子）	上欲改建观德殿于奉先殿左。工部尚书赵璜、礼部尚书席书皆反对，御史中张璁、卫道、御史郭希道、陈察等上言劝谏，俱不报。寻谕阁臣费宏等令工部择日兴工。费宏等遂不敢言。	《明世宗实录》，66/7b—9a，嘉靖五年七月庚子。《国榷》，53/3340。《明通鉴》，50/525—526。《皇明嘉隆两朝闻见纪》，52/1413。《皇明肃皇外史》，6/11b。《皇明嘉隆两朝闻见纪》，2/40a—40b。	《皇明肃皇外史》与《皇明嘉隆两朝闻见纪》，皆误。
七月廿一日（壬寅）	上以世庙垂成，自制乐章示大学士费宏等，命更定曲名，别于太庙，从之。	《明世宗实录》，66/9b—11b，嘉靖五年七月壬寅。《国榷》，53/3340。《明通鉴》，50/526。《皇明嘉隆两朝闻见纪》，52/1413—1414。《明史纪事本末》，2/40b—41a。《皇明肃皇外史》，50/527。7/6a—7a。	改建观德殿及世庙之成，皆在是年。《明史·礼志》记嘉靖五年七月，与《明世宗实录》合。而《通纪》误书于嘉靖四年。世庙成于七月壬寅，则《明史》纪事本末作"丁丑"，应为"辛丑"为妥。今据《明世宗实录》记于嘉靖五年八月，《明史纪事本末》记于嘉靖六年正月，《皇明肃皇外史》记于嘉靖六年六月丙寅，皆误也。

（续上表）

时间	大事记	资料出处	备注
九月六日（丙戌）	庙见礼之议。礼部尚书席书请如璁等言。上从之。	《明世宗实录》，68/1b—5a，嘉靖五年九月丙戌。《国榷》，53/3341。《明史纪事本末》，50/526。《皇明肃皇外史》，6/12b—13b。	世宗谕："章圣皇太后欲见世庙，今考求典礼以闻。"大学士费宏、杨一清反对。张璁、桂萼二人以唐代《开元礼》有皇后庙见为据。礼部左侍郎刘龙等人反对。张璁、桂萼再以《周礼》为据，驳倒众臣。《皇明肃皇外史》记于嘉靖五年九月己亥，误也。
九月十一日（辛卯）	奉安献皇帝神主于世庙。	《明世宗实录》，68/7a—9b，嘉靖五年九月辛卯。《皇明嘉隆两朝闻见纪》，2/41a。《国榷》，53/3341。《明通鉴》，52/1415。	《明史·世宗本纪》不书，《明史稿》书于是月辛卯。据《明世宗实录》礼部所奏本为嘉靖五年九月十一日（辛巳朔）。《通鉴》误书于嘉靖四年九月辛卯。今据《明世宗实录》。
九月十八日（戊戌）	章圣皇太后谒世庙。	《明世宗实录》，68/9b，嘉靖五年九月戊戌。《皇明嘉隆两朝闻见纪》，2/41a—42a。《明通鉴》，52/1415。	《明史·世宗本纪》书章圣谒世庙于己亥日。《明世宗实录》记为戊戌日，正己亥日。而礼部奏为九月十九，正乙亥日，先期祭告之日。今据《明世宗实录》。《皇明嘉隆两朝闻见纪》将世宗与众臣讨论皇太后谒庙礼一事并记于戌。
十月一日（辛亥朔）	时享太庙及世庙。先是礼部议，"祭世庙用大庙次日"。部臣复议"岁暮权与大庙同日"。上诏曰："俱用同日，次第举行。"议遂定。	《明世宗实录》，69/1a，嘉靖五年十月辛亥朔。《明通鉴》，52/1415。《皇明嘉隆两朝闻见纪》，2/41a。《明史纪事本末》，50/526—527。《皇明肃皇外史》，6/15b—16a。	《皇明肃皇外史》记嘉靖五年九月，误也。《明史纪事本末》记嘉靖五年九月，误也。

（续上表）

时间	大事记	资料出处	备注
十二年十一月（己未）	上命修纂《大礼全书》。	《明世宗实录》，71/1a—1b。《国榷》，52/3344。《明通鉴》，50/526。《明史纪事本末》，50/527。	诸书皆载诏修《明伦大典》于六年正月。证之《明世宗实录》，则因何渊之请，璁、萼等复希旨纂为《全书》，诸书不载，今据《明世宗实录》增入，为修《明伦大典》张本。《明史纪事本末》将"大礼全书"误记为"典礼全书"。
嘉靖六年正月十三日（辛卯）	张璁复属桂萼上书，请仿《资治通鉴》，并增录诸臣奏疏，上命付史馆采择。	《明世宗实录》，72/2b，嘉靖六年正月辛卯。《皇明嘉隆两朝闻见纪》，3/2a—2b。《明通鉴》，52/1423。《明史纪事本末》，50/527。	璁所辑《纂要》二卷，仿编年例，已入《大礼集议》中。而此疏所上，谓修《明伦大典》也。后言要略，即此书所定凡例，非《纂要》之外别有要略也。
正月廿二日（庚子）	敕纂修《大礼全书》。	《明世宗实录》，72/5b，嘉靖六年正月庚子。《皇明嘉隆两朝闻见纪》，3/2b。《国榷》，53/3346。《明通鉴》，53/1423。	
四月廿二日（戊辰）	改建观德殿成，复易名崇先殿。	《明世宗实录》，75/3b—4b，嘉靖六年四月戊辰。《皇明嘉隆两朝闻见纪》，3/3a。《国榷》，53/3352。《明通鉴》，53/1429。《皇明肃皇外史》，7/2b—3a。	《皇明肃皇外史》记于嘉靖六年二月，误也。《明世宗实录》《皇明肃皇外史》《国榷》皆记改建观德殿易名为崇先殿，唯《皇明嘉隆两朝闻见纪》与《明通鉴》将改建观德殿后名记为观德殿，误也。

（续上表）

时间	大事记	资料出处	备注
八月十五日（庚申）	张璁等人呈《大礼全书》。上命改名《明伦大典》，增录宋儒欧阳修等人濮议论。	《明世宗实录》，79/4b—5a，嘉靖六年八月庚申。《国榷》，53/3358。《皇明嘉隆两朝闻见纪》，3/9b。	《皇明嘉隆两朝闻见纪》记于嘉靖六年七月，误也。
十月十二日（丙辰）	前御史虞守随上皇陵正议。上以守随被察后言事，下御史狱问。	《明世宗实录》，81/5b—6a，嘉靖六年十月丙辰。《国榷》，53/3365。	上密谕张璁云何，璁曰："太祖不迁皇陵，太宗不迁孝陵，皆廷臣正论。圣慈万岁后，自宜附显陵。"上嘉纳之。
十月八日（庚申）	作显陵碑。	《明世宗实录》，81/8b，嘉靖六年十月庚申。《国榷》，53/3365。《皇明嘉隆两朝闻见纪》，3/14b。	
十一月八日（庚寅）	光禄寺厨役王福诵迁显陵，逮其下狱。	《明世宗实录》，82/6b—7a，嘉靖六年十一月庚寅。《国榷》，53/3367。	
嘉靖七年二月一日（癸卯朔）	定庙祭类称。	《明世宗实录》，85/1a—1b，嘉靖七年二月癸卯朔。《国榷》，54/3373。	太庙称七庙、袷祭称十庙。

（续上表）

时间	大事记	资料出处	备注
三月八日（己卯）	诏儒臣重校《大明会典》，增入续定事例，订正讹谬。	《明世宗实录》，86/3a—4a，嘉靖七年三月己卯。《明通鉴》54/1449—1450。	《会典》始修于弘治十五年，正德六年重校成书。至是世宗以误人奉慈殿之文重修，序中所谓"记载失真，文词抵牾"者，此类是也。又序言"自弘治十五年至嘉靖七年所有事例，一并续增"。书成于嘉靖八年四月，所载事例至嘉靖七年而止。今据《明世宗实录》月日。
五月十五日（丙申）	御制显陵碑，遣南京礼部侍郎严嵩谕安陆竖碑祭告。	《明世宗实录》，88/8a，嘉靖七年五月丙申。《明通鉴》，54/1452。	
六月一日（辛丑朔）	《明伦大典》成，命大臣不得再安议大礼。	《明世宗实录》，89/1a—1b，嘉靖七年六月辛丑朔。《皇明肃皇外史》，8/9a。《皇明嘉隆两朝闻见纪》，3/22b—23a。《国榷》，54/3379，50/527。《明史纪事本末》，50/527。《明通鉴》，54/1452。	
六月三日（癸卯）	追夺议礼诸臣官职。	《明世宗实录》，89/2b—4a，嘉靖七年六月癸卯。《明史纪事本末》，50/527。《皇明肃皇外史》，8/9a—10a。	

（续上表）

时间	大事记	资料出处	备注
六月十四日（甲寅）	谕礼部："加献皇帝谥号、章圣皇太后尊号。"	《明世宗实录》，89/10b，嘉靖七年六月甲寅。《皇明嘉隆两朝闻见纪》，3/24b。《国榷》，54/3380。	《国榷》记于六月戊申，误也。《皇明嘉隆两朝闻见纪》仅载月份，未书日期。
七月十日（己卯）	以大礼成，追尊孝惠皇太后为大皇太后，恭穆献皇帝为恭穆渊仁宽穆纯圣献皇帝。	《明世宗实录》，90/4b—6a，嘉靖七年七月己卯。《皇明肃皇外史》，8/10a。《国榷》，54/3382。《明史纪事本末》，50/528。《明通鉴》，54/1454。	
七月十二日（辛巳）	尊章圣皇太后为章圣慈仁皇太后。	《明世宗实录》，90/6b—7a，嘉靖七年七月辛巳。《皇明肃皇外史》，8/10a。《国榷》，54/3382。《明史纪事本末》，50/528。《明通鉴》，54/1454。	《皇明肃皇外史》与追尊恭穆献皇帝之事并记于秋七月，均未记日期，误也。
十一月十八日（丙辰）	《明伦大典》颁布天下。	《明世宗实录》，95/8a，嘉靖七年十一月丙辰。《国榷》，54/3389。	《国榷》记于十一月丁巳，有误，应为十一月丙辰。
十二月三十日（丁酉）	南京礼部右侍郎严嵩还自显陵，"宜勒石以纪天眷"。上从之。	《明世宗实录》，96/13b—14a，嘉靖七年十二月丁酉。《国榷》，54/3392。	

（续上表）

时间	大事记	资料出处	备注
嘉靖八年八月廿九日（壬午）	上亲祀山川诸神。	《明世宗实录》，104/7b—8b，嘉靖八年八月壬午。《国榷》，54/3407。《明通鉴》，54/1469。	是日，车驾出郊，祭山川坛，着今之典。
十月一日（癸亥朔）	享太庙，世庙。	《明世宗实录》，106/1a，嘉靖八年十月癸亥朔。	上素服、乘板舆，撤尚簿大乐。遣昌国公张鹤龄、长宁伯周大经、昌化伯郭杰分祭七陵仪。
十月五日（丁卯）	刑部员外郎部经邦上疏讽钏政、弹刻张璁。上览疏大怒、命锦衣卫逮送镇抚司严加拷讯，毋得回护。镇抚司请下都察院论罪，上曰"此非常犯不必送拟令兵部定发边卫充军"。	《明世宗实录》，106/2a—3a，嘉靖八年十月丁卯。《皇明嘉隆闻见纪》，3/38a。《明史纪事本末》，50/528。《明史》，206/5451—5452。	《皇明嘉隆闻见纪》与《明史纪事本末》皆记为嘉靖八年十月一日（癸亥朔），误也。
十月七日（己巳）	大小寺丞何渊娄奏礼书，上厌之，谪永州卫经历。	《明世宗实录》，106/3b，嘉靖八年十月己巳。《国榷》，54/3311。	
十二月十五日（丁丑）	更衮冕、朝祭服制。	《明世宗实录》，108/6a—6b，嘉靖八年十二月丁丑。《皇明嘉隆两朝闻见纪》，3/40a。	

（续上表）

时间	大事记	资料出处	备注
嘉靖九年正月廿九日（庚申）	谕礼部曰："宜改从皇祖旧制，太社以后稷配。"乃以更正太社坛配位于龙庙，遂藏二配位于寝庙，更订行人拜礼。又采帝稷之义，改为帝社、帝稷，以上戊明日祭。后改次戊，若次戊在望后，则仍用上巳、春社、秋报为定制。	《明世宗实录》，109/11a—12a，嘉靖九年正月庚申。《国榷》，54/3416。《明通鉴》，55/1476。	
二月十二日（癸酉）	命大学士张璁会给事中夏言议郊祀礼。璁以祖制既定，不敢决。上锐欲定郊制，卜之太祖，不吉。乃向阁臣翟銮复问礼部尚书李时，皆劝阻。上复卜之太祖，不吉，议目寝。会言奏请举亲蚕礼，适与所	《明世宗实录》，110/5a—9a，嘉靖九年二月癸酉。《国榷》，54/3417。《明通鉴》，55/1476—1478。《皇明肃皇外史》，10/2a—7a。《明史纪事本末》，51/532。《皇明嘉隆两朝闻见纪》，9/44a—45a。	据《明世宗实录》，王汝梅斥夏言说之非，时言疏尚未下，故世宗切责之，语谓"言以前月廿九日以大祀礼更议之说来上，今已过月，朕所以未下其奏于其司者，欲俟祭祀毕，降敕施行，乃本月初五日，王汝梅等遽斥其非，借以窥测朕意耳"。据此，则汝梅等预见其奏稿而诋之。实则言奏稿尚未下也。今据《明世宗实录》书之。有关郊祀礼、张璁、夏言先后上疏，《国榷》《皇明肃皇外史》《明史纪事本末》记载

（续上表）

时间	大事记	资料出处	备注
	论郊祀相表里，上命璁会言陈议。夏言陈议，未下。礼科给事中王汝梅等上书，极诋言。上切责之，乃摘举汝梅等原议。上又摘举汝梅等再疏："天地合祀，乃人子事父母之道，拟之夫妇同年，亵慢已甚。又或谓郊为祀天、社稷为祭地，古无北郊、夫社乃祭五土之神，独言五方帝耳，非皇地祇也。"于是，始下言疏，令礼部并议行。		为嘉靖九年二月给事中夏言先行提倡此议。《明史纪事本末》《皇明肃皇外史》《皇明嘉隆两朝闻见录》记为嘉靖九年三月丁巳夏言请更郊祀，误也。 嘉靖朝郊议共有三次，此处应指第一次郊议，据《明世宗实录》其时间应为嘉靖九年三月。《皇明纪事本末》及《明史纪事本末》记于四月，皆误。 《明史记事本末》对郊议的记载，顺序与实录不合，应为下揃狱→礼议集议第一次结果回报（右都御史汪鋐……）→中允廖道南上疏请宗庙问题→夏言复疏该有关大祖，太宗配享（以上时间均在九年三月……）。
三月六日（丙申）	张璁上《郊祀考议》，命礼部会议，命以皇祖礼部会议《郊祀议注》书。《存心录》祭祀议注书。	《明世宗实录》，111/1b—5a。嘉靖九年三月丙申。《国榷》，54/3418。《明通鉴》，55/1478—1479。《明史记事本末》，51/533。	《明史记事本末》记嘉靖九年四月，误也。

（续上表）

时间	大事记	资料出处	备注
三月九日（己亥）	谕吏科都给事中夏言赐四品服色，降旨褒谕。	《明世宗实录》，111/5a—5b，嘉靖九年三月己亥。	
三月十日（庚子）	下詹事霍韬于都察院狱。	《明世宗实录》，111/5b—6a。《皇明肃皇外史》，10/2b—3a。《皇明嘉隆两朝闻见纪》，3/44a—44b。	
三月十一日（辛丑）	礼部集上群臣所议郊礼。主分祭者，都御史汪鋐等八十二人。主分祭而以慎重成宪及时未可更者，大学士张璁等八十四人。主分祭而以山川坛为方丘者，尚书李瓒等廿六人。主合祭者，尚书方献夫等二百零六人。上复谕。言复奏曰："当遵皇祖旧制"，而圜丘更移于前，"云子具服殿稍南为大祀殿，体势峻极，可与大祀殿等"。制曰："可"。于是郊分南北制遂定。	《明世宗实录》，111/6a—7a，嘉靖九年三月辛丑。《皇明肃皇外史》，10/4b—5a。《国榷》，54/3418。《明史纪事本末》，51/532。《明通鉴》，55/1479—1480。	诸书及《三编》均系议郊礼于五月。《明史·世宗本纪》书"五月己亥更建四郊"，据《明世宗实录》兴工之月也。其实议礼皆在三月，而五月己亥，工部奏"兴工次第，莫先圜丘，而方丘及东西二坛次之，先蚕坛又次之"，是兴工实始于五月，而四郊之议，悉定于是年三月。今据《秦鏊》《皇明肃皇外史》月分书之。行人"秦鏊"，行人"柯乔"《皇明肃皇外史》则应为"柯乔"《皇明肃皇外史》的记载有误。

（续上表）

时间	大事记	资料出处	备注
三月廿九日（己未）	张璁申天地分祀并配议，并配部议。"分祀天地从古、祖宗从今"。下礼部议。	《明世宗实录》，111/14b—15b，嘉靖九年三月己未。《国榷》，54/3420。	有关合祀、分祀的讨论，主要发生在三月，且礼部廷议已大致决定天地分祀之制，二祖配享之议仍悬而未决，迁延至四月始有定论。见《明世宗实录》，112/4a—6a，嘉靖九年四月戊辰。
五月十三日（壬寅）	诏建四郊。	《明世宗实录》，113/3b，嘉靖九年四月壬寅。《皇明肃宗两朝闻见纪》，3/46b。《明史嘉隆两朝纪事本末》，51/534。	
六月十二日（庚午）	刊定《大明集礼》成。	《明世宗实录》，114/5b，嘉靖九年六月庚午。《皇明嘉隆两朝闻见纪》，3/47a。	
六月廿三日（辛巳）	诏定乐律。	《明世宗实录》，114/10b，嘉靖九年六月辛巳。《皇明肃皇外史》，10/9b—10a。《皇明嘉隆两朝闻见纪》，3/47b。	
九月六日（壬辰）	罢姚广孝从祀太庙。	《明世宗实录》，117/2a—3a，嘉靖九年九月壬辰。《皇明肃皇外史》，10/12a。《明史嘉隆两朝纪事本末》，51/534。《皇明嘉隆两朝闻见纪》，3/48b。	关于罢姚广孝配享之议，实为祭酒湛若水首发。《皇明肃宗两朝闻见纪》记为六月，《皇明肃皇外史》与《明史记事本末》记己予秋七月，皆有误，应为九月壬辰。

（续上表）

时间	大事记	资料出处	备注
十月二日（戊午）	刊布女训。	《明世宗实录》，118/1b—2a。嘉靖九年十月戊午。《皇明嘉隆两朝闻见纪》，3/49b—50a。	《皇明嘉隆两朝闻见纪》记于嘉靖九年八月，误也，应为十月戊午。
十月十五日（辛未）	上以更定郊制，命大学士张璁等纂辑成书时，名曰《祀仪成典》。	《明世宗实录》，118/7a—10b。嘉靖九年十月。《明通鉴》，54/3431。《国榷》55/1486—1487。《明史记事本末》，51/534。	《明史记事本末》与嘉靖九年十一月癸巳日张璁上疏（《明世宗实录》，119/3b—5b）并记于嘉靖九年冬十月，误也。更制圜丘坛成，上亲视于文华殿，召阁臣张璁同视。定制圜丘奉上大祀圜丘注，即世宗冬至举行。定名圜丘殿上大祀殿皇穹宇等。又于敕璁等，北郊及东西郊以次告成，皆明年夏至祭之期。
十一月七日（癸巳）	上命篇臣编郊祀更制成书，又御制《正孔子祀典说》，宣付史馆。张璁作《正孔子庙祀典说》《或问》。上命礼部集议。礼部会诸臣议，从璁议。上敕天下学官别建启圣公祠，春秋祭祀与文庙同日。遂定制。	《明世宗实录》，119/3b—5b。嘉靖九年十一月癸巳。《皇明通纪》，10/15b—16b。《明通鉴》，54/3432。《明史纪事本末》，55/1487—1488。《皇明肃皇外史》，10/15b—16b。《皇明嘉隆两朝闻见纪》，3/51b—52a。	《皇明肃皇外史》记于嘉靖九年十月。《皇明嘉隆两朝闻见纪》记于嘉靖九年十月，未载明日期。关于孔子祀典厘定过程，《皇明大政纪》均记张璁疏入之后，世宗即下礼臣议，时编修徐阶仍上疏言不宜去孔子王号、塑像。世宗不悦，作《孔子祀典或问》《正孔子祀典申说》分示群臣。张璁亦作《正孔子祀典或问》。礼部会诸臣议："今宜于孔子神位题'至圣先师孔子'，去其王号及'大成文宣'之称，遵太祖首定南京国子监规制，遵国初旧制，其塑像即令屏撤，制木为神主，春秋祭祀。制十笾十豆，天下各学八笾八豆，乐舞止六佾。"

（续上表）

时间	大事记	资料出处	备注
十一月十五日（辛丑）	更孔子祀典礼，颁示天下。	《明世宗实录》，119/11b—12b，嘉靖九年十一月辛丑。《明通鉴》，55/1488。《明史记事本末》，51/534。	《三编·发明》曰："自唐以后，加孔子号为文宣王，盖亦不免史迁作《世家》之见。"张璁请更正祀典，改称"至圣先师"，其议颁当。从祀先贤，先儒人名，俱详《明史·礼志》，而《三编·质实》尤详核云。《明史记事本末》记于嘉靖九年冬十月，误也。
十一月廿三日（己酉）	上祀南郊，奉太祖配。	《明世宗实录》，119/14a—14b，嘉靖九年十一月己酉。《皇明祖外史》，10/17a。《国権》，54/3433。《明史记事本末》，51/539。	
十一月廿三日（己酉）	命制圜丘祭器。	《皇明肃皇外史》，10/17a。《皇明嘉隆两朝闻见纪》，3/52a。	
十二月廿一日（丁丑）	始祀先圣先师于文华殿。	《明世宗实录》，120/6b—7a，嘉靖九年十二月丁丑。《皇明嘉隆两朝闻见纪》，3/53a。《明史记事本末》，51/534。	《明史记事本末》记于秋七月，误也。

（续上表）

时间	大事记	资料出处	备注
十二月十九日（乙亥）	诏行郊禋礼。	《明世宗实录》，120/5b—6a，嘉靖九年十二月乙亥。《皇明嘉隆两朝闻见纪》，3/53b。《明史记事本末》，51/539。	《明史记事本末》记于十一月己酉，误也。
嘉靖十年正月六日（辛卯）	祈谷于大祀殿，奉太祖、太宗并配。礼毕，谕张璁曰："嗣后大报于祈谷，俱奉太祖配。"	《明世宗实录》，121/1b，嘉靖十年正月辛卯。《皇明肃宗朝闻见纪》，11/2a。《皇明嘉隆两朝闻见纪》，4/1a—1b。《国榷》，55/3435。《明通鉴》，55/1489。《明史记事本末》，51/539。	自此独奉太祖配，罢太宗配。《明史记事本末》记于正月乙未，误也。
正月七日（壬辰）	上欲举禘祭大零秋报礼，作钦定大禘图如正议。	《明世宗实录》，121/1b—5a，嘉靖十年正月壬辰。《皇明嘉隆两朝闻见纪》，4/1b—2a。《明史记事本末》，55/3435。《国榷》，51/539。	上谕璁曰："孟春特享，奉太祖南向，太宗而下各一幄，其三时聚太祖坐相向，行时祫礼。季冬大祫，德祖居尊，余同享礼。节祭归之奉先殿，世庙止享四时，岁暮加归崇恩殿。"更定正月甲午，嘉靖十年正月甲午。录》121/8b，嘉靖十年正月乙未，误也。并记于嘉靖十年正月乙未，误也。《明史记事本末》
正月九日（甲午）	更庙祀、祧德祖、大祖始正南向位、德祖不复与时享。	《明世宗实录》，121/8b，嘉靖十年正月甲午。《皇明肃宗皇外史》，11/1a—2a。《国榷》，55/3435。《明通鉴》，55/1489。	

（续上表）

时间	大事记	资料出处	备注
正月十二日（丁酉）	上诣太庙，行祔享礼。	《明世宗实录》，121/8b—9b，嘉靖十年正月丁酉。《国榷》，55/3435。《明通鉴》，55/1489。	《明史·世宗本纪》曰："是月甲午，更定庙祀，奉德祖祧庙。"据《明世宗实录》，甲午乃祭告之日，丁酉乃祔享之日。证之礼官所上仪注，定以正月初九日祭告，谓告于太祖及德祖神主于寝殿正中，择于十二日行祔享礼，奉太祖神主于寝庙，丁酉十二日，帝诣太庙，行祔享礼。考之《明史·礼志》，亦云"丁酉，帝诣太庙，行祔享礼"，与《明世宗实录》同。今据而分书之。
二月十一日（丁卯）	上亲祀历代帝王于文华殿。	《明世宗实录》，122/3a，嘉靖十年二月丁卯。《国榷》，55/3437。《明通鉴》，55/1489。	
二月十八日（癸酉）	议祫礼。翰林侍读学士兼吏科都给事中夏言上疏言"请虚德祖位，仍以太祖配"。上从之。	《明世宗实录》，122/5a—6a，嘉靖十年二月癸酉。《国榷》，55/3437。《明通鉴》，55/1491。《明史记事本末》，51/540。	右中允廖道南议："朱氏出颛顼，宜禘颛顼。"群臣议于东阁。张璁曰："颛顼者失之远。宜仍禘德祖便。"言复上书争之。下廷议，如言所请。《明通鉴》记于嘉靖十年春正月，误也。《明史记事本末》记于嘉靖十年四月甲子，亦误。
二月廿三日（戊寅）	定祖陵曰基运山，皇陵曰翔圣山，孝陵曰神烈山，显陵曰纯德山，同天寿山诸陵从祀北郊。	《明世宗实录》，122/8b—9b，嘉靖十年二月戊寅。《国榷》，55/3437。《皇明嘉隆两朝闻见纪》，4/4b—5a。	《皇明嘉隆两朝闻见纪》记于嘉靖十年三月，误也。

（续上表）

时间	大事记	资料出处	备注
四月三日（丁卯）	皇后行亲蚕礼。	《明世宗实录》，124/2a，嘉靖十年四月丁巳。《皇明嘉隆两朝闻见纪》，4/6b。	
四月十日（甲子）	上大祫于太庙。	《明世宗实录》，124/2b，嘉靖十年四月甲子。《皇明嘉隆两朝闻见纪》，4/7a。《国榷》，55/3441。	
四月廿二日（丙子）	南郊神版殿成。上定名曰泰神殿。	《明世宗实录》，124/7b，嘉靖十年四月丙子。《皇明肃皇外史》，11/4a。《皇明嘉隆两朝闻见纪》，4/11a。	《皇明肃皇外史》与《明史纪事本末》记为"大神殿"，误也，应为神版殿。且《皇明肃皇外史》与《明史纪事本末》将此事记为嘉靖十年三月，误也，应为四月。《皇明嘉隆两朝闻见纪》则记为神坛，时间为七月，皆误。
五月廿九日（壬子）	夏至。上祀地于方泽。	《明世宗实录》，125/9a，嘉靖十年五月壬子。《皇明肃皇外史》，11/5b。《皇明嘉隆两朝闻见纪》，4/7b。《明史记事本末》，51/541。《明政统宗》，23/24a。《石匮书》，26/5b。《皇明大政记》，22/75a。	《明史记事本末》曰"从祀之天寿纪德山"，《皇明肃皇外史》《明政统宗》《石匮书》均记为"纪德山"。唯《皇明大政记》记为"纯德山"，疑《明史记事本末》延错标改。

（续上表）

时间	大事记	资料出处	备注
八月十八日（己亥）	光禄寺庖人王福、锦衣卫千户陈升、俱请显陵迁天寿山。礼部俱言不可。上从之。	《明世宗实录》，129/3b—10a，嘉靖十年八月己亥。《国榷》，55/3449。	
八月廿日（辛丑）	改安陆州曰承天府。	《明世宗实录》，129/10b，嘉靖十年八月辛丑。《皇明嘉隆两朝闻见纪》，4/11a。《国榷》，55/3449。《明通鉴》，55/1494。《皇明肃皇外史》，12/1a。	《皇明肃皇外史》记于嘉靖十一年正月，有误，应为嘉靖十年八月辛丑。
九月三日（癸丑）	翰林院修撰姚涞、请帝王庙厘元世祖。下礼部议。	《明世宗实录》，130/1b，嘉靖十年九月癸丑。《皇明嘉隆两朝闻见纪》，4/11b。《国榷》，55/3451。	
九月十五日（乙丑）	修葺西苑宫殿成，特设成祖位祭之。	《明世宗实录》，130/4b，嘉靖十年九月乙丑。《国榷》，55/3449。《明通鉴》，55/1494。	

（续上表）

时间	大事记	资料出处	备注
九月廿三日（己卯）	上召翟銮、李时、汪镃、夏言，欲更太庙同堂之制。上曰："皇考世庙南向，太宗以下东西庙向，心窃未安。"言请度地方议之："太庙地势有限，恐不能容。小其规模，又不合古礼。且使各庙既成，非但筋力不逮，而日月力亦有所不给。若以九庙一堂嫌于混同，请以木为黄屋，如庙廷之制，依庙数设之，又设帷幄于其中，亦足以展专尊之敬矣。"不报。	《明世宗实录》，130/8b—9a，55/3453。《明通鉴》，55/1496。《皇明肃皇外史》，12/1b—3a。《皇明嘉隆两朝闻见纪》，4/17a—17b。《明史记事本末》，51/541。	《明世宗实录》中有关庙制的讨论，直到嘉靖十一年四月已卯议定。《皇明肃皇外史》与《皇明嘉隆两朝闻见纪》则记于嘉靖十一年三月，误也。《明史记事本末》记于嘉靖十一年四月壬辰，误也。《明通鉴》记于嘉靖十年十一月，误也。
十月四日（甲申）	正迁陵议。行人赵具得狱。	《明世宗实录》，131/2a—3b。《皇明嘉隆两朝闻见纪》，4/13a。《国榷》，55/3453。《明通鉴》，55/1495。	《皇明嘉隆两朝闻见纪》将光禄寺厨役王福、锦衣卫陈升清迁显陵事并记于此，时间有误。

（续上表）

时间	大事记	资料出处	备注
十月十日（庚寅）	帝社，帝稷坛成。岁旱则祷，奉太祖配。	《明世宗实录》，131/6a—6b，嘉靖十年十月庚寅。《皇明嘉隆两朝闻见纪》，4/12a。《明通鉴》，55/1495—1496。	
十一月十日（丙辰）	中允廖道南请更定庙制。上悦，命会议。	《明世宗实录》，132/2a—2b，嘉靖十年十一月丙辰。《明通鉴》，55/1496。	更定庙制事，《明世宗实录》与《国榷》皆记于嘉靖十年九月己卯，嘉靖诸臣嘉靖十年九月己卯之言论并载入《明世宗实录》与《国榷》嘉靖十年十一月丙辰日为后续发展。《明通鉴》则将诸臣嘉靖十年九月己卯之言论并载入嘉靖十年十一月丙辰廖道南之发言。
十二月九日（戊子）	监察御史喻希礼上言："祈天求嗣，不在祠醮，而在行仁政。诸宥大礼大狱得罪诸臣。"御史石金亦言。上不怿，并下礼部。尚书夏言谓："希礼，金案内，意亦匕他。"上益怒，并责迂天修，迂疏可罪，言党护，下希礼，金镇抚司。	《明世宗实录》，133/2b—3b，嘉靖十年十二月戊子。《国榷》，55/3456。	

（续上表）

时间	大事记	资料出处	备注
十二月十八日（丁酉）	袷享太庙。	《明世宗实录》，133/7a，嘉靖十年十二月丁酉。《明通鉴》，55/1497。	是时，罢岁除之祭，以冬季中旬行大袷礼。设德祖位于太庙正中，南向。懿祖而下，以次东、西向。
嘉靖十一年正月廿二日（辛未）	祈谷于圜丘。	《明世宗实录》，134/4a—4b。《国榷》，嘉靖十一年正月辛未。《明通鉴》，55/1498。	上既袭二祖并配之制，寻亲制祭文，更定仪注，改用惊蛰节。礼视大祀少杀，不设从坛、不燔柴，着为定式。
三月廿一日（庚午）	谕礼部议宗庙昭穆世次。	《明世宗实录》，136/4b—5a。《皇明肃皇外史》，12/3a。《国榷》，55/3462。	
四月六日（甲申）	颁诏暂停改建太庙。	《明世宗实录》，137/2b，嘉靖十一年四月甲申。	
八月十九日（甲午）	历代帝王庙成。	《明世宗实录》，141/4b，嘉靖十一年八月甲午。《国榷》，55/3468。《明通鉴》，55/1500。	
九月二日（丁未）	前霍州知州陈采上言"杨廷和既误主濮议，而张孚敬又谓继统武宗，遗漏天潢，那移祖训，乞正罪如律"，上怒，遣之。	《明世宗实录》，142/1a—1b，嘉靖十一年九月丁未。《国榷》，55/3469。	世宗以为陈采欲翻案而大怒。然陈采之言，意在崇兴献。《国榷》记于嘉靖十一年九月丙午，时间有误。

（续上表）

时间	大事记	资料出处	备注
嘉靖十二年正月八日（甲子）	蒲州诸生秦镰上言：请奉皇考于大庙，又分祀四郊，损文宣王爵像，俱非圣祖意。上以讪妄，下镇抚司，以妖言论死。	《明世宗实录》，146/4a—4b，嘉靖十二年正月甲子。《国榷》，55/3478。	
八月廿五日（乙未）	皇嗣生，颁诏大赦天下。唯大礼大狱得罪者及建言诸臣冯恩等皆不宥。	《明世宗实录》，146/5a，嘉靖十二年八月乙未。《皇明嘉隆两朝外史》，13/3b。《皇明嘉隆两朝闻见纪》，4/30b。《明通鉴》，56/1509。	《明史》书"乙未"，据下诏之日也。《明书》及《明书》皆作"己丑"，今分书之。
嘉靖十三年四月一日（丁酉）	时享太庙，遣武定侯郭勋摄行。户科给事中张选进谏言。上大怒，下之礼部。上愈怒，命杖张选。夏言等亦进言、责言等党比。命杖张选，竟选儿死，命文华殿听之。张选得释，竟坐削籍。上怒抚未释，制《祭祀记》一篇，分赐百官。	《明世宗实录》，162/1a—1b，嘉靖十三年四月丁酉。《明通鉴》，56/1516。《皇明嘉隆两朝闻见纪》，4/39b—40a。	《皇明嘉隆两朝闻见纪》记于嘉靖十三年三月，有误，应为四月丁酉。

（续上表）

时间	大事记	资料出处	备注
六月廿九日（甲子）	南京太庙灾。	《明世宗实录》，164/7a—7b。《皇明肃皇外史》，14/5a。《皇明嘉隆两朝闻见纪》，4/41b—42a。《国榷》，56/3502。《明通鉴》，56/1517—1518。	《明史·五行志》书"是月甲子"，据《明世宗实录》奏至之日月甲子，甲子为六月廿九日，其太庙火灾当在六月，史文未具耳。今据书之。《国榷》记为嘉靖十三年六月乙巳，有误。
七月十二日（丁丑）	建神御阁于南京内，收祖宗御容、宝训，实录。	《明世宗实录》，165/2a—3b。嘉靖十三年七月丁丑。《皇明嘉隆两朝闻见纪》，4/42a—42b。《明通鉴》，56/1518。	
八月十三日（丁未）	议是否重建南京太庙。夏言与辅臣张孚敬不主重建："南京原有奉先殿，其朝夕香火，当合并供奉如常。太庙遗址，当从仿古坛壝遗意。"上从之。	《明世宗实录》，166/2b—4b。嘉靖十三年八月丁未。《皇明肃皇外史》，14/5a。《皇明嘉隆两朝闻见纪》，4/43a—43b。《国榷》，56/3503—3504。《明通鉴》，56/1518。《明史记事本末》，51/542。	时上虽循故事，因庙灾求直言。然实言等缘饰之词，以灾为革。诸书记营太庙及定九庙制于十一年，据始议之年月是年六月。《三编》书营太庙于是年六月，分书南京太庙次类记也。今据《明世宗实录》之《皇明肃皇外史》仅记载上建言者为夏言，未见之。张孚敬之名，《明史记事本末》记子嘉靖十三年六月，误也。
九月八日（辛未）	定九庙之制，皆南向。并增拓世庙，视群庙崇四尺。	《明世宗实录》，167/2a—2b。嘉靖十三年九月辛未。《皇明嘉隆两朝闻见纪》，4/44a—44b。《国榷》，56/3505。《明通鉴》，56/1518—1519。	诸书记营太庙及定九庙制于十一年也，《三编》书营太庙于是年六月，因南京庙次类记也。今据《明世宗实录》月，分书之。

(续上表)

时间	大事记	资料出处	备注
嘉靖十四年正月廿一日(壬午)	召诸臣于文华殿西室议各庙名。张孚敬等议曰:大祖世庙之名已随《明伦大典》颁诏四方,应改"文世室"名为"大宗庙"。至于其他群庙不用"宗"字,用本庙号,他日递迁,更降额即可。夏言亦赞成。李时则认为只需用昭穆字,曰"昭一庙""昭二庙","穆一庙""昭三庙",穆亦如之。上从孚敬议。	《明世宗实录》,171/4a—4b,嘉靖十四年正月壬午。《皇明嘉隆两朝闻见纪》,5/1b—2a。《国榷》,56/3510。《皇明肃皇外史》,15/2a—2b。	上与张璁关于"世庙"字眼之讨论,《明通鉴》记于嘉靖十四年二月己亥日,误也。《皇明嘉隆两朝闻见纪》记于嘉靖十三年九月,误也。《皇明肃皇外史》记于嘉靖十四年二月,误也。
正月廿五日(丙戌)	庄肃皇后夏氏崩。	《明世宗实录》,171/4b—6a,嘉靖十四年正月丙戌。《国榷》,56/3510。《明通鉴》,56/1522。	世宗亲率夏氏丧礼仪式。上以"叔嫂无服,且两宫各在上,何素也"。夏言执拗如初,至再,始救定,敕与遗诏异,朝臣袭故事,皆衰杖哭。礼官、词臣、给事中皆素。张孚敬请章圣万寿节仍吉服终日,上许之。
二月八日(己亥)	始建九庙。	《明世宗实录》,172/2b—3a,嘉靖十四年二月己亥。《皇明嘉隆两朝闻见纪》,5/2b。《国榷》,56/3511。《明通鉴》,56/1522。	根据嘉靖十四年正月壬午日之议,又以避渠道,迁世庙。悉改建之。诸庙各为都宫,庙各有殿有寝,太祖庙寝后有祧庙,奉祧主藏焉。太庙门殿皆南向,群庙门皆东西向,内门殿皆南向。

（续上表）

时间	大事记	资料出处	备注
二月十九日（庚戌）	集议庄肃皇后谥号。吏部尚书汪鋐等顺旨，谥"孝静庄惠安肃毅皇后"。	《明世宗实录》，172/5b—7a，《国榷》，56/3511。《明通鉴》，56/1522。《皇明肃皇外史》，15/2a。《皇明嘉隆两朝闻见纪》，5/2a—2b。	《国榷》与《明通鉴》都记于二月十八（己酉）日，误也。《皇明肃皇外史》与《皇明嘉隆两朝闻见纪》记于嘉靖十四年正月，误也。
四月一日（辛卯）	享太庙世庙。暂于奉先、崇先殿举行。	《明世宗实录》，174/1a—1b。《皇明嘉隆两朝闻见纪》，5/3b—4a。《国榷》，56/3514。《明通鉴》，56/1523。	
四月十四日（甲辰）	更定宗庙雅乐。	《明世宗实录》，174/5a—5b，《皇明嘉隆两朝闻见纪》5/4a—4b。《国榷》，56/3514。	夏言以宗庙雅乐原是同堂之制，统在太庙，今各庙已特建，故乐章亦宜特设。
嘉靖十五年四月九日（癸巳）	上巡山陵，谕辅臣李时等曰："朕法祖宗，预作幽宫，皇后不亲蚕，遣女官祭先蚕之神。	《明世宗实录》，186/2a—2b，《皇明嘉隆两朝闻见纪》，16/2a。《皇明肃皇外史》，5/17a—18a。《明通鉴》，56/1528。	

（续上表）

时间	大事记	资料出处	备注
四月十二日（丙申）	行大禘礼于太庙。	《明世宗实录》，186/5b，嘉靖十五年四月丙申。《皇明嘉隆两朝闻见纪》，5/18a。《国榷》，56/3527。《明通鉴》，56/1528。	
四月十六日（庚子）	顺天儒士潘谦、锦衣卫匠金柱，请迁显陵，下诏狱。	《明世宗实录》，186/5b—6b，嘉靖十五年四月庚子。《国榷》，56/3527。	
四月十九日（癸卯）	上欲建山陵，亲诣七陵，行祭告礼。	《明世宗实录》，186/8a—8b，嘉靖十五年四月癸卯。《皇明嘉隆两朝闻见纪》，5/18b。《明通鉴》，56/1529。	
四月廿七日（辛亥）	上亲阅长陵、献陵、景陵。以景陵庳小，拓之。	《明世宗实录》，186/11a，嘉靖十五年四月辛亥。《皇明嘉隆两朝闻见纪》，5/19a。《国榷》，56/3527。	
七月十七日（庚午）	上以"三太后别祀奉慈殿，不若奉于陵殿为宜"，下廷臣议，遂罢奉慈殿。	《明世宗实录》，189/6a—7a，嘉靖十五年七月庚午。《皇明嘉隆两朝闻见纪》，5/21b—22a。《明通鉴》，56/1531—1532。	《明通鉴》记于嘉靖十五年九月，有误，应为七月庚午。

（续上表）

时间	大事记	资料出处	备注
七月廿五日（戊寅）	神御阁成，奉御容、祖训，实录于其中，更名曰皇史宬。	《明世宗实录》，189/8a—8b，嘉靖十五年七月戊寅。《皇明两朝外史》，16/4b。《皇明嘉隆两朝闻见纪》，5/23a。《明通鉴》，56/1531。	《明通鉴》记载于嘉靖十五年七月丁丑，误也，应为七月戊寅。
九月七日（己未）	皇陵明楼火。	《明世宗实录》，191/4b，嘉靖十五年九月己未。《国榷》，56/3532。	
九月十七日（己巳）	悼灵皇后改谥为孝洁皇后，从礼官夏言之请也。	《明世宗实录》，191/11a—11b，嘉靖十五年九月己巳。《皇明嘉隆两朝闻见纪》，5/25a。《国榷》，56/3533。《明通鉴》，56/1531。	《国榷》记载月日与《明世宗实录》同。《明通鉴》记为嘉靖十五年九月丁丑，误也。《皇明嘉隆两朝闻见纪》未书明日期，且改题三后神主事，《明世宗实录》记于嘉靖十五年九月辛巳，不可并记。
九月十八日（庚午）	车驾发京师，上至天寿山躬祭七陵。	《明世宗实录》，191/11b，嘉靖十五年九月庚午。《国榷》，56/3533。《明通鉴》，56/1531。	
九月廿七日（己卯）	九庙成。	《明世宗实录》，191/12b—，嘉靖十五年九月己卯。《国榷》，56/3533。《皇明嘉隆两朝闻见纪》，5/28b。《明史纪事本末》，50/525。	《明通鉴》记于十二月辛卯，误也。《皇明嘉隆两朝闻见纪》与《明史纪事本末》记于十二月，误也。

（续上表）

时间	大事记	资料出处	备注
九月廿九日（辛巳）	改题三后神主。	《明世宗实录》，191/12b—13a，嘉靖十五年九月辛巳。《皇明嘉隆两朝闻见录》，5/25a。《国榷》，56/3533。《明通鉴》，56/1532。	孝肃太皇太后神主止称"孝肃贞顺康懿光烈辅天成圣皇后"，不用睿字。孝穆皇太后神主止称"孝穆慈慧恭格庄僖崇天承圣皇后"，孝惠太皇太后神主止称"孝惠康肃温仁懿顺协天佑圣皇后"，俱不用纯字。《国榷》与《明世宗实录》同。《皇明嘉隆两朝闻见纪》与《明世宗实录》《国榷》皆记为九月。《明通鉴》记为嘉靖十五年十月戊戌，误也。
九月廿九日（辛巳）	改题迁安孝洁皇后神主于奉先殿两室。	《明世宗实录》，191/13a，嘉靖十五年九月辛巳。《明通鉴》，56/1531—1532。《皇明嘉隆两朝闻见纪》，5/23a—23b。	《明通鉴》仅注月份，并将嘉靖十五年七月庚午冥奉慈殿的相关讨论一并记于嘉靖十五年九月辛巳日。《皇明嘉隆两朝闻见纪》记于九月辛巳，误也。
十月十七日（己亥）	更定世庙曰献皇帝庙。	《明世宗实录》，192/8a，嘉靖十五年十月己亥。《皇明嘉隆两朝闻见纪》，16/5b。《皇明嘉隆两朝闻见纪》，56/3535。《明史纪事本末》，50/528。《明通鉴》，56/1532。	
十月廿一日（癸卯）	三后迁峻殿礼成。	《明世宗实录》，192/8b，嘉靖十五年十月癸卯。《皇明嘉隆两朝闻见纪》，5/25b—26a。《国榷》，56/3535。《明通鉴》，56/1532。	《国榷》记载月日与《明世宗实录》同。《明通鉴》记于十月戊申，误也。

（续上表）

时间	大事记	资料出处	备注
十一月	夏言请定功臣配享及令臣民得祭始祖先祖，百官并立家令。	《皇明肃皇外史》，16/6b。《皇明嘉隆两朝闻见纪》，5/27b。《明史记事本末》，51/543。	遍查《明世宗实录》《国榷》及《大明会典》，并无夏言此议之疏。然在夏言《桂洲先生奏议二十卷外集一卷·请定功臣配享及臣民得祭始祖立家庙》，17/15a，收有其奏疏。王圻《续文献通考·宗庙考》，亦有记载。
十二月	定庙缮礼。	《皇明嘉隆两朝闻见纪》，5/29a。《明史·礼志五》，51/1322。	立春裸享，各出主于殿，立夏、立秋、立冬出太祖，成祖七宗主、裸太祖殿，为时祫，卜日祫，为时祫。出四祖及太祖，成祖七宗主，裸太祖殿，为大祫。祭毕，各归主于其寝。
十二月十日（辛卯）	上奉安德、懿、熙、仁四祖神主于祧庙，太祖神主于太庙，自太宗、献庙以下，皆分日行之。	《明世宗实录》，194/3b，嘉靖十五年十二月辛卯。《明通鉴》，56/1533。	
十二月十一日（壬辰）	奉安太宗于世室，列圣于昭穆庙。	《明世宗实录》，194/5a，嘉靖十五年十二月壬辰。《皇明嘉隆两朝闻见纪》，5/29a—29b。《国榷》，56/3538。	杜淑芬《明史纪事本末·大礼议》校读，第159页，将奉安神主之"嘉靖十五年十二月壬戌辰"，有误，应为"壬辰"。且壬辰日止奉安太宗与其他诸帝。德、懿、熙、仁四祖神主于祧庙，太祖神主于太庙，时为嘉靖十五年十二月辛卯。
十二月十二日（癸巳）	奉安献皇帝于献皇帝庙。	《明世宗实录》，194/5a—5b。《国榷》，嘉靖十五年十二月癸巳，56/3538。	

（续上表）

时间	大事记	资料出处	备注
闰十二月三日（甲寅）	阁臣传圣谕，"两宫徽号并加二字"。夏言奏：尊同行"两宫皇太后，徽名分不殊，徽号字数并宜一体"，上曰："两宫徽号并用八字。"	《明世宗实录》，195/3a－3b，嘉靖十五年闰十二月甲寅。《皇明肃皇外史》，16/7b。《皇明嘉隆两朝闻见纪》，5/29b－30a。《明通鉴》，56/1533。	世宗曰"两宫行辈同尊本是相等，非始妇也。皇伯母原系皇兄，所上六字似多耳"，可知世宗借加章圣皇太后徽号，提高其地位。
闰十二月三日（甲寅）	上昭圣皇太后徽号"皇伯母昭圣康惠慈寿皇太后"。	《明世宗实录》，195/3a，嘉靖十五年闰十二月甲寅。	
闰十二月七日（戊午）	上章圣皇太后徽号"圣母章圣慈仁康静贞寿皇太后"。	《明世宗实录》，195/4a。嘉靖十五年闰十二月戊午。《皇明肃皇外史》，16/7b。《皇明嘉隆两朝闻见纪》，5/29b－30a。《明通鉴》，56/1533。	两宫徽号，《明史·本纪》统系是月癸亥，据颁诏之日也。今据《明世宗实录》分书。
嘉靖十七年六月十五日（丙辰）	以前通州同知丰坊请复明堂，入庙配天。上作《明堂或问》示辅臣，礼部尚书严嵩等大俱，遂定议称宗。	《明世宗实录》，213/2a－9a，嘉靖十七年六月丙辰。《皇明嘉隆两朝闻见纪》，5/44a－45a。《明通鉴》，56/3558。《国榷》，57/1544－1545。《皇明肃皇外史》，18/3b。《明史纪事本末》，50/528－529。	《明史·本纪》书定明堂大飨礼于是月丙辰，据《明世宗实录》也。《明史·本纪》及《通鉴》并系之六月，实据议礼之日也。而《明世宗实录》所载，称宗祔庙皆类记于六月。唯本纪、《三编》分书定大飨礼于六月，宗祔太庙于九月，今悉据之。《皇明肃皇外史》与《明史纪事本末》记于嘉靖十七年七月，皆误。《明史纪事本末》曰"时张孚敬死已六年矣"，误也，张孚敬卒于嘉靖十八年二月乙巳。

（续上表）

时间	大事记	资料出处	备注
七月十五日（丙戌）	礼部尚书严嵩、大学士李时、夏言拟上秋享及称祖称宗一应礼制并会成造册，请下所司。上诏俱如拟。	《明世宗实录》，214/2b。嘉靖十七年七月丙戌。	定大袷祝文，九庙帝后谥号俱全书，时袷止书某祖、某宗某皇帝。更定孝冬大袷日，东定太庙袷祭神位。改以懿祖居中、东次懿祖，又东汇祖；西次熙祖，次太祖，俱西面之位，太宗西向北上，仁宗以下七宗东西相向。礼三献，乐六奏，舞八佾。皇帝献德祖帝后，大臣十二人分献诸后。
九月十一日（辛巳）	改谥太宗文皇帝"启天弘道高明肇运圣武神功纯仁至孝文皇帝"，庙号成祖。皇考恭穆献皇帝上谥"钦天守道洪德渊仁宽穆纯圣恭俭敬文献皇帝"，庙号睿宗。	《明世宗实录》，216/7b—9a，嘉靖十七年九月辛巳。《皇明肃皇外史》，18/6b—7a。《皇明嘉隆两朝闻见纪》，5/46a—46b。《国榷》，56/3560。《明史纪事本末》，50/530；51/543。《明通鉴》，57/1546。	除《明世宗实录》外，其他诸书皆记嘉靖十七年七月献皇帝称宗祔庙。实际上，献皇帝只称睿宗，时享祔宗庙，礼毕，归于特享皇帝庙。可知献皇帝神主真正入祔太庙，仍在某年。
九月廿一日（辛卯）	大享上帝于玄极宝殿，奉睿宗配，诏示天下。	《明世宗实录》，216/12a—13a，嘉靖十七年九月辛卯。《皇明肃皇外史》，18/7a。《皇明嘉隆两朝闻见纪》，5/46b—47a。《国榷》，56/3562。《明史纪事本末》，50/530。《明通鉴》，57/1546。	

（续上表）

时间	大事记	资料出处	备注
九月廿三（癸巳）	定显陵祭仪，一如长陵。	《明世宗实录》，216/13a—13b，嘉靖十七年九月癸巳。《国榷》，56/3562。	
十一月一日（辛未朔）	上诣南郊，上皇天上帝尊号册表。	《明世宗实录》，218/1a—2b，嘉靖十七年十一月辛未朔。《皇明嘉隆两朝闻见记》，18/7b。《皇明嘉隆两朝闻见纪》，5/47a—47b。《国榷》，56/3562—3563。《明史记事本末》，51/543。《明通鉴》，57/1547。	上皇天上帝尊号，《明史·本纪》《三编》皆系十一月，据上尊号之二月日也。其祭云见及祭告南郊，据《三编》系南郊目中系以《明世宗实录》，在前月甲子，今分书之。"先是"二字，今分书之。
十一月十六日（丙戌）	上诣太庙，改题太祖高皇帝后主，加帝后尊号。	《明世宗实录》，218/5b，嘉靖十七年十一月丙戌。《皇明嘉隆两朝闻见纪》，5/47b。《国榷》，56/3563。	
十一月廿一日（辛卯）	上诣南郊，还，御奉天殿受贺，诏赦天下。	《明世宗实录》，218/8a—9a，嘉靖十七年十一月辛卯。《国榷》，56/3563。	

460 / **大礼议**：嘉靖帝的礼制改革与皇权重塑

（续上表）

时间	大事记	资料出处	备注
十二月四日（癸卯）	章圣慈仁康静贞寿大后崩。	《明世宗实录》，219/1a，嘉靖十七年十二月癸卯。《皇明嘉隆两朝闻见纪》，5/48a。《国榷》，56/3564。《明通鉴》，57/1547。《皇明肃皇外史》，18/8b。	《皇明肃皇外史》记于嘉靖十七年十二月庚申日，误也。
十二月六日（乙巳）	议迁显陵梓宫。	《明世宗实录》，219/4a—5b，嘉靖隆两朝闻见纪》乙巳。《皇明嘉隆两朝闻见纪》，5/48a—48b。《国榷》，56/3564。《明通鉴》，57/1547。	欲迁献皇帝，与章圣天天大峪山合葬。
十二月十二日（丙寅）	上大行皇太后尊谥"慈孝献皇后"。	《明世宗实录》，219/17a—18a，嘉靖十七年十二月丙寅。《国榷》，56/3565。《明通鉴》，57/1548。	
十二月十三日（壬子）	上素服亲诣大峪山陵。直隶巡按御史陈让劝止疏入。上责其阻挠议成议，黜为民。然上自大峪山还宫后，心意改变，令指挥越俊南住，启视幽宫。南巡承天之议起。	《明世宗实录》，219/9b—10a，嘉靖十七年十二月壬子。《国榷》，56/3564。《明通鉴》，57/1548。	陈让此疏，《明世宗实录》书于上幸大峪山之下。虽以阻挠被黜，然观陈让疏中所论衣冠合葬显陵，精当不易，不知诸书为何遗漏，今据《明世宗实录》增入。

（续上表）

时间	大事记	资料出处	备注
十二月廿日（己未）	上谕辅臣免迁显陵，自往承天，巡视山陵。	《明世宗实录》，219/12a—13a，嘉靖十七年十二月己未。《国榷》，56/3565。《明通鉴》，57/1548。《皇明肃皇外史》，19/1a—2a。	《皇明肃皇外史》记于嘉靖十八年正月，误也。
嘉靖十八年正月二日（辛未）	上谕辅臣考定丧服冠裳衰经之制，绘图注释，编书上之。并命礼部择日恭奉大行皇太后梓宫南祔。	《明世宗实录》，220/1a—2a，嘉靖十八年正月辛未。《国榷》，57/3566。《明通鉴》，57/1548。《皇明嘉隆两朝闻见纪》，6/1a。	《皇明嘉隆两朝闻见纪》记考定丧服并绘图一事于嘉靖十八年正月庚午朔，误也。
正月廿七日（丙申）	敕谕南巡视山陵。工部郎中岳伦上疏请止。上恶之，诏斥为民。	《明世宗实录》，220/8b—9a，嘉靖十八年正月丙申。《国榷》，57/3566。	据《明世宗实录》，谕南巡山陵事于嘉靖十八年正月丙申，但岳伦请止事记于二月甲申。翻查《国榷》，二事通记于正月丙申，误也。
正月廿八日（丁酉）	礼部以上帝尊号及皇祖谥号礼成，奏遣使诏谕朝鲜。	《明世宗实录》，220/9a，嘉靖十八年正月丁酉。《明通鉴》，57/1549。	
三月十三日（辛巳）	上谒显陵，还，御龙飞殿。	《明世宗实录》，222/5a，嘉靖十八年三月辛巳。《皇明嘉隆两朝闻见纪》，6/3b。《国榷》，57/3574。《明通鉴》，57/1550。《皇明肃皇外史》，19/6a。	《皇明肃皇外史》记于嘉靖十八年三月壬午日，误也。

（续上表）

时间	大事记	资料出处	备注
三月十六日（甲申）	享上帝于龙飞殿，奉睿宗献皇帝配。	《明世宗实录》，222/5b—6a，嘉靖十八年三月甲申。《皇明嘉隆两朝闻见纪》，6/3b。《国榷》，57/3574。《明通鉴》，57/1551。	
三月廿日（戊子）	以大享礼成，御龙飞殿，受群臣朝贺，颁诏天下。	《明世宗实录》，222/8a—8b，嘉靖十八年三月戊子。《皇明嘉隆两朝闻见纪》，6/3b。《明通鉴》，57/1551。	
四月六日（癸卯）	谕行在礼部"纯德山至灵安悦，道上行宫勿复治"。	《明世宗实录》，223/1a—1b，嘉靖十八年四月癸卯。《国榷》，57/3575。	世宗意欲显陵毋动，改葬章圣于大峪山。
四月十一日（戊申）	车驾还都，过巩母墓。从监察御史谢少南议，自定迁陵议遂寝。	《明世宗实录》，223/1b—2a，嘉靖十八年四月戊申。《国榷》，57/3575。《明通鉴》，57/1551。《皇明肃皇外史》，19/6b。	迁陵议寝一事，《皇明肃皇外史》记于嘉靖十八年三月，误也。
四月十九日（丙辰）	复议孝献皇后葬所。	《明世宗实录》，223/3b—4a，嘉靖十八年四月丙辰。《国榷》，57/3576。	

（续上表）

时间	大事记	资料出处	备注
四月廿九日（丙黄）	上谕曰"大峪不如纯德"。奉孝献皇梓宫南祔之议遂定。	《明世宗实录》，223/7a，嘉靖十八年四月丙黄。《皇明疏》两朝闻见纪，6/5a。《国榷》，57/3577。《明通鉴》，57/1551。	纯德者，承天之松林山之更名。
五月十七日（甲申）	慈孝献皇后梓宫南祔。	《明世宗实录》，224/17a，嘉靖十八年五月甲申。《皇明疏》皇外史，19/9a。《皇明疏》两朝闻见纪，6/6b。《国榷》，57/3579。《明通鉴》，57/1552。	
闰七月廿五日（庚申）	献皇后祔显陵。二圣梓宫合葬于显陵新寝。	《明世宗实录》，227/8a，嘉靖十八年闰七月庚申。《皇明疏》两朝闻见纪，6/11b。《国榷》，57/3582。《皇明疏》皇外史，19/10b。《明通鉴》，57/1553。	《国榷》记录月日与《明世宗实录》同。《皇明疏》皇外史》记献皇后祔显陵事于嘉靖十八年闰七月丁酉日，误也。《明通鉴》记子嘉靖十八年闰五月庚申，误也。
八月七日（辛未）	奉慈孝献皇后神主，祔睿宗献皇帝庙。	《明世宗实录》，229/2a，嘉靖十八年八月辛未。《国榷》，57/3582。《明通鉴》，57/1554。	
十月一日（乙丑朔）	上祭长陵，立成祖文皇帝陵碑。	《明世宗实录》，230/1a，嘉靖十八年十月乙丑。《国榷》，57/3585。《明通鉴》，57/1554。	

（续上表）

时间	大事记	资料出处	备注
十一月三日（丙申）	上祀天于圜丘。	《明世宗实录》，231/1a，嘉靖十八年十一月丙申。《国榷》，57/3586。《明通鉴》，57/1554。	
嘉靖十九年九月六日（甲午）	大享上帝于玄极宝殿，奉睿宗配。	《明世宗实录》，241/1b，嘉靖十九年九月甲午。《国榷》，57/3598。	
嘉靖二十年四月五日（辛酉）	夜，太庙灾。自仁庙火，九庙俱尽毁，唯睿庙存。	《明世宗实录》，248/5a—5b，嘉靖二十年四月辛酉。《皇明肃皇外史》，21/4a。《皇明嘉隆两朝闻见纪》，6/29a—29b。《国榷》，57/3610。《明史纪事本末》，50/530。《明通鉴》，57/1565。	《明通鉴》记于二月辛酉，误也。
四月廿二日（戊寅）	奉安成祖仁宗帝后神主，自二陵迎入京。	《明世宗实录》，248/16a，嘉靖二十年四月辛酉。《国榷》，57/3615。	
八月八日（辛酉）	昭圣恭康惠慈寿皇太后张氏崩。上谕礼部曰"今丧礼有定式，奠祭内官代行，朕生辰亦免贺"。	《明世宗实录》，252/3a，嘉靖二十年八月辛酉。《国榷》，57/3615。《明通鉴》，57/1567。	上谕"昭圣虽伯母，朕母事之。自十七年秋事，不自爱以爱宗社，朕故不敢躬诣问安。遇事必遣内侍谕问"，可知世宗疑以昭圣太后事生母，两人关系更趋恶劣。昭圣死后，世宗降杀丧礼，不愿前往丧祭，故遣内官代行。

（续上表）

时间	大事记	资料出处	备注
八月廿四日（丁丑）	上大行皇太后尊谥曰"孝康敬皇后"。	《明世宗实录》，252/10b—11a，嘉靖二十年八月丁丑。《皇明肃皇外史》，21/8b。《皇明嘉隆两朝闻见纪》，6/33a—33b。《国榷》，57/3616。《明通鉴》，57/1568。	《明通鉴》记于八月丁酉，误也，应为"丁丑"。《国榷》与《明世宗实录》同。《皇明肃皇外史》与《皇明嘉隆两朝闻见纪》均未载明日期。
嘉靖二十一年正月一日（壬午朔）	御奉天殿，以昭圣皇太后未祔庙，免百官称贺。	《明世宗实录》，257/1a，嘉靖二十一年正月壬午朔。《国榷》，57/3622。《明通鉴》，58/1571。	
四月六日（丙辰）	建大享殿。	《明世宗实录》，260/1a—1b，嘉靖二十一年四月丙辰。《国榷》，57/3625。《明通鉴》，58/1572。《皇明嘉隆两朝闻见纪》，6/40a。	《皇明嘉隆两朝闻见纪》记为"诏建大高玄殿"，误也，应为"大享殿"。
十一月六日（壬子）冬至	祀天于圜丘。	《明世宗实录》，268/2b，嘉靖二十一年十一月壬子。《明通鉴》，58/1580。	
嘉靖二十二年三月廿九日（癸酉）	奉安列圣神位，配祀大高元殿。	《明世宗实录》，272/5a，嘉靖二十二年三月癸酉。《明通鉴》，58/1581。	

（续上表）

时间	大事记	资料出处	备注
四月廿七日（辛丑）	录《九经性理大全》，皇史成。	《明世宗实录》，273/7b，嘉靖二十二年四月辛丑。《国榷》，58/3643。	
十月一日（壬申朔）	上欲更新太庙，诏阁臣及礼，工部篇臣会议庙制。	《明世宗实录》，279/1a—2a，嘉靖二十二年十月壬申朔。《国榷》，58/3648。《明通鉴》，58/1585。	上以诸臣不能竭忠任事，寝其议。礼部复议，以"世室未至遽迁之期，未可预建"。议再寝。后命礼部再议，"迁本考庙于穆首，以当将来世室，与成祖庙并峙"。
十一月廿一日（壬戌）	复太庙旧制。	《明世宗实录》，280/4b—5b，嘉靖二十二年十一月壬戌。《皇明肃皇外史》，23/4a。《国榷》，58/3650。《明通鉴》，58/1586。	太庙旧制：前为太庙，后为寝，又后为祧，睿庙与焉。礼毕，奉主各归寝。各庙同堂前序，睿庙与焉。礼毕，奉主各祔寝。诸书皆系之日：二十四年太庙成下。《明史·礼志》书于二十二年，据议建太庙之二年月也。《明世宗实录》十月始诏廷臣会议，故《礼志》据之，证之《明世宗实录》云，则定议在"十一月壬戌"，上谕礼，工二部云，今据之。
嘉靖二十三年四月廿五日（癸巳）	议太庙规制，廷臣议同堂异室。左庶子江汝璧引朱熹庙议，右赞善郭希颜请立四亲庙、祀皇高祖、皇曾祖、皇祖，皇考。上从部议。	《明世宗实录》，285/6b—8b，嘉靖二十三年四月癸巳，7/15a—15b。《国榷》，58/3655—3656。《明嘉隆两朝闻见纪》，58/1588—1589。	再议太庙规制，复改为同堂异室。

（续上表）

时间	大事记	资料出处	备注
嘉靖二十四年闰正月三十日（癸巳）	续纂《大明会典》。	《明世宗实录》，295/6b，嘉靖二十四年闰正月癸巳。《皇明嘉隆两朝闻见纪》，7/23a—23b。《国榷》，58/3669。	
二月七日（庚子）	礼科右给事中陈棐请帝王庙罢祀元世祖。礼部议如之。上遂撤两京庙像并墓祭，改品祀碑。	《明世宗实录》，296/2b，嘉靖二十四年二月庚子。《皇明嘉隆两朝闻见纪》，7/24a。《国榷》，58/3669。《皇明肃皇外史》，25/3a。《明史记事本末》，51/543。	《皇明肃皇外史》与《明史记事本末》记于嘉靖二十四年六月，误也。
六月二日（癸巳）	新太庙成，庙制改回同堂异室制。礼部欲秋享暂于景仁殿。上不从，促令景享一如先朝，后增仪节悉除之。	《明世宗实录》，300/1a，嘉靖二十四年六月癸巳。《国榷》，58/3673。《明通鉴》，58/1595。《皇明肃皇外史》，25/3b。《皇明嘉隆两朝闻见纪》，7/24a。《明史纪事本末》，50/530。	《皇明肃皇外史》《皇明嘉隆两朝闻见纪》与《明史纪事本末》亦记于嘉靖二十四年秋七月，误也，应为六月癸巳。
六月十日（辛丑）	罢大禘之礼。	《明世宗实录》，300/4b，嘉靖二十四年六月辛丑。《国榷》，58/3674。	上谕礼部尚书费寀："太庙礼仪既从旧，诸乐章器物四祭岁祫亦如之。"

（续上表）

时间	大事记	资料出处	备注
六月十四日（乙巳）	贵州道试监察御史周冕上疏"太庙告成，乞秋冬亲享"。上怒，下诏狱谪。	《明世宗实录》，300/6b，嘉靖二十四年六月乙巳。《国榷》，58/3674。《皇明肃皇外史》，25/3b－4a。《皇明嘉隆两朝闻见纪》，7/24b。《明通鉴》，58/1595。	《皇明肃皇外史》与《皇明嘉隆两朝闻见纪》记于嘉靖二十四年七月，误也。《明通鉴》将周冕进言之事并记于嘉靖二十四年六月壬辰朔，误也。《国榷》分书二事，记载月日与《明世宗实录》同。
六月廿八日（己未）	定太庙位。太祖中，左四序：成、宣、英、孝，右四序：仁、睿、武。大享殿工成，名皇乾殿。	《明世宗实录》，300/8b－9a，嘉靖二十四年六月己未。《国榷》，58/3675。《皇明嘉隆两朝闻见纪》，7/26a。《明通鉴》，58/1595。	《皇明嘉隆两朝闻见纪》将"大享殿工成"事记于嘉靖二十四年八月，误也。《明通鉴》记于嘉靖二十四年七月辛酉朔，误也。
七月一日（辛酉朔）	奉安皇祖列圣帝后神位于太庙。	《明世宗实录》，301/1a，嘉靖二十四年七月辛酉。《国榷》，58/3675。《明通鉴》，58/1595。	
嘉靖二十六年十一月十八日（己未）	皇后方氏崩。	《明世宗实录》，330/2a，嘉靖二十六年十一月己未。《皇明肃皇外史》，27/6b。《皇明嘉隆两朝闻见纪》，7/48b。《国榷》，59/3709。《明通鉴》，59/1612。	

(续上表)

时间	大事记	资料出处	备注
十二月廿一日(戊辰)	册谥大行皇后方氏曰孝烈皇后。	《明世宗实录》,331/4b—5a,嘉靖二十六年十二月戊辰。《国榷》,59/3710。《明通鉴》,59/1613。《皇明肃皇外史》,27/6b。《皇明嘉隆两朝闻见纪》,7/48b。	《皇明肃皇外史》与《皇明嘉隆两朝闻见纪》与孝烈皇后崩,并记于嘉靖二十六年十一月,皆误,应为十二月戊辰。
嘉靖二十七年二月廿七日(癸丑)	诏定孝烈皇后陵名永陵。	《明世宗实录》,333/2a,嘉靖二十七年二月癸丑。《皇明嘉隆两朝闻见纪》,8/3a。	
五月十二日(丙戌)	孝烈皇后葬于永陵。	《明世宗实录》,336/3a,嘉靖二十七年五月丙戌。《皇明嘉隆两朝闻见纪》,8/5a。	
十一月五日(丙子)	议孝烈皇后祔庙,祧仁宗。	《明世宗实录》,342/1b—2a,嘉靖二十七年十一月丙子。《皇明肃皇外史》,28/5a。《皇明嘉隆两朝闻见纪》,8/9a。《国榷》,59/3726。《明通鉴》,59/1620。	先是部臣以后忌日期年,神主宜祔享,乃援孝洁皇后故事,请权祔奉先殿东来室。世宗曰:"非正也,可即祔太庙。"于是辅臣严嵩等"请设喫于太庙东庙之右,以从祔于祖祧之义",世宗曰"其祧仁宗,祔以新序,即睇位次。勿得乱礼"。高不敢决,命再议。
嘉靖二十八年六月十一日(辛未)	部臣再议孝烈皇后祔庙一事。上谕遵祖制,祧仁宗。	《明世宗实录》,354/1a—1b,嘉靖二十八年十一月辛未。《国榷》,59/3741。	《国榷》记为嘉靖二十八年十一月辛未。

（续上表）

时间	大事记	资料出处	备注
十一月十九日（甲申）	孝烈皇后祔太庙。	《明世宗实录》，354/6a，嘉靖二十八年十一月甲申。《皇明嘉隆两朝闻见纪》，8/17b。《国榷》，59/3742。	
嘉靖二十九年五月廿八日（辛卯）	重修《大明会典》成。	《明世宗实录》，360/4b，嘉靖二十九年五月辛卯。《皇明嘉隆两朝闻见纪》，8/23a。《国榷》，59/3749。	
十一月十三日（壬寅）	祧仁宗昭皇帝。	《明世宗实录》，367/1b，嘉靖二十九年十一月壬寅。《皇明肃皇外史》，27/16b。《皇明嘉隆两朝闻见纪》，8/35b。《国榷》，59/3769。《明通鉴》，59/1637。	
十一月十五日（甲辰）	祔孝烈皇后于太庙之第九室，奉安神位于奉先殿。	《明世宗实录》，367/1b，嘉靖二十九年十一月甲辰，8/35b。《明嘉隆两朝闻见纪》，59/3769。《国榷》，59/1637《皇明肃皇外史》，30/16b—17a。	《明通鉴》并记于嘉靖二十九年十一月壬寅，误也。《国榷》则分记二事，此据《明世宗实录》。谈迁《国榷》评曰："孝烈配孝洁于何地？明主可与忠言，礼臣默默，微词隐约，非所以揭大道，尽胸臆也。"《皇明肃皇外史》则与祧仁宗之事并记于嘉靖二十九年十一月，误也。其记载为"祔孝烈皇后于太庙之九室，不果，不果"，与诸书记载有出入，误也。

(续上表)

时间	大事记	资料出处	备注
嘉靖三十年二月六日(甲子)	罢耕籍礼。	《明世宗实录》,370/1b,嘉靖三十年二月甲子。《国榷》,60/3774。	
嘉靖三十二年二月十六日(癸亥)	奉孔子于文华殿左室。	《明世宗实录》,394/4a,嘉靖三十二年二月癸亥。《国榷》,60/3810。《皇明嘉隆两朝闻见纪》,9/15a—15b。	
嘉靖四十一年九月三日(甲申)	更改奉天殿等各殿阁名。	《明世宗实录》,513/1a—2a,嘉靖四十一年九月甲申。《国榷》,60/3980。《皇明嘉隆两朝闻见纪》,11/8b。《皇明肃皇外史》,42/3b。	据《明史·舆服志》,改奉天门为大朝门门在嘉靖三十七年。证之《明世宗实录》,是年三殿三殿成,定改奉天殿为皇极殿,乃易奉天门曰皇极门。《明史·舆服志》不具,今据《明世宗实录》。《明通鉴》记于九月壬午。《皇明肃皇外史》记于七月,皆误。
嘉靖四十五年十一月廿六日(壬午)	显陵祾恩殿修成。更明睿宗献楼碑题为"大明睿宗献皇帝陵"。	《明世宗实录》,565/5a,嘉靖四十五年十一月壬午。《国榷》,64/4036。《皇明嘉隆两朝闻见纪》,11/54b。	
十二月十四日(庚子)	上大渐,自西苑还乾清宫。是日,帝崩。	《明世宗实录》,566/3b,嘉靖四十五年十二月庚子。《国榷》,64/4036。《皇明肃皇外史》,46/5b—6a。《皇明嘉隆两朝闻见纪》,11/55a。《明通鉴》,63/1789。	

（续上表）

时间	大事记	资料出处	备注
隆庆元年正月六日（壬戌）	诏赠恤议大礼已故诸臣。	《明穆宗实录》，2/3a—4a。《国榷》，隆庆元年正月壬戌。《皇明嘉隆两朝闻见纪》，12/2b—3a。《明通鉴》，64/1793—1794。	赠恤分三等，即四人、十三人、廿八人，皆见诸书。唯《明史》但记某人等，而《昭代典则》及《从信录》悉书其姓名。《从信录》于十三人中漏去殷承叙。今据《典则》补。又《典则》所载廿八人，仅记诸臣以下九人而止。《从信录》则廿八人姓名悉具焉，又补人熊浃、杨爵二人，今据增。《皇明嘉隆两朝闻见纪》于人数及其姓名皆详细录之。
正月八日（甲子）	上大行皇帝尊谥曰肃皇帝，庙号世宗。	《明穆宗实录》，2/7b—9a，隆庆元年正月甲子。《国榷》，65/4043。《皇明嘉隆两朝闻见纪》，12/3b。《明通鉴》，64/1793。	《国榷》与《明通鉴》均记于隆庆元年正月乙亥，误也，今据《明穆宗实录》改之。
正月十日（丙寅）	追赠母康妃为孝恪皇太后。	《明穆宗实录》，2/10a—11a，隆庆元年正月丙寅。《国榷》，65/4044。《皇明嘉隆两朝闻见纪》，12/3a—3b。	《明史·本纪》，是年正月上尊谥，庙号，无日，唯追赠母康妃杜氏系之丁丑。按《明书·纶谥志》，以正月十九日上大行皇帝谥号，廿一日追赠康妃孝格皇太后。今据书之，《明穆宗实录》记于隆庆元年正月丙黄，误也。《国榷》与《明通鉴》皆载于隆庆元年正月丁丑，误也。《皇明嘉隆两朝闻见纪》仅记于隆庆元年正月份，未书日期。然错置顺序，记于上世宗皇帝谥号之前，误也。

（续上表）

时间	大事记	资料出处	备注
正月十日（丙寅）	礼部议郊社及祔葬、祔享之制。议决郊祀。罢祈谷祭、停南郊祀。罢大享及常雩祭。祔庙仍分祭。祔庙原唯一帝一后，后惟原配，始得升祔。罢睿宗明堂配享。	《明穆宗实录》，2/11b—14a，隆庆元年正月丙寅。《国榷》，65/4042。《明史记事本末》，51/543—544。《明通鉴》，64/1792。	罢大享，《明史·本纪》系之丙黄，《明史稿》记于正月癸亥，一据议上之日，一据诏下之日也。《三编》所书，盖参《明史·礼志》及《明史·高仪传》，今从之。
三月十七日（壬申）	葬肃皇帝于永陵，孝洁、孝恪两皇后祔之。	《明穆宗实录》，6/6b—7a，隆庆元年三月壬申。《国榷》，65/4049。《皇明嘉隆两朝闻见纪》，12/6a。《明通鉴》，64/1795。	《皇明嘉隆两朝闻见纪》未书明日期。
三月十七日（壬申）	诏修《世宗实录》，以内阁徐阶等五人为总裁官。	《明穆宗实录》，6/12b—13b，隆庆元年三月壬申。《国榷》，65/4051。《皇明嘉隆两朝闻见纪》，12/6a。《明通鉴》，64/1797。	《明书》系修《明世宗实录》于三月，《从信录》系之四月，《典汇》系之五月。按是时总裁阁臣五人，系徐阶、李春芳、郭朴、陈以勤、张居正，无高拱名，是在拱复出前命也。又按，六年张居正请修两朝《明世宗实录》以隆庆元年六月初一并馆纂修，至今未成。奏称"《穆宗实录》以隆庆元年六月甲申，证明《明通鉴》记于隆庆元年六月甲申，误也。

（续上表）

时间	大事记	资料出处	备注
四月一日（丙戌朔）	享太庙。时以大行儿筵未撤，礼部议"遵正德元年例"，自是时享，祫祭在大内者皆加之，着为定制。	《明穆宗实录》，7/1a，隆庆元年四月丙戌。《国榷》，65/4051。《明通鉴》，64/1796。	《明史·本纪》之例，改元初享太庙则书，其他有事亦书之。《明史稿》记正月丁巳，误也。按世宗以去年十二月十四日崩，孟春时享应于廿七日之内。《明史·礼志》书时享亲行，始于四月，今从之。
隆庆二年十二月十六日（庚寅）	奉世宗神主祔太庙。	《明穆宗实录》，15/10b，隆庆二年十二月庚寅。《国榷》，65/4099。《皇明嘉隆两朝闻见纪》，12/19b。《明通鉴》，64/1807。	
隆庆五年九月九日（戊辰）	诏以故礼部侍郎薛瑄从祀孔子庙廷。	《明穆宗实录》，61/10b—11a，隆庆五年九月戊辰。《国榷》，67/4169。《皇明嘉隆两朝闻见纪》，12/38a。《明通鉴》，65/1835。	据《明史》《续文献通考》《明儒学案》，薛瑄从祀于隆庆五年。诸书或记之八月，今据《昭代典则》书之。《明通鉴》仅书月份，《国榷》则记于隆庆五年九月丁卯，误也，应为九月戊辰。
隆庆六年八月十一日（甲子）	议祧睿宗。	《明神宗实录》，4/10b—11b，隆庆六年八月甲子。《国榷》，68/4200—4203。	
五月廿六日（庚戌）	隆庆皇帝崩。	《明穆宗实录》，70/8b—9a，隆庆六年五月庚戌。《皇明嘉隆两朝闻见纪》，12/42b。	《皇明嘉隆两朝闻见纪》记于隆庆六年五月庚午，误也。

（续上表）

时间	大事记	资料出处	备注
七月三日（丙戌）	上大行皇帝尊谥、庙号穆宗。	《明穆宗实录》，70/9a，隆庆六年五月庚戌。《皇明嘉隆两朝闻见纪》，12/42b。	《皇明嘉隆两朝闻见纪》记于隆庆六年六月庚午，误也。
万历二年五月廿八日（辛丑）	奉穆宗神主祔太庙。	《明神宗实录》，25/8a，万历二年五月辛丑。《明通鉴》，66/1855。	
十二月十三日（癸丑）	诏新建伯王守仁从祀孔庙。	《明神宗实录》，32/6b，万历二年十二月癸丑。《国榷》，69/4258。	
万历三年正月七日（丁未）	享太庙。	《明神宗实录》，34/2a，万历三年正月丁未。《国榷》，69/4260。《明通鉴》，66/1857。	此帝亲享太庙之始，故《明史稿》书"躬享"云云。以亲享之始，史特书之。时帝年十三岁。
十一月三日（丁酉）	张居正上添礼新旧图。	《明神宗实录》，44/1a－2b，万历三年十一月丁酉。《国榷》，69/4279。	《国榷》记于十一月乙未，误也，应为十一月丁酉。
万历四年六月廿日（壬午）	张居正请重修《大明会典》。	《明神宗实录》，51/14b－15b，万历四年六月壬午。《国榷》，69/4293。	《明书》记《大明会典》修于四月，《从信录》记五月。查《大明会典》，内阁奉敕谕系六月廿一日，礼部题请则六月廿六日，今据之。

（续上表）

时间	大事记	资料出处	备注
万历八年闰四月八日（丙午）	显陵裬恩殿完工。遣湖广巡抚王之垣、太监王祯奉祭告。	《明神宗实录》，99/3a，万历八年闰四月丙午。《国榷》，70/4353。	万历七年九月乙巳，是为诏下修陵月日，非完工日，《国榷》所记有误，应为万历八年闰四月丙午。
万历九年六月十一日（癸卯）	礼科给事中丁汝谦请撤献皇帝神位于太庙。万历皇帝以睿宗祔享为世宗案定，斥汝谦妄议，调外。	《明神宗实录》，113/3a—3b，万历九年六月癸卯。《国榷》，71/4391—4392。	
天启元年二月八日（庚戌）	太常寺少卿李宗延奏乞修明礼乐陈十款，宜议祧睿宗。命再议。	《明熹宗实录》，6/7b—8a，天启元年二月庚戌。	
八月五日（甲戌）	光宗升祔、再议祧正。天启皇帝命祧弋宗，不祧睿宗。	《明熹宗实录》，13/5b—8b，天启元年八月甲戌。《国榷》，84/5192—5193。	《国榷》记于天启元年八月丁丑日，误也。今据《明熹宗实录》。

征引书目

（一）经史子集

1. ［汉］郑玄注，［唐］贾公彦疏：《仪礼注疏》，收入［清］阮元校勘《十三经注疏》，台湾艺文印书馆，1955年，据文选楼藏本校。

2. ［汉］郑玄注，［唐］孔颖达等注疏：《礼记注疏》，收入［清］阮元校勘《十三经注疏》，台湾艺文印书馆，1955年，据文选楼藏本校。

3. ［宋］程颢、程颐撰：《二程全书》，收入［宋］朱熹编《四部备要》子部第137册，台湾中华书局，1966年，据江宁刻本校刊影印。

4. ［宋］黎靖德编，王星贤点校：《朱子语类》，台湾华世出版社，1987年。

5. ［宋］欧阳修：《欧阳修全集》，台湾世界书局，1963年。

6. ［宋］欧阳修：《欧阳修全集》，中国书店，1986年。

7. ［宋］司马光：《司马温公文集》卷6《乞责降第三札子》，收入《正谊堂全书》第7函，台湾艺文印书馆，1968年，据清康熙张伯行编、同治左宗棠增刊本影印。

8. ［宋］朱熹：《四书章句集注》，台湾中华书局，1983年。

9. ［明］陈洪谟：《继世纪闻》，中华书局，1985年。

10. ［明］陈洪谟，盛冬铃点校：《治世余闻》，中华书局，1985年。

11. ［明］陈子龙等编：《皇明经世文编》，台湾国联图书出版有限公司，1964年，据明崇祯间平露堂刊本影印。

12. ［明］邓士龙辑:《国朝典故》，北京大学出版社，1993年，明蓝格钞本。

13. ［明］范钦:《嘉靖事例》，收入《北京图书馆古籍珍本丛刊》史部第51册，书目文献出版社，1988年。

14. ［明］范守己:《皇明肃皇外史》，收入《四库全书存目丛书》史部第52册，台湾庄严文化事业有限公司，1996年，据清宣统津寄庐钞本影印。

15. ［明］方献夫:《席方二公疏》，收入［明］陈子龙等编《皇明经世文编》第12册，台湾国联图书出版有限公司，1964年，据明崇祯间平露堂刊本影印。

16. ［明］费宏等撰:《明武宗实录》，收入《明实录》第61—69册，台湾"中研院"史语所，1966年，据北平图书馆红格钞本微卷影印，红格钞本所缺则据别本补。

17. ［明］桂萼:《桂文襄集》，收入［明］陈子龙等编《皇明经世文编》第12册，台湾国联图书出版有限公司，1964年，据明崇祯间平露堂刊本影印。

18. ［明］桂萼:《文襄公奏议》，收入《四库全书存目丛书》史部第60册，台湾庄严文化事业有限公司，1996年，据重庆图书馆藏明嘉靖二十三年桂载刻本影印。

19. ［明］何栋如辑:《皇祖四大法》，收入《四库全书存目丛书》史部第51册，台湾庄严文化事业有限公司，1996年，据北京大学图书馆藏万历十二年刻本影印。

20. ［明］何良俊:《四友斋丛说》，中华书局，1959年。

21. ［明］何孟春:《何文简疏议》，收入《景印文渊阁四库全书》第429册，台湾商务印书馆，1983年。

22. ［明］黄光升:《昭代典则》，收入《四库全书存目丛书》史部第12—13册，台湾庄严文化事业有限公司，1996年，据天津图书馆藏明万历二十八年周曰校万卷楼刻本影印。

23.［明］黄景昉:《国史唯疑》,上海古籍出版社,1997年,麓原林氏鉴堂汇钞本。

24.［明］霍韬:《霍文敏集》,收入［明］陈子龙等编《皇明经世文编》第12册,台湾国联图书出版有限公司,1964年,据明崇祯间平露堂刊本影印。

25.［明］焦竑:《国朝献征录》,收入《四库全书存目丛书》史部第100—106册,台湾庄严文化事业有限公司,1996年,据中国史学丛书影印明万历四十四年徐象曼山馆刻本影印。

26.［明］焦竑:《玉堂丛语》,中华书局,1981年。

27.［明］雷礼纂辑,［明］徐鉴校梓:《国朝列卿纪》,收入《四库全书存目丛书》史部第92—94册,台湾庄严文化事业有限公司,1996年,据山东省图书馆明万历徐鉴刻本影印。

28.［明］礼部编:《太庙敕议》,收入《四库全书存目丛书》史部第39册,台湾庄严文化事业有限公司,1997年,左都御史张若淮家藏本。

29.［明］李东阳纂,［明］申时行重编:《大明会典》,收入《元明史料丛编第二辑》第14—18册,台湾文海出版社,1984年,明万历十五年司礼监刊本。

30.［明］李景隆等撰:《明太祖实录》,收入《明实录》第1—8册,台湾"中研院"史语所影印,1966年,据北平图书馆红格钞本微卷影印,红格钞本所缺则据别本补。

31.［明］李清撰,顾思点校:《三垣笔记》,中华书局,1982年。

32.［明］李诩撰,魏连科点校:《戒庵老人漫笔》,中华书局,1982年。

33.［明］李贽:《续藏书》,收入氏著《李贽文集》,社会科学文献出版社,2000年。

34.［明］李贽:《续藏书》,台湾学生书局,1974年,影印本。

35.［明］陆容:《菽园杂记》,中华书局,1985年。

36.［明］毛澄:《三江遗稿》,收入《四库全书存目丛书》集部第46册,台湾庄严文化事业有限公司，1996年，据北京图书馆藏明嘉靖十六年刻本影印。

37. ［明］毛纪：《密勿稿》，收入《四库全书存目丛书》史部第59册，台湾庄严文化事业有限公司，1996年，据北京图书馆藏明嘉靖十六年刻本影印。

38. ［明］明世宗：《敕议或问》，收入《记录汇编》第1册，台湾商务印书馆，1969年，上海涵芬楼影印明万历刻本。

39. ［明］明世宗：《明堂或问》，收入《四库全书存目丛书》史部第39册，台湾庄严文化事业有限公司，1997年，左都御史张若淮家藏本。

40. ［明］明世宗：《正孔子祀典说》，收入《四库全书存目丛书》史部第39册，台湾庄严文化事业有限公司，1997年，左都御史张若淮家藏本。

41. ［明］明太祖：《皇明祖训》，收入《明朝开国文献》第3册，台湾学生书局，1966年，北平图书馆原藏本。

42. ［明］明太祖：《祖训录》，收入《明朝开国文献》第3册，台湾学生书局，1966年，北平图书馆原藏本。

43. ［明］沈朝阳：《皇明嘉隆两朝闻见纪》，台湾学生书局，1969年，据明万历二十七年江东沈氏原刊本影印。

44. ［明］沈德符：《万历野获编》，中华书局，1959年，清道光七年姚氏扶荔山房刻本。

45. ［明］沈节甫辑：《记录汇编》，收入《宋元明善本丛书十种》，台湾商务印书馆，1969年，上海涵芬楼影印明万历刻本。

46. ［明］谭希思：《明大政纂要》，收入《元明史料丛编第三辑》第29—40册，台湾文海出版社，1988年，清光绪思贤书局刊本。

47. ［明］王琼：《双溪杂记》，收入氏著《王琼集》，山西人民出版社，1991年，据《今献汇言》本。

48. ［明］王士性撰，吕景琳点校：《广志绎》，中华书局，1981年。

49. ［明］王世贞：《嘉靖以来内阁首辅传》，收入《明清史料汇编初集》

第1册，台湾文海出版社，1967年。

50. ［明］王世贞：《弇山堂别集》，收入《中国史学丛书》，台湾学生书局，1965年，台湾"中央图书馆"藏本。

51. ［明］伍袁萃：《林居漫录》，收入《续修四库全书》子部第1172册，上海古籍出版社，1997年，据南京图书馆藏万历刻本影印。

52. ［明］伍袁萃撰，［明］贺灿然评正：《漫录评正》，收入《北京图书馆古籍珍本丛刊》子部第70册，书目文献出版社，1988年。

53. ［明］席书：《席方二公疏》，收入［明］陈子龙等编《皇明经世文编》第12册，台湾国联图书出版有限公司，1964年，据明崇祯间平露堂刊本影印。

54. ［明］夏言：《桂洲先生奏议二十卷外集一卷》，收入《四库全书存目丛书》史部第60册，台湾庄严文化事业有限公司，1996年，据重庆图书馆藏明忠礼书院刻本影印。

55. ［明］熊鸣岐辑：《昭代王章》，台湾"中央图书馆"，1980年，明师俭堂刊。

56. ［明］徐学谟：《世庙识余录》，台湾国风出版社，1965年，据台湾"中央图书馆"藏万历徐氏家刊本影印。

57. ［明］许重熙：《嘉靖以来注略》，收入《四库禁毁书丛刊》史部第5册，北京出版社，2000年，明崇祯六年刻本。

58. ［明］杨廷和：《杨文忠三录》，收入《景印文渊阁四库全书》史部第186册，台湾商务印书馆，1986年，据故宫博物院藏本影印。

59. ［明］杨一清：《杨一清集》，中华书局，2001年。

60. ［明］杨一清等奉敕撰：《明伦大典》，台北故宫博物院藏，据明嘉靖七年内府刊本微卷影印。

61. ［明］叶蕖：《廷鞫实录》，收入［明］薛侃《图书质疑》，明万历四十五年薛茂杞重刻本。

62. ［明］叶权：《贤博编》，中华书局，1987年。

63.［明］叶盛：《水东日记》，中华书局，1980年。

64.［明］余继登：《典故纪闻》，中华书局，1985年，据《畿辅丛书》本排印。

65.［明］俞汝楫等：《礼部志稿》，收入《四库全书珍本初集》，商务印书馆，1934—1935年，景印文渊阁本。

66.［明］俞宪：《皇明进士登科考》，收入《明代史籍汇刊》第38册，台湾学生书局，1969年，据台湾"中央图书馆"藏明嘉靖增补本影印。

67.［明］张孚敬：《敕谕录》，收入《四库全书存目丛书》史部第57册，台湾庄严文化事业有限公司，1996年，据明万历三十七年蒋光彦等宝纶楼刻本影印。

68.［明］张孚敬：《皇明诏制》，收入《四库全书存目丛书》史部第57册，台湾庄严文化事业有限公司，1996年，据北京图书馆藏明嘉靖十八年霍韬等刻本影印。

69.［明］张孚敬：《太师张文忠公集》，收入《四库全书存目丛书》集部第77册，台湾庄严文化事业有限公司，1997年，据湖北省图书馆藏明万历四十三年张汝纪等刻增修本影印。

70.［明］张孚敬：《谕对录》，收入《四库全书存目丛书》史部第57册，台湾庄严文化事业有限公司，1996年，据明万历三十七年蒋光彦等宝纶楼刻本影印。

71.［明］张孚敬：《张文忠公文集》，收入［明］陈子龙等编《皇明经世文编》第12册，台湾国联图书出版有限公司，1964年，据明崇祯间平露堂刊本影印。

72.［明］张瀚著，盛冬铃点校：《松窗梦语》，中华书局，1985年，道光钞本。

73.［明］张居正等修：《明世宗实录》，收入《明实录》第70—91册，台湾"中研院"史语所，1966年，据北平图书馆红格钞本微卷影印，红格钞本所缺则据别本补。

74.［明］张卤:《皇明嘉隆疏钞》,收入《四库全书存目丛书》史部第12册,台湾庄严文化事业有限公司,1996年,内府藏本。

75.［明］张萱:《西园闻见录》,全国图书馆文献缩微复制中心,1996年,影印本。

76.［明］郑晓:《今言》,中华书局,1984年。

77.［明］郑晓:《吾学编》,收入《四库禁毁书丛刊》史部第45册,北京出版社,2000年,明万历二十七年郑心材刻本。

78.［明］支大纶:《皇明永陵编年信史》,台湾学生书局,1970年,台湾"中央图书馆"藏本。

79.［明］朱国桢:《皇明大事记》,收入《四库禁毁书丛刊》第28册,北京出版社,2000年,明刻本。

80.［明］朱国桢:《皇明史概》,江苏广陵古籍刻印社,1992年,明崇祯间原刊本。

81.［明］朱国桢:《涌幢小品》,收入《四库全书存目丛书》子部第106册,台湾庄严文化事业有限公司,1995年,据辽宁大学图书馆藏明天启二年刻本影印。

82.［明］朱国桢辑:《皇明大政记》,收入《四库全书存目丛书》史部第16册,台湾庄严文化事业有限公司,1996年,中国科学院图书馆藏崇祯刻本。

83.［清］不著编人:《御选明臣奏议》,台湾京华书局,1968年,清乾隆四十六年刊本。

84.［清］段玉裁:《明史十二论》,台湾广文书局,1968年,清道光十三年刊本。

85.［清］傅维鳞:《明书》,台湾华正书局,1974年,《畿辅丛书》本。

86.［清］谷应泰:《明史纪事本末》,台湾三民书局,1985年,影印本。

87.［清］顾炎武:《日知录》,台湾文史哲出版社,1984年。

88.［清］黄宗羲著，李广柏注译，李振兴校阅：《新译明夷待访录》，台湾三民书局，1995年。

89.［清］黄宗羲著，沈芝盈点校：《明儒学案》，中华书局，1985年。

90.［清］梁份：《帝陵图说》，收入国家图书馆分馆编《稀见明史史籍辑存》第30册，线装书局，2003年，国家图书馆藏本。

91.［清］龙文彬：《明会要》，中华书局，1956年。

92.［清］毛奇龄：《辨定嘉靖大礼议》，收入《丛书集成初编》第1041卷，中华书局，1985年，据艺海珠尘本影印。

93.［清］毛奇龄：《大小宗通绎》，收入《丛书集成初编》第1041卷，中华书局，1985年，据艺海珠尘本影印。

94.［清］清高宗敕编：《御选明臣奏议》，收入《丛书集成初编》第913—922册，中华书局，1985年，聚珍版丛书本。

95.［清］清高宗敕撰：《续文献通考》，台湾商务印书馆，1987年，据清光绪间浙江刊本缩印。

96.［清］全祖望撰，詹海云校注：《全祖望〈鲒埼亭集〉校注》，台北编译馆，2003年。

97.［清］阮元校勘：《十三经注疏》，台湾艺文印书馆，1955年，据文选楼藏本校。

98.［清］孙承泽：《春明梦余录》，香港龙门书店，1965年，据南海孔氏刻印古香斋袖珍本影印。

99.［清］谈迁：《国榷》，台湾鼎文书局，1978年，影印本。

100.［清］万斯大：《宗法论》，台湾广文书局，1968年，清道光十三年刊本。

101.［清］万斯同：《庙制图考》，收入《四库全书珍本六集》史部第129册，台湾商务印书馆，1976年。

102.［清］万斯同：《群书疑辨》，台湾广文书局，1972年，影印本。

103. [清]王士禛撰，靳斯仁点校:《池北偶谈》，中华书局，1982年。

104. [清]王士禛撰，张世林点校:《分甘余话》，中华书局，1989年。

105. [清]王士禛撰，赵伯陶点校:《古夫于亭杂录》，中华书局，1988年。

106. [清]夏燮:《明通鉴》，岳麓书社，1999年。

107. [清]永瑢等撰:《四库全书总目》，中华书局，1965年。

108. [清]张廷玉等撰:《明史》，中华书局，1974年。

109. [清]赵翼:《廿二史札记》，台湾史学出版社，1974年，湛贻堂原刻本。

110. 官箴书集成编纂委员会编:《官箴书集成》第一册，黄山书社，1997年。

111. 娄子匡主编《北京大学中国民俗学会民俗丛书专号（4）家范篇》，台湾东方文化书局，1979年。

（二）专书

1. Carney Thomas Fisher, *The Chosen One: Succession and Adoption in The Court of Ming Shizong,* Sydney: Allen & Unwin, 1990.

2. Carney Thomas Fisher, *The Great Ritual Controversy in Ming China*, Ann Arbor: UMI, 1977.

3. Charles O. Hucker, *The Censorial System of Ming China*, Stanford: Stanford University Press, 1966.

4. David Robinson, *Bandits, Eunuchs, and The Son of Heaven- Rebellion and Economy of Violence in Mid-Ming China*, Honolulu University of Hawaii Press, 2001.

5. Ho Ping-ti（何炳棣）, *The Ladder of Success in Imperial China: Aspects of Social Mobility, 1368–1911*, New York: Columbia University

Press, 1962.

6. Lucian W. Pye, *Asian Power and Politics: The Cultural Dimensions of Authority*, Cambridge Mass: Belknap Press, 1985.

7. Lucian W. Pye, *The Dynamics of Chinese Politics*, Cambridge: Oelgeschlager, 1981.

8. Richard H. Solomon, *Mao's Revolution and Chinese Political Culture*, Berkeley: University of California Press, 1971.

9. S. N. 艾森斯塔得著，阎步克译:《帝国的政治体系》，贵州人民出版社，1992年。

10. 艾尔曼著，赵刚译:《从理学到朴学：中华书局帝国晚期思想与社会变化面面观》，江苏人民出版社，1997年。

11. 艾柯著，王宇根译:《诠释与过度诠释》，牛津大学出版社，1995年。

12. 安·沃特纳著，曹南来译:《烟火接续：明清的收继与亲族关系》，浙江人民出版社，1999年。

13. 本迪克斯著，刘北成等译:《韦伯：思想与学说》，台湾桂冠图书股份有限公司，1998年。

14. 彼得·柏克著，许绥南译:《制作路易十四》，台湾麦田出版社，1997年。

15. 卜键:《嘉靖皇帝》，台湾知书房出版社，1996年。

16. 陈文石:《明洪武嘉靖间的海禁政策》，台湾大学文学院，1966年。

17. 丹尼斯·朗著，高湘泽、高全余译:《权力：它的形式、基础和作用》，台湾桂冠图书股份有限公司，1994年。李衡眉:《昭穆制度研究》，齐鲁书社，1996年。

18. 丁凌华:《中国丧服制度史》，上海人民出版社，2000年。

19. 丁易:《明代特务政治》，群众出版社，1983年。

20. 窦德士著，谢翼译:《嘉靖帝的四季：皇帝与首辅》，九州出版社，

2021年。

21．杜建明：《中国历代帝王世系年表》，齐鲁书社，1998年。

22．杜奎英：《中国历代政治符号》，台湾政大出版社，1963年。

23．杜乃济：《明代内阁制度》，台湾商务印书馆，1969年。

24．杜维明著，陈静译：《儒教》，台湾麦田出版社，2002年。

25．杜恂诚：《中国传统伦理与近代资本主义：兼评韦伯〈中国的宗教〉》，上海社会科学院出版社，1993年。

26．范成玉等编著：《明清皇家陵寝》，广东旅游出版社，2002年。

27．斐伊著，胡祖庆译：《中国政治的变与常》，台湾五南图书出版股份有限公司，1988年。

28．费成康主编：《中国的家法族规》，上海社会科学院出版社，1998年。

29．冯天瑜：《元典：文本与阐释》，台湾文津出版社，1993年。

30．傅衣凌主编，杨国桢、陈支平著：《明史新编》，人民出版社，1993年。

31．甘怀真：《皇权、礼仪与经典诠释：中国古代政治史研究》，喜玛拉雅研究发展基金会，2003年。

32．冈田武彦著，吴光、钱明、屠承先译：《王阳明与明末儒学》，上海古籍出版社，2000年。

33．高阳：《明朝的皇帝》，台湾学生书局，1973年。

34．葛兆光：《中国思想史·第二卷：七世纪至十九世纪中国的知识、思想与信仰》，复旦大学出版社，2001年。

35．葛荃：《立命与忠诚：士人政治精神的典型分析》，浙江人民出版社，2000年。

36．沟口雄三著，赵士林译：《中国的思想》，中国社会科学出版社，1995年。

37．沟口雄三著，林右崇译：《中国前近代思想的演变》，台北编译馆，1994年。

38. 沟口雄三著，陈耀文译：《中国前近代思想之曲折与展开》，上海人民出版社，1997年。

39. 关文发、颜广文：《明代政治制度研究》，中国社会科学出版社，1995年。

40. 郭伯恭：《永乐大典考》，台湾商务印书馆，1967年。

41. 郭于华：《死的困扰与生的执著：中国民间丧葬仪礼与传统生死观》，中国人民大学出版社，1992年。

42. 韩震、孟鸣歧：《历史、理解、意义：历史诠释学》，上海译文出版社，2002年。

43. 何宝善：《嘉靖皇帝朱厚熜》，北京燕山出版社，1987年。

44. 何淑宜：《明代士绅与通俗文化——以丧葬礼俗为例的考察》，台湾师范大学历史研究所，2000年。

45. 胡吉勋：《"大礼议"与明廷人事变局》，社会科学文献出版社，2007年。

46. 胡吉勋：《威柄在御：明嘉靖初年的皇权、经世与政争》，中华书局，2021年。

47. 华力进：《政治文化概念在政治研究上的功能及其问题》，宪政思潮，1973年。

48. 怀效锋：《嘉靖专制政治与法制》，湖南教育出版社，1989年。

49. 荒木见悟：《明清思想論考》，研文出版，1992年。

50. 黄进兴：《圣贤与圣徒》，台湾允晨文化出版社，2001年。

51. 黄进兴：《优入圣域：权力、信仰与正当性》，台湾允晨文化出版社，1994年。

52. 黄景略、叶学明：《中国历代帝王陵墓》，商务印书馆，1998年。

53. 黄俊杰：《中国古代思维方式探索》，台湾正中书局，1996年。

54. 黄俊杰：《中国经典诠释传统》，喜玛拉雅基金会，2001年。

55．黄开华：《明史论集》，台湾诚明出版社，1972年。

56．黄克武、张哲嘉主编：《公与私：近代中国个体与群体之重建》，台湾"中研院"近史所，2000年。

57．黄仁宇：《万历十五年》，台湾食货出版社，1994年。

58．嵇文甫：《晚明思想史论》，东方出版社，1996年。

59．建筑理论及历史研究室编：《北京古建筑》，文物出版社，1959年。

60．杰佛里·亚历山大著，吴潜诚编译：《文化与社会》，台湾立绪文化，1997。

61．金耀基：《中国民本思想史》，台湾商务印书馆，1993年。

62．井上彻：《中国の宗族と国家の礼制：宗法主義の視点からの分析》，研文出版社，2000年。

63．开明书店编：《断句十三经经文》，台湾开明书店，1984年。

64．柯文著，杜继东译：《历史三调：作为事件、经历和神话的义和团》，江苏人民出版社，2000年。

65．蓝吉富、刘增贵主编：《敬天与亲人》，台湾联经出版事业股份有限公司，1982年。

66．李建盛：《理解事件与文本意义：文学诠释学》，上海译文出版社，2002年。

67．李明辉编：《儒家经典诠释方法》，喜马拉雅研究发展基金会，2003年。

68．李文治、江太新：《中国宗法宗族制和族田义庄》，社会科学文献出版社，2000年。

69．李文治：《明清时代封建土地关系的松解》，中国社会科学出版社，1993年。

70．李学勤等编：《孟子注疏》，台湾古籍出版社，2001年。

71．李洵：《下学集》，中国社会科学出版社，1995年。

72．李洵：《正德皇帝大传》，辽宁教育出版社，1993年。

73．里克尔著，林宏涛译：《诠释的冲突》，台湾桂冠图书股份有限公司，1995年。

74．梁启超：《清代学术概论》，上海古籍出版社，1998年。

75．林丽月：《明代的国子监生》，中国学术著作奖助委员会，1978年。

76．林乾：《嘉靖帝》，吉林文史出版社，1996年。

77．林庆彰：《明代考据学研究》，台湾学生书局，1986年。

78．林素英：《古代祭礼中之政教观——以〈礼记〉成书前为论》，台湾文津出版社，1997年。

79．林素英：《丧服制度的文化意义——以〈仪礼·丧服〉为讨论中心》，台湾文津出版社，2000年。

80．林延清：《嘉靖皇帝大传》，辽宁教育出版社，1993年。

81．郑钦仁编：《立国的宏规》，台湾联经出版事业股份有限公司，1982年。

82．刘俊文主编：《日本学者研究中国史论著选译第六卷·明清》，中华书局，1993年。

83．刘俊文主编：《日本中青年学者论中国史·宋元明清卷》，上海古籍出版社，1995年。

84．刘泽华：《中国的王权主义：传统社会与思想特点考察》，上海人民出版社，2000年。

85．刘泽华：《专制权力与中国社会》，香港中华书局，1988年。

86．刘子健：《欧阳修的治学与从政》，香港新亚研究所，1963年。

87．柳肃：《中国建筑：礼制与建筑》，中国建筑工业出版社，2003年。

88．罗冬阳：《明太祖礼法之治研究》，高等教育出版社，1998年。

89．罗森邦：《政治文化》，台湾桂冠图书股份有限公司，1991年。

90．吕妙芬：《阳明学士人社群——历史、思想与实践》，台湾"中研院"

近史所，2003年。

91．马克斯·韦伯著，林荣远译：《经济与社会》，商务印书馆，1997年。

92．马克斯·韦伯著，顾忠华译：《社会学的基本概念》，台湾远流出版事业股份有限公司，1993年。

93．马克斯·韦伯著，简惠美译：《中国的宗教：儒教与道教》，台湾远流出版事业股份有限公司，1995年。

94．马起华：《政治心理分析》，台湾正中书局，1984年。

95．孟森：《明史讲义》，上海古籍出版社，2002年。

96．蒙文通：《古学甄微》，巴蜀书社，1987年。

97．米歇尔·克罗齐埃著，刘汉全译：《科层现象》，上海人民出版社，2002年。

98．明代史研究会编：《山根幸夫教授退休記念明代史論叢》，汲古书院，1990年。

99．墨子刻著，颜世安等译：《摆脱困境：新儒学与中国政治文化的演进》，江苏人民出版社，1996年。

100．牟复礼、崔瑞德等编著，张书生等译：《剑桥中国明代史》，中国社会科学出版社，1992年。

101．南京大学历史系中国古代史教研室编：《中国资本主义萌芽问题讨论集续编》，生活·读书·新知三联书店，1960年。

102．钱杭：《周代宗法制度史研究》，学林出版社，1991年。

103．钱茂伟：《明代史学编年考》，中国文联出版社，2000年。

104．钱茂伟：《明代史学的历程》，社会科学文献出版社，2003年。

105．钱穆：《国史大纲》，台湾商务印书馆，1995年。

106．钱穆：《明代政治得失》，收入韩复智编《中国史论集（下册）》，台北编译馆，1989年。

107．钱穆：《中国历代政治得失》，台湾三民书局，1994年。

108．瞿同祖：《中国法律与中国社会》，台湾里仁书局，1984年。

109．三田村泰助：《明と清》，河出书房新社，1974年。

110．山井涌：《明清思想の研究》，东京大学出版会，1980年。

111．尚・勒狄克著，林铮译：《史家与时间》，台湾麦田出版社，2004年。

112．谭天星：《明代内阁政治》，中国社会科学出版社，1996年。

113．田居俭、宋元强编：《中国资本主义萌芽》，巴蜀书社，1987年。

114．田澍：《嘉靖革新研究》，中国社会科学出版社，2002年。

115．王崇武：《明靖难史事考证稿》，台湾"中研院"史语所，1992页。

116．王国维：《观堂集林》，河北教育出版社，2003年。

117．王健文：《奉天承运：古代中国的"国家"概念及其正当性基础》，台湾东大图书股份有限公司，1995年。

118．王镜轮：《故宫宝卷》，台湾实学社，2003年。

119．王乐理：《政治文化导论》，台湾五南图书出版股份有限公司，2002年。

120．王梦鸥注译：《礼记今注今译》，台湾商务印书馆，1970年。

121．王天有：《明代国家机构研究》，北京大学出版社，1992年。

122．王天有：《晚明东林党议》，上海古籍出版社，1991年。

123．韦家骅：《杨慎评传》，南京大学出版社，2001年。

124．韦庆远：《明清史辨析》，中国社会科学出版社，1989年。

125．韦庆远：《张居正和明代中后期政局》，广东高等教育出版社，1999年。

126．吴晗：《读史劄记》，生活・读书・新知三联书店，1956年。

127．吴晗：《吴晗史学论著选集》第二卷，人民出版社，1984年。

128．吴缉华：《明代制度史论丛》，台湾学生书局，1971年。

129．萧公权：《中国政治思想史》，台湾联经出版事业股份有限公司，1982年。

130. 小岛毅:《中国近世における礼の言説》,东京大学出版会,1996年。

131. 小野和子著,李庆、张荣湄译:《明季党社考》,上海古籍出版社,2006年。

132. 谢国桢:《明代社会经济史料选编(下)》,福建人民出版社,1981年。

133. 谢国桢:《明清之际党社运动考》,上海书店出版社,2004年。

134. 熊秉真等编:《礼教与情欲:前近代中国文化中的后/现代性》,台湾"中研院"近史所,1999年。

135. 徐复观:《中国人性论史·先秦篇》,上海三联书店,2001年。

136. 阎步克:《士大夫政治演生史稿》,北京大学出版社,1996年。

137. 杨艳秋:《明代史学探研》,人民出版社,2005年。

138. 杨阳:《王权的图腾化:政教合一与中国社会》,台湾星定石文化出版社,2002年。

139. 余和祥:《皇室礼仪:规天矩地贵贱明》,台湾文津出版社,1996年。

140. 余英时:《历史与思想》,台湾联经出版事业股份有限公司,1976年。

141. 余英时:《宋明理学与政治文化》,台湾允晨文化出版社,2004年。

142. 余英时:《中国思想传统的现代诠释》,台湾联经出版事业股份有限公司,1987年。

143. 余英时:《朱熹的历史世界:宋代士大夫政治文化的研究》,台湾允晨文化出版社,2003年。

144. 虞云国:《宋代台谏制度研究》,上海社会科学院出版社,2001年。

145. 约翰·伍德著,苏敬如译:《权力》,种籽文化事业有限公司,2000年。

146. 张德信:《明朝典章制度》,吉林文史出版社,2001年。

147. 张荣明:《权力的谎言:中国传统的政治宗教》,台湾星定石文化出版社,2002年。

148. 张荣明：《中国的国教：从上古到东汉》，中国社会科学出版社，2001年。

149. 张寿安：《十八世纪礼学考证的思想活力：礼教论争与礼秩重省》，台湾"中研院"近史所，2001年。

150. 张显清：《严嵩传》，黄山书社，1992年。

151. 张治安：《明代监察制度研究》，台湾五南图书出版股份有限公司，2000年。

152. 张治安：《明代嘉靖初年的议礼与党争》，台湾"国科会"补助论文，1972年。

153. 张治安：《明代政治制度研究》，台湾联经出版事业股份有限公司，1992年。

154. 章景明：《殷周庙制论稿》，台湾学海出版社，1979年。

155. 赵克生：《明朝嘉靖时期国家祭礼改制》，社会科学文献出版社，2006年。

156. 赵晓华：《中国资本主义萌芽的学术研究与论争》，百花洲文艺出版社，2004年。

157. 中国历史大辞典·明史编纂委员会编：《中国历史大辞典·明史卷》，上海辞书出版社，1995年。

158. 中国人民大学中国历史教研室编：《中国资本主义萌芽问题讨论集》，生活·读书·新知三联书店，1957年。

159. 中山八郎：《明清史論集》，汲古书院，1995年。

160. 周良霄：《皇帝与皇权》，上海古籍出版社，1999年。

161. 周明初：《晚明士人心态及文学个案》，东方出版社，1999年。

162. 朱鸿：《明成祖与永乐政治》，台湾师范大学历史研究所，1988年。

163. 诸桥辙次：《諸橋辙次著作集·第四卷》，大修馆书店，1975年。

164. 左东岭：《王学与中晚明士人心态》，人民文学出版社，2000年。

（三）期刊论文

1. David Faure, "State and Rituals in Modern China-Comments on the 'Civil Society' Debate" Proceeding of International Conference on Society, *Ethnicity and Cultural Performance*, Taipei, 1999, pp.509－535.

2. 狄百瑞著:《中国的专制政治与儒家理想》, 收入张永堂等译《中国思想与制度论集》, 台湾联经出版事业股份有限公司, 1976年, 第213－264页。

3. 阪仓笃秀:《寧王宸濠の亂－明朝諸王分封制の一齣》, 收入《山根幸夫教授退休記念明代史論叢 (上)》, 汲古书院, 1990年, 第111－130页。

4. 曹国庆:《严嵩与嘉靖间江西籍阁臣》,《江西社会科学》1994年第12期, 第99－103页。

5. 常建华:《明代江浙赣地区的宗族乡约化》,《史林》第5期, 第35－41页。

6. 常建华:《明代宗族祀庙祭祖礼制及其演变》,《南开学报》2001年第3期, 第60－67页。

7. 陈超:《明代"大礼议"前后的内阁体势变化》,《东北师大学报 (哲学社会科学版)》2003年第1期, 第38－42页。

8. 陈飞龙:《礼记学记与"皮弁祭菜"辨义》,《中央大学人文学报》第9期, 第15－42页。

9. 陈恒嵩:《〈书传大全〉取材来源探究》, 收入《明代经学国际研讨会论文集》, 台湾"中研院"文哲所筹备处, 1996年, 第295－316页。

10. 陈欢、陈长征:《〈国榷〉与〈明通鉴〉之比较》,《安徽师大学报 (哲学社会科学版)》第23卷第2期, 第226－230页。

11. 陈建国:《明代皇位继承问题与政治斗争》,《咸阳师范专科学校学报》第13卷第4期, 第59－63页。

12. 陈捷先:《明清帝位继承制的因袭与创新》,《历史月刊》第116期,第57—63页。

13．陈锦忠：《〈明史纪事本末〉之作者与史源》，收入吴智和主编《明史研究论丛》第二辑，台湾大立出版社，1985年，第517—544页。

14．陈弱水：《"内圣外王"观念的原始纠结与儒家政治思想的根本疑难》，《史学评论》第3期，第79—116页。

15．陈戍国：《〈大明律〉与明代礼制以及相关问题》，《湖南大学学报（社会科学版）》第16卷第3期，第3—8页。

16．程光裕：《北宋台谏之争与濮议》，收入《宋史研究集》，台北编译馆，1964年。

17．程似锦：《明季嘉靖年间李福达之狱考释》，《法商学报》第26期，第569—599页。

18．邓志峰：《嘉靖初年的政治格局》，《复旦学报（社会科学版）》1999年第1期，第88—92页。

19．邓志峰：《"谁与青天扫旧尘"——"大礼议"思想背景新探》，《学术月刊》1997年第7期，第97—103页。

20．杜淑芬：《〈明史纪事本末·大礼议〉校读》，《明代研究》第8期，第25—167页。

21．方弘仁：《明嘉靖朝五次兵变初探》，《明史研究专刊》第5期，第63—82页。

22．冯尔康：《清人"礼以义起"的宗法变革论》，收入朱诚如、王天有主编《明清论丛（第二辑）》，紫禁城出版社，1999年，第300—318页。

23．甘怀真：《"旧君"的经典诠释——汉唐间的丧服礼与政治秩序》，《新史学》第13卷第2期，第1—44页。

24．甘怀真：《中国古代君臣间的敬礼及其经典诠释》，《台大历史学报》第31期，第45—75页。

25．高明士：《皇帝制度下的庙制系统——以秦汉至隋唐作为考察中心》,《台大文史哲学报》第40期，第3—96页。

26. 葛兆光：《诠释三题》,《中国文化研究》2003年第2期，第32—38页。

27. 宫崎市定：《明代苏松地方的士大夫和民众》，收入刘俊文主编《日本学者研究中国史论著选译第六卷·明清》，中华书局，1993年，第229—265页。

28. 谷川道雄：《六朝时代的名望家支配》，收入刘俊文主编《日本学者研究中国史论著选译第二卷·专论》，中华书局，1993年，第154—174页。

29. 谷川道雄：《中国社会构造的特质与士大夫的问题》，收入刘俊文主编《日本学者研究中国史论著选译第二卷·专论》，中华书局，1993年，第177—198页。

30. 韩格理：《天高皇帝远：中国的国家结构及其合法性》，收入氏著、张维安等译《中国社会与经济》，台湾联经出版事业股份有限公司，1990年，第103—132页。

31. 何淑宜：《皇权与礼制：明嘉靖朝的郊祀礼改革》,《中央史论（韩国）》第22期，第1—24页。

32. 贺凯：《明末的东林运动》，收入张永堂等译《中国思想与制度论集》，台湾联经出版事业股份有限公司，1976年，第163—211页。

33. 华友根：《薛允升论丧服制度及其在执法中的运用》,《复旦学报（社会科学版）》1998年第5期，第135—140页。

34. 黄爱平：《毛奇龄与明末清初的学术》，收入《明代经学国际研讨会论文集》，台湾"中研院"文哲所筹备处，1996年，第543—560页。

35. 黄进兴：《道统与治统之间：从明嘉靖九年（1530）孔庙改制谈起》,《中央研究院历史语言研究所集刊》第61卷第4期，第917—941页。

36. 黄进兴：《毁像与圣师祭》,《大陆杂志》第99卷第5期，第1—8页。

37. 黄进兴：《权力与信仰——孔庙祭祀制度的形成》,《大陆杂志》第86

卷第5期，第8—34页。

38．黄进兴：《学术与信仰：论孔庙从祀制与儒家道统意识》，《新史学》第5卷第2期，第1—82页。

39．黄俊杰：《从儒家经典诠释史观点论解经者的"历史性"及其相关问题》，《台大历史学报》第24期，第1—28页。

40．黄俊杰：《东亚儒学史研究的新视野：儒家诠释学刍议》，《台大文史哲学报》第53期，第69—99页。

41．黄俊杰：《论东亚儒家经典诠释传统中的两种张力》，《台大历史学报》第28期，第1—22页。

42．黄俊杰：《中国古代儒家历史思维的方法及其运用》，收入氏著《中国古代思维方式探索》，台湾正中书局，1996年，第1—34页。

43．黄俊杰、蔡明田：《中国政治思想史研究方法试论》，《中央大学人文学报》第16期，第1—43页。

44．黄俊杰、龚韵蘅：《〈中国经典诠释学的特质〉学术座谈会记录》，《中国文哲研究通讯》第10卷第2期，第251—266页。

45．黄开华：《补明史南京七卿年表》，收入氏著《明史论集》，台湾诚明出版社，1972年，第53—216页。

46．黄开华：《明政制上并设南京部院之特色》，收入氏著《明史论集》，台湾诚明出版社，1972年，第1—52页。

47．江天健：《北宋英宗濮议之剖析》，《文史学报》第19期，第209—227页。

48．姜胜利：《明遗民与清初明史学》，《安徽大学学报（哲学社会科学版）》第27卷第1期，第9—14页。

49．姜胜利：《清代明史史料学》，《史学史研究》1996年第8期，第63—66页。

50．姜胜利：《清人文献中的明史材料拾补》，《史学史研究》1997年第1

期，第67—70、73页。

51. 雷闻：《论隋唐国家祭祀的神祠色彩》，《汉学研究》第21卷第2期，第111—138页。

52. 李衡眉、张世响：《从一条错误的礼学理论所引起的混乱说起——"礼，为人后者为之子"缘起剖析》，《史学集刊》第4期，第78—82页。

53. 李衡眉：《昭穆制度与宗法制度关系论略》，《历史研究》1996年第2期，第26—36页。

54. 李晋华：《关于明实录问题材料汇辑》，《大陆杂志》第43卷第3期，第41—57页。

55. 李洵：《"大礼议"与明代政治》，《东北师大学报（哲学社会科学版）》1986年第5期，第48—62页。

56. 林丽月：《阁部冲突与明万历朝的党争》，《台湾师大历史学报》第10期，第1—19页。

57. 林丽月：《闽南士绅与嘉靖年间的海上走私贸易》，《台湾师大历史学报》第8期，第91—111页。

58. 林丽月：《明初的察举（一三六八—一三九八）》，收入吴智和编《明史研究专刊》第2期，台湾大立出版社，1979年，第43—63页。

59. 林素英：《〈仪礼〉中为继父服丧的意义》，《汉学研究》第34期，第91—108页。

60. 林素英：《降服的文化结构意义——以〈仪礼·丧服〉为讨论中心》，《中国学术年刊》第19期，第59—101页。

61. 林素英：《为"父"名、"母"名者服丧所凸显的文化现象——以〈仪礼·丧服〉为讨论中心》，《中国学术年刊》第20期，第33—71页。

62. 林延清：《嘉靖帝对内阁的强化、完善与控制》，《南开学报》1996年第4期，第9—13页。

63. 林延清：《嘉靖皇帝裁革镇守太监》，《文史杂志》1994年第4期，第25—26页。

64. 林延清：《嘉靖皇帝打击和裁抑宦官》，《史学集刊》1994年第4期，第17—21页。

65. 林延清：《嘉靖皇帝新论》，《历史教学》1994年第10期，第51—53页。

66. 林延清：《论明代兵变的经济原因和历史作用》，《明史研究论丛》第4期，第368—382页。

67. 凌纯声：《北平的封禅文化》，《中央研究院民族学研究所集刊》第16期，第1—100页。

68. 凌纯声：《中国古代社之源流》，《中央研究院民族学研究所集刊》第17期，第1—44页。

69. 凌纯声：《中国祖庙的起源》，《中央研究院民族学研究所集刊》第7期，第141—174页。

70. 刘祥学：《杨廷和与嘉靖初年的政治革新》，《西南师范大学学报（哲学社会科学版）》第26卷第2期，第122—128页。

71. 刘子健：《封禅文化与宋代明堂祭天》，《中央研究院民族学研究所集刊》第17期，第45—51页。

72. 罗辉映：《论明代"大礼议"》，《明史研究论丛》1985年第3期，第167—188页。

73. 罗辉映：《杨廷和事略考实》，《中国史研究》1990年第2期，第45—51页。

74. 罗仲辉：《论明初议礼》，收入王春瑜主编《明史论丛》，中国社会科学出版社，1997年，第74—91页。

75. 孟广军：《从嘉靖朝大礼议等事看阁权对皇权的制约》，《北方论丛》1995年第3期，第91—93页。

76. 欧阳琛：《王守仁与大礼议》，《新中华》第12卷第7期，第97—

102页。

77. 钱茂伟:《论明中叶史学的转型》,《复旦学报(社会科学版)》2001年第6期,第43—50页。

78. 钱茂伟:《论晚明当代史的编撰》,《史学史研究》1994年第2期,第59—66页。

79. 钱茂伟:《明人史著编年考录》,《浙江学刊》第6期,第109—114页。

80. 邱炫煜:《谷应泰〈明史纪事本末〉的史源新诠》,《简牍学报》第15期,第235—257页。

81. 瞿同祖著,刘纫尼译:《中国的阶层结构及其意识型态》,收入《中国思想与制度论集》,台湾联经出版事业股份有限公司,1976年,第267—291页。

82. 邵东方:《清世宗〈大义觉迷录〉重要观念之探讨》,《汉学研究》第17卷第2期,第61—90页。

83. 施正康:《明代南方的安陆皇庄》,《明史研究论丛》第3期,第112—139页。

84. 石磊:《仪礼丧服篇所表现的亲属结构》,《中央研究院民族学研究所集刊》第53期,第1—43页。

85. 水口拓寿:《井上彻著〈中国の宗族と国家の礼制:宗法主義の视点からの分析〉读记》,《台大历史学报》第28期,第275—280页。

86. 田澍:《大礼议与杨廷和阁权的畸变——明代阁权个案研究之一》,《西北师大学报(社会科学院)》第37卷第1期,第88—95页。

87. 田澍:《洪武祖制与嘉靖前期革新》,《社会科学战线》2000年第5期,第153—159页。

88. 田澍:《嘉靖革新研究中的几个问题》,《西北师大学报(社会科学版)》第39卷第5期,第105—110页。

89. 田澍:《嘉靖前期改革条件的生成——明代改革新思维》,《西北师大学报（社会科学版）》第36卷第1期，第68—104页。

90．田澍：《嘉靖前期监察制度改革述论》，《兰州大学学报（社会科学版）》第31卷第4期，第73—77页。

91．田澍：《嘉靖前期科举制度的改革及其现代启示》，《西北师大学报（社会科学版）》第37卷第6期，第8—12页。

92．田澍：《论明代大礼议中的革新思想》，《中国社会科学院研究生院学报》1999年第1期，第55—63页。

93．田澍：《论正德十六年皇位空缺时期明廷政局的走向》，《西北师大学报（社会科学版）》第34卷第2期，第51—57页。

94．田澍：《明代大礼议新探》，《学习与探索》第119期，第135—140页。

95．田澍：《张璁议礼思想述论——对张璁在大礼议中"迎合"世宗之说的批判》，《西北师大学报（社会科学版）》第35卷第1期，第1—7页。

96．万揆一：《"议大礼"与杨升庵》，《昆明师范学院学报（哲学社会科学版）》1981年第1期，第53—57页。

97．王柏中：《明嘉靖年间的庙制变革问题试探》，《社会科学战线》2001年第2期，第141—146页。

98．王才中：《司马光与濮议》，《晋阳学刊》1988年第5期，第74—81页。

99．王汎森：《"心即理"说的动摇与明末清初学风之转变》，《中央研究院历史语言研究所集刊》第65卷第2期，第333—373页。

100．王汎森：《明代后期的造伪与思想争论——丰坊与〈大学〉石经》，《新史学》第6卷第4期，第1—19页。

101．魏伟森：《一个被忽略学者所留下之不可磨灭印记：汉学诠释学之重构》，《台湾社会研究季刊》第29期，第131—152页。

102．吴晗：《胡惟庸党案考》，《燕京学报》第15期，第164—205页。

103. 吴振汉：《王世贞"史乘考误"所论嘉、隆之际史事》，《中央大学人文学报》第17期，第65—92页。

104. 吴智和：《明代祖制释义与功能试论》，《史学集刊》1991年第3期，第20—29页。

105. 西嶋定生：《漢代における即位儀礼》，收入氏著《中国古代国家と東アジア世界》，东京大学出版会，1983年，第93—113页。

106. 西嶋定生：《中国古代统一国家的特质——皇帝统治之出现》，收入杜正胜编《中国上古史论文选集》，台湾华世出版社，1979年，第729—748页。

107. 小岛毅：《嘉靖の礼制改革について》，《東洋文化研究所紀要》第117期，第381—426页。

108. 小岛毅：《郊祀制度の变迁》，《東洋文化研究所紀要》第108期，第123—219页。

109. 小岛毅：《明代礼学的特点》，收入《明代经学国际研讨会论文集》，台湾"中研院"文哲所筹备处，1996年，第393—409页。

110. 小岛毅：《宋代天譴論の政治理念》，《東洋文化研究所紀要》第107期，第1—87页。

111. 谢贵安：《〈明实录〉修纂程序述要》，《武汉大学学报（人文社会科学版）》2000年第1期，第105—109页。

112. 谢贵安：《〈明实录〉修纂与明代政治斗争》，《武汉大学学报（哲学社会科学版）》1997年第1期，第108—113页。

113. 谢贵安：《睿宗、崇祯及南明诸朝〈实录〉纂修考述》，《史学史研究》1999年第2期，第57—67页。

114. 谢政谕：《中国正统思想的本义、争论与转型：以儒家思想为核心的论述》，《东吴政治学报》第4期，第241—266页。

115. 徐泓：《明代社会风气的变迁——以江、浙地区为例》，收入《第二届国际汉学会议论文集·明清与近代史组》，台湾"中研院"，1989年，第136—159页。

116. 阎爱民：《"大礼议"之争与明代的宗法思想》，《南开史学》1991年第1期，第33—55页。

117. 杨启樵：《明代诸帝之崇尚方术及其影响》，收入氏著《明清史抉奥》，台湾明文书局，1985年，第79—119页。

118. 张德信：《〈祖训录〉与〈皇明祖训〉的比较》，收入《第一届两岸明史学术研讨会论文集》中册，中国明史研究学会，1994年，第1—36页。

119. 张立文：《论张璁的"大礼议"与改革思想》，《浙江大学学报（人文社会科学版）》第32卷第4期，第12—19页。

120. 张珽：《从"大礼议"看明代中叶儒学思潮的转向》，《明清史集刊》第3期，第51—68页。

121. 张维屏：《从〈四库全书总目〉"史部·史评类"对于所录明代著作的评述分析明人的史评论著》，《政大史粹》第4期，第89—107页。

122. 张显清：《明嘉靖"大礼议"的起因、性质和后果》，《史学集刊》1988年第4期，第7—15页。

123. 张哲郎：《从明代皇帝之即位诏及遗诏论明代政权之转移（上）》，《国立政治大学历史学报》第14期，第7—34页。

124. 张哲郎：《从明代皇帝之即位诏及遗诏论明代政权之转移（下）》，《国立政治大学历史学报》第15期，第1—27页。

125. 甄晓岚：《试论霍韬在大礼议中的作用和地位》，《广东教育学院学报》第23卷第1期，第124—128页。

126. 郑克晟、傅同钦：《王阳明与嘉靖朝政治》，《明史研究专刊》第11期，第19—39页。

127. 朱承：《黄宗羲的公共性思想——以〈明夷待访录〉为中心的考察》，《哲学研究》2020年第4期，第72—81页。

128. 朱鸿:《赤裸裸的武力夺国 —— 明代君位继承制度与"靖难"事件》,《国文天地》第11卷第12期,第48—53页。

129. 朱鸿:《论明宣宗的另面样貌》,收入朱诚如、王天有主编《明清论丛(第一辑)》,紫禁城出版社,1999年,第245—253页。

130. 朱鸿:《心慊慊而乖违 —— 论明宣宗从"好圣孙"到"好"圣孙的转变》,《鸿禧文物》第3期,第93—112页。

131. 朱鸿林:《明太祖的孔子崇拜》,《中央研究院历史语言所集刊》第70卷第2期,第483—529页。

(四)学位论文

1. 程似锦:《明世宗崇奉道教之研究》,硕士学位论文,台湾东海大学历史研究所,1984年。

2. 郭瑞祥:《代位继承之研究》,硕士学位论文,台湾政治大学法律研究所,1993年。

3. 郭淑吟:《杨一清研究》,硕士学位论文,台湾中国文化大学史学研究所,1983年。

4. 沈桓春:《宗法制度研究》,硕士学位论文,台湾师范大学国文研究所,1982年。

5. 田炳述:《从理学到心学之发展看王阳明哲学的特色》,博士学位论文,台湾中国文化大学哲学研究所,1996年。

6. 魏蕴泽:《明世宗与严嵩》,硕士学位论文,台湾大学历史所,1968年。

7. 萧慧媛:《明代的祖制争议》,硕士学位论文,台湾中国文化大学史学研究所,1999年。

8. 徐秋玲:《董仲舒的儒学转化及其政治实践 —— 西汉儒生的困境:

知识与权力的辩证》，硕士学位论文，台湾政治大学教育研究所，2002年。

9. 赵克生：《明朝嘉靖时期国家祭礼改制研究》，博士学位论文，中国社会科学院研究生院，2003年。

10. 郑德熙：《明嘉靖年间朱子学派批判王学思想研究》，博士学位论文，台湾中国文化大学史学研究所，1990年。

11. 朱鸿：《"大礼"议与明嘉靖初期的政治》，硕士学位论文，台湾师范大学历史研究所，1978年。